商业银行经营管理实战书系 ／ 教育部首批银行管理虚拟教研室项目

解密

商业银行经营管理之道

金鹏 ◎ 著

中国金融出版社

责任编辑：王　君
责任校对：李俊英
责任印制：丁淮宾

图书在版编目（CIP）数据

解密商业银行经营管理之道／金鹏著．－－北京：中国金融出版社，2024.11．
－－（商业银行经营管理实战书系）－－ ISBN 978－7－5220－2587－2

Ⅰ．F830.33

中国国家版本馆 CIP 数据核字第 20243W6J82 号

解密商业银行经营管理之道
JIEMI SHANGYE YINHANG JINGYING GUANLI ZHIDAO

出版
发行　中国金融出版社

社址　　北京市丰台区益泽路 2 号
市场开发部　（010）66024766，63805472，63439533（传真）
网上书店　www.cfph.cn
　　　　　（010）66024766，63372837（传真）
读者服务部　（010）66070833，62568380
邮编　100071
经销　新华书店
印刷　河北松源印刷有限公司
尺寸　185 毫米×260 毫米
印张　22.25
字数　485 千
版次　2024 年 11 月第 1 版
印次　2024 年 11 月第 1 次印刷
定价　89.00 元
ISBN 978－7－5220－2587－2
如出现印装错误本社负责调换　联系电话（010）63263947

银行家为什么要为高校学生写本书（代序）

金鹏同志几年前就打算为有意愿入职金融行业的高校学生写一本反映银行业现实的书籍，这是源自他在新员工培训过程中的体会。近日，听闻《解密商业银行经营管理之道》即将出版，我也很关注。我知道金鹏是金融学科班出身，有扎实的理论功底，有国有大型商业银行各层级工作经历，从事过风险、对公、零售、科技等前中后台管理工作，是一位深谙理论的银行实务工作者，预期该书会与以往类似书籍有很大不同。尽管有此预期，但是在阅读之后，该书还是给了我很大惊喜，引起我很多的思考。这些思考不仅是关于该书的内容，更多的是关于中国高校金融教育。

记得一些财经院校的领导曾经在不同场合咨询，什么样的学生会更快地适应银行工作，是不是金融专业的学生更具有优势。由于我对此思考不多，只能凭感觉谈点认识。现代商业银行涉及众多知识领域，新员工招聘不仅限于金融学专业，而是对各专业的学生兼收并蓄。在一般人看来，金融专业的学生与银行专业对口，应该比其他专业的学生更快适应银行工作，在职场上应当有着天然的先发优势。但是，从我多年的观察来看，相比于其他专业的学生，金融专业学生并没有表现出明显的优势。由于平时工作比较繁忙，我一直也没有时间深入探究这一现象背后的原因。

从工作岗位退下来之后，与高校老师、学生接触的机会多了一些。我首先接触的是财经专业的师生，发现目前高校金融教育主要侧重于理论教学，对于金融实务的讲授不足，学生们不了解金融机构内部实际如何运行、有哪些核心问题、遇到问题应如何理性对待。换言之，理论追求的是"最优解"，而实操更重视解决问题，以至于金融专业学生入职银行之后并没有展现出明显的专业优势。师生们在交流中反映，有的高校金融教材多年不变，学生所接受的知识比较陈旧，甚至是过时的，这在很大程度上造成了金融专业教育与金融工作实际需要的不匹配，使金融专业学生没有表现出应有的专业优势。

中国高校金融教育存在的这一问题不仅是涉及金融机构新员工招聘的"小事"，更是事关我国金融强国建设的"大事"。金融强国的关键核心要素之一就是"强大的金融人才队伍"。金融人才培养的基础是金融高等教育，如果高校金融教育脱离金融业务现实，势必影响我国金融人才队伍建设。我想这是我们教育界、金融界都应该认真思考、解决的重要课题。

诚然，高校教育与企业职业培训各有分工，不可能互相替代，但对于高等学府实操职业特色较浓的专业与学科，还是应该尽可能地接近快速变化的社会经济现实。本书的作者正是意识到了这个问题，才有了专门为准备入职银行的学生写本书的想法。初步阅读发现，作者把自己多年大型商业银行的工作经验反复总结提炼，力图用简洁、易懂的语言告诉读者真实的商业银行是什么样的、它是如何运营的。本书内容涵盖商业银行前中后台各领域、各条线，堪称商业银行的全景图。难能可贵的是，本书用实际的产品、服务、案例来介绍商业银行，让读者有了很强的代入感，同时也更容易激发读者的兴趣，让读者能够看到更鲜活、更全面的商业银行。应该说，这本书在一定程度上弥补了当前高校金融教材实务性不足、与金融工作脱节的问题，是一本值得期待的入职者案头书。

看到本书的出版，我内心非常欣慰。这本书是一个很好的开始，希望有更多的银行家能够投身于金融教育中，将自己积累的实践经验分享出来，共同努力做好金融人才培养，为金融强国建设奠定坚实的人才基础。

中国建设银行原首席风险官、原首席经济学家
黄志凌

商业银行经营管理的学习之道(自序)

万物皆有"道"。

在动笔之前,我反复斟酌是用"经营管理之道"还是"经营管理之路",最后还是从中国文字的本意出发,选择了"道"。"本"立而"道"生,从中国象形文字来看,"道"指人工修筑的笔直大道,"路"指人自然踩出的弯弯曲曲的小路。

宋代程颢曾提出:"天下物皆可以理照。"商业银行的"理",就是商业银行的运行规律;发现规律、尊重规律、利用规律,即商业银行的经营管理之道。在这个创新变革的新时代,中国商业银行经营更需要洞察本质、守正创新,回归最基本的经营要素和底层逻辑,遵循最基础的管理之道。

2022 年,中国银行业从业人员约 380 万人,财经类毕业生近 100 万人。伴随高等教育的普及化,财经类硕士增量全面转向专业学位,"专硕"招生人数自 2017 年首次超过"学硕";从 2023 年开始,金融"专硕"招生规模又大幅增加。越来越多的金融专业学生和金融工作者,对商业银行业务的理论与实务学习产生强烈需求。

学习商业银行经营管理也应有"道"。无论是大学生还是银行员工,全面学习银行实务知识,应该有"道"可循,这就需要有人为他们修一条笔直的大道,而不是靠他们在弯弯的小路上去摸索,这不仅浪费时间，还容易在曲折中迷失方向，甚至失去前行的信心。

然纵观市场上的商业银行经营管理书籍，要么来自国外翻译，要么论述货币金融理论过多，要么内容过于陈旧，要么过于注重操作细节，缺乏对中国商业银行经营现状和实战经验的总结提炼。对于高校来说，财经类课程体系专业硕士与学术硕士差别不大；对于银行来说，新员工培训多局限于岗位技能培训，缺乏对银行全局性、系统性认知，很难精准助力建立职业生涯规划。

众有所呼，必有所应。两年前，笔者萌生了一个"小目标"——编写一本既有理论逻辑，又提炼了银行管理经验的商业银行经营管理书籍。

如何将银行实务界的实践经验和工作感悟提炼出来？如何向社会呈现现代商业银行真实面貌？本书的写作也是一个自我求解和格物致知的过程。笔者在高校学习经济金融专业十余年，在商业银行总行、分行、支行各层级机构履职二十余年，有银行前台、中台、后台各业务板块的工作经历。即便如此，在两年多的构思和写作过程中，还是经历了很多无奈和挫折。但在"小目标"的强力驱使下，笔者克服重重困难，终于完成了书稿。本书力求让读者沿着"银行是什么—银行做什么—银行如何做"的认知，实现"解密银行"的升华。

本书构建了"银行从哪里来、到哪里去—银行提供什么服务、承担什么责任—银行如何有效管理、如何高效运营—银行需要什么样的员工、如何选拔任用员工"的逻辑体系，内容上既包括商业银行经营管理的基本理论，也涵盖了商业银行的实务实践；既研究了商业银行传统业务管理，又阐明了创新业务管理。

第一篇"银行从哪里来 到哪里去"，重点梳理了西方和中国银行业的发展脉络、发展阶段和银行理论的演进，探讨了银行的基本功能，并介绍了银行的经营模式、组织架构、体系机制及未来银行发展方向等。

第二篇"银行提供什么服务　承担什么责任",从市场、客户和社会三个外部视角,按照"资金融通中介、综合金融服务供应商和经济社会发展助力者"三个维度,围绕"服务谁、如何提供服务、怎么服务得更好"来展开讨论商业银行主要的业务范围、核心产品、拓展策略。

第三篇"银行如何有效管理　如何高效运营",从商业银行内部管理视角,讨论了战略制定、风险管理、内部控制、金融科技、资产负债管理、财务资源配置、绩效考评、线上线下一体化经营与后台集中运营、消费者权益保护以及与监管打交道等管理要素。

第四篇"银行需要什么样的员工　如何选拔任用员工",在分析商业银行员工职业伦理道德的基础上,详细阐述了银行人所必备的岗位胜任能力,并介绍了银行如何通过"选、用、育、留"更好地挖掘人力资源。

为学务根柢,行文净冰雪。本书遵循"写你所做"的整体思路,全部文字均来源于银行日常工作,尽力将各个业务条线积累的经验总结出来,并加以提炼和升华。在写作体例上,本书每一单元均有"学习目标""内容概览""分析与思考",并用"阅读资料"和"小看板"形式呈现了背景知识;另外,本书还通过"案例拓展"将实务领域的鲜活案例进行了展示还原。在语言风格上,本书希望摆脱过于严肃的面孔,尽量用通俗和活泼的语言与大家交流,便于读者掌握和传播。

书为晓者传,事为识者贵。《解密商业银行经营管理之道》适合作为金融类、管理类专业学生课程的辅导书籍,也可作为从业人员了解商业银行基础知识的参考资料，还可作为商业银行实施经营管理的指导性用书。在编写过程中，我们希望与读者一起分享喜悦和成长，但由于笔者理论水平和实践体悟仍有诸多不足，遗漏或错误之处在所难免，恳请读者理解与宽容。

在本书写作过程中，中南财经政法大学的胡淑兰教授带领李炎笑、刘渝桥、李峻鹏、於紫馨、王璐、武融、熊轩昂、李佳敏、杨泽悦、柏浩林10位青年才俊，讨论章节安排、研究内容取舍，笔耕砚田无昼夜，完成了初稿的修改打磨。感谢孔德刚、涂智睿、倪海青、方少杰、苏鹏、唐毅、刘媛媛、汪姝、张庆、周璇、刘怡、梁晓晶、乔小棠、付英俊、冯钟的支持与付出，他们的智慧和经验为本书注入了灵感和血肉！

小楼一夜听春雨，深巷明朝卖杏花。惟愿本书能抛出砖去，引得玉来。

是为序。

金 鹏
二〇二四年五月于武汉

目 录

第一篇　银行从哪里来　到哪里去

◎第一章　银行发展的内在逻辑 ……………………………………………… /3
　　一、银行发展的历史阶段 …………………………………………………… /3
　　二、银行经营管理的理论 …………………………………………………… /11
　　三、银行服务社会经济的基本功能 ………………………………………… /14
　　四、银行对社会经济发展的推动作用 ……………………………………… /16

◎第二章　银行的外部组织体系和内部经营模式 …………………………… /20
　　一、银行的外部组织架构 …………………………………………………… /20
　　二、银行的内部经营模式 …………………………………………………… /23
　　三、银行的内部组织架构 …………………………………………………… /24

◎第三章　银行的发展与转型 …………………………………………………… /26
　　一、从银行1.0到银行4.0 …………………………………………………… /26
　　二、未来银行全景展望 ……………………………………………………… /32
　　三、未来银行组织架构 ……………………………………………………… /34

第二篇　银行提供什么服务　承担什么责任

◎第一章　资金融通中介 ………………………………………………………… /39
　　一、负债业务 ………………………………………………………………… /39
　　二、资产业务 ………………………………………………………………… /48
　　三、表外业务 ………………………………………………………………… /57

1

◎ 第二章　综合金融服务商 ··· /63
　　一、公司金融业务 ··· /63
　　二、零售金融业务 ··· /80
　　三、资金资管业务 ··· /97

◎ 第三章　经济社会发展的助力者 ··· /109
　　一、社会责任 ··· /109
　　二、绿色金融 ··· /120
　　三、普惠金融 ··· /134
　　四、科技金融 ··· /142
　　五、乡村振兴 ··· /148

第三篇　银行如何有效管理　如何高效运营

◎ 第一章　制定发展战略 ·· /161
　　一、发展战略的内涵与意义 ··· /161
　　二、制定发展战略的流程 ··· /164
　　三、现实挑战与战略选择 ··· /168

◎ 第二章　融入风险管理 ·· /173
　　一、风险管理的基本认识 ··· /174
　　二、数字化全面风险管理体系 ··· /177
　　三、信用风险管理 ··· /180
　　四、市场风险管理 ··· /190
　　五、操作风险管理 ··· /193

◎ 第三章　强化内部控制 ·· /201
　　一、内部控制的内涵 ··· /201
　　二、内部控制的历史演进 ··· /202
　　三、内部控制的要素 ··· /207
　　四、内部审计 ··· /211

目 录

◎ 第四章　插上科技的翅膀 …………………………………………… /217
　一、金融科技的概念与发展历程 ………………………………… /217
　二、金融科技核心技术 …………………………………………… /219
　三、金融科技战略实施路径 ……………………………………… /224
　四、金融科技的应用前景 ………………………………………… /229
　五、大语言模型 …………………………………………………… /230

◎ 第五章　平衡资产负债 …………………………………………… /232
　一、资产负债管理内涵 …………………………………………… /232
　二、资产负债管理模型 …………………………………………… /234
　三、资产负债管理措施 …………………………………………… /236

◎ 第六章　统筹财务资源 …………………………………………… /239
　一、财务管理内涵 ………………………………………………… /239
　二、财务管理组织体系 …………………………………………… /241
　三、财务管理工作事项 …………………………………………… /243

◎ 第七章　实施绩效考评 …………………………………………… /251
　一、绩效考核评价内涵与意义 …………………………………… /251
　二、绩效考核评价体系 …………………………………………… /253
　三、以经济增加值考核为核心的绩效考核体系 ………………… /255

◎ 第八章　线上线下一体化经营与后台集中运营 ………………… /259
　一、线上打造手机银行核心阵地 ………………………………… /259
　二、线下提升网点综合竞争力 …………………………………… /267
　三、线上线下一体化经营 ………………………………………… /271
　四、后台集中运营 ………………………………………………… /273

◎ 第九章　保护消费者权益 ………………………………………… /281
　一、为什么要开展消费者权益保护工作 ………………………… /281
　二、金融消费者权益保护工作的发展历程 ……………………… /282
　三、怎样做好消费者权益保护工作 ……………………………… /285

◎ 第十章　与监管打交道 ·· /291
　　一、监管是什么 ·· /291
　　二、如何与监管沟通 ·· /294
　　三、如何更好地拥抱监管 ·· /297

第四篇　银行需要什么样的员工　如何选拔任用员工

◎ 第一章　银行员工职业伦理道德 ·· /301
　　一、银行员工的职业伦理道德的背景与意义 ································ /301
　　二、银行员工的基本道德要求 ·· /302
　　三、银行员工的职业伦理道德风险 ·· /303

◎ 第二章　银行员工胜任力 ·· /305
　　一、银行员工普适胜任力 ·· /305
　　二、主要岗位胜任力 ·· /318

◎ 第三章　银行员工的选用育留 ·· /325
　　一、银行员工的招聘 ·· /325
　　二、银行员工的任用 ·· /328
　　三、银行员工的培养 ·· /332
　　四、银行员工的考核激励 ·· /335

◎ 参考文献 ·· /338

第一篇

银行从哪里来 到哪里去

第一章　银行发展的内在逻辑
第二章　银行的外部组织体系和内部经营模式
第三章　银行的发展与转型

银行一词最早源于意大利语中的"BANCO",意为椅子。这一称谓的由来,可追溯至过去意大利港口城市,当时的货币兑换商坐在长凳上,为来来往往的商人进行钱币兑换。随后,英语将这个词汇演变为"BANK",原意为储钱柜。而在中国,由于通常使用"银"作为通用货币,商业经营的店铺俗称为"行",因此将其翻译为"银行"。

银行历经不同发展阶段,经营模式各异,但其内在逻辑始终如一,即在不同社会条件下,运用金融理论和技术手段,为各类商业贸易活动提供全方位的金融服务。简言之,银行的金融功能与理论实践源自社会经济需求,而其在满足这些需求的过程中,不断实现自我革新,进而反哺社会经济的发展。

本篇首先从银行的历史发展阶段、理论基础、金融功能三个方面,详细阐述银行发展的内在逻辑;其次,全面介绍银行的外部组织体系和内部经营模式;最后,从商业银行服务客户的视角,归纳现代商业银行的发展阶段,并展望银行的发展趋势。

第一章　银行发展的内在逻辑

【学习目标】

1. 概括银行发展历程七个阶段的主要特征
2. 列举银行发展历程中应用的六个主要理论，并说明这些理论如何影响商业银行业务领域
3. 陈述银行的主要功能及其产生的历史时期和演化过程
4. 阐述银行发展的内生性逻辑，并阐明社会经济发展、商业银行功能变化、商业银行经营理论之间的相互促进关系

【内容概览】

1. 银行发展的历史阶段
2. 银行经营管理的理论
3. 银行服务社会经济的基本功能
4. 银行对社会经济发展的推动作用

在当今全球化的经济环境中，商业银行作为金融体系的重要组成部分，在现代社会中扮演着至关重要的角色。商业银行不仅是经济发展的坚实支柱，也是社会资金流通的主要渠道之一，关系着金融市场的运作和经济体系的稳定。

本章将首先按照时间顺序，详细探讨商业银行发展的历史脉络。其次，我们将整理商业银行在不同发展阶段所采用的金融理论和创新经营模式，以及在不同历史背景下，商业银行在社会经济活动中扮演的关键角色。最后，我们将阐述商业银行在金融功能的塑造、金融理论的演进和业务实践的发展方面，如何相互促进、相互影响从而推动社会经济的发展。

一、银行发展的历史阶段

（一）萌芽时期（15世纪以前）

1. 货币体系为银行萌芽奠定基础

在人类漫长的农业社会发展历程中，随着生产力的不断提升，物质财富出现了富余和积累的现象。这催生了产品交换和储蓄需求，促使人类建立一种合理可信的机制

来调剂物质财富的余缺，以提高社会福利水平。

为此，人类初步建立了以货币为基础的贸易体系。货币在经济活动中担任统一的度量标准和交换媒介的角色，其不仅可以作为一般等价物，改善物物交换的不便，还为跨期消费、财富积累、跨地大宗交易等提供便利。除此之外，货币的出现还扩展并加大了各种信用活动的领域和规模，例如借贷行为。

然而，在这一时期，由于社会经济发展水平和生产力有限，小农经济占主导地位，货币体系发展仍然停滞在初级阶段。人们在进行贸易时广泛使用各种铸币，商品经济交易过程繁琐且不够成熟，信用关系也没有得到广泛建立，社会化大规模生产体系尚未形成。社会对金融功能的需求主要集中在金融服务和基础中介功能方面，这也是商业银行萌芽形态诞生的基础。

2. 银行核心业务雏形初现

在人类社会经济活动的需求下，商业银行逐步由早期的货币兑换业务发展起来。在古代，最初货币兑换商只是为商人兑换货币，后来发展到为商人保管货币、收付现金、办理结算和汇款。然而，商人不仅无法获得利息，反而需要向货币兑换商支付保管费和手续费。在几千年前，寺庙和摆摊桌就是最早的古代银行。人类最早办理存贷活动是从寺庙里开始的，如公元前2000年，古巴比伦王国的巴比伦寺庙开始经营钱币兑换业务，随后同时经营钱币保管业务。当寺庙积攒了一定量的货币后，就开始从事放贷业务。放款利息大约为20%，并以复利计算，表现出高利贷性质。

在古希腊时期，随着金属货币的出现，职业钱币兑换商开始崭露头角。他们以金银器商、财物保管商、收税人为代表，被形象地称为"摆摊桌的钱币兑换商"。古罗马时期，随着领地扩张和地中海贸易的蓬勃发展，以"钱庄"为代表的私人银行和以"包税者"为代表的公共银行开始出现，这种"钱庄"与中国古代"钱庄"大致相同。中世纪的圣殿骑士团接受了大量贵族财物保管业务，依靠教廷支持和遍布欧洲的分支机构，广泛开展借贷业务。在这一时期，现代银行的三大主要业务：吸收存款、发放贷款和办理结算都已经出现，虽然名称与现代商业银行的业务有所区别，但是实际的核心业务已经确定。

总的来看，这一时期可以被视为商业银行发展的萌芽阶段。主要经营者包括各类专业或非专业的货币兑换商和财物保管人，他们围绕各种社会经济和贸易活动，提供基础金融服务。这一时期被称为萌芽时期，原因在于，尽管这些服务与现代商业银行的主要金融服务有相似之处，但由于当时社会政治环境不稳定、经济贸易体制不完善以及法律体系不健全等因素，这些经营者尚无法形成独立且专业的金融机构。

在商业银行发展的萌芽阶段，金融服务的提供者主要可分为两类。一类是以个体经营为主，仅在较小区域内提供货币兑换和财物保管服务的商人。他们通常还从事其他形式的贸易活动，例如古希腊和罗马时期的"摆摊桌的钱币兑换商"。另一类金融服务提供者依附或利用各种政治实体、社会组织和宗教机构等，提供相对较大规模的投融资服务，或者由该类具有社会影响力的组织直接承担其势力范围内的金融服务。例如，有着广泛社会信仰和资产基础的庙宇和教会、有地方政治势力背书的"包税者"、以武力实力支撑的中世纪圣殿骑士团等。虽然其名称和形式不同，但他们扮演了金融服务提供者的角色，奠定了现代商业银行的基础。

阅读资料

萌芽时期的特征

这一时期的金融服务提供者表现出明显的伴生性或个体化特征。尽管他们还没有演化成专业的金融服务机构，但他们通过不同的社会形式和媒介，实际上成为社会经济活动中的金融服务提供者。他们承担了现代商业银行所具有的基础投融资功能。因此，我们将这一时期称为商业银行发展的萌芽时期。这正是区分萌芽时期与后续时期的显著不同之处。

在这个时期，金融服务提供者虽然尚未形成专业的金融机构，但已经在满足社会对金融服务的需求方面起到了关键作用。他们以各种形式存在，从小规模的货币兑换商到庙宇、教会、政治势力和宗教组织，都承担了金融中介的角色。尽管当时的金融环境和制度与现代有很大不同，但这个时期奠定了商业银行发展的基础，金融服务开始逐步走向专业化和体系化。这种早期金融服务的萌芽为后来现代商业银行的兴起和演化提供了重要的历史背景。

（二）商业贷款时期（15世纪至18世纪）

商业贷款时期是商业银行发展的早期阶段。由于专业性质的金融团体开始崭露头角、规模化金融资本的雏形逐渐形成，各种金融巨头开始从提供基础金融服务逐渐演变为社会资源的调配者，对有限区域内的政治、社会、经济、文化和军事等活动产生了显著影响，并从中获得了垄断性质的回报。这一时期的商业银行或者承担商业银行金融功能的社会组织表现出以下特征。

1. 家族式金融巨头开始出现

在地理大发现和文艺复兴时代的背景下，受益于地中海沿岸自由商业贸易的繁荣和小城邦的兴盛，各种跨区域贸易和技术创新蓬勃发展。传统的个体货币兑换商逐渐找到了发展机会，并快速崛起为资本雄厚的金融家族。借助日益完善的复式记账法，他们成立了众多早期的银行机构，广泛提供国际贸易结算服务，向贵族、大地主和大资产阶级提供高利贷性质的基础贷款，以及展现强大的投融资能力，支持各种新兴产业，积极参与政治决策、国家财政，甚至战争行动。

例如，文艺复兴时期最著名的美第奇家族，从最初的货币兑换商逐渐发展成为金融巨头。他们不仅执政佛罗伦萨达两百多年之久，还涉足宗教、艺术、建筑和科学研究等多个领域，广泛支持了文艺复兴时期欧洲的科学、人文和社会发展，被誉为15世纪中期佛罗伦萨的"无冕之王"。

在当时，还有许多其他金融家族也蓬勃发展。例如，瑞典的瓦伦堡家族创立了斯德哥尔摩私人银行，使其成为瑞典首家私人银行；德国的福格尔家族与哈布斯堡王朝合作，支持西班牙的财政事务；罗斯柴尔德家族在拿破仑战争中发迹；西班牙的特拉斯塔玛拉家族曾资助哥伦布和麦哲伦等重要探险家。

这一时期的金融家族不仅在金融领域取得了巨大成功，还在各个领域产生了深远的影响，为欧洲的社会、文化和科学发展作出了卓越贡献，塑造了当时的历史格局。

2. 专业银行机构快速发展，公共银行崭露头角

意大利威尼斯银行，作为金融界公认最早的银行，诞生于1587年，这标志着近代银行发展历史的第一个阶段的开启。该银行由1171年成立的威尼斯共和国公债经营所演变而来，该经营所可看作政府运营的贷款取息机构。随后，在米兰、热那亚、佛罗伦萨等地中海沿岸也广泛出现了类似的银行机构。尽管它们是金融服务的专业机构，但其主要业务是货币兑换，融资业务主要面向政府，并且仍然具有很强的高利贷性质。

随着生产力的提高、技术的进步以及社会分工的扩大和完善，资本主义生产关系开始萌芽。工厂主、富商和银行家等新兴资产阶级开始形成。资本主义的扩张需要大量低成本的资本。然而，封建社会中的银行仍然保持了高利贷性质，这制约了普通社会资本向产业资本的转化。这种情况与资本主义生产方式不相容。因此，新兴资产阶级迫切需要建立和发展符合其需求的资本主义商业银行，以促进资本的流通和投资，从而推动资本主义经济的发展。

1609年，威瑟尔银行，也称为阿姆斯特丹兑换银行，在当时的世界贸易中心——荷兰阿姆斯特丹成立。该银行引入了两个重要的创新，为银行业的发展作出了巨大贡献。首先，该银行借鉴了威尼斯银行的经验，创造性地引入了"支票"这种快捷的记账方式，并赋予了它广泛的法律特权。这使得银行发行的货币成为商业交易中的主要计价单位。其次，银行发行了可转让的硬币存款收据，这些收据在市场上流通便利，远远超过实物硬币的使用。这降低了持有者的交易成本，减少了硬币的提取需求，从而增加了银行的硬币存款总量。此外，银行的转账和支付速度也得到了显著提升。这两项重要创新不仅使荷兰成功应对了1763年和1772年的两次金融危机，还广泛促进了荷兰地区贸易经济的迅速发展。这使得荷兰成为历史上著名的海上贸易强国，为国际经济体系的形成和发展作出了突出贡献。

值得注意的是，私人所有的银行通常缺乏分散风险的能力，因此在面临风险时具有天生的脆弱性。相比之下，阿姆斯特丹成立的威瑟尔银行是由政府出面成立的公共银行，它很快取代了市场上的大多数私人银行及其发行的票据，成为当时金融市场的主导力量。

在威瑟尔银行时期，虽然公共银行被禁止经营贷款，但该银行仍定期向特许权企业提供贷款，荷兰东印度公司便是其主要客户，最终的利润返还给市政府。由于特许权企业多数是政府主导下成立的股份公司，公共银行实际上已经成为政府债务的经营者，其具有现代中央银行的一些特征。然而，威瑟尔银行最终因向东印度公司提供大

额战争借款而面临破产。这也表明,尽管具有政府背书的性质,但该银行仍然存在风险,并不是完全由政府信用背书的机构。

3. 政府信用背书的中央银行显现雏形

1694年,英国第一家资本主义股份制商业银行,即如今的英国央行——英格兰银行成立,这一事件标志着现代资本主义商业银行制度开始形成。可以说,英格兰银行是现代商业银行的鼻祖。该银行借助政府强大的军事和信用权力作为支撑,以国债为抵押物发行货币。

这一时期,政府和商业银行都具备了获取货币的能力。政府发行国债,向银行借取货币,而银行则以国债为基础发行更多的纸币,用于商业支付。同时,银行的业务范围也从仅服务贵族和大地主扩展到手工业主和普通商人,贷款利率也开始逐步降低。随后,大量资本主义商业银行纷纷成立,现代商业银行体系在世界范围内迅速普及开来。由于跨境和海上贸易是社会经济活动中融资的主要原因,个体金融服务提供者,如货币兑换商、金银匠等,以及金融巨头家族及其控制的初级商业银行机构,开始以真实贸易为基础发行商业票据,并在市场上实现其有限流通。这种票据以商业银行自身的信用或资产作为担保,极大地简化了交易的复杂性,促进了贸易的扩大和繁荣,并逐步演化成为商业贷款理论的基础。这种商业票据呈现出早期信用纸币的特征,并成为政府信用货币的一个重要来源。

与此同时,统治阶级逐渐认识到那些具有社会影响力的规模化金融服务提供者的重要性。他们不再将这些金融机构视为普通商人或资产阶级,而是视其为重要的资金筹集方和政治合作者,用于维护执政地位。这使这些金融机构拥有了一定的社会资源调配能力,并能够参与和影响国家战略决策,为后来各国中央银行的成立和发展奠定了基础。实际上,早期的中央银行正是由被赋予公共金融服务职能的专业私人商业银行演化而来。随着时间的推移,中央银行的职责和功能逐渐扩大,它们开始在国家经济中发挥更为重要的作用,成为金融系统的中枢。

总体来讲,早期商业银行的资金来源主要是货币兑换商、货币经营者等汇集起来的闲置资金,而随着以贸易背景为基础的融资需求扩大,商业票据的发行增加了银行可支配的货币规模,在国家信用背书后,其用于结算、交易和资源配置的货币规模进一步扩大。此阶段业务主要集中于短期自偿性贷款,即以短期工商业流动资金贷款为主,贷款利率普遍偏高。同时,银行必须保持资产高流动性以满足客户随时取现的需求。这一时期的银行发展为商业银行、中央银行和现代金融体系的建立奠定了基础,也推动了资本主义经济的蓬勃发展。

阅读资料

商业贷款时期的特征

相较于萌芽时期,商业银行在商业贷款时期的主要区别在于,形成了体系化和专业化的金融巨头与机构。这一时期的从业者，无论是早期的著名金融大家族还是后来在欧洲各地陆续成立的股份制商业银行，都表现出相当程度的政治独立性和资本规模化。他们能够以金融服务为基础，将其影响力渗透到社会各个领域，如政治、经济、文化和军事，最典型的代表是美第奇家族，他们对佛罗伦萨的统治持续了接近三个世纪。尽管此前出现过借助教会、寺庙，甚至骑士团等作为载体形式的体系化群体，但它们在根本上还是一种政治、宗教或军事团体，而不是专业的金融机构。

早期商业银行的出现虽然是为了满足社会经济活动的基本需求，但它们产生后却对整个经济的发展起到了巨大的促进作用。它们提高了货币的流动速度和整个经济的交易效率。由于商业银行所提供的金融功能，社会的货币化水平逐步提高，生产分工逐渐细化，整个社会经济的运转速度和财富积累速度都大幅提高。这些因素正是人类社会从农业社会向资本主义社会转变的前提条件。因此，商业银行的发展和社会发展在这一时期是相互交织、相互促进的。

（三）资产管理时期（19世纪至20世纪上半叶）

工业革命后，人类社会进入了资本主义阶段，确立了资本主义的生产关系和生产方式。该时期的一大特点是：科学技术的迅猛发展、跨国贸易和商品经济的蓬勃发展、基础设施的逐步完善以及交易成本的大幅降低，都推动了社会的快速发展，扩大了再生产需求。

由于资本市场尚处于发展初期，银行成为社会主要的融资渠道，商业银行开始扩展资金融通业务。其资产业务不再局限于商业贷款理论下的短期自偿性贷款，还发展了预期收入理论下的中长期贷款和消费贷款。因为无论是短期还是长期贷款，都需要客户有稳定的未来收入来偿还贷款。同时，为了吸引更多存款，银行开始支付利息，而存款利率的高低也反映了银行的信用程度。

这种以贷款为主要资产业务、存款为主要负债业务、息差为主要收入来源的商业银行经营模式基本上延续至今，特别是在以间接金融为主体的国家。大多数商业银行将吸收存款视为其立足之本，因为这是开展信贷、投资等其他业务的主要资金来源。在负债业务方面，随着股票、债券等金融市场的建立和发展，商业银行开始将筹集的资金广泛投资于股票和债券等市场，初步形成了混业经营模式。

阅读资料

资产管理时期的特征

自商业银行资产管理时期起，其发展进入现代商业银行时期。相较于商业贷款时期，商业银行在资产管理时期的显著区别在于，商业银行不再是传统家族模式的金融巨头，而是以专业银行机构为主要存在形式。尤其是以现代公司治理体系为基础的股份制商业银行机构，如英格兰银行或私人财团持股（或控股）的银行机构（银行集团）等。自这一时期起，商业银行逐步发展为经营风险的专业机构，而不再是金融巨头的"提款机"，自主经营的特征开始逐步显现。这种股份化、独立化的特征一方面为后期中央银行的成立创造了条件；另一方面，随着现代公司内控体系的发展，商业银行风险管理体系也开始逐步形成，并为后来的监管体系发展奠定了基础。

（四）资产负债管理时期（20世纪60至70年代）

随着科技的迅速发展，资本主义社会经济迎来了高速增长的时期。现代公司制度不断完善，股份制企业成为经济活动的主要单元，社会化大规模生产和产业分工不断加深。各种经济组织和区域经济联盟开始涌现，国际贸易体系逐渐建立，新兴经济体蓬勃发展。各类金融市场也蓬勃兴起，金融产品和创新层出不穷。

在这一时期，一方面，新兴技术和产业的快速发展带来了产业资本的大量资金需求，而商业银行成为主要的融资渠道，但非银行金融机构的大量涌现对传统的商业银行资金来源构成挑战。另一方面，布雷顿森林体系的崩溃和石油危机的爆发导致了西方资本主义社会经济的停滞，伴随着通货膨胀的加剧，股市、债市、利率和商品价格等市场波动也变得更加剧烈，商业银行的资产和负债价值都出现了不稳定的情况。

为了扩大资金来源，商业银行逐渐摆脱了仅依赖吸收存款的模式，开始积极发展负债业务，推出了创新的金融工具，如信用违约互换、回购协议和同业拆借。在资产方面，投行业务开始兴起，为银行提供了新的收入来源。同时，为了应对资产负债期限错配和市场波动带来的利率风险，商业银行开始构建基于久期（见第三篇第五章）的利率风险管理模型，以便更精确地衡量和管理利率风险。

（五）跨国经营时期（20世纪70至80年代）

金融自由化的冲击在一定程度上导致了金融监管的放松，这使得银行业面临着一系列问题。无序竞争和恶性竞争导致了银行不仅追求高的回报率（ROE），还过于积极地开展高风险业务，以获取更多的利润。此外，金融机构之间的业务交叉和渗透也增加了金融体系的复杂性和风险。

大型银行脱离国内监管，同时国际监管体系相对薄弱，导致了金融机构能够在全球范围内追求自己的利益，而不受相应的监管和监督。这种盲目的金融创新和风险积累引发了一些国际性银行的倒闭，如赫斯塔特银行和富兰克林国民银行，这些事件对国际金融体系的发展产生了深远的影响。

此外，一些国家面临债务危机，例如拉美债务危机，其不仅对当地的银行业造成了损失，还引起了国际监管机构对高杠杆所带来的金融风险问题的关注，1988年巴塞尔委员会构建了以资本充足率为核心的资本监管体系（《巴塞尔协议Ⅰ》）。

由于全球化和国际分工的深化，金融资本的投融资需求在跨越经济体和地域的范围内不断增长，这导致跨国商业银行集团的兴起。商业银行逐渐依赖资本市场工具来构建其负债结构和资产配置，同时投资银行也在不断扩大其在商业银行领域的业务。国际大型银行表现出了全球化、金融操作与工具创新、投机等发展趋势，这些趋势使得国际金融市场更加复杂和多样化。

（六）混业经营时期（20世纪90年代至2010年）

随着全球化浪潮的推进，金融资本对聚集效应和规模效应的追求促使各类金融机构不断进行收购、兼并和重组，以提供更广泛的金融服务。1999年底，美国通过《金融服务现代化法案》，废除了已执行66年之久的《格拉斯—斯蒂格尔法案》，标志着商业银行告别了分业经营时代，进入了混业经营时代，同时也为后来的金融危机埋下了伏笔。

从巴林银行、大和银行的倒闭到东南亚金融危机，人们看到金融业存在的问题不仅仅是信用风险或市场风险等单一风险引发的，而是由信用风险、市场风险以及操作风险相互交织、共同作用所导致的。这引发了巴塞尔委员会对金融风险进行全面而深入的思考，发现需要构建一个全面风险管理体系框架来应对商业银行当前经营所面临的风险（《巴塞尔协议Ⅱ》）。

随着期权定价模型的发明，衍生品市场迅速发展起来，银行开始大量参与衍生品市场交易，拓展了新的收入来源。衍生品交易的发展导致市场风险和操作风险急剧上升，同时各类风险之间可能相互传染。金融创新加速，商业银行和投资银行业务融合发展，银行、证券、信托、保险兼并联合，加快了银行业混业经营的步伐。

（七）回归本源时期（2010年至今）

"9·11"事件后，美国政府寄希望于房地产市场的发展来推动经济增长。在宽松的政策环境下，银行降低借款人门槛、大量发放次级抵押贷款。一些大型银行凭借内部模型可用于监管资本计量的便利性，推出了各种基于资产证券化、结构化融资以及信用衍生产品的金融创新。金融机构为了追求高收益，采取高风险高杠杆的投资策略，次级抵押贷款以及相关的衍生产品受到广泛追捧。这一阶段，系统性风险大量积累。2008年次贷危机爆发，商业银行的过度金融创新引发了金融市场的巨大波动和损失。

这场全球性的金融危机揭示了监管体系的许多不足之处，对金融监管制度的有效性提出了重大挑战。2010年，巴塞尔委员会制定了更为严格的监管标准——《巴塞尔协议Ⅲ》，直至2017年最终修订完成。随着《巴塞尔协议Ⅲ》的实施，国际和各个地区的监管力度不断加大，商业银行开始从过度金融化转向服务实体经济。银行经营回归实体经济，必须避免高杠杆运营，而且只有以服务实体经济为最终目标，银行业的创新才具备生命力和可持续性。

===== 阅读资料 =====

中国商业银行发展历程

中国商业银行发展与西方发展脉络相似，也是由货币兑换商逐步发展而来。

最早自周朝起便设立"泉府"，由官方办理赊贷业务，唐朝"飞钱"和宋朝"交子"则是汇兑凭证，南北朝时期寺院经营借贷的"质库"演化为明朝当铺，后发展出明清时期的"钱庄"和"票号",著名山西票号"日升昌"则是典型代表。至清末已经广泛出现以钱庄行会为主要形式的早期银行交互网络的雏形,汇兑、存款、放款等功能均已具备。

鸦片战争以后,随着洋务运动的兴起,旧中国民族商业银行逐步发展,1896年清政府设立官督商办模式的中国通商银行,1908年颁布《银行通则》。民国时期,华商银行开始兴起,形成四大国有商业银行:中央银行、中国银行、交通银行、农民银行,均为官僚资本控制;以及私人银行的北四行:金城银行、盐业银行、中南银行和大陆银行;南三行:浙江商业储蓄银行、浙江兴业银行、浙江实业银行;小四行:中国通商银行、四明商业储蓄银行、中国实业银行、中国国贸银行。其间,中国共产党在解放区成立中华苏维埃共和国国家银行。

新中国成立后,开始对中国民族资本商业银行进行公私合营改造,成立经营所有金融业务的中国人民银行,负责发行国家货币、经营国库、统存统贷等,陆续组建中国银行、交通银行、农业合作银行,组建由财政部管辖的建设银行,人民银行统一领导的管理体系形成。改革开放以来,中国农业银行、中国银行、建设银行分别成为独立经济实体,并组建中国工商银行,而人民银行专门行使中央银行职能。至此,中央银行和分设专业银行体制形成。

二、银行经营管理的理论

(一)商业贷款理论

商业贷款理论在18世纪逐渐发展成熟。该理论认为,为了应对不可预测的存取款流动性需求,以及基于自身资产结构和期限结构,商业银行资产业务应集中于短期和商业性贷款,而不能发放长期贷款或进行长期投资。由于真实票据具有自偿性,商业银行通常办理真实票据贴现或发放真实票据抵押贷款,故商业贷款理论也称"真实票据理论"。

这种理论的产生,一方面使得商业银行将资产业务对象从传统的封建阶级,如贵族和大地主等,转向新兴的以贸易为主的广大资产阶级。这不仅扩大了业务对象和范围,还顺应了资产阶级革命的历史潮流。另一方面,它为当时各家银行发行银行券和办理票据贴现建立了理论基础,既为银行防范自身流动性风险提供理论依据,又为银行不断扩大业务规模增强了社会信心。

随着资本主义经济的发展,该理论的弊端越发明显。例如,过于依赖单一资产导致风险集中;被动吸收存款和发放贷款,无法适应经济周期带来的资产负债波动;过分强调自偿性,限制了贷款业务发展;在经济衰退时期,商品无法售出或货款无法收回时,贷款无法自偿。

(二)资产可转换理论

20世纪初,随着证券市场的发展,人们开始意识到商业银行的资产不必局限于短期自偿性贷款，其资金也可以投资于具有转让条件的证券。该理论认为，商业银行应投资部分资产于可转换资产，当流动性需求增大时，即可将其及时出售并取得现金，从而保证银行资产的流动性。

这扩大了商业银行的资产投资范围。例如，在一战后的美国，由于经济危机导致社会融资需求下降，而政府融资需求上升，商业银行将大量短期资金投资于政府债券，这是保持流动性的一种积极方式。这种理论不仅使银行可以利用快速发展的金融市场来扩大业务规模和丰富资产类别，还使银行在宏观经济下行和商业活动萎缩的情况下，不致过度依赖商业贷款。相反，他们可以利用金融市场优化资产配置，实现更积极的社会资源调配功能。

虽然资产转移理论在某种程度上取代了商业贷款理论，成为现代商业银行经营管理的重要理论基础，但是它也存在不可忽视的缺陷。这种理论的实质是将银行的资产分散到不同的领域和行业，以降低风险和实现资产多元化。然而，商业银行资产的变现能力，归根结底要取决于银行之外的市场。换句话说，银行必须依赖外部市场的稳定和活跃，才能保证其资产的流动性和变现能力。如果证券市场需求不旺，银行将面临资产及时合理变现的困难。

（三）预期收入理论

预期收入理论是在20世纪40年代初出现的，该理论主张银行资产的流动性取决于借款人的预期收入，而非贷款的期限。当借款人的预期收入稳定时，即使贷款期限较长，也可以安全收回。相反，如果借款人的预期收入不确定，即使贷款期限较短，也可能无法安全收回。因此，预期收入理论强调的是贷款偿还与借款人未来预期收入之间的关系，而非贷款期限与贷款流动性之间的关系。

20世纪70年代末，由于利率市场化的加深以及市场竞争的加剧，资产和负债管理之间的矛盾日益凸显。在这种情况下，预期收入理论开始转向资产负债协调管理。这一管理理念的核心思想是将商业银行管理的重点由资产转向负债，即从关注资产业务的运作转向更加关注负债的来源和管理。这一转变主要基于一个观点，即负债是银行保持流动性的关键因素，也是银行管理的重要方面。负债管理理论主张以借入资金的办法来保持银行流动性，从而增加资产业务，增加银行收益。这意味着银行可以通过主动管理负债的来源、期限和成本等方式，达到优化负债结构、提高负债质量和增加收益的目的。这种转变使银行在调整资产负债结构方面具有更大的灵活性和应变能力，同时也提升了银行的风险管理能力。

预期收入理论虽然试图解释消费者行为如何受到对未来收入的预期的影响，但它忽视了财富效应，不完全考虑信心和预期，忽略了非收入因素以及风险和不确定性等因素，因此在解释消费行为时存在一定局限性，需要与其他理论和模型结合使用，以更全面地理解消费者行为。

（四）资本资产定价模型（CAPM）

资本资产定价模型（CAPM）由夏普（William Sharpe）、林特尔（John Lintner）、

特里诺（Jack Treynor）和莫辛（Jan Mossin）等人于20世纪60年代建立，该模型揭示了证券资产期望回报与风险之间的关系，并得出其市场均衡时的价格。该模型认为，任意资产的风险溢价与市场组合的风险溢价存在正比关系。CAPM的基本公式如下：

资产预期回报 = 无风险利率 + $\beta \times$（市场预期回报 - 无风险利率）

其中，无风险利率表示投资者愿意放弃风险而选择的最小回报率；β表示资产对市场风险的敏感度，即资产相对于市场的波动性。

CAPM认为，资产的预期回报与其对市场风险的敏感度成正相关关系，即高风险资产应该有高的预期回报，低风险资产则相应有低的预期回报。模型中的"$\beta \times$（市场预期回报 - 无风险利率）"部分被称为风险溢价，表示投资者因愿意承担市场风险而额外获得的回报。CAPM将资产的预期回报与市场整体关联起来，使其成为衡量资产相对于市场风险的有力工具。CAPM强调了投资者在风险和回报之间的平衡，帮助投资者作出理性的投资决策。

CAPM虽然在理论上具有重要意义，但在实际应用中也受到了一些争议和挑战，尤其是对于非金融资产和复杂市场条件。在后续的发展中，一些学者提出了对CAPM的修正和扩展，以提高其适用性。CAPM的提出使银行参与进资本市场，带来了资本市场的迅速发展。银行作为经纪人，通过代理证券等业务参与资本市场，获得了非利息收入。银行本身作为投资者，进行资本上的投资，也使资产的范围进一步扩充。

（五）期权定价模型（Black-Scholes模型）

20世纪70年代，布莱克（Black）与斯科尔（Scholes）建立了期权定价模型（Black-Scholes模型），该模型利用复制资产和无套利假设的方法，得出了反映期权价格与标的价格、时间之间的微分方程，并求解出著名的B-S期权定价公式。这一模型的运用不仅解决了长期以来期权的合理定价问题，还极大地推动了金融产品的创新以及各类衍生品市场的快速发展。因此，商业银行得以进军金融衍生品市场。

在金融衍生品市场中，商业银行可以实现以下三个目标。首先，期权定价模型为金融市场中的期权提供了一个公平的价格标准。它帮助商业银行理解期权的真实价值，从而在期权交易中实现公平的交易。其次，金融产品的丰富为传统业务提供了对冲风险的工具和手段。在合理的资产管理模式下，商业银行能够有效强化自身风险管理能力。最后，商业银行在通过金融市场将自身资产进行快速证券化的过程中，可利用丰富的衍生产品和估值方法，从而显著增强流动性管理能力和资产自由调配能力。

然而，期权定价模型在应用中仍然存在一些明显的缺点。模型通常基于对未来波动率的估计，而波动率在现实市场中是变化的。因此，模型中使用的波动率可能无法准确地反映市场实际的波动性。期权定价模型通常是建立在对市场行为的特定假设之上，而这些假设在不同的市场环境下可能不成立。特别是在极端市场条件下，模型的预测可能会失效。大多数期权定价模型忽视了实际交易中涉及的成本，如手续费和滑点。在实际交易中，这些成本可能对期权的实际回报产生显著影响。因此，在使用期权定价模型时需要谨慎，商业银行也需要结合实际市场情况和其他分析方法来综合判断期权的价格和风险。

（六）金融中介理论

金融中介理论是现代金融理论中的一个重要分支，它主要研究的是金融中介机构的存在、性质、职能及其与经济社会、货币政策、金融市场的关系等问题。该理论的基础是信息经济学和交易成本理论，通过这些理论的运用，金融中介理论试图解释为什么金融中介机构在金融市场上扮演着重要的角色，金融机构为什么没有消亡，以及它们如何影响经济和金融的发展。

金融中介主要扮演以下四个角色。

信用中介：银行作为金融机构，发挥其信用创造和调剂职能，通过吸收存款并提供贷款，实现资金的再分配和优化利用。

分散风险：金融中介可以通过多样化的投资组合来分散风险，降低投资者面临的非系统性风险。

降低交易成本和信息处理成本：金融中介可以集中处理信息，降低收集、分析和处理信息的成本，同时通过规模经济效应降低交易成本。

提供支付机制：金融中介提供便捷的支付机制，使得交易双方可以快速、安全地进行资金转移，提高金融市场的效率。

三、银行服务社会经济的基本功能

服务是商业银行的经营之本，也是其效益之源。商业银行通过为社会提供服务来促进社会经济的运行。从服务对象的角度来看，商业银行的业务可大致划分为公司金融业务与个人金融业务。从业务类型的角度来看，商业银行通过资产管理的方式，为客户提供投资组合管理和资产配置服务，以提高其资产价值、有效进行风险管理，并实现投资目标，这些业务统称为资金资管业务。

接下来将介绍商业银行在服务社会经济中的八个功能，这些功能构成了商业银行提供不同类型业务的基础。

（一）货币兑换功能

商业银行的货币兑换功能是指商业银行作为金融机构，提供货币兑换服务的能力。商业银行可以提供不同货币之间的兑换服务，使客户能够在需要时将一种货币兑换成另一种货币。这种兑换服务通常涉及国际货币，如将人民币兑换成美元，或者将美元兑换成欧元等。商业银行通过提供货币兑换服务，帮助客户实现货币间的转换和支付需求，促进了国际贸易和资金流动，同时也为自身创造了交易和服务收入。

（二）支付结算功能

商业银行作为社会经济贸易活动的主要金融服务提供者，通过开立账户、货币保管和支付等方式为社会经济活动参与方提供商品、劳务和资产交换的清算支付服务。此外，商业银行还以自身信用背书发行票据用于商业支付，即早期的银行券，以缓解金属铸币流通不足的情况。随着支付结算技术的不断发展和创新，银行支付结算功能显著提高社会货币化水平，经济活动参与者无须在购买过程中浪费时间和资源。从银行券到支票、信用卡、电汇，甚至现在的数字货币，这些支付方式的演变都加快了社会经济运转速度和财富积累速度。

（三）信用发现功能

商业银行通过对各类风险评估分析，包括宏观经济、金融市场、交易对手、投资主体、借款人、资产价格等，确定合理的资产负债结构。在宏观层面，资金价格反映出市场整体信用水平，具体体现在整体利率水平及其变化上。在微观层面，商业银行对经济主体、投资项目和借款人的分析判断，可以减少信息不对称和不确定性，从而实现信用发现功能，以专业能力提升社会整体储蓄的投资转化效率和扩大规模。

（四）货币创造功能

商业银行利用超额准备金向经济社会投放资金（发放贷款），使得银行系统内派生存款扩大，形成"贷款—存款—贷款"的循环，进而引起货币供应量的增加，这种现象又称为"货币创造"。银行系统可以创造数倍于原始存款的派生存款，加速社会资金周转，增大社会信用总量，促进商品经济和社会再生产，但货币制造能力受到法定准备金率的限制。

（五）资源配置功能

商业银行广泛聚集社会闲散资金，通过主动选择把资金投向具有效率的项目上，从而实现社会经济资源的重新调配。这种资源配置具有跨时空属性，一方面，可以消除资金余缺之间的地域限制，实现发达地区富余资金向不发达地区的流动，另一方面，可以将短期储蓄集中投放给长期投资项目，实现资金短期供给与资金长期需求的匹配。

（六）风险管理功能

风险是未来存在不确定性导致损失的可能性。银行体系不仅能够重新配置资源，还能有效地重新分配风险。简而言之，银行以其自身信用为保障，为厌恶风险的投资者（储蓄客户）提供相对稳定可靠的投资回报。通过专业管理能力，银行能够承担、吸收或转移风险，将客户所面临的外部风险内部化。利用多元化投资工具，为投资者分散投资风险提供了便利。

（七）降低交易成本功能

商业银行通过各类渠道实现资金集中管理和使用，加之专业化的信息汇集、生产和分析能力，为资金借出方降低信息收集成本，为资金融入方降低聚集资金所耗费的成本，在微观层面实现资金供需双方交易成本的降低，进而在宏观上降低社会整体资金运行成本，提升社会经济活动运行效率。

（八）经济社会调节功能

经济社会调节功能是资源配置功能在更高级别的社会层面上的表现。一方面，通过国家或政府引导，商业银行将有限的社会资源配置到社会经济发展需要的领域，尤

解密
商业银行经营管理之道

其是社会治理层面。例如，减少贫富差距和消除贫困；引导资金支持战略产业发展；解决区域发展不平衡，引导资源禀赋富余或发达地区资金向不发达地区流动，实现区域间资源余缺调剂；以及支持基础设施建设等。美国大萧条后施行的凯恩斯主义，政府为刺激经济增长，大力兴建基础设施，其资本来源正是借助商业银行的融资功能。这里，商业银行的经济社会调节功能，表现出一种较强的公共产品属性，可以显著提升社会综合治理水平，进而促进社会整体发展。

另一方面，20世纪的金融危机激发了人们对市场机制的深刻反思，这也是以国家干预主义为特征的宏观经济学建立的起点。人们逐渐认识到，必须高度重视货币政策在经济调节中的重要作用。而货币政策正是通过金融体系，尤其是央行和各金融机构，来影响经济运行的。规范商业银行经营行为，可以达到控制经济体和市场整体风险的目的，例如，大萧条以后美国接连出台了有关银行、证券、投资的一系列法案。政府通过各种方式参与金融活动，对经济进行调节以克服市场失灵。

阅读资料

商业银行功能的发展与变化

随着社会经济发展、科技革新、金融创新以及金融市场不断完善，八大功能中的部分功能不再是商业银行专有功能。例如，第三方交易（尤其是互联网支付）在社会上广泛应用，部分已取代商业银行传统支付模式；降低交易成本方面，由于金融市场繁荣发展，大量企业采取成本更低的直接融资手段，部分替代了商业银行原有功能；专业评级机构部分取代商业银行信用发现功能等。但有些功能仍然是商业银行独有的，如将风险吸收和内部化的风险管理功能，扩大货币供应的信用创造功能，以及具有政策导向的宏观资源配置功能等。

四、银行对社会经济发展的推动作用

从商业银行的发展历史可以看出，它在推动社会发展方面发挥了重要作用，不仅在过去改变了人们的生活方式，而且在当前更加注重有效促进社会进步、承担社会责任。这体现在它们积极发展绿色金融、普惠金融、科技金融和支持乡村振兴等方面。综合前文三个小节介绍的内容，可以看出一个清晰的逻辑链条，即商业银行的发展演化过程实际上围绕着推动社会经济发展这一核心目标展开。商业银行的功能、理论和业务三者相互交替，共同促进了其在社会中的地位变化和形态演进。

（一）银行金融功能是社会经济发展的基本动能

人类经济社会的每一次变革和发展，都是生产力和生产关系的相互作用所导致的结果。当我们具体考察商业银行的八个主要功能时，可以发现，一方面，这些功能实际上是社会生产关系在社会经济运行层面的具体表现，其功能效果则带来了社会生产

力整体提升。如货币兑换、支付结算、降低交易成本功能提升了社会资金使用效率、降低社会运行成本；信用发现、信用创造功能则可以显著扩大社会投资和生产规模，提升社会总体生产效率；资源配置功能可以有效改善社会资源配置结构；风险管理功能，则是通过微观层面控制，达到在宏观上降低社会经济系统性风险的效果。因此，作为金融机构的主要代表，商业银行功能的发展，虽然不像技术进步那样能够直接提升生产力，但是却通过提高社会经济运行效率，达到改善生产关系、提升生产力的目的，进而成为社会经济发展的动能。

另一方面，社会经济发展也给商业银行功能提出了新的需求，这种需求迫使商业银行通过改变经营和业务模式，在社会经济运行层面衍生或优化出新功能，来适应社会需求的变化，如信息和数字技术带来社会数字化发展，同时也要求商业银行支付结算、信用发现等功能由线下向线上转变。因此，我们可以认为，商业银行金融功能和社会经济发展是相互促进的关系。

（二）银行金融理论是社会经济发展的加速力量

从商业银行发展历程看，绝大多数历史时期内，商业银行主要功能发展、业务范畴拓展都是极为缓慢的。当我们考察17世纪以后商业银行的发展历程时可以发现，商业银行经营规则发生了显著变化，主要表现在经营模式快速演进、业务范畴不断扩大、产品创新层出不穷，且这种变化随着时间的推移，其加速趋势十分明显。

这种现象的核心原因是银行金融理论的快速发展。通过回顾前文，我们可以发现，商业银行经营的六个主要理论的发展过程与商业银行经营模式演进速度是基本保持一致的。事实上，一方面，在没有理论基础作为指导的前提下，人类所有社会经济活动都是以实践为主，在摸索中寻找发展规律，这自然制约了发展速度和创新节奏。这种现象在人类文明中普遍存在，不仅仅是商业银行发展所独有。而且当社会科学和金融理论取得突破后，商业银行发展呈现明显加速的趋势。一个典型例子是，在资本资产定价模型和期权定价模型理论被发现后，商业银行迎来大量创新业务，资金来源渠道和投资范围都极大扩充，经营模式发生根本变化，在整个行业内形成一种"理论创新导致蓝海市场"的效应。这种理论发展带来的边际效应不但极大地促进商业银行发展（体现在规模增长、经营效率提升、业务范畴扩大等方面），还通过商业银行在经济层面功能上的拓展，极大地促进了社会经济整体发展（正如我们前段所述）。

另一方面，我们也应当认识到，在缺少理论指导的历史阶段，社会经济发展为商业银行理论的发展提供了基础，例如，在15世纪以前，人们在商业活动中，无论是典当行、寺庙保管财物、包税者的资金借贷模式，还是依据真实商业活动的投融资业务雏形，都为后来的理论发展提供了重要实践依据。从某种程度上讲，早期商业银行的理论源自商业银行实践经验的总结，典型的是商业票据理论的发展过程，再如资产转换理论的形成，是从美国应对经济危机的一种实践经验发展而来。因此，社会经济发展与商业银行金融理论之间，也是一种相互促进的关系。

(三) 银行业务实践是社会经济发展的直接动力

商业银行各类业务是其推动社会经济发展的根本手段,决定了商业银行以何种方式、何种程度促进人类社会发展。商业银行的业务直接对接社会经济活动需求,是商业银行功能的具体执行方式,是商业银行经营理论的具体实践方法。商业银行业务模式可以是独立的,因为它可以单独为满足某种社会经济发展需求而创造。当货币兑换商演化为高利贷者,就体现出商业银行业务满足社会经济需求的独立性。但是,我们也要认识到,这种独立性既是金融创新的源泉,也是金融业务风险的来源。

(四) 银行功能、理论、业务与社会经济发展的内在逻辑总结

综上所述,我们可以将商业银行发展和社会经济发展总结为以下观点,即社会经济发展对人们商业活动效率提出了金融需求;商业银行为了满足这种金融需求,提出了新的金融功能;新的功能需求给商业银行经营理论提供发展空间;在经营理论成熟后,商业银行通过创新产品和构建新的业务模式,将理论实践化和现实化,开辟商业银行市场蓝海。与此同时,商业银行新业务和新模式能有效提升资金在商业贸易和金融市场中的使用效率,进而提升社会生产效率,改善社会生产关系,使其更加契合当前生产力水平,达到促进社会经济发展的最终目的。

当然,我们要注意到,这种逻辑是一种理想化的单一路径模式,而在更多历史时期,商业银行发展和社会经济发展之间的关系更多时候表现为相互促进和影响的关系,实践推动理论创新,理论指导实践操作。但究其根本,围绕社会经济发展这一核心,商业银行功能需求、理论创新和业务领域拓展,三者相互促进。

因此,银行作为一个古老的行业,其诞生和发展与人类交易活动和市场经济的发展密切相关。要理解现代商业银行的起源、发展脉络,以及为什么会在金融体系中具有各种不同的功能,必须掌握人类社会经济的发展规律,尤其是要理解这些规律在不同发展阶段,所产生的对金融体系不同层次的功能需求。更重要的是,要了解这些新的金融功能的产生,对社会经济发展又起到什么样的促进作用。商业银行发展的内在逻辑示意图如图 1-1-1 所示。

图 1-1-1　商业银行发展的内在逻辑示意图

分析与思考：

1. 银行发展的不同历史阶段是如何划分的，这样划分的主要因素是什么？
2. 金融理论是如何促进银行功能演化的？
3. 银行在不同发展阶段，各种金融理论与业务模式创新之间有何关系？
4. 促进银行发展的动力有哪些？这些动力未来还会继续存在吗？

第二章　银行的外部组织体系和内部经营模式

【学习目标】

1. 列举银行机构的主要类别
2. 陈述银行监管机构的类别
3. 阐述商业银行的主要经营模式
4. 陈述商业银行的组织架构

【内容概览】

1. 银行的外部组织架构
2. 银行的内部经营模式
3. 银行的内部组织架构

商业银行相关的金融组织体系由各种金融机构和组织构成，相互交织、相互依存，形成了一个庞大而复杂的网络。这个网络不仅关系到资金的流通与配置，还涉及金融服务的广度和深度，对于国家经济的健康运行具有不可替代的作用。商业银行作为金融体系的核心机构，其经营模式与组织架构是支撑其稳健运营和持续发展的基石。在市场经济的背景下，商业银行不仅是经济发展的参与者，更是金融服务的提供者和经济运行的重要调节者。因此，深入了解商业银行的经营模式与组织架构，对于理解金融体系的运作机制、提高金融从业者的专业素养具有重要意义。

按照上一章所述，银行的诞生源于社会经济活动需要，其演变历程和逻辑与社会经济发展程度密切相关，这决定了商业银行将广泛参与社会经济活动，与各类经济实体进行经济交互。本章将首先介绍商业银行在单一经济体内和国际上所涉及的组织体系，其次，我们将聚焦于商业银行自身形态，从组织架构和经营模式两个维度解析商业银行。

一、银行的外部组织架构

（一）单一经济体的银行相关组织体系

1. 中央银行

中央银行是国家中居主导地位的金融中心机构，是国家干预和调控国民经济发展的重要工具。中央银行负责制定并执行国家货币信用政策，承担主权实体货币的发行，以及金融市场、金融机构监管等职责。

中央银行的特点主要表现在两个方面。第一，中央银行是"银行的银行"，既可以给商业银行贷款，也可以利用国家信用担保发行货币，保持货币供给量与货币需求量，从宏观经济角度控制信用规模。第二，中央银行负责制定利率政策。作为一个中央机构，中央银行负责统一制定全国银行存款、贷款、债券的利率，实现统一规范和管理。

2. 监管机构

金融监管机构，是依据国家法律成立的对金融体系进行监督管理的机构总称。其主要职责包括，按照规定监督管理金融市场、发布有关金融监督管理和业务的命令和规章、监督管理金融机构的合法合规运作等。商业银行属于金融机构的一种，对其行使国家监管职能的监管机构一般为中央银行，或者承担银行业监管职责的金融监管当局。

3. 政策性银行

政策性银行是指由政府创立，以贯彻政府的经济政策为目标，在特定领域开展金融业务，不以营利为目的的专业性金融机构。政策性银行专门为贯彻、配合政府社会经济政策或意图，在特定的业务领域内，直接或间接地从事政策性融资活动，充当政府发展经济、促进社会进步、进行宏观经济管理的角色，其重要作用在于弥补商业银行在资金配置上的缺陷，从而健全与优化一国金融体系整体功能。政策性银行一般包含开发银行、进出口银行和其他专业银行三类。

开发银行是专门为经济开发提供投资性贷款的专业银行，由国家设立，为本国经济发展和开发服务，其资金来源主要是在国内发行债券或国家资本。

进出口银行由政府成立或控制，是专门经营对外贸易信用的银行，主要业务是各种进出口信贷，目的是支持对外贸易发展。

其他专业银行包括：专门经营农业信贷的农业开发银行，或是专门从事以土地、房屋和其他不动产为抵押的办理长期贷款业务的抵押银行。

4. 商业银行

商业银行是通过存款、贷款、汇兑、储蓄等业务，承担信用中介的金融机构。

5. 投资银行

投资银行是资本市场上的主要金融中介，主要从事证券发行、承销、交易、企业重组、兼并与收购、投资分析、风险投资、项目融资等业务。投资银行的资金来源主要是发行股票和债券。在允许混业经营的地区，商业银行可通过不同方式从事投资银行业务。投资银行是证券和股份公司制度发展到特定阶段的产物，是发达证券市场和成熟金融体系的重要主体，在现代社会经济发展中发挥着沟通资金供求、构造证券市场、推动企业并购、促进产业集中和规模经济形成、优化资源配置等重要作用。

（二）国际经济领域的银行相关组织体系

1. 监管机构

国际银行业监管机构为巴塞尔委员会，是国际清算银行常设监督机构，虽然其本身不具有法定跨国监管的权力，但由于其成员为世界主要经济体（已包括27个主要国家和地区），其监管标准和指导原则在国际银行业被广泛采纳和应用。

2. 专门国际组织

专门国际组织是指按照不同宗旨和目标，为主权国家或者地区提供长短期资金和结算服务的国际组织，其共同目的是促进区域经济发展和金融稳定。例如，为特定区域或成员国经济发展服务，资金来源为成员国共同出资的开发银行，包括世界银行、亚洲开发银行、亚洲基础设施投资银行、欧洲复兴开发银行等；为主权国家国际收支平衡提供短期资金和抒困资金的国际货币基金组织；为各国央行提供清算服务的国际清算银行；为欧盟欧元区制定实施统一货币政策和发行欧元的欧洲央行；提供国际结算服务的三大国际清算系统（SWIFT、CHAPS、CHIPS）。

阅读资料

中国商业银行涉及的社会组织体系

1. 中国人民银行。中国人民银行及其分支机构，主要负责我国金融发展和安全，货币和信贷政策的制定和实施，履行最后贷款人责任，监督银行间债券、货币、外汇等市场和相关衍生品，人民币汇率政策和管理，国家支付体系建设实施，经营国库和反洗钱，建立社会信用体系等。

2. 国家金融监管总局。新中国成立至2023年3月，我国金融监管体系经历了三个阶段，分别为计划经济下的混业监管（人民银行统一领导时期）、市场经济逐步活跃后的分业监管（"一行三会"时期）、经济新常态下重回混业监管（金稳委成立、"一行两会"时期）。

2023年3月，在原银保监会基础上，组建国家金融监督管理总局。由此，中国金融监管体系从"一委一行两会一局"转变为"一委一行一总局一会一局"（国务院金融稳定发展委员会、中国人民银行、国家金融监督管理总局、中国证券监督管理委员会、国家外汇管理局）的综合监管体系，延续了2017年以来从分业监管向综合监管的发展趋势。

在这样的监管体系下，国家金融监督管理总局统一负责除证券业之外的金融业监管，其中包括对政策性银行和商业银行的监管职能。

3. 政策性银行。中国进出口银行和中国农业发展银行是国内的两大政策性银行，分别主要承担国内大型机电设备进出口融资业务和农业政策性扶植业务，均直属国务院领导。

4. 开发性金融机构。国家开发银行成立于1994年，是原直属国务院领导的政策性银行。2015年3月,国务院明确国家开发银行定位为开发性金融机构。国家开发银行是全球最大的开发性金融机构,中国最大的对外投融资合作银行、中长期信贷银行和债券银行。

5. 商业银行。主要有三类:第一类是国有银行,包括工商银行、建设银行、农业银行、中国银行、邮政储蓄银行、交通银行。第二类是股份制银行,如招商银行、中信银行、民生银行、华夏银行、浦发银行、广发银行、光大银行、平安银行等。第三类是地方性银行,如各地方城市商业银行、农村商业银行、村镇银行等。

6. 投资银行,主要是各类证券公司。

二、银行的内部经营模式

(一)分业经营与混业经营

1. 分业经营

分业经营是指对金融机构业务范围进行某种程度的"分业"管制。通常所说的分业经营是指银行、证券和保险业之间的分离,有时特指银行业与证券业之间的分离。实行分业经营的金融制度被称为分离银行制度或专业银行制度。

2. 混业经营

混业经营是指银行、证券公司、保险公司等机构的业务互相渗透、交叉,而不仅仅局限于自身分营业务的范围。这种混业经营模式又被称为"全能银行制度"。在此种模式下,没有银行业务之间的界限划分,各种银行都可以经营存贷款、证券买卖等业务。每家银行具体选择何种业务经营则由企业根据自身优势,各种主客观条件及发展目标等自行考虑,国家对其不作过多干预。

关于混业经营主要有:第一,实行全能银行制的德国、奥地利、瑞士及北欧等国模式,商业银行可以不受任何限制地从事各种期限的存款、贷款以及全面的证券业务;第二,实行金融控股公司制的美国模式;第三,实行金融集团制(银行母公司制度)的英国模式。

20世纪90年代以来,一向坚持分业经营的美国、日本等国纷纷解除禁令。1998年日本《金融体系改革一揽子法》和1999年美国《金融服务现代化法案》,标志着以日本和美国为代表的分业经营制度最终结束。

事实上,混业经营可以提高投融资和资金使用效率,但是必须加强监管,建立完善防火墙机制,防止集团内风险交叉传染和扩大。近年来,我国监管改革,以及2010年美国沃克尔法则均参照了这个原则。

> **小看板**
>
> **中国银行业混业经营和分业经营历史概述**
>
> 我国在1993年以前为混业经营,之后执行分业经营,至今在《商业银行法》《证券法》《保险法》等中还明确银行、保险、证券三类公司不得相互从事业务。但是,中国还是存在金融控股公司,如光大集团、中信集团等,以及商业银行集团,如建行集团等。2020年,监管机构加强金融控股公司管理,先后从准入、监督管理和主要人员任职备案规定上入手加紧相关领域的规范。

(二)单一银行制度、分支行制度与银行控股公司制

1. 单一银行制度

单一银行制度即商业银行只有一个独立的银行机构,不设立分支机构。实行单一银行制度的商业银行在经营管理上较灵活,但其经营范围受到地域的限制,难以在大范围内调配资金,风险抵御能力相对较弱。实行这种制度的国家主要是美国,这种制度可以在一定程度上限制垄断,提倡自由竞争,但近年来也有向分支行制度转化的倾向。

2. 分支行制度

分支行制度是指设有总行和分支行的银行体制。法律允许银行在总行之下,在国内外各地普遍设立分支机构,形成以总行为中心的庞大银行网络。总行一般都设立在大城市,分支行所有业务都统一遵照总行指示办理。我国商业银行均采取分支行制度。

3. 银行控股公司制

银行控股公司制是指由少数大企业或大财团设立控股公司,再通过控制和收购两家以上银行股票所组成的公司。银行控股公司制的组织结构在美国最为流行,它是规避政府对设立分支机构进行管理的结果,已成为美国及其他一些发达国家最有吸引力的银行组织机构形式。美国花旗银行是银行控股公司制的典型例子。到20世纪90年代,美国的银行控股公司控制着8700家银行,掌握着美国银行业总资产的90%。

三、银行的内部组织架构

(一)事业部制与矩阵制

1. 事业部制

其组织结构也称M形结构或多部门结构、产品部式结构、战略经营单位。所谓事业部制,就是按产品或地区设立事业部(或大的子公司),每个事业部都有自己较完整的职能机构的一种组织设计方式。这是一种高层集权下的分权管理体制,遵循分级管理、分级核算和自负盈亏的原则。

2. 矩阵制

矩阵制是指由职能部门系列和为完成某一临时任务而组建的项目小组系列组成，管理者既同原职能部门保持组织与业务上的联系，又参与项目小组的工作。

（二）决策系统、执行系统与监督系统

1. 决策系统

决策系统由股东大会、董事会，以及董事会下设各类专业委员会组成。

2. 执行系统

执行系统包括各级行长、副行长、业务部门以及经营机构等。负责执行董事会的决议，组织开展银行的各项业务经营活动。

3. 监督系统

监督系统由监事会、董事会下设各种检查委员会、稽核部门组成。其中，监事会由股东大会选举产生，代表股东大会对商业银行的业务经营和内部管理进行监督。

阅读资料

中国某银行组织架构

中国某银行股东大会选举产生董事会。

董事会下设战略发展委员会，审计委员会，风险管理委员会，提名薪酬委员会，关联交易、社会责任和消费者权益保护委员会5个委员会。

董事会下设高管层，行长由董事会任命。高管层下设专业委员会、综合性委员会2大类委员会，管理6大板块职能部门、子公司和境内外分支机构、审计机构等。

专业委员会包括公司金融、普惠金融、资金资管、个人金融、消费者权益保护、金融科技数字化建设6个委员会。综合性委员会包括资产负债管理、风险内控管理、综合化经营管理3个委员会。

部门层面包括公司金融、资金资管、个人金融、风险管理、科技渠道、综合管理6大板块共计44个职能部门。

子公司层面包括保险、基金等17家子公司。

分析与思考：

1. 在单一经济体内，银行的外部组织架构是怎样的？
2. 分业经营和混业经营模式有哪些优点和缺点？
3. 请分析事业部制和矩阵制各自的优点和缺点；未来银行可能采取哪种经营模式？

第三章　银行的发展与转型

【学习目标】

1. 列举银行1.0到银行4.0发展的主要特征，掌握其阶段划分的核心要素
2. 阐述银行发展的方向

【内容概览】

1. 从银行1.0到银行4.0
2. 未来银行全景展望
3. 未来银行组织架构

商业银行作为金融体系的关键组成部分，在不断变化的经济环境和日益复杂的市场竞争中，经历了多次发展与转型的浪潮。其发展与转型既是对外部环境变化的响应，也是内部机制不断优化和创新的体现。深入探讨商业银行的发展与转型，不仅有助于理解银行业在经济体系中的角色演变，更为关键的是能够为银行在未来不断变化的环境中找到可持续的发展路径。

在前两章，我们从自然演化的历史角度回顾了商业银行的过去，简要论述了商业银行由何而来，梳理了当前商业银行存在的不同形态。而接下来的内容，我们将转换维度，从商业银行服务客户的视角，重新划分15世纪以来现代商业银行的发展阶段。最后，我们将初步探索商业银行去向何处，即商业银行未来将朝哪个方向发展，以及商业银行的未来模样。

一、从银行1.0到银行4.0

本小节内容将从服务客户的视角阐述商业银行的发展，这将有助于我们更好地理解影响商业银行未来发展趋势的关键要素——如何服务客户。

（一）从银行1.0到银行3.0：现代银行发展路径

按照前文所述，商业银行自诞生之日起，大体经历了七个发展阶段。这七个发展阶段是按照商业银行在社会经济发展的不同历史时期，依据其所提供的不同金融功能来区分的，是一种基于功能观的视角。但是，我们必须深刻地认识到，商业银行作为金融服务行业中的重要机构，其经营发展的根本是始终坚持"以客户为中心"的经营

理念，尽可能利用各种资源禀赋和技术手段，满足客户的金融需求，不断为客户提供更便捷、更优质的服务体验。

重新审视商业银行漫长的发展历程，无论是地中海沿岸城邦里板凳上的货币兑换商，还是寺庙里的财务保管者，无论是明清时代遍布中华大地的票号，还是19世纪初纽约华尔街上熙熙攘攘的银行大堂，对于有金融需求的客户而言，他们共同的特点是建立在以物理网点为基础的服务模式上。在很长一段时间里，金融中介服务一直建立在社会个体之间进行面对面交流和互动的基础上。

然而，当我们站在充满科技变革的当今时代，不难发现大堂里客户逐渐减少，业务办理流程逐步实现线上化。这一切变革的根本源于20世纪60年代以来信息技术的飞速发展和21世纪初数字科技的进步，科学技术的不断进步推动了商业银行经营模式的演变。

重新审视商业银行发展变革的历程，数字科技的发展正在推动商业银行走向数字化未来。具体而言，从信息和数字技术发展创新的角度来看，商业银行的历史演进可以划分为以下三个阶段。

1. 银行1.0时代

银行1.0是历史上最传统的银行模型，可以追溯到意大利一家世界上最古老的银行，从1472年延续到20世纪80年代。在此期间，商业银行是完全以物理网点为基础的原始业务形态，人们只能在有银行网点的地方获得银行服务，这种状态在数百年间并没有发生质的变化。我们今天仍然可以看到这些银行的古老建筑和标志，甚至还是某家银行的一个网点。这表明在几百年的历史中，银行的模式并没有发生特别重大的改变。

银行1.0时代，网点运营形态经历了多轮的革新。随着银行更加注重客户服务体验，网点从传统柜台模式开始向功能分区、差异化经营、分层服务等方向转变，开始出现现代化零售网点管理模式，并由传统交易型网点向服务营销型网点转型。伴随着科技发展和IT技术广泛应用，越来越多的银行开始重视零售领域业务发展，网点逐步成为银行服务营销的核心阵地，以网点产能提升为中心任务推动多方面的转型，如网点经营、网点定位以及基于网点的多渠道营销配合等，都成为商业银行重点探索方向。

总而言之，银行1.0时代的本质，体现在传统物理网点对于商业银行金融业务的必要性上，是社会个体之间通过直接信息交互，达到满足双方金融供需和提供中介服务的目的。

2. 银行2.0时代

始于20世纪60年代的信息技术革命推动了信息和电子技术的快速发展，推动了电子计算机的普及应用，计算机与现代通信技术的有机结合。该时期商业银行的经营模式从1.0进入了2.0时代，标志性的事件就是自动取款机（ATM）和POS机的发明和普及。

ATM是一种高度精密的机电一体化装置，利用磁性代码卡或智能卡实现金融交易的自助服务，从而代替银行柜面人员业务服务，主要功能包括账户查询、现金存取、转账、支票、存折和办理其他中间业务等。自诞生以来，ATM不断发展演化，广泛分布在各种人口密集场所,给人们的生产生活带来诸多便捷。

POS机全称为销售点情报管理系统,其配有条码或OCR码技术终端阅读器,有现金或易货额度出纳功能。将其安装在信用卡的特约商户和受理网点中,与计算机连成网络,就能实现电子资金自动转账,具有支持消费、预授权、余额查询和转账等功能,使用起来安全、快捷、可靠。

这一时期还诞生了商业银行明星产品——信用卡,为后来蓬勃发展的消费金融奠定了基础。信用卡和POS机可以被称为银行业务的最佳搭档,它们在银行、商户、客户之间建立了更为直接的联系,在方便客户日常交易的同时,极大地扩充了银行零售获客渠道和交易场景,更为其他业务创造了协同效应空间。

20世纪90年代,随着电子信息技术发展步入互联网时代,网上银行开始兴起,人们在家里利用互联网和个人电脑,就能办理银行业务。

自助设备、网络设备、信用卡等,这些创新模式所提供的全天候服务,打破了传统物理网点服务在时间和空间上的限制,具有里程碑意义。它们的出现,不仅仅使得人们能更加方便自由地享受金融服务,更重要的是,它们使得银行发展迈进自动化阶段,这些变革为之后银行向更加快捷的数字化、智能化演进奠定了基础。

阅读资料

ATM的发展历程

1967年,伦敦北郊的英国巴克莱银行安装了世界上第一台自动取款机(ATM),发明者巴伦将其命名为"自由银行"。两年后,大洋彼岸的美国人唐·韦策尔花费500万美元,也独立开发出自动取款机并申请专利。两人虽然分别独立完成ATM的设计研发,但却是美国花旗银行掌门人沃斯通的全面布局战略,才让这台机器真正影响了金融历史和人们的生活。沃斯通累计投入1.6亿美元,完成了花旗银行ATM覆盖纽约的布局,不但将花旗银行从破产边缘挽救回来,还实现了银行人机服务模式的革新。此后,ATM快速更新和发展,出现具有多种金融功能的自动柜员机,银行业务终于走出了物理网点柜台,人们不用走进银行网点就可以享受到银行的服务。20世纪80年代,纽约6家主要银行成立了纽约现金交易所网络,还实现了ATM的跨行取款功能。

时至今日,全球ATM数量约350万台,平均每2000人就有一台ATM。随着信息技术的飞速发展,ATM也已经从初期单纯提取货币的机器,演变到CRS(存取款一体机)、VTM(远程视频柜员机)等类型,扩展了人脸和扫码识别、无卡业务办理以及金融产品购买等丰富多样的功能,科技化、智能化、便捷化程度越来越高。

3. 银行3.0时代

银行在经历自助设备、网上设备发展的阶段后,迎来了3.0时代,其主要标志是移动互联网和智能手机的广泛应用。电子信息技术的持续发展是推动银行客户服务模式向 3.0 转变的主要动力，速度更快、覆盖更广的无线传输技术，算力更强、体积更小的数字芯片，更人性化的智能终端，给银行提供了更加广阔的空间。消费者可以在任何时间、任何地点登录手机银行，享受金融服务，这样的转变彻底打破了传统银行物理网点的局限。

在银行 3.0 时代，商业银行面临很多新变化和新挑战。第一，金融科技倒逼变革。随着信息传输、互联网、人工智能、芯片等技术的快速发展，社会和经济活动平台化、网络化、数字化、智能化趋势明显，金融科技实力已经成为银行提升市场竞争力、应对时代变化、实现数字化转型发展的重要内生能力。围绕客户金融需求构建完善的自主科技创新体系和数字生态，是商业银行在 3.0 时代面临的重要挑战。第二，经营方式线上同质趋向明显。网上交易规模迅速攀升，第三方支付结算比重快速增长。互联网金融服务逐步取代线下物理网点功能，网点不再是客户渠道和收入来源的主要依托，网点定位和运营面临转型压力。智能手机和无线网络技术飞速发展，导致线上业务广泛普及，商业银行金融服务同质化程度增加，产品差异性和辨识度主要在于客户线上服务体验方面。互联网时代多样便利、信息渠道广泛，人们投融资选择更多，不再单纯以银行金融产品为主。第三，盈利模式面临显著挑战。利率市场化和金融脱媒趋势显著，不但同业间竞争压力增大，大量非金融机构涌入金融服务市场，息差和中间业务收入均受到挤压。

（二）银行 4.0 趋势：数字科技将颠覆银行业态

银行 1.0 以物理网点为中心，银行 2.0 以自助服务为标志，银行 3.0 则是由智能终端引发"随时随地满足需要"的银行服务阶段。而银行 4.0 的发展趋势，则是"银行生态系统将会扩张到金融服务以外"。银行 1.0 至 4.0 主要变化如表 1-3-1 所示。

阅读资料

表 1-3-1　　　　　　　银行 1.0 至 4.0 主要变化

阶段	时间	名称	服务方式	典型特征
银行 1.0	12 世纪以来	网点银行	物理网点	以物理网点为中心提供服务，人们只能在有银行网点的地方获得银行服务
银行 2.0	始于 1960 年	自助银行	ATM、POS 机、网上银行	自助服务，线上渠道自助设备提供全天候服务，打破时空限制
银行 3.0	始于 2007 年	互联网银行	智能终端、无线网络	随时随地，移动银行与智能手机让用户随时随地办理业务，通过互联网将银行的服务触达客户
银行 4.0	始于 2017 年	智能银行	人工智能（AI）、虚拟现实（VR）、云技术大数据、物联网、区块链、5G 等技术	嵌入式、实时智能金融业务无处不在，搭建数字化、生态化、智能化运营平台

这种阶段划分，核心是"以客户为中心"银行服务模式的进化，而具体表现则是客户获取金融服务时所耗费的时间和精力成本不断降低。从银行1.0到3.0时代，站在客户角度看，从"必须去物理网点办理业务"、"大量面签文件"和"反复沟通调查确认环节"等，逐渐变为自助方式、远程线上、智能反馈、随时随地享受金融服务，客户可以方便快捷获取实时、即时反馈的金融服务。

在银行4.0时代，商业银行所提供的客户服务旨在更好地满足用户的金融需求，由商业银行提供以在线化、智能化为基础的，全渠道、无缝式、定制化的数字化服务，满足客户快速变化且不断提高的预期，客户可以随时随地获得量身定制的银行服务。这种服务是无感知、无处不在、无时无刻、如影随形的无摩擦金融服务，有个性化和植入式的体验，要求商业银行成为场景化的开放式银行，而其背后是银行科技金融、智能平台、数字生态、灵活架构等方面的内生能力支撑。

银行4.0时代的变化不仅是科技的更迭，最关键的是"思维模式的转变"。银行须将自己视为"领有银行执照的科技公司"，从经营管理的根本上推进转型。具体来说，银行4.0时代转型主要包括以下六个方向。

1. 数字化转型

数字银行是银行数字化转型的目标。数字化的本质是一系列面向客户的科技创新，数字银行的本质就是在流程、数据、分析、IT和组织结构（包括人才和文化）上开展协同调整。银行通过数字化的技术手段，为客户提供最佳的服务体验，改善客户端与生产端的信息不通畅和不对称问题，解决传统技术带来的需求瓶颈，最大限度地满足群体性需求，甚至可以激发新需求并且创造新的商业模式。

银行数字化转型分为三个层次。第一层次是数字化战略和顶层设计，包括战略目标、实施路径、蓝图规划、组织架构、配套资源和保障机制。第二层次是流程、机制和能力建设，需有序地推进各个领域、各业务条线的数字化流程、机制和能力建设。其中，前台应当以提升客户体验为核心开展，中后台应当以提高工作效率、支撑前台工作为目标开展。第三层次是数据和IT基础建设，这是数字化转型的重要基础，包括数据管理和应用能力、数据合作能力及IT基础三个方面。

商业银行应加强与金融科技公司的紧密合作，共同推动行业创新与数字化发展。金融科技公司通常具有更高的创新能力，采用先进的技术，可以帮助传统金融机构更快速地实施数字化战略。通过此类合作，商业银行可以提升客户体验，降低运营成本，加强风险管理，并在合规性和安全性方面得到强有力的支持。

2. 场景化融入

金融服务场景化已经成为趋势，银行所提供的绝大部分服务将基于场景化需求，如儿童储蓄、小额即时消费等微粒化的场景。这些场景在业务规模、风控、流程、客户感知等各个方面有着不同的需求，其中部分场景化服务还需要与合作伙伴无缝对接集成，并受到外部环境因素的显著影响。因此，数字科技必须具备场景化的能力，适应不同场景下对数字科技在弹性、可靠性、可融合性等方面不同的需求，以此支持银行金融场景化发展，获取长期客户。场景化中的银行形成新模式，如作为生产者的"非捆绑式银行"、作为分销商的"隐形银行"、作为市场的"生活方式银行"等。

3. 平台化协作

平台是指连接两个或多个特定群体，为其提供行为规则、互动机制和互动场所，并从中获取盈利的一种商业模式，其具有规模化、价值创造、用户反馈回路等优势。在平台变革兴起之前，大多数公司的商业模式为线性价值链，线性价值链是一步步创造和传递价值的简单单向过程。而在平台模式下，企业、顾客、平台本身都进入一个多变的关系网之中，价值不再是企业到客户的单向流动，不同的角色在不同的时间都可以利用平台的资源与其他人进行连接和互动。商业银行有望通过提升综合化服务和加强跨界合作来实现业务的创新和增长。通过与证券、保险、基金等金融机构建立紧密的合作关系，传统银行可以整合支付、贷款、投资、保险等多元化业务，实现一站式综合金融服务，通过数字化技术提供更灵活、个性化的金融解决方案，更好地满足客户的多元化需求，提升客户体验。

4. 生态化拓展

银行4.0将向开放生态转型，实现业务模式的变革，打造生态化的价值链，从而让银行的服务渗透到各种场景中。银行生态化转型的核心特征是构建以银行为中心的生态系统，充分整合自身与外部的产品、服务、渠道、后台等。客户是生态系统的核心，这类银行通过核心平台的建立连接了客户和生态系统中的不同参与者，如基础设施提供商、产品提供商、服务提供商、数据分析商等。这种生态的联合创新共赢并非简单的泛化生态，而是与关键的生态领导者实现高价值的业务互通与生态创新共赢。

平台生态系统较传统业务模式有三个不同点：第一个不同点是以客户需求为中心而非以产品、服务为中心，平台生态系统引入的不同参与者能够围绕客户需求提供不同的产品和服务，使得客户的核心需求和衍生需求在同一个生态系统中得到满足；第二个不同点是平台生态系统以数据平台为支柱，客户及交易信息会在平台中存储和共享，使得生态系统的参与者能够精准捕获客户需求，并充分利用已有数据简化客户交易操作、提升客户体验；第三个不同点是平台生态系统由多个不同类型的公司/服务商组成网络，通过这些机构间的竞合共同完成满足客户需求的目标。对于生态系统的构建者来说，构建生态系统的根本目的在于吸引新客户、挖掘原有客户的新需求、扩大企业业务规模或业务范围，进而实现企业盈利、品牌价值双提升。

5. 敏捷化组织

当今世界市场正处于"VUCA"（波动、不确定、复杂与模糊性）的环境中，企业为了在竞争中生存，需要变得更加敏捷以适应环境，有关"敏捷组织"的讨论和课题应运而生。银行业同样面临着诸多挑战，包括瞬息万变的环境带来日新月异的需求、颠覆性技术推陈出新、数字化和信息透明化进程加快以及人才争夺加剧。因此，敏捷化转型也是银行转型发展的必经之路。

对一家银行而言，"敏捷"主要体现为前台的营销人员能够快速洞察客户需求，后台的体制机制能够及时响应客户需求，为客户提供专业的、有温度的金融服务。敏捷转型需要打破部门壁垒和组织"孤岛"、优化和精简组织流程、提高绩效考核质量等，业务互动模式在原来以纵向直接沟通为主的基础上，增加了横向协作以及业务部门和IT部门之间经常性的互动。敏捷转型并非意味着会带来混乱，相反，敏捷组织是既稳定又充满活力的一种组织模式。一般来说，敏捷转型需要遵循以下四条原则。

第一，组织架构以产品为导向。围绕产品来分配信息技术（IT）资源，集业务领导、开发人员和组织内其他成员之力，组成稳定的端到端团队，专注于特定业务成果的交付。第二，业务部门与IT部门加强互动。打破业务部门与IT部门之间各自为政的状态，实现更加高效、紧密的合作，高效的决策流程能够消除开发阶段的瓶颈并提高生产力水平。第三，重新定义管理人员的角色与责任。管理者更趋向于成为教练和导航者，鼓励团队自主决策，提高团队的自治水平和责任意识，组织结构变得更加扁平和灵活。第四，调整预算和规划模型。总预算仍逐年制定，但会逐月或逐季度回顾工作路线图和计划，并持续对各项目的优先次序进行调整。另外，探索"风投式"预算模型：先为最小可行产品提供初始资金，基于用户反馈改进后，再重新投放市场，后续资金支持则视最小可行产品的市场表现而定。

6. 国际化战略

商业银行应当制定并实施具体的国际化战略布局，以积极拓展其在国际市场的影响力。为达到此目标，银行需通过多管齐下的努力，提升其全球竞争力。首先，应积极参与并深度拓展海外市场。这可通过设立分支机构、与当地金融机构建立合资企业或其他形式的业务合作来实现，这将有助于提升银行的国际影响力。其次，应致力于完善跨境金融服务相关系统流程。这包括建立高效的跨境支付、结算和融资服务体系，以降低跨境交易的成本。再次，加强与国际先进金融机构的合作与交流，汲取先进的经验、技术和管理模式，拓展国际业务网络，以提高自身的创新能力和业务水平。最后，密切关注国际金融市场的动向，灵活调整战略，积极参与国际性的金融合作机制和国际性金融规则的制定过程。

二、未来银行全景展望

基于未来银行发展面临的挑战及关键要点，结合国内外领先实践及行业洞察，我们尝试着搭建未来银行全景图。未来银行应当具备三个基础能力，即领先技术的创新应用能力，智能中台建设拓维能力、智能科技研发迭代能力，并以此为基础拓展十个模块。主要包括价值、愿景与目标，生态战略，客户战略，组织与人，产品，风控，孵化，敏捷，子公司，资本市场等（见图1-3-1）。

价值、愿景与目标：面向未来极具变革性与开放性的商业环境，银行需要重新审视客户在其价值主张中是否处于中心位置，以及再造价值表达与价值传递的方式，把赋能更广泛的金融与非金融相关方纳入愿景，同时，结合自身禀赋与基因完成对商业环境的聚焦，以精准化的战略定位、精细化的战略目标，助力精深化的业务模式落地。

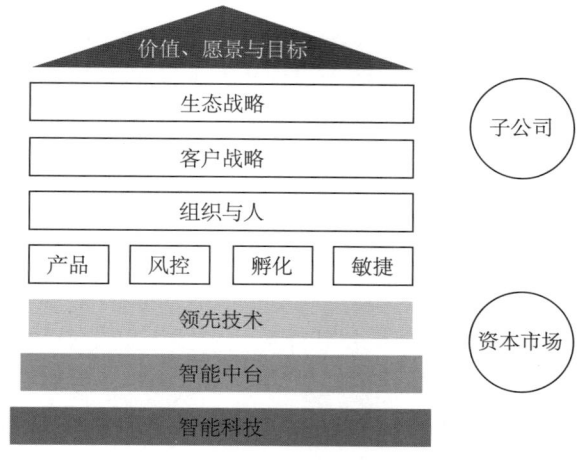

图 1-3-1　未来银行全景图

生态战略：在未来，专业化分工趋势将持续演进，银行需要适时回归金融本源，以专业促合作，以开发换发展，以核心银行能力为中心向泛银行能力拓展，通过核心银行生态的重塑，辐射影响泛银行全生态的变革。银行将跳出原有和客户交互的闭环式内向型生态，向孵化式的外向型生态不断延展。

客户战略：未来银行客户战略的核心在于重构客户关系，包括每一次交互中客户与银行彼此感知的重构。银行将比客户更了解客户自身，以无感、无界、无痛、无限的方式深度融入客户生活，颠覆客户对于银行商业形态的认知。新型的客户战略也将永久改变银行围绕利润传递构筑的传统价值链，让客户体验成为贯穿银行价值链脉络的血液。

组织与人：未来银行组织必须具备学习型的特征，时刻准备在外部复杂条件交汇形成的"完美风暴"中快速适应并保持平衡。银行将打破条线与行业藩篱，培育组织与个人跨界的终身学习能力，并持续将创新成就转化为配套的制度化建设，让组织变革成为组织发展的长效路径。

产品：未来银行塑造的金融产品将实现从内生型产品工厂向外向生态型产品融合的转变。未来银行的产品并没有改变金融业作为信用中介的本质，而是通过科技的加持和产品设计流程的重塑，进而在用户思维和业务形态上实现基于体验的效率革命。未来银行的产品将由数据与模型作为核心驱动，通过大数据的深度应用以及实时金融决策平台的支持，实现用户个性消费金融需求与金融产品服务、批量化的资金与资产的实时匹配和对接，全面覆盖广泛场景下客户的多样化需求。

风控：未来银行的风险控制将成为银行主要的竞争力，同时风控输出的商业模式也将日益清晰。未来银行利用金融科技的应用及自身基础设施的数字化改造，强化信用中介的定位，通过以大数据支撑的场景洞察和以体验设计为基础框架的信用体系，借助全新风控理念与工具，抢占高频、场景、生态的战略制高点，向社会各个场景输出风险管理的能力及客户信用的精准化应用。

孵化：未来银行的数据、系统、业务等层面的开发将大幅提升商业环境的裂变速度，充分拥抱不确定性的孵化模式是应对高动态性业态的绝佳选择。未来银行的孵化基础设施将对内外部创新者开放，资源与创意结合形成的领先成果也会反哺银行业务，并以模块化的形式外溢至生态内的其他相关方，推广标准，实现赋能。

敏捷：敏捷将对未来银行产生深远的影响。它推动银行拥抱更灵活的组织结构，更快速地推出新服务，整合人工智能、区块链等先进技术。客户导向成为关键，银行需建立创新文化，注重用户体验。同时，敏捷帮助银行更好地管理风险，通过迭代和快速反馈不断改进业务，使银行能更适应市场的变化，提高竞争力。

子公司：子公司的组织形式是未来银行商业模式不断专业化、结构化细分趋势的体现。银行集团内部子公司除了在价值链上协同合作之外，也将开展有序的良性竞争，通过银行内部的自我颠覆，培育出应对快速变化商业格局的关键能力。子公司应率先充当母行的卓越中心，继而助力并推进母行成为行业的卓越中心。

资本市场：未来银行创新生态的构建与业务创新的流程将和资本市场紧密结合。市场将见证传统银行的价值再造过程，实现对于银行市值的重新定位。从资本市场获得助推后，银行可进一步加大对于创新的投资与激励的投入，完成创新的良性循环。

三、未来银行组织架构

（一）未来银行组织架构特点

商业银行作为组织，其目标既包括为客户创造价值，又涵盖执行国家经济政策、维护国家金融秩序等社会目标。过去，银行组织普遍采用了封闭式的科层制管理模式，其中管理者负责计划与监督，员工执行标准化操作。这种架构在规模化生产的工业企业和行政机关中适用，但在数字化时代面临适应性不足的问题。

科层制的垂直管理结构使得前台业务单元难以灵活应对客户的需求变化，过于正规化的管理模式也可能限制员工的创造力和自由。在内部管理上存在缺陷，因此商业银行迫切需要调整其组织目标和架构，以适应数字化时代的要求。

创新的数字化转型组织架构：为适应数字化时代的要求，商业银行需要向横向协作、扁平化管理、业技融合的数字化组织转型。该架构旨在推动银行组织更好地适应自动化流程和智能决策的环境，以实现以客户为中心的经营模式转变。

适应交易与融资场景的迁移：组织变革的首要任务是帮助银行适应交易与融资场景的迁移。数字化时代的商业银行需要灵活调整信贷策略，满足客户在线上消费贷、小微企业贸易融资等新场景下的融资需求。

内部流程的数字化再造：为提高决策效率，数字化时代要求商业银行进行内部流程的数字化再造。通过采用先进的数字化工具，银行可以更迅速地响应市场需求，优化运营流程，提升服务质量。

产品和风控工具的研发体系升级：为实现组织目标，商业银行需要升级优化产品和风控工具的研发体系。通过引入先进技术，如人工智能、大数据等，银行可以更准确地评估风险，提供更创新的产品。

人才管理与个人价值实现：在数字化时代，员工的教育程度、技能结构、年龄结构等发生变化。组织变革需考虑不同类型员工的特点，创造以人为本的工作环境，使员工更好地实现个人价值。数字化时代，员工、合作伙伴与客户之间的边界也逐渐消失，要求组织更注重协同合作。

（二）未来银行组织重构的路径

在数字化时代，商业银行的组织重构是一项关键任务。2022年1月，银保监会办公厅印发《关于银行业保险业数字化转型的指导意见》（以下简称《指导意见》），为银行保险机构数字化转型指明了方向。

1. 战略规划与组织流程建设

对于战略规划和组织流程方面的建设，《指导意见》提供了以下建议。

董事会层面的数字化转型战略：董事会应科学制定实施数字化转型的战略。这意味着高级管理层需要在战略方向上统筹规划，并确保数字化转型的全面推进。

高级管理层的统筹与推进：高管层在数字化转型中扮演关键角色。他们需要领导与协调数字化工作，同时改善组织架构和流程，以适应数字化环境的变化。

引进和培养数字化人才：数字化时代需要拥有相应技能的专业人才。因此，银行应该大力引进和培养具备数字化背景的人才，以确保组织的数字化转型成功进行。

2. 业务—数据—模型—部署一体化

为实现以客户为中心的经营模式转变，《指导意见》提出了业务—数据—模型—部署一体化的方法，以应对数字化时代的挑战。

数字化转型的组织创新：强调横向协作、扁平化管理、业技融合等方式，旨在推动银行组织架构与流程适应流程自动化、决策智能化环境下的迁移。

业务模式的转变：商业银行需要迅速调整传统的业务模式，从客户申请—受理模式转向需求触发式的模式。这涉及压缩内部流程环节的时间与空间，借助互联网平台和新媒体渠道提供线上化、自动化和场景化的服务。

内部流程的数字化再造：为提高决策效率，商业银行需要进行内部流程的数字化再造。采用先进的数字化工具可以更迅速地响应市场需求，优化运营流程，提升服务质量。

大数据与新技术的应用：大数据和新技术提高了量化模型的决策精度，扩展了模型与规则决策的适用范围。商业银行应借助这些技术，对企业各类信息进行采集、分析与建模，实现基于大数据的智能决策。

3. 赋能员工激发价值增长

在当前社会背景下，商业银行应关注人口特征的变化，并通过组织结构的重新设计实现员工的充分赋能。

教育水平和科技技能的提升：随着互联网的普及和信息技术的发展，人们的教育水平和科技技能普遍提高。银行需要充分利用员工多元化的知识和技能，推动管理文化的转变，从管控型向服务型与赋能型管理演变。

劳动力人口的下降：商业银行要应对未来劳动力不足的挑战，需要通过数字化转型减少对人力资源的依赖，提高工作效率。

文化差异与年龄结构的考虑：不同年龄段、不同文化背景的员工具有不同的需求与价值观。银行在数字化时代需要结合不同群体的特点，创造以人为本的工作环境，促进协同合作。

分析与思考：

1. 现代银行从 1.0 到 4.0 的阶段划分主要依据是什么？
2. 现代银行从 1.0 到 4.0 的发展，其经营理念上出现了哪些转变？
3. 未来银行的发展方向有哪些特点？

第二篇
银行提供什么服务　承担什么责任

第一章　资金融通中介

第二章　综合金融服务商

第三章　经济社会发展的助力者

服务是商业银行的本质特征。商业银行在履行金融服务职能的同时，又在承担社会责任、助力经济社会发展的使命中发挥独特的作用。

这一篇章主要是从商业银行外部视角来全面阐述"银行提供什么服务，承担什么责任"，力图从资金市场、客户和社会的三个维度，通过讨论商业银行业务经营的内涵特征、客户类型、主要产品、拓展策略及展望，来分析银行为谁服务、提供什么服务、包含哪些产品、怎样把这些服务做得更好等。

第一章　资金融通中介

【学习目标】

1. 阐述银行的资金来源，举例说明负债业务的种类构成及常见的业务产品
2. 阐释银行的资金投向，举例说明资产业务的种类构成及常见的业务产品
3. 阐明表外业务与表内业务的区别及联系，举例说明表外业务的种类构成及常见的业务产品

【内容概览】

1. 负债业务
2. 资产业务
3. 表外业务

金融体系由不同的机构、市场和工具等构成，其核心功能是资金融通，而商业银行是金融体系中唯一能够吸收存款并具有信用派生能力的金融机构，他们以较低的利率把钱从储户手里"买"过来，再以较高的利率把钱"卖"给借款者，所以被看成是资金融通的中介。商业银行把人们手里的闲钱集中起来，将资金投入那些有钱赚的好项目或者急需用钱的人或企业，大大提高了整个经济的运行效率，在金融体系中有着不可替代的重要地位。

商业银行通过吸收存款等方式筹集资金的业务活动，体现在银行资产负债表上的负债端，被称为负债业务；商业银行运用吸收的资金进行信贷或投资业务，体现在银行资产负债表上的资产端，被称为资产业务；商业银行从事的不列入资产负债表，但可能影响银行当期损益的经营活动，被称为表外业务。本章主要围绕商业银行的资产负债表，从负债业务、资产业务以及表外业务等方面，阐释商业银行资金融通的过程。

一、负债业务

商业银行作为信用中介，自身的资本是远远不能满足其经营活动需要的，资金的缺口要靠银行的负债业务来补充。商业银行的大部分资金是由负债提供的，负债业务是商业银行最重要和最基础的业务之一。

（一）负债业务的基本认识

商业银行的负债业务是指银行通过各种方式从其他市场主体处获得资金，这些资

金被作为负债科目计入资产负债表。商业银行是资金融通的主要中介,在众多的业务当中,负债业务是其核心业务并使其区别于保险、证券、基金、信托等其他金融机构。

首先,负债业务是银行开展经营活动的前提。商业银行是"贷者的集中",但首先是"借者的集中"。所谓"贷者的集中"是指资金需求者主要通过银行获得资金,而"借者的集中"是指银行通过负债广泛筹集资金。商业银行通过负债筹集资金使自己成为最大的债务人,再通过资金的运用使自己成为最大的债权人,因此负债业务是商业银行开展经营活动的前提。

其次,负债业务是银行为社会提供流动性和自身保持流动性的主要方式。一方面,银行通过负债业务为社会提供流动性资产,这是银行最重要的社会功能之一。对于家庭而言,存款是最具有流动性的资产。另一方面,新增负债也是银行获得流动性,进而为社会提供流动性支持的重要来源。商业银行在正常的经营活动中,必须保持一定的流动性,负债减少、流动性枯竭将使银行陷入困境。因此,负债业务是商业银行生存和发展的基础,对商业银行的经营活动发挥着至关重要的作用。

(二)负债业务的种类和构成

银行负债根据负债资金来源的不同,分为存款负债和非存款负债;根据银行对负债主动性的不同,分为被动负债和主动负债。其中,存款负债属于被动负债,而非存款负债属于主动负债。商业银行的详细负债构成可参见年度合并资产负债表的负债类科目,下文阅读资料选自中国建设银行 2022 年 12 月 31 日的合并资产负债表,从中可以了解商业银行负债业务的主要种类及构成。

阅读资料

表 2-1-1 商业银行资产负债表的负债类科目——中国建设银行股份有限公司

2022 年 12 月 31 日　　　　　　　　　　　　　单位:百万元人民币

项目	本集团		本行	
日期	2022 年 12 月 31 日	2021 年 12 月 31 日	2022 年 12 月 31 日	2021 年 12 月 31 日
负债:				
向中央银行借款	774 779	685 033	774 779	685 033
同业及其他金融机构存放款项	2 584 271	1 932 926	2 567 292	1 920 596
拆入资金	351 728	299 275	258 567	208 348
以公允价值计量且其变动计入当期损益的金融负债	303 132	229 022	302 733	228 034
衍生金融负债	46 747	31 323	45 328	30 170
卖出回购金融资产款	242 676	33 900	215 180	5 477
吸收存款	25 020 807	22 378 814	24 710 345	22 067 148
应付职工薪酬	49 355	40 998	43 410	35 588

续表

项目	本集团		本行	
日期	2022年12月31日	2021年12月31日	2022年12月31日	2021年12月31日
应交税费	84 169	86 342	82 951	84 089
预计负债	50 826	45 903	48 289	43 527
已发行债务证券	1 646 870	1 323 377	1 572 812	1 242 931
递延所得税负债	881	1 395	53	39
其他负债	566 916	551 549	271 645	274 572
负债合计	31 723 157	27 639 857	30 893 384	26 825 552

资料来源：中国建设银行股份有限公司2022年年报。

1. 存款负债

存款是银行负债业务中最重要的部分，是商业银行最主要的资金来源。吸收存款是商业银行赖以生存和发展的基础，是商业银行开展各项业务的前提。

按照不同的标准可以将存款划分为不同的类型。如根据期限不同可分为活期存款和定期存款等，根据是否付息分为有息存款和无息存款，根据利率不同分为固定利率存款和浮动利率存款，根据存款主体不同分为企业存款和个人存款等，根据币种不同分为人民币存款和外币存款，根据存款产品的复杂程度不同分为普通存款和结构性存款等。

（1）城乡居民储蓄存款

在我国，城乡居民储蓄存款是对家庭或个人在银行各项存款的统称，包括城乡居民存款和通知存款。城乡居民存款可分为活期和定期两种，其中定期又进一步分为整存整取、零存整取、整存零取、存本取息、定活两便等。通知存款是不固定期限，但存款人必须预先通知银行方能提取的存款，通知期限为1日、7日两种，利率一般高于活期存款，低于定期存款。城乡居民储蓄存款挂牌利率如表2-1-2所示。

阅读资料

表2-1-2　　　城乡居民储蓄存款挂牌利率表（2024年1月4日）

项目	年利率/%
一、城乡居民存款	
（一）活期	0.20
（二）定期	
1. 整存整取	
3个月	1.15

续表

项目	年利率/%
半年	1.35
1年	1.45
2年	1.65
3年	1.95
5年	2.00
2. 零存整取、整存零取、存本取息	
1年	1.15
3年	1.35
5年	1.35
3. 定活两便	按一年以内定期整存整取同档次利率打六折执行
二、通知存款	
1天	0.25
7天	0.80

资料来源：中国建设银行官网。

（2）企事业单位存款

企事业单位存款是指企事业单位在银行开立的存款账户，一般分为活期存款、定期存款、协定存款和通知存款四类。具体如表2-1-3所示。

活期存款是指企事业单位在银行开立的随时可以取用的存款账户，一般用于存放企业的日常经营资金和业务资金。这种存款具有较高的流动性和便利性，但通常利率较低。

定期存款是指企事业单位在银行开立的具有一定期限的存款账户，一般用于存放企业的长期资金或暂时闲置的资金。这种存款通常利率较高，但流动性较差。

协定存款中银行允许对公客户保留一定金额的存款以应付日常结算，此部分按普通活期利率计付利息，超过定额部分的存款按协定存款利率计付利息，通常用于存放企业的短期资金或暂时闲置的资金。

通知存款是指企事业单位在银行开立的按照通知期限和利率计息的存款账户，通常用于存放企业暂时闲置的资金或备用金。这种存款具有较高的流动性和便利性，但通常利率较低。

相对于城乡居民储蓄存款，企事业单位存款的品种较少。这主要是因为企事业单位的资金来源和用途与城乡居民不同，所以对存款的需求和要求也不同。此外，企事业单位通常对资金流动性和收益性的要求较高，因此银行也会根据其需求推出不同的存款产品和服务。

> 阅读资料

表 2-1-3　　　　单位存款挂牌利率表（2024 年 1 月 4 日）

项目	年利率/%
一、活期存款	0.20
二、定期存款（整存整取）	
3 个月	1.15
半年	1.35
1 年	1.45
2 年	1.65
3 年	1.95
5 年	2.00
三、协定存款	0.70
四、通知存款	
1 天	0.25
7 天	0.80

资料来源：中国建设银行官网。

（3）同业存款

同业存款全称为同业及其他金融机构存入款项，是指因支付清算和业务合作等需要，由其他金融机构存放于商业银行的款项。

（4）同业存单

同业存单是指由银行业存款类金融机构法人在全国银行间市场上发行的记账式定期存款凭证，是一种货币市场工具。

同业存单的投资和交易主体为全国银行间同业拆借市场成员、基金管理公司及基金类产品。同业存单发行采取电子化的方式，在全国银行间市场上公开发行或定向发行。全国银行间同业拆借中心提供同业存单的发行、交易和信息服务。同业存单的发行利率以市场化方式确定，参考同期限上海银行间同业拆借利率定价。固定利率存单期限原则上不超过 1 年，包括 1 个月、3 个月、6 个月、9 个月和 1 年。浮动利率存单以上海银行间同业拆借利率为浮动利率基准计息，期限原则上在 1 年以上，包括 1 年、2 年和 3 年。同业存单在银行间市场清算所股份有限公司登记、托管、结算。公开发行的同业存单可进行交易流通，也可作为回购交易的标的物。发行人不得认购或变相认购自己发行的同业存单。

> **小看板**
>
> ### 中国存款定价机制改革
>
> 2015年10月，人民银行放开了对存款利率的行政性管制，商业银行可在存款基准利率基础上自由上下浮动一定比例以确定实际执行利率。
>
> 2021年6月21日，经市场利率定价自律机制工作会议审议通过，我国银行业决定对存款定价机制进行改革。各期限存款利率定价方式由"存款基准利率×倍数"改为"存款基准利率+基点"，各期限存款利率自律上限较改革前"有升有降"，主要是合理调整了存款期限溢价水平。

2. 非存款负债

非存款负债，即存款负债之外的其他负债，主要包括向中央银行借款、同业负债业务、以公允价值计量且其变动计入当期损益的金融负债和发行金融债券等。

（1）向中央银行借款

中央银行通过货币政策工具控制商业银行的可贷资金规模，进而调控全社会货币供应量，主要包括有法定存款准备金政策、再贷款、再贴现、公开市场操作等政策手段。近年来，中央银行创新了许多新的货币政策工具（流动性管理工具），如差别存款准备金率、常备借贷便利（SLF）、中期借贷便利（MLF）等。实际上，上述货币政策工具也成为商业银行从中央银行获取资金的渠道，成为商业银行非存款负债的重要来源。

商业银行向央行借款的基本流程包含三个途径：一是由银行使用符合央行标准的资产作为合格的抵押品进行申请，二是通过私下一对一的方式向央行提出申请，三是通过公开招投标的方式向央行申请资金。央行会根据宏观调控的需求，确定适当的规模，并将其划转到银行在央行开立的准备金账户，形成超额存款准备金。因此，一般来说，商业银行资产负债表负债端的"向中央银行借款"科目的增加或减少，直接对应的是资产端"现金及存放中央银行款项"科目的增加或减少。未来，央行可能会设立更具创新性的货币政策工具，可能会对商业银行的资产负债表产生不同的影响，但只要商业银行增加了对中央银行的债务，这些工具最终都将归入"向中央银行借款"这一会计科目。

> **小看板**
>
> ### 央行创新性货币政策工具简介
>
> 常备借贷便利（SLF）：是全球大多数中央银行新创设的货币政策工具，期限

为 1~3 个月，其主要作用是提高货币调控效果，有效防范银行体系流动性风险，增强对货币市场利率调控的效力。2013 年，中国人民银行创设常备借贷便利，对象主要为政策性银行和全国性商业银行，利率水平根据货币政策调控、引导市场利率的需要等综合情况确定。

中期借贷便利（MLF）：MLF 是商业银行提供有价证券为质押品后向央行借钱，释放流动性，期限一般为 3 个月以上。MLF 发挥中期政策利率的作用，央行通过 MLF 利率调节金融机构中期融资的成本，从而对金融机构的资产负债表和市场预期产生影响，以降低实体经济的融资成本。

（2）同业负债

从银行负债角度来看，可以形成资金来源的同业负债方式有同业拆借、同业借款、同业存放、卖出回购金融资产等。

同业拆借，是指除中央银行之外的金融机构之间进行短期资金融通，即由资金盈余的金融机构对临时资金不足的金融机构短期放款，以实现金融机构之间调剂资金头寸的目的。同业拆借的资金主要用于银行清算的差额及其临时性的资金短缺需要。

同业借款，是指现行法律法规赋予此项业务范围的金融机构开展的同业资金借出和借入业务。同业借款业务最长期限不得超过 3 年，其他同业融资业务最长期限不得超过 1 年，业务到期后不得展期。

同业存放，是指因支付清算和业务合作等需要，由其他金融机构存放于商业银行的款项。同业存放款严格来说也属于存款负债，存在一定的概念交叉。同业存放款的交易对手范围较广，非银行金融机构形成的同业存款可能会比银行业同业存款更多。例如，我们购买公募基金、银行理财产品，或者向证券公司缴纳保证金进行股票交易，这些资金都会首先以同业存款的形式进入上述机构在银行开设的存款账户，然后再用于投资或其他用途。

卖出回购金融资产，是指商业银行（正回购方，即资金融入方）按照回购协议向金融机构（逆回购方，即资金融出方）先卖出金融资产，再按约定价格于到期日将该项金融资产购回而融入资金的行为。

（3）以公允价值计量且其变动计入当期损益的金融负债

以公允价值计量且其变动计入当期损益的金融负债主要包括：发行保本理财产品、与贵金属相关的金融负债和结构性金融工具负债。历史上发行的保本理财产品是该类金融负债的主要构成。自 2018 年以后，银行的存量保本理财产品规模正按照监管的要求压缩，未来与保本理财相关的负债科目将逐渐减少。

（4）发行金融债券

银行发行金融债券涉及许多概念和品种，如商业银行普通债、商业银行二级资本债、普通次级债、可转债、永续债等，它属于金融机构的主动负债。银行发行的金融债券在到期之前一般不能提前兑付，只能在市场上转让，从而保证了所筹资金的稳定性。

存款负债是商业银行的主要负债，标志着商业银行的经营实力；非存款负债是商业银行资金的重要调剂和补充，体现商业银行的经营活力。

（三）负债业务拓展要点

近年来，随着监管制度完善和行业规范管理，商业银行负债业务处于新的发展阶段，利率市场化竞争和金融科技发展趋势，对商业银行负债经营能力提出更高的要求。

1. 多渠道拓展来源

一是优化线下物理网点的布局。新建网点选址首选核心地段，优先选择资源丰富、人口密集区域，布局重要商圈及高端社区，其次考虑周边资源是否有利于网点自身的业务经营，能否最大限度地满足目标客户的业务需求；现有网点要进行位置布局优化和设施升级改造，加快向智慧化网点迈进，突出业务智能化、服务场景化、引客阵地化作用，达到降本增效、提升客户体验的目标。

二是强化客群建设。零售客群采取聚焦战略，即聚焦居民个人金融需求，根据年龄、学历、职业、爱好、收入、消费等个人特征组建不同的客群营销及产品创新团队，实现对个人客户的细分和精准营销。重点政府类机构客群以服务型政府建设为契机，培育政银合作优势，围绕公共服务的场景化建设，强化科技支撑，拓展应用场景，进一步提升非税、教育、法院、社保、医保、住房、农村"三资"[①] 等线上服务产品的客户体验，提高客户满意度，做好公共服务的金融支撑，增强产品黏性，进一步提升政府机构类存款份额。

三是提升数字化获客能力。向数字化转型，加大科技投入，构建"生活＋工作＋金融"生态圈。深度发掘利用自身沉淀的客户数据，对客户的年龄结构、行业分布、收入状况、交易规律、风险偏好、资产组合、产品选择等进行深入分析，以数字化驱动负债产品创新、营销方式变革、客户管理方式升级，以数字化技术拉近金融服务与客户的距离；以数字化转型赋能获客渠道建设，利用手机银行、网上银行、物理网点等全渠道，积极搭建线上场景化生态圈，积极应对数字化线上服务的需求，聚集线上和线下的双向流量，拓展新的场景，提高对客户需求的数字化响应能力，打造适宜数字化创新的敏捷型组织，持续提高线上获客能力，寻找新的细分客群，积攒数量可观的黏性客户。

2. 多技巧吸引沉淀

一是巧"拓"两户，构建引流基础。客户账户是资金来源的基础，公司拓客聚焦批量获客，零售拓客聚焦源头获客。首先，抓住代发工资、社保养老领域，密切跟踪当地发卡政策，在新增卡上找出路、想办法，针对代发单位开展清单制综合营销，在拓新客和保存量两端同步发力。其次，抓业务联动，加强个贷、信用卡等领域的联动获客能力，围绕客户生命周期开展拉新、进阶、挽留等工作，建立线上线下融合的客

---

① 指农村集体资金、农村集体资产和农村集体资源。

户经营生态，推动用户向客户转化。最后，在新拓客户账户的同时，也要加快梳理存量睡眠户，避免无效占用资源、影响客户关系，或造成经营形势的误判。

二是巧"管"财富，拼抢零售资金。首先，大财富管理要"规范塑形"，策略传导到位、队伍配备到位、产品优选到位、流程工具到位、战训一体到位、考核结果应用到位，结合当地客群特征，打造属地化产品货架，树立"核心团队稳定、研究实力突出、运作管理规范、渠道服务到位"的品牌形象。其次，个人存款要抓代发，商户要扩流入，做大同名跨行转账、第三方流转等资金净流入规模，发力承接对公经营性资金、个人信贷等增长潜力点。最后，锚定存款与投资理财协同增长，坚持"顺势而为"和"逆势布局"，做实代销统筹管理，打造差异化产品优势，保持市场竞争力。

三是巧"盯"重点，提升公司机构资金沉淀。通过特定场景引进机构资金，促进机构存款稳步增长。衔接政务综合服务平台，做好财政下游客户拓展和资金承接；聚焦社保、军队、政法、党群、工会、宗教等重点场景，夯实机构类存款"压舱石"作用。通过链条引进企业资金，提升交易资金沉淀。依托供应链业务和现金管理网络，融入客户生产经营和支付结算场景，加强信贷客户现金管理网络服务。加大产业链核心企业营销拓展力度，批量拓展链条企业客户，提升链条客群资金沉淀能力。通过"一户一策"引进房企资金，巩固住房金融存款优势。紧盯公积金重点客户，采取分层分类经营及差别化服务；紧盯维修基金，提升账户覆盖率和资金沉淀率；紧盯预售资金及存量房资金集中监管账户，加强个人住房贷款业务与住房资金监管业务的互动承接。

3. 多措施增强质效

过高的存款定价会加重商业银行的负债成本，进而影响利润；反之，过低的存款定价又将不利于负债业务的开展。虽然，当前仍然存在对存款利率上限的非正式指导，国内商业银行主要是在央行基准利率的基础上进行上下浮动来给存款定价，但存款定价能力强的商业银行能够凭借对于市场更加准确的判断而在竞争中处于领先位置。金融科技的迅速发展为商业银行建设完善的存款定价体系提供了良好的技术基础。

商业银行在提升存款定价能力，增强负债质效方面，可以从以下几个角度努力：第一，运用金融科技手段建立监测体系，监测和存款利率相关的各项指标，完善商业银行的数据建设，帮助商业银行更准确地把握存款市场利率的水平；第二，建立并不断优化存款利率定价模型，综合考虑边际成本、成本利润关系、客户贡献、市场因素、银行目标等多种因素来建立存款定价模型；第三，建立并完善存款定价评价机制，及时地根据市场反应对存款定价作出评价并适当地修正；第四，积极创新负债产品种类并探索定价模式，尤其是不断摸索出结构性存款这类含有竞争性收益及风险管理工具的结构化产品的合理定价模式。

4. 多维度优化结构

在开展负债经营管理中，主动设计资产负债表结构，主动开展负债结构调整，避免盲目性、被动性负债管理。一是提升核心存款占比，最大可能地发掘零售客户存款、中小企业客户存款等稳定性存款，以及住房公积金、医保基金、物业维修基金等稳定性政府机构存款，不断减少对大企业客户存款、批发性融资的依赖，最大可能实现"资金自给"。二是科学管理主动负债，严格遵守监管规定，坚决不触碰同业负债比例、核心负债比例等监管红线。同时加强对主动负债规模、比例的日常监测管理，建立批发性融资占比预警机制，根据自身状况对批发性融资规模、占比进行双监测，设置关注线、预警线，超出合理区间时及时调整，始终保持批发性融资比例在合理范围内变动。三是强化负债指标自我约束，严守净稳定资金比例、核心负债比例、存款偏离度、同业融入比例等指标要求。同时，在满足监管部门对负债质量指标要求的基础上，积极对标先进同业，以负债监管指标的优化带动负债质量的提升。

（四）负债业务的发展趋势

1. 居民财富增长下理财需求增强，商业银行由存款管理转型为财富管理。对比居民储蓄和投资理财可以看出，住户存款在近五年间增长较快，同期基金市场整体规模也扩张较快。随着存款与投资理财之间的转换更为频繁，商业银行也普遍加强对客户资产管理规模（AUM）的关注，不局限于单一存款负债考核。

2. 金融科技发展提高客户服务标准要求，负债渠道竞争多元化。金融科技的发展要求商业银行对客户的服务链接，从银行卡和账户维度拓展至支付场景服务维度，也更加关注客户金融服务使用活跃度。目前商业银行的拓客方式已经逐步转向金融科技的场景拓客，拓展客户和留住客户必须满足客户多场景的金融需求并为其打造丰富的金融产品，同时应加强自身自营网络平台开展业务能力，加强消费者保护。

3. 利率市场化与负债竞争长期并存，商业银行负债成本管控承压。一方面，虽然通过存款业务的创新规范整改和结构性存款的压降，商业银行高成本存款得到有效压降和抑制，阶段性降低了存款成本。但在这一过程中部分银行的存款规模是下降的，可能通过加大发行大额存单或提高同业负债来缓解负债规模压力，导致银行在市场利率上行周期面临成本较快上升的压力。另一方面，利率市场化中客户存款向投资理财分流，一般性存款转化为同业负债，以同业存单、同业存款的形式回流至商业银行，负债成本被动抬升。因此，在利率市场化进程中如何加强负债能力，以多元化负债来源保持负债的规模和成本稳定性，是商业银行发展的关键。

二、资产业务

商业银行的资产业务是指商业银行对资金加以运用的业务，是获取收益的主要途径。资产业务需动用银行资金，在资产负债表中体现在资产类会计科目，因此，称为资产业务。商业银行的详细资产构成可参见年度合并资产负债表的资产类科目，下文阅读资料选取中国建设银行2022年12月31日的合并资产负债表，具有较强的代表性，从中可以透视商业银行资产业务的主要种类及构成。

> **阅读资料**

表 2-1-4　　　　商业银行资产负债表的资产类科目

中国建设银行股份有限公司

2022 年 12 月 31 日　　　　　　　　单位：百万元人民币

项目	本集团		本行	
日期	2022 年 12 月 31 日	2021 年 12 月 31 日	2022 年 12 月 31 日	2021 年 12 月 31 日
资产：				
现金及存放中央银行款项	3 159 296	2 763 892	3 149 130	2 743 731
存放同业款项	185 380	155 107	153 122	95 720
贵金属	119 329	121 493	119 329	121 493
拆出资金	429 676	188 162	508 997	292 067
衍生金融资产	49 308	31 550	47 756	30 643
买入返售金融资产	1 040 847	549 078	1 015 534	535 423
发放贷款和垫款	20 495 117	18 170 492	20 071 834	17 707 822
金融投资				
以公允价值计量且其变动计入当期损益的金融资产	567 716	545 273	259 329	238 283
以摊余成本计量的金融资产	5 992 582	5 155 168	5 894 415	5 061 712
以公允价值计量且其变动计入其他综合收益的金融资产	1 979 851	1 941 478	1 863 301	1 845 569
长期股权投资	22 700	18 875	91 808	86 692
纳入合并范围的结构化主体投资	—	—	15 186	48 731
固定资产	157 014	156 698	116 815	122 329
在建工程	9 971	11 628	9 768	11 317
土地使用权	13 225	13 630	12 355	12 779
无形资产	6 496	5 858	5 140	4 734
商誉	2 256	2 141	—	—
递延所得税资产	113 533	92 343	109 773	89 943
其他资产	257 620	331 113	246 226	313 943
资产总计	34 601 917	30 253 979	33 689 818	29 362 931

资料来源：中国建设银行股份有限公司 2022 年年报。

（一）资产结构

商业银行的资产主要是指库存现金及存放央行存款、政府债券等投资、各项贷款、固定资产等。现金资产主要是为满足客户提现需要和银行间清算需要而准备的高流动性资产，是银行流动性的第一准备。证券投资则是一些变现能力较强的证券资产，是银行流动性需求的第二准备，兼有流动性和盈利性的优势。贷款是银行最重要的资产，贷款利息收入是银行收入的主要来源。相比之下，同业存放与同业拆出、买入返售金融资产、其他资产等占比较低。

1. 现金类资产

商业银行在日常经营活动中，为了保持充分的清偿能力和获取更有利的投资机会，必须持有一定比例的现金等高流动性资产。现金资产是银行持有的库存现金以及与现金等同的可随时用于支付的银行资产。

商业银行现金类资产主要体现为资产负债表中的"现金及存放中央银行款项"以及"存放同业款项"两个会计科目，包含现金、存放中央银行款项、存放同业款项三个部分。第一，现金是银行自由支配的库存现金，用于应对客户的取现需求。虽然这部分现金在金库中，但并不等同于流通中的现金，只有在客户取现时才进入流通领域。因为库存现金无法为银行带来收益，所以银行通常会保持较少的现金存量，仅在特殊的时间段，如春节期间，为了应对大量的取现需求，才会提高现金的库存量。第二，存放中央银行款项主要包括法定存款准备金、超额存款准备金和财政存款。除了超额存款准备金以外的款项都是按照中央银行的规定存放在中央银行，主要用于满足法定存款准备金的要求以及财政部门的资金管理需求。第三，存放同业款项是银行在其他银行或财务公司的存款，也称为同业存款。与拆出同业资产不同，拆出同业实际上是贷款的一种形式，资金的所有权发生了转移，银行通过这种方式获得利息收入。然而，存放同业资金的所有权并未发生转移，资金仍然属于银行。虽然有些资金存放同业是为了获得利息收入，但有时银行也会为了方便结算而采取这种存款方式。

现金资产的作用主要有两点。一是保持清偿能力。商业银行的经营风险较高，经营资金主要来源于客户的存款和各项借款人资金。存款是商业银行的被动负债，如果商业银行不能及时满足客户的提现要求，就有可能影响银行的信誉，引发存款"挤兑"，甚至使银行陷入清偿能力危机而导致破产。商业银行的借款也必须按期归还本息，否则，也会影响银行的经营安全。二是保持流动性。从银行经营的安全性和营利性要求出发，商业银行应不断调整其资产负债结构，确保原有贷款和投资的高质量和易变现性，同时，银行也需要持有一定数量的流动性准备资产，以便银行及时抓住新的贷款和投资机会，为增加盈利进而吸引客户提供条件。

2. 贷款类资产

贷款是指银行以收取利息和必须归还为条件，将货币资金提供给需求者的一种信用活动。广义的贷款是贷款、票据贴现等出贷资金业务的总称。银行通过贷款方式将所集中的货币和货币资金投放出去，可以满足社会扩大再生产对补充资金的需要，促进经济的发展；同时，银行也可以由此取得贷款利息收入，增加银行自身的积累。

3. 金融投资类资产

金融资产是银行资产的重要组成部分。银行根据其管理金融资产的业务模式和金融资产的合同现金流量特征，将金融资产划分为三类：一是以摊余成本计量的金融资产，二是以公允价值计量且其变动计入其他综合收益的金融资产，三是以公允价值计量且其变动计入当期损益的金融资产。

在商业银行的各类资产中，贷款是银行最主要的资金运用。例如，前面阅读资料中中国建设银行2022年年报显示，发放贷款和垫款占资产总额的比例为59.23%，金融投资占比为24.68%，现金及存放中央银行款项占比为9.13%。

（二）主要资产业务——贷款业务

银行贷款业务是指银行向借款者提供一定数额的资金，借款者在借款期限内有偿使用资金，到期还本付息的业务。贷款是银行最重要的资产业务，是其对资金加以运用的体现，也是其获取收益的主要途径。

1. 贷款业务种类和基本规定

（1）贷款种类

按不同标准，贷款可以进行以下分类。

按有无抵押品来划分，贷款可分为担保贷款和信用贷款，其中按担保方式不同，担保贷款可分为保证贷款、抵押贷款和质押贷款。

按贷款期限的长短划分，还可分为短期贷款、中期贷款和长期贷款。其中，短期贷款一般以流动资金贷款为主，长期贷款一般体现为固定资产贷款和住房抵押贷款。

按风险承担主体划分，贷款可分为自营贷款、委托贷款和特定贷款。

按贷款用途划分，贷款可分为工商业贷款、农业贷款、金融机构贷款、消费贷款、不动产贷款等。

除上面的几种分类标准，还有按照金额划分为批发贷款、零售贷款和银团贷款等；按照偿还方式不同分为分期偿还贷款和一次性偿还贷款；按照融资方式不同有租赁融资、贸易融资、供应链融资等。

（2）贷款业务的基本规定

借款人资格：合法的借款人必须是中国公民或合法注册的企事业单位，符合法律和监管机构的要求。

贷款利率：根据中国央行及监管机构的指导性利率，商业银行设定贷款利率。根据市场供求和风险评估，利率可在一定范围内浮动。

贷款用途：贷款资金应合法合规用于生产经营、消费、投资等经济活动，并符合相关政策、法规及监管机构的规定。借款人需按照合同约定的用途使用借款资金，不得用于违法活动，不得挪作他用。

贷款额度：贷款金额由贷款人根据借款人的信用状况、还款能力、抵押担保等因素进行综合评估确定。

抵押担保：贷款通常需要提供适当的抵押物作为担保，以确保贷款的安全性。抵押物类型可以是房产、土地使用权、存货、设备等。

还款方式：还款方式包括等额本息、等额本金、按季付息等，可以根据借款人的需求和还款能力进行选择。

还款期限：还款期限根据借款用途和借款人的需求确定，可分为短期贷款、中长期贷款等不同类型。

信贷风险：根据监管部门的相关规定和要求，依据贷款的风险程度和偿还能力将信贷类风险划分为以下五类。其一为正常类，这类贷款能按时还款，利息和本金收回没有风险，没有逾期还款，借款人的还款能力较好，没有对贷款的违约或拖欠行为。其二为关注类，这类贷款的借款人出现了一些不利的经济或财务状况，但尚未对正常偿还产生重大影响。其三为次级类，这类贷款出现了明显风险，借款人的偿还能力受到一定影响，包括贷款逾期90天以上或在其他金融机构贷款逾期90天以上且金额较大，或者出现了对借款人经济状况严重不利的因素。这类贷款虽然有风险，但借款人还是具备一定的偿还能力。其四为可疑类，贷款风险明显增加，借款人的还款能力严重受损，还款逾期时间较长，可能无法全额偿还本金和利息。这通常是出现了较严重的财务问题、经营困难或者对借款人个人或企业偿还能力造成重大负面影响的情况。其五为损失类，其贷款违约的风险极高，预计将无法收回全部或大部分贷款本金和利息，这是最高风险的分类，通常发生在存在无法弥补的重大损失或无法追回借款的情况下。

2. 一般贷款业务流程

贷款程序是商业银行内部控制的重要组成部分，各个银行都规定贷款必须严格按照一定的程序执行，这些步骤主要有贷款申请、信用评估、贷款调查、贷款审批、贷款谈判、贷款发放、贷后检查和贷款归还。

贷款申请：借款人需要贷款，需向主办银行或者其他银行的经办机构直接申请。借款人需要提供的材料包括借款人填写的含有借款金额、借款用途、偿还能力、还款方式等主要内容的借款申请书及借款人、保证人的基本情况，财政部门或会计师事务所核准的上年度财务报告和申请借款前一期的财务报告，原有不合理占用的贷款的纠正情况，抵押物、抵押清单和有处分权人的同意抵押、质押的证明及保证人拟同意保证的有关证明文件，项目建议书和可行性报告，贷款人认为需要提供的其他有关资料等。

对借款人进行信用等级评估：根据借款人的领导者素质、经济实力、资金结构、履约情况、经营效益和发展前景等因素，评定借款人的信用等级。评级可由贷款人独立进行，内部掌握，也可由有权部门批准的评估机构进行。

贷款调查：贷款人受理借款人申请后，应当对借款人的信用等级以及借款的合法性、安全性、盈利性等情况进行调查，通过核实抵押物、质押物、保证人情况，测定贷款的风险度。

贷款审批：贷款人应当建立审贷分离、分级审批的贷款管理制度。审查人员应当对调查人员提供的资料进行核实、评定，复测贷款风险度，提出意见，按规定权限报批。

签订借款合同：所有贷款业务应当由贷款人与借款人签订借款合同。借款合同应当约定借款种类、借款用途、金额、利率、借款期限、还款方式，借、贷双方的权利、义务，违约责任和双方认为需要约定的其他事项。保证贷款应当由保证人与贷款人签订保证合同，或保证人在借款合同上载明与贷款人协商一致的保证条款，加盖保证人的法人公章，并由保证人的法定代表人或其授权代理人签署姓名。抵押贷款、质押贷款应当由抵押人、出质人与贷款人签订抵押合同、质押合同，需要办理登记的应依法办理登记。

贷款发放：贷款人要按借款合同规定按期发放贷款。贷款人不按合同约定按期发放贷款的，应偿付违约金。借款人不按合同约定用款的，应偿付违约金。

贷后检查：贷款发放后，贷款人应当对借款人执行借款合同情况及借款人的经营情况进行追踪调查和检查。

贷款归还：借款人应当按借款合同规定按时足额归还贷款本息。贷款人在短期贷款到期1个星期之前、中长期贷款到期1个月之前，向借款人发送还本付息通知单；借款人应当及时筹备资金，按时还本付息。贷款人对逾期的贷款要及时发出催收通知单，做好逾期贷款本息的催收工作。贷款人对不能按借款合同约定期限归还的贷款，应当按规定加罚利息；对不能归还或者不能落实还本付息事宜的，督促归还或者依法起诉。借款人提前归还贷款，应当与贷款人协商。

3. 贷款定价

贷款是商业银行主要的核心盈利性资产。银行通过贷款定价来补偿贷款的风险与其使用资金的成本，从而保证承销贷款所获取的净收益。在确定贷款价格时，商业银行必须遵循贷款收益最大化、扩大市场份额、保障贷款质量、维护银行声誉等原则。

广义的贷款价格包括贷款利率、贷款承诺费及服务费、提前偿付或逾期罚款等，贷款利率是贷款价格的主要组成部分。在宏观经济运行中，影响贷款利率的主要因素是信贷市场的资金供求状况。从微观层面上考察，在贷款业务的实际操作中，银行作为贷款供给方要考虑的因素是多方面的。一是银行提供信贷产品的资金成本与经营成本；二是贷款的风险含量，银行需要在预测贷款风险的基础上为其承担的违约风险索取补偿；三是贷款的期限，贷款期限越长，流动性越差，贷款价格中应反映相对较高的期限风险溢价；四是银行的目标盈利水平；五是通货膨胀预期；六是金融市场竞争态势；七是银行与客户的整体关系。

阅读资料

中国贷款定价改革

2019年8月，人民银行决定将贷款定价方式由"贷款基准利率×倍数"改为"LPR+基点"的形式，贷款市场报价利率（Loan Prime Rate，LPR）是由18家报价行自主参考中期借贷便利利率进行报价形成。这一改革有效畅通了央行政策利率到贷款利率的传导路径，同时兼顾了市场化贷款利率形成机制。

与原有的 LPR 相比，新的 LPR 在报价方式、品种期限、参考范围、报价频率上都有明显变化。

1. 报价方式由参考基准利率改为按公开市场操作利率加点形成。公开市场操作利率主要指中期借贷便利利率（MLF），其他贷款客户贷款利率定价＝LPR＋加点（风险溢价），2023 年 12 月 20 日，新一期贷款市场报价利率（LPR）出炉，1 年期为 3.45%，5 年期以上为 4.2%。

2. LPR 期限品种方面，将贷款市场报价利率由原有 1 年期一个期限品种扩大至 1 年期和 5 年期以上两个期限品种。银行的 1 年期和 5 年期以上贷款参照相应期限的贷款市场报价利率定价，1 年期以内、1 年至 5 年期贷款利率由银行自主选择参考的期限品种定价。

3. 报价行由 10 家扩大至 18 家。为提高贷款市场报价利率的代表性，贷款市场报价利率报价行在原有的 10 家全国性银行基础上增加城市商业银行、农村商业银行、外资银行和民营银行，扩大至 18 家，定期评估调整。

4. 报价频率由每日一次降低至每月一次，提升报价行重视程度。央行要求自 2019 年 8 月 20 日起，中国人民银行授权全国银行间同业拆借中心于每月 20 日 9 时 30 分公布 LPR。

（三）其他重要资产业务

1. 票据贴现业务

票据贴现业务主要有三大类，分别是银行承兑汇票、商业汇票贴现和转贴现业务。银行承兑汇票是指银行将按照票据上的确定金额，在票据指定日期下无条件发放给持票人或收款人的票据。商业汇票贴现是指银行从持有者手中获得汇票，按照票据金额和日期，在扣除相应利息后将剩余金额发放给持票者。转贴现业务是指银行已获得贴现票据，但票据未到期，银行将该票据业务转让给其他银行并从中获取一定资金的业务。

票据贴现和商业贷款都是银行的资产业务，都是为客户融通资金，但二者之间却有许多差别。

第一，资金流动性不同。由于票据的流通性，票据持有者可到银行或贴现公司进行贴现，换得资金。一般来说，贴现银行只有在票据到期时才能向付款人要求付款，但银行如果急需资金，也可以向其他商业银行转贴现或向中央银行再贴现。但贷款是有期限的，在到期前是不能回收的。

第二，利息收取时间不同。贴现业务中利息的取得是在业务发生时即从票据面额中扣除，是预先扣除利息。而贷款是事后收取利息，它可以在期满时连同本金一同收回，或根据合同规定，定期收取利息。

第三，利息率不同。票据贴现的利率要比贷款的利率低，因为持票人贴现票据的目的是得到当前资金的融通，并非缺乏该笔资金。如果贴现率太高，则持票人取得融通资金的负担过重，成本过高，贴现业务就很难开展。

第四，资金使用范围不同。持票人在贴现了票据以后，就完全拥有了资金的使用权，他可以根据自己的需要使用这笔资金，而不会受到贴现银行的任何限制。但借款人在使用贷款时，要受到贷款银行的审查、监督和控制，因为贷款资金的使用情况直接关系到银行能否按期回收贷款。

第五，债务债权的关系人不同。贴现的债务人不是贴现申请人而是票据付款人，遭到票据拒付时，贴现银行才能向贴现人或背书人追索票款。而贷款的债务人就是申请贷款的人，银行直接与借款人发生债务关系。有时银行也会要求借款人寻找保证人以保证偿还款项，但与贴现业务的关系人相比要简单得多。

第六，资金的规模和期限不同。票据贴现的金额一般不太大，每笔贴现业务的资金规模有限。票据的期限较短，一般为3~6个月。然而贷款的形式多种多样，期限长短不一，规模一般较大，贷款到期时，经银行同意，借款人还可继续贷款。

2. 投资业务

商业银行的投资业务是指银行利用自有资金购买有价证券的活动。自营投资是商业银行一项重要的资产业务，是银行收入的主要来源之一。

国内商业银行的投资业务主要由金融市场部门负责，主要投向固定收益、外汇、贵金属及大宗商品领域。其中，债券投资是最主要的投资领域，外汇、贵金属及大宗商品的投资占比相对较小。商业银行是国内债券市场最主要的参与力量，银行的债券投资行为对市场走势具有重要影响。对银行的债券投资品种进一步细分，主要包括利率债和信用债。银行自营债券投资大多为利率债，其中地方债占比最高。

> **小看板**
>
> ### 中国主要债券投资品种
>
> 我国所有的债券种类可以分为两大类：一类是利率债，另一类是信用债。利率债由中央政府、各地方政府、政策性银行和央行等机构发行，主要指国债、地方政府债券、政策性金融债和央行票据，信用风险较低。信用债的发行主体包括一般企业上市公司、银行等其他金融机构、城投平台等机构，具体包括企业债、公司债、短期融资券、中期票据、分离交易可转债、资产支持证券、次级债等品种，面临较高的信用风险。

商业银行的投资总量受信贷投放和监管要求的双重约束。银行通常每年依据资本充足程度、收益率目标等因素确定大类资产配置年度计划。其中，贷款是银行生息资产结构中占比最大、收益率最高的投向，在资金运用分配中占据优先地位，债券投资总量则受制于银行完成信贷投放后的剩余可用资金。

商业银行的投资结构受监管指标、收益率等多重因素的影响。监管层面，在资本充足率、流动性指标等要求的指引下，银行自营投资结构更偏好利率债。收益率层面，银行投资国债、国开债的托管量同比增速与债券收益率呈现同向变动；而地方政府债托管量与发行量较为相关；存单投资需求和收益率之间的相关性相对较弱。

展望未来，低利率环境将对银行投资业务构成较大影响。在经济增长放缓叠加资本回报率回落影响下，长期来看，十年期国债利率中枢或趋降。一方面，低利率环境对银行的长期经营发展构成挑战。对存贷款业务而言，尽管存贷款利率均趋于下降，但存款端利率向下调整的黏性相对更大。此外，存款利率的调降或将带动"存款搬家"和存款活期化趋势，负债结构的变化将进一步使得负债成本的下降面临阻力。另一方面，对资产投资而言，利率下行时期，部分短端投资到期将面临再投资风险；此外，保收益目标下银行或将倾向于通过加杠杆、拉久期、信用下沉等方式增厚收益，从而加大资产价格波动率。

（四）资产业务拓展要点

自1993年国家正式确立了利率市场化改革的目标，到2019年8月人民银行开展贷款市场报价利率（LPR）改革，中国的利率市场化改革如出弓之箭般快速地进行着，而互联网金融的发展、各种创新贷款业务的推出也冲击着传统商业银行的资产业务，对商业银行的资产经营能力提出了更高的要求。

1. 更新观念，创新丰富资产业务品种

在目前的经济环境背景下，想要发展好资产业务，商业银行应当主动创新求变，通过丰富业务品种、增加产品差异性，针对不同的细分市场开展业务：一是根据客户的多样化需求，实施产品组合，提供综合金融服务方案；二是期限多样化，合理配比收益率，实现多样化的流动性选择基础上的期限收益最佳搭配；三是人民币资产与外币资产结合，实现本外币产品联动，利用本外币利率汇率差窗口，开展跨境人民币融资产品创新；四是全面发展委托贷款业务，改变银行在信用贷款中的角色定位，减少自身的信贷风险。

2. 优化结构，促进资产业务盈利发展

把握好质的有效提升和量的合理增长，在保持总量稳的同时，实现结构优化，平衡好资本和"量、价、险"。其中，"量"指业务规模的扩张，"价"为定价策略，"险"强调风险管理，三者动态平衡，促进稳健经营与可持续发展，具体来说，一是在增强信贷总量增长稳定性的同时，引导信贷资源更多投入实体经济转型重点领域，挖掘绿色投资、先进制造、科技创新等结构性潜能。二是发挥综合化经营优势，从以贷款为主的服务模式，升级为"表内+表外""债券+股权""融资+融智"的综合化、全方位金融服务。三是注重资金承接，主动适应政策新变化，聚焦能源、交通、水利、城市更新、绿色等重点投放客群，提升贷款受托支付管理与资金承接能力；围绕项目建设，抓专项债资金以及项目资本金账户，营销主要交易对手，提升资金体内承接。

3. 紧贴实际，优化业务决策办理流程

银行的竞争重要的是服务竞争，谁能为客户提供优质、快捷的服务，谁就能赢得客户的青睐，带来自身的发展。因此，要运用金融科技的力量，结合最新的政策制度要求，对现有产品、制度规定和业务流程不断梳理完善，制定更加科学明晰的业务操作办法和管理模式，细分客群，优化对优质、重点客户的服务效率，提高风险客户的准入门槛，防范操作风险。同时开展配套的业务技能培训，将标准化业务操作流程落实到业务的每个环节，以应对日益严苛和快捷化的市场与客户需求，打造快速高效的品牌形象。

三、表外业务

表外业务是指商业银行从事的，按通行的会计准则不列入资产负债表内，不影响其资产负债总额，但可能影响银行当期损益，改变银行资产报酬率的经营活动。狭义的表外业务是指那些未列入资产负债表但存在一定风险的业务；广义的表外业务包括狭义的表外业务和无风险的中间业务（如结算、代理、咨询等）。

（一）业务类型

商业银行表外业务是在资产业务和负债业务的基础上，利用技术、信息、机构网络、资金和信誉等方面的优势，不运用或较少运用银行的资财，以中间人或代理人的身份替客户办理收付、咨询、代理、担保、租赁及其他委托事项，提供各类金融服务并收取一定费用的经营活动。在资产和负债两项传统业务中，银行是作为信用活动的一方参与其中的；在表外业务中，银行不再直接作为信用活动的一方，它扮演的只是中介或代理的角色，提供有偿服务。

商业银行表外业务包括两大类：一是不形成或有资产、或有负债的中间业务，即一般意义上的金融服务类业务；二是可能形成或有资产、或有负债的业务，这类业务为银行带来收益的同时也存在一定的风险。

（二）业务特点

1. 一般不需要动用资金

商业银行经营这类业务只是代客户承办支付、结算及其他委托等，原则上商业银行不垫付资金，这样就大大降低了商业银行的经营成本。商业银行从事该类业务所得的收入不受存款和贷款规模的影响，相对于传统业务来说，易于开展并且风险较小。

2. 特定的业务方式

商业银行在办理这类业务，尤其是在办理信用性中间业务（如承兑、承诺、有价证券委托买卖等）时，是以接受客户委托的方式开展业务的，故表外业务紧紧围绕客户的需求而开展。

3. 特殊的金融商品

商业银行表外业务是凝结了商业银行信誉的金融商品。一方面，业务的开展需要以商业银行的信誉为前提和基础，商业银行没有信誉，就无从开展这类业务；另一方面，商业银行在开展这类业务时所表现出来的服务质量、服务水平、中间业务与资产负债业务间的相互关系等，也在一定程度上体现着商业银行的信誉。提高商业银行表外业务的经营水平,本身就是树立良好社会形象及提高商业银行信誉的重要手段。

(三)产品种类

商业银行表外业务主要分为或有负债类业务、金融服务类业务两大类。

1. 或有负债类业务

或有负债,指过去的交易或事项形成的潜在义务,其存在须通过未来不确定事项的发生或不发生予以证实。或有负债只是一种潜在的债务,并不是目前真正的负债。银行的或有负债主要包含贷款承诺、担保、金融衍生工具等。

2. 金融服务类业务

商业银行利用其自身在机构、资金、技术、信誉、信息等方面的优势,为客户提供广泛的服务,并从中获取手续费收入。金融服务类业务不列入银行资产负债表的资产方或负债方,不影响资产负债总额。

通常,中间业务是银行不动用自己的资金,而以中介人的身份代客户办理各种委托事项,并从中收取手续费的业务形式。换言之,中间业务就是银行提供的金融服务性业务,包括支付结算、商业信用证、代收、代客买卖、信托、租赁、代理融通、咨询、出租保管等金融服务业务(见表2-1-5)。

表2-1-5　　　　　　　表外业务涉及的相关金融产品示例

网络金融业务	国际业务
第三方支付业务 信用卡结算业务 单位电子银行 个人电子银行	国际结算 境外保函 国内信用证 转贷款 单位即期结售汇 代客外汇买卖 代客利率衍生产品 外汇买卖损益 代客汇率衍生产品 账户贵金属
机构同业业务	投行业务
代理资金结算 交易资金托管 代收代扣 单位委托贷款 银行现金管理(CTS)业务 代理信托 同业账户透支额度承诺收入 证券投资基金托管 信托资产托管	理财产品销售 理财产品管理 资产管理增值服务 财务顾问 债券承销

续表

个人金融业务	公司金融业务
个人人民币（外币）结算	境内保函
代理信托期货养老金	承诺业务
个人结售汇	审价咨询
代销基金	银团贷款
代理债券	代收代扣
ATM 收单	国内保理
借记卡	其他咨询
实物贵金属代销	单位人民币结算
保管箱	
代理对私人身保险	
代理个人财险	

阅读资料

商业银行支付结算业务

支付结算是指单位、个人在社会经济活动中使用票据、信用卡、汇兑、托收承付、委托收款等结算方式进行货币给付及其资金清算的行为。

1. 支付结算原则

单位、个人和银行办理支付结算必须遵守下列原则。

第一，恪守信用，履约付款。

第二，谁的钱进谁的账，由谁支配。

第三，银行不垫款。

2. 支付工具及结算方式

（1）支付工具

支票是出票人签发的，委托办理支票存款业务的银行在见票时无条件支付确定的金额给收款人或者持票人的票据。其基本当事人有三个：出票人，即在开户银行有相应存款的签发票据的人；付款人，即银行等法定金融机构；收款人，即接受付款的人。支票的付款方式：见票即付，不得另行记载付款日期。

银行本票是银行签发的，承诺自己在见票时无条件支付确定的金额给收款人或者持票人的票据。其基本当事人有两个：出票人，即商业银行，是发行本票的机构；收款人，指定了本票的具体收款人或机构。本票的付款方式：见票即付。银行本票的提示付款期限自出票日起最长不得超过 2 个月。

银行汇票是出票银行签发的，由其在见票时按照实际结算金额无条件支付给收款人或者持票人的票据。银行汇票的出票银行为银行汇票的付款人。银行汇票以银行信用为基础，信誉度高，是一种可跨地区使用的非现金支付工具。银行汇票由申请人将票款全额交存银行后，银行签发，仅具备结算功能，不具备融资功能。其基本当事人有三个：出票人，即商业银行的名称，出具汇票的机构；付款人，同样为出具银行汇票的出票人；收款人，指定了汇票支付给的具体收款人或机构。

商业汇票是出票人签发的，委托付款人在指定日期无条件支付确定的金额给收款人或者持票人的票据。商业汇票是一种远期付款工具，兼具支付和融资的功能。在银行开立存款账户的法人以及其他组织之间，必须具有真实的交易关系或债权债务关系，才能使用商业汇票。其基本当事人有三个：出票人，当工商企业需要使用商业汇票时，可以成为出票人；付款人，对商业汇票金额实际付款的人；收款人，指票据规定的收款人，即应该收到支付款项的企业或个人。汇票的付款方式：见票即付、定日付款、出票后定期付款、见票后定期付款。

(2) 结算方式

结算方式一般包括汇兑、委托收款和托收承付。

汇兑是汇款人委托银行将其款项支付给收款人的结算方式。汇兑便于汇款人向收款人主动付款，分为信汇、电汇两种方式，由汇款人自行选择。

委托收款是收款人委托银行向付款人收取款项的结算方式。委托收款便于收款人主动收款，该结算方式适用范围十分广泛。无论是同城还是异地都可使用。委托收款分邮寄和电报划回两种，由收款人选用。

采用委托收款方式，银行只起结算中介作用，如付款方无款支付，只要退回单证就行；拒付时，银行不审查理由。

托收承付是根据购销合同由收款人发货后委托银行向异地付款人收取款项，由付款人向银行承认付款的结算方式。使用托收承付结算方式的收款单位和付款单位，是国有企业、供销合作社，以及经营管理较好并经开户银行审查同意的城乡集体所有制工业企业。

办理托收承付结算的款项，必须是商品交易，以及因商品交易而产生的劳务供应的款项。代销、寄销、赊销商品的款项，不得办理托收承付结算。托收承付结算每笔的金额起点为1万元。新华书店系统每笔的金额起点为1000元。

托收承付的承付期限根据验单付款和验货付款两种承付货款方式确定。验单付款的承付期为3天；验货付款的承付期为10天。托收凭证未注明验货付款，经付款人提出合同证明是验货付款的，银行可按验货付款处理。

(四) 表外业务的拓展要点

1. 转变业务发展理念

近年来，随着金融市场的不断深化与金融科技的迅猛发展，银行传统依赖存贷利差的盈利模式正在面临着日益严重的冲击与挑战。对此，银行应高度重视表外业务发展，摒弃将表外业务作为副业的思想，真正发展有技术含量的理财、托管、衍生品等新型表外业务，充分利用自身资源，深入挖掘客户需求，提供全方位的金融服务，实现表外业务与表内业务之间的相互支持。

2. 加强表外业务创新

在现阶段和未来银行业发展的总体进程中，表外业务的产品创新将成为商业银行业务创新的重要内容。商业银行要增强表外业务产品创新的主动性，将研发与借鉴学习相结合，加大重点领域表外业务产品的创新力度。一方面，根据客户的金融服务需求，紧贴市场，有针对性地研发创新表外产品；另一方面，要加强对国际先进银行表外业务的学习引进，借鉴和学习国际金融市场成熟的表外业务产品与技术，快速进行推广应用，提高综合服务能力，在不断创新产品的同时，遴选"拳头"产品，树立品牌形象。

3. 拓展多元化表外业务

公司金融板块，一方面做好传统业务，包括境内保证、银团贷款、造价咨询、国内保理等，另一方面要拓展交易性和"融智"类业务产品，灵活运用产品工具箱，制定综合融资方案支持绿色、战略新兴、先进制造业等国家重点领域，保持收入稳健。零售金融板块紧盯财富管理、消费金融和商户收单等重点产品，代理保险深化期缴转型，代销基金做实不同市场阶段的差异化销售策略，实物贵金属坚持投资金与消费金"双轮驱动"，银行理财做好持营管理和售后陪伴，加快财富管理发展，提升投研投顾能力。

（五）表外业务发展趋势

通过对近年监管政策以及商业银行业务有关数据的分析，商业银行表外业务在金融去杠杆、加监管的背景下的发展趋势如下。

1. 担保承诺类业务相对规模缩减

在开展担保承诺类业务时，银行因需要承担信用风险，部分业务信用风险转换系数不为零，需要计提表外信用风险加权资产，占用资本。担保业务对银行产生的风险和贷款相当，一旦客户违约将构成银行的负债。而承诺本身对银行也构成了一定约束。随着近年信用审查机制日趋完善，并且行业对担保、承诺条件的要求、标准提升，担保承诺业务在总营收中所占比重下降。

就未来银行的担保承诺业务而言，随着监管加强对银行表外业务的监管，而相应的风险业务需要计提信用风险加权资产，进而从表外向表内转移。同时，银行对自身风险控制要求不断加强，风险控制能力不断提升，其资产质量标准也会随之相应提升，银行发放担保以及进行承诺业务势必会更加审慎，进而降低其担保承诺的业务量，从而降低表外业务风险。

2. 表外理财业务规模增速放缓

近年来，理财业务快速增长，成为商业银行最重要的表外业务。《商业银行表外业务风险管理办法》明确规定"商业银行开展代理投融资服务类、中介服务类表外业务时，不得以任何形式约定或者承诺承担信用风险"，表现出监管去除刚性兑付、强化风险准备和资本计提的思路，对表外理财的影响很大。

除此之外，央行还将表外理财纳入宏观审慎评估（MPA）考核。MPA 考核包含许多指标，是衡量银行成绩的一个重要指标体系。"广义信贷同比增速"是其中一个重要指标，将银行表外理财纳入广义信贷范围，意味着表内表外共用一个广义信贷额度，在表内额度有限的情况下，发展表外理财业务就会大大挤压表内业务的发展空间，在表内业务收益明显高于表外的情况下，银行必然会选择缩减表外的理财业务，进而发展表内的信贷业务。

3. 中介服务类业务规模不断扩大

从事中介服务类业务时，银行所承担的是金融服务职能，不承担任何信用风险（但依旧会承担从事业务所固有的操作风险、声誉风险等），通常不会影响银行表内业务的质与量，并且能为银行带来中介服务性收入。对于该类业务，银行不用承担额外风险，仅利用银行的人力、技术、设备等资源为客户提供服务，从中赚取手续费，对于银行利润增长也有一定的助益。

对国有银行、股份制银行以及城商行来说，扩大中介服务类业务对其拓展市场份额有相当助益，其业务规模也在不断扩大。

4. 衍生业务纳入监管

金融衍生业务是商业银行为满足客户保值或自身头寸管理等需要而进行的货币和利率的远期、掉期（互换）、期货、期权等衍生交易业务。金融衍生业务本身是一种避险工具，但由于其具有的零和性、高杠杆性，在实践中存在较大风险。若是银行之间开展金融衍生业务，不管哪方最终得利，都会对其中一方造成巨大损失，加大银行业的风险。除此之外，金融衍生业务还具有高杠杆性，保证金和强制平仓制度都充分表明业务本身具有高风险性。随着监管活动加强，金融衍生业务资金会转回表内，相关业务规模扩大速度会得到遏制。

分析与思考：

1. 银行应该如何应对存款理财化的趋势？
2. 银行如何在风险可控的前提下寻找新的信贷增长点？
3. 银行应该如何有效管理表外业务风险？

第二章　综合金融服务商

【学习目标】

1. 阐述公司金融、零售金融、资金资管业务的客户类型和主要产品
2. 阐明公司金融、零售金融业务的业务关键和发展趋势
3. 阐明资金资管业务的类型、特点以及发展趋势

【内容概览】

1. 公司金融业务
2. 零售金融业务
3. 资金资管业务

服务是商业银行的经营之本、效益之源。在数字化转型的今天，随着信息爆炸、消费升级和产业转型，商业银行面临诸多挑战，包括客户需求多样化、业务渠道多元化、产品配置灵活化、流程审批快捷化等。这些挑战对服务能力和服务质效都提出了更多、更高的要求。想要抓牢客户、赢得客户信任，商业银行必须扮演好综合金融服务商的角色，提供全面系统、专业专注、高效细致的优质服务，提升客户体验、提高客户黏性，从而实现银行经营的高质量发展。

本章从服务对象、业务类型的角度出发，将商业银行业务大体分为公司金融、零售金融以及资金资管三个板块，从为谁服务、服务什么、怎么服务三个方面对商业银行如何扮演综合金融服务商进行探索阐释。

一、公司金融业务

（一）公司金融业务概述

1. 公司金融业务的服务对象

根据客户性质，商业银行业务可划分为公司金融业务与个人金融业务两大基本类型。其中，公司金融业务是指商业银行为企业、事业、机关、部队、社会团体及其他经济实体等单位客户办理的各种业务。

公司金融业务客户根据不同的维度有不同的分类。按照客户所属市场性质，可分为公司客户、机构客户和同业客户；按照风险控制需求，可分为优先支持类客户、选

择支持类客户和压缩退出类客户;按照客户需求,可分为融资类需求客户、理财类需求客户和其他金融服务需求类客户。

2. 公司金融业务的内容

公司金融业务主要包括传统的负债业务、资产业务和中间业务。

负债业务主要服务于客户的投资类需求,包括单位活期存款、单位定期存款、单位协定存款、单位通知存款、结构性存款等投资类产品。

资产业务主要服务于客户的融资类需求,根据用途可划分为流动性、扩张性和专业性三大类。其中,针对流动性需求的产品包括一般流动资金贷款、法人账户透支、循环额度贷款、国内保理、订单融资、商业承兑汇票贴现等;针对扩张性需求的产品包括基本建设贷款、技术改造贷款、并购贷款等;针对专业性需求的产品包括房地产开发贷款、保障房贷款、商用物业抵押贷款等。

中间业务主要服务于客户的服务类需求,包括银行承兑汇票、国际信用证、国内信用证、工程造价咨询等业务。

除传统业务外,近年来,随着市场需求和相关政策的变化,供应链融资、PPP贷款等新产品陆续推出,公司业务的内容进一步丰富。此外,随着企业经营的扩张和金融市场的发展,公司业务呈现"投行化"趋势,逐步成为拓展和维护公司客户的基础和平台。其内容逐步拓展到更广泛的领域,包括国际业务、投行业务等。

3. 公司金融业务的特征

受市场需求、业务复杂性以及监管等多方面因素的共同作用,公司金融业务具有以下特征。

一是服务多元化。从业务内容来说,公司客户资金管理严格、金额较大,对金融服务的依赖程度高,加上客户需求差异大,相应的金融需求也呈现多样化和个性化的特点。因此,银行提供的服务也由简单的"存、贷、汇"服务,扩展至投资、融资、服务三大类产品和服务,各产品线不断细分、丰富。随着科技的发展和全球化进程的加速,金融服务跨界科技、跨越国界的需求逐步凸显,电子化、全球化金融服务应用更加广泛,服务多元化要求进一步提高。从服务的客户来说,公司客户可以根据行业、规模、企业性质、发展阶段等多个维度进行分类。不同类型的客户需求差异较大,而且会随着客户的经营发展情况动态变化。因此,公司业务的服务内容也呈现多元化特征。

二是管理复杂程度高。从涉及风险来看,公司业务涉及信用风险、市场风险、操作风险、声誉风险等多种风险,个性化程度高,经营难度大,管理要求高。从业务环节来看,公司业务涉及客户营销、业务受理、客户调查、信用评级、项目评估、综合授信、信用审批、业务审批、贷款发放、贷后管理等多个环节,业务流程较为复杂。从涵盖岗位来看,公司业务涉及客户经理、产品经理、风险经理、审批人等多个岗位和角色,专业化分工和流程化管理水平要求高。从产品种类看,公司业务包括几十种产品,产品用途、产品期限、交易结构等要素差异较大,产品管理难度大,业务办理要求高。

三是涉及专业领域广。公司业务是一项综合性极强的业务，业务经营中涉及客户的营销维护、宏观经济和行业产业的分析判断、财务报表的分析解读、金融产品的推荐办理、合同的拟写签订等各类事项。对于业务经营范围广的企业，公司业务还涉及国际业务合同、资产评估、股权交易等内容。这意味着公司业务需要涵盖金融、市场营销、财务会计、经济学、法律、国际贸易甚至计算机等多个领域的专业知识。因此，相关业务人员需要拥有丰富的知识储备，同时具备较强的学习、语言和文字能力。

四是综合效益显著。公司客户需求的多样性决定了其具有较强的业务挖掘潜力。公司业务是服务客户的基础性业务。在自身业务发展的基础上，公司业务能够搭建综合营销平台，通过跨条线交叉营销和业务联动，带动个人、资产管理、投资银行、养老金、托管、国际、保险等多个业务领域协同发展，实现显著的综合效益。

五是内外部监管严。公司业务办理流程长、金额较大、风险点多、影响范围较广，因此一直是内外部监管的重点。内部有政策制度约束、内控合规要求、审计部门检查；外部有人民银行、金融监管总局、外汇管理局等机构的文件约束和检查监督。近年来，随着商业银行公司业务规模的扩大、产品种类的增多和风险事件的频发，内外部对公司业务的监管进一步加强，并且呈现越发严格的趋势。

（二）对公存款业务

对公存款业务是负债类业务的核心，主要服务于客户的投资类需求。根据客户对闲置资金的不同使用需求，负债业务类产品主要包括单位活期存款、单位定期存款、单位协定存款、单位通知存款、结构性存款、单位大额存单等。

1. 单位活期存款

单位活期存款是指单位客户在银行开立结算账户，办理不规定存期，单位可随时转账、存取，并依照人民银行公布的活期存款利率按季计取利息的存款。单位活期存款具有灵活方便的特点，可满足单位日常收支和存放暂时闲置资金的需要。

2. 单位定期存款

单位定期存款是指单位客户与银行双方在存款时事先约定期限、利率，到期后支取本息的存款。客户若有临时需要可提前支取或部分提前支取。

3. 单位协定存款

单位客户与银行通过签订协定存款合同约定合同期限，协商确定结算账户需要保留的基本存款额度，超过基本存款额度的存款为协定存款。基本存款按活期存款利率付息，协定存款按协定存款利率结计利息。单位协定存款兼具流动性和收益性，可使存款单位在保证日常收支资金往来需要的同时获取较高的收益。

4. 单位通知存款

单位通知存款是指存款人在存入款项时不约定存期，支取时需提前通知银行，约定支取存款日期和金额方能支取的存款，一般有最低起存金额和最低支取金额的要求。按照存款人提前通知的期限长短，单位通知存款可分为一天通知存款和七天通知存款。

单位通知存款比单位活期存款收益高，而又比单位定期存款支取更为灵活。

5. 单位结构性存款

单位结构性存款是指嵌入金融衍生产品（包括但不限于期权、掉期、远期等）的存款。通过将客户的存款收益与汇率、贵金属价格、利率、股价等特定金融指标挂钩，单位客户在承受一定风险的基础上有望获得较高的收益。

6. 单位大额存单

单位大额存单是银行面向单位客户发行的记账式大额存款凭证，是具有标准化期限、最低投资金额要求、市场化定价的存款产品。单位大额存单具有转让、质押功能，具有更强的流动性，且定价更贴近市场，收益更高。

小看板

常见存款指标

日均存款：指一定时间范围内的平均存款金额。日均存款是银行业务管理中的重要指标之一，有助于银行评估资金状况和流动性。

时点存款：指在某个特定时间点的存款余额。为约束商业银行存款"冲时点"行为，监管机构要求商业银行不得设立时点性存款规模考评指标。

存款偏离度：月末存款偏离度 =（月末最后一日各项存款 - 本月日均存款）/ 本月日均存款×100%。存款偏离度是监管机构为了约束商业银行存款"冲时点"行为而设置的监管指标。根据监管要求，商业银行的月末存款偏离度不得超过4%。

一般性存款和全口径存款：一般性存款包括单位（企业、机构）存款和个人存款；全口径存款包括一般性存款和金融同业存款。

（三）对公贷款业务

对公贷款业务是资产类业务的核心，主要服务于客户的融资类需求。根据贷款用途划分，资产业务类产品主要包括固定资产贷款、流动资金贷款等。

1. 固定资产贷款

固定资产贷款是指银行为解决企业固定资产投资活动的资金需求而发放的贷款。企业固定资产投资活动包括基本建设、技术改造、开发并生产新产品等及相关的房屋购置、工程建设、技术设备购买与安装等。

固定资产贷款根据项目运作方式和还款来源不同分为项目融资和一般固定资产贷款；按用途分为基本建设贷款、更新改造贷款、房地产开发贷款、其他固定资产贷款等；按期限分为短期固定资产贷款、中期固定资产贷款和长期固定资产贷款。

以房地产开发贷款为例。房地产开发类贷款包括房地产开发贷款和单位购房贷款。

房地产开发贷款，是指商业银行向自行进行房地产开发的企业或受房地产开发单位委托的房地产企业发放的，用于住房类、商业用房类房地产项目开发所需资金的贷款。单位购房贷款，是指商业银行向购买境内商业用房的大中型企业、事业法人发放的用于购置商业用途房产的贷款。

2. 流动资金贷款

流动资金贷款是满足客户在生产经营过程中短期或中期资金需求，保证客户正常生产经营周转而发放的贷款。流动资金贷款作为一种高效实用的融资手段，具有贷款期限短、手续简便、周转性较强、融资成本较低的特点。

以法人账户透支为例。法人账户透支业务是指根据公司客户申请，银行在核定其账户透支额度及有效期限的基础上，在有效期限内允许其在结算账户存款不足以支付时，在核定的透支额度内直接透支取得信贷资金的一种短期融资业务。法人账户透支主要用于满足客户在正常生产经营过程中出现的期限短、发生频繁、额度较小的临时性融资需求，同时也可以满足集团客户资金集中管理的需要。额度有效期内，透支额度循环使用、随借随还，因而可以减少资金的无效闲置，降低财务成本，提高财务管理水平。

3. 供应链贷款

供应链贷款是指银行通过审查整条供应链，基于对供应链管理程度和核心企业信用实力的掌握，为其核心企业和上下游多个企业提供灵活运用的金融产品和服务的一种融资模式。

供应链贷款基于产业链真实交易背景，围绕信息流、物流和资金流"三流"信息及数据，为供应链所有参与方提供场景化、定制化、嵌入式的融资服务，切实解决了上下游中小企业融资难、担保难的问题。

案例拓展

供应链助力中小企业解决融资难题

2016年以来，各大商业银行均开始探索依托核心企业的网络供应链融资模式。通过与核心企业平台的互联互通和对接，银行运用互联网、物联网、大数据等新技术，充分挖掘大企业的客户资源、供销资源、财务资源等资源优势，为平台上的上下游链条企业提供全方位的服务。与此同时，上下游企业也能够享受到快速融资的便利。

以某省大型建筑央企S为例，该企业上下游供应商多、应付账款金额大，其下属的上千个项目工地点多面广、遍布全国，其供应商、分包商数量更是突破万家，其中80%以上属于小微企业。该集团使用银行网络供应链产品后，全国2076家上游供应商获得贷款，累计获得贷款支持超过200亿元。

过去很长一段时间，中小企业在产业链中处于弱势地位。它们不仅被大型企业卡住付款周期，而且由于自身实力不强，难以获得银行的资金支持，中小企业经营资金成本很高。然而，在上述案例中可以看到，基于核心企业真实交易背景的网络供应链产品，一方面确保了金融资产交易背景的真实性，另一方面通过信息技术提高了金融机构服务效率，提升了客户体验，是信息技术与金融融合的完美体现。

4. PPP 贷款

PPP 是 Public–Private–Partnership 的字母缩写，即政府和社会资本合作模式。该模式下，社会资本方通常承担基础设施的设计、建设、运营、维护等大部分工作，并通过"使用者付费"及必要的"政府付费"获得合理投资回报。政府部门负责监管基础设施及公共服务的价格和质量，以保证公共利益最大化。

PPP 贷款是针对 PPP 项目运作模式及特点量身定制的贷款产品，用于满足委托运营（O&M、MC）、建设—运营—移交（BOT）、建设—拥有—运营（BOO）、转让—运营—移交（TOT）、改建—运营—移交（ROT）等模式的 PPP 项目的建设、改造、运营和日常维护。

小看板

PPP 项目运作模式

委托运营（Operations & Maintenance，O&M）。O&M 是指政府保留存量公共资产的所有权，而仅将公共资产的运营维护职责委托给社会资本或项目公司，并向社会资本或项目公司支付委托运营费用的项目运作模式。在该模式下，社会资本或项目公司不负责用户服务。

管理合同（Management Contract，MC）。MC 是指政府保留存量公共资产的所有权，将公共资产的运营、维护及用户服务职责授权给社会资本或项目公司，并向社会资本或项目公司支付相应管理费用的项目运作模式。

建设—运营—移交（Build–Operate–Transfer，BOT）。BOT 是指由社会资本或项目公司承担新建项目设计、融资、建造、运营、维护和用户服务职责，合同期满后项目资产及相关权利移交给政府的项目运作模式。

建设—拥有—运营（Build–Own–Operate，BOO）。BOO 是指由社会资本或项目公司承担新建项目设计、融资、建造、运营、维护和用户服务职责，并拥有项目所有权的项目运作模式。该模式下，合同中必须注明保证公益性的约束条款，一般不涉及项目期满移交。

转让—运营—移交（Transfer–Operate–Transfer，TOT）。TOT 是指政府部门将存量资产所有权有偿转让给社会资本或项目公司，并由它们负责运营、维护和用户服务，合同期满后将资产及其所有权等移交给政府的项目运作模式。

改建—运营—移交（Renovate–Operate–Transfer，ROT）。ROT 是指政府在 TOT 模式的基础上，增加改扩建内容的项目运作模式。

5. 公司住房租赁贷款

公司住房租赁贷款是指商业银行向从事住房租赁业务的企事业法人发放的，用于租赁住房开发建设、改造装修、购买租赁房源、支付租金、家具家电配置、租赁业务日常运营等，以及为盘活存量房屋用于住房租赁的贷款。其中，改造装修部分可包括设计、监理、招标等与装修直接相关的支出，家具家电可包括智能设备、监控、消防等相关设施。公司住房租赁贷款包括住房租赁支持贷款、住房租赁购买贷款、住房租赁经营贷款等产品。

案例拓展

住房租赁贷款盘活存量房源

A 集团在进行城中村改造时修建了一栋连体双塔形状的产业用房，占地面积为 7760 平方米，建筑面积为 6.56 万平方米，周边配套的商业、娱乐等商圈尚未形成，因缺乏资金长期以毛坯房闲置。对此，商业银行联动住房运营公司，以"融资装改+运营"模式，为项目授信 7000 万元，经企业自主装改为租赁住房后整租给住房运营公司进行专业化运营。项目装改完成出租后，有 1400 多人入住，平均年龄 25 岁。周边商业也得以迅速发展，经济效益和社会效益显著。

租赁住房，尤其是保障性租赁住房，是完善我国住房体系、实现全体人民住有所居的重要方式。通过金融与专业化运营相结合的方式盘活存量房源，已经成为部分地方发展保障性租赁住房的主要路径。

商业银行可以为各种租赁住房场景提供全生命周期金融产品，包括新建租赁住房、购买租赁住房、租赁住房改造运营等。与此同时，商业银行可以结合市场需求和形势，创新开展房地产保障发展基金、住房租赁贷款+资产证券化（ABS）/类 REITs 业务，或在发放公司住房租赁贷款后直接开展信贷资产证券化（MBS）创新，实现租赁企业金融服务需求全覆盖。

6. 银团贷款

银团贷款是由两家或多家银行按相同贷款条件，共同向一位或多位借款人提供贷款，并共同签署同一贷款协议书与相关文件的有效融资方式。银团贷款可以满足资金需求量大、周期长的融资需求。这一融资方式由专业机构牵头在市场上筹资，帮助企业降低融资成本，优化抵（质）押担保和债务结构，实现银行授信业务集中管理，并与多家银行建立合作关系；同时能够帮助银行提升风险识别能力，分散信贷风险，建立与客户的长期合作关系。

案例拓展

银团贷款助力央企收购

S 集团收购 G 公司是在国家要求电网脱离辅业背景下的央企战略性并购重组的重点项目。在此次并购中，国家电网将其总资产超过 550 亿元的全资子公司 G 公司整体转让给 S 集团，S 集团以现金支付方式获得 G 公司 100% 的股权。在并购交易中，S 集团自筹资金解决并购交易价款的 50%，其余资金通过筹组银团贷款解决。

因融资金额巨大，最终决定由国内三家大型银行联合牵头，以余额包销方式组建银团。

此次银团贷款的 8 家银行根据各自的偏好和评估的重点，独立评估了 S 集团、G 公司的信用状况和财务实力，这样一方面有助于防止客户利用信息不对称以及银行同业间的信息沟通不畅而获得远远超过其自身承担能力的授信；另一方面通过各成员行的联合评估，更能有效掌握 S 集团、G 公司的资信状况，从而使贷款决策更加科学，有效提升了对央企客户的风险控制。

银团贷款以"信息共享、独立审批、自主决策、风险自担"为原则，强调贷款银行要量力而行，反对垒大户、吃独食，缓解、防范和控制了针对一家企业按规模集中授信所带来的各类风险，在满足企业大型项目资金需求、降低融资成本的同时，有效控制信用风险，规范各家银行的融资行为，引导其向更规范的方向发展。

（四）对公中间业务

对公中间业务主要有本外币结算、信用证、代理业务、咨询顾问业务等类别，具体产品有商业汇票、单位支票、单位汇兑、国内信用证、代理资金清算、代理资金收付、代理贵金属、代理银团贷款、承诺书类业务、信用等级证书等。以下简要介绍银行保证、境内电子保证、银行承兑汇票三个产品。

1. 银行保证

银行保证是指商业银行应申请人的要求，以出具保函的形式向受益人承诺，当被保证人不履行合同约定的义务或承诺的事项时，由银行按照保函约定履行债务或承担责任的信贷业务。

银行保证主要用于满足客户开展工程、贸易等经营活动时的银行信用担保需求。保证业务按融资性质可分为融资性保证和非融资性保证；按照是否跨境可以分为境内保证和境外保证。

2. 境内电子保证

境内电子保证是指银行以客户线上申请 CA 证书加载电子签名的数据电文为介质，通过计算机网络向受益人开立境内保函的业务。

3. 银行承兑汇票

银行承兑汇票是指银行接受出票人的付款委托，承诺在商业汇票到期日对收款人或持票人无条件支付汇票金额的票据行为。银行承兑汇票可分为纸质银行承兑汇票和电子银行承兑汇票。

银行承兑汇票无金额起点限制，兼具结算和短期融资功能。银行承兑汇票付款期限最长达 1 年，在汇票有效期内，持票人可以背书转让，也可以贴现，从而减少对营运资金的占用。银行承兑汇票主要适用于在银行开立结算账户、有真实交易、需要款项结算的企事业法人及其他组织。

（五）国际业务

随着我国高水平对外开放不断向纵深推进、国际贸易稳健增长，银行业的国际业务也进入了发展的"快车道"。其中，进出口贸易融资、跨境项目融资以及国际银团贷款等业务的创新和拓展，为我国银行业提升在国际市场上的竞争力提升注入了新的动力。

1. 进出口贸易融资

进出口贸易融资是指商业银行对客户提供的进出口贸易项下的信贷支持，如打包贷款、出口押汇、福费廷、信托收据贷款、海外代付等。近年来，除了传统的贸易融资外，银行不断研发创新授信模式及结构性贸易融资产品，如国际货押融资、国际贸易供应链融资、出口应收账款风险参与等。进出口贸易融资的主要产品如表 2-2-1 所示。

阅读资料

表 2-2-1　　　　　　　　进出口贸易融资的主要产品

产品名称	进口/出口	发货前/发货后	表内/表外	期限
开立进口信用证	进口	发货前	表外	通常为 90 天内，最长不超过 1 年
进口押汇	进口	发货后	表内	通常为 90 天内，最长不超过 1 年
打包贷款	出口	发货前	表内	通常为 90 天内，最长不超过 1 年
出口押汇	出口	发货后	表内	通常为 90 天内，最长不超过 1 年
海外代付	进口、出口两个方向	发货前/发货后	表内	通常为 90 天内，最长不超过 1 年
出口应收账款风险参与	出口	发货前/发货后	表外	通常为 90 天内，最长不超过 1 年
信保项下融资	出口	发货后	表内	通常为 90 天内，最长不超过 1 年

以信用证为例。信用证是指银行根据进口商（买方，即信用证申请人）的要求和指示，向出口商（卖方，即信用证受益人）开具的在规定的期限内、凭规定的单据支付一定金额的书面承诺。信用证是一种银行信用，在任何情况下，信用证都表示开证行对相符交单予以承付的确定承诺，并对受益人承担第一付款责任。

2. 出口信贷

出口信贷是指为支持中国企业出口产品、服务与承揽境外工程，在中国出口信用保险公司提供政策性保险的前提下，商业银行向中国出口企业及对外工程承包企业、境外进口企业、境外项目业主、境外政府机构或境外金融机构提供的中长期融资业务，主要包括出口买方信贷、出口卖方信贷与出口信贷再融资三种产品。

3. 跨境项目融资

跨境项目融资是指银行为支持中国企业发起和参与境外工程项目，以项目现金流作为还款来源，以项目资产、预期收益和权益等设定担保方式（若需）提供的本外币融资。按照担保责任不同，跨境项目融资可分为无追索权的项目融资、有限追索权的项目融资和完全追索权的项目融资三种类型。

跨境项目融资主要用于支持投资金额大、建设周期长、建成后能产生长期稳定现金流的境外项目的建设及再融资。这些境外项目大多涉及资源开发、基础设施建设和制造业等领域。

4. 国际银团贷款

国际银团贷款是指借款人为境外（含港澳台地区）依法成立的企业法人、政府或经济组织，或境内依法成立的境外上市公司等，在境外市场发行或向适用境外法律的银团贷款。

国际银团贷款是贷款的组织形式，适用于银行表内外各类产品和授信业务。国际银团贷款的用途主要包括一般营运性资金、并购融资、项目融资、出口信贷、飞机融资、船舶融资、保函、备用额度、循环额度、搭桥贷款、再融资等。

当运用国际银团贷款开展业务时，可根据项目实际情况，选用一种或多种产品组合作为确定贷款条件和行内授信申报的基础，并应符合相关产品的管理规定。

（六）投资银行业务

商业银行的投资银行业务，从狭义上讲，包括财务顾问、并购贷款、银行间债券市场非金融企业债务融资工具和企业资产证券化承销等业务；而从广义上讲，商业银行的投资银行业务还包括以财务顾问身份，联动内外部相关金融机构，为客户提供证券发行、基金管理、私募投资、并购重组等业务。

1. 财务顾问业务

财务顾问业务是指银行根据客户的需求，利用自身的产品和服务及其他社会资源，为客户的财务管理、投融资、兼并与收购、资产重组及债务重组、发展战略等活动提供的咨询、分析、方案设计等服务。

财务顾问业务主要分为两大类。一是基础类财务顾问业务，它为企业经营发展提供各类信息咨询、分析和建议等服务。目前，这类业务主要以信息平台服务为主，如工商银行融智e信、融誉e信、ISP融慧小程序等。这些平台整合了行内外多渠道的专业研究资源，为客户提供在经济、金融等领域多样化、多层次的智库服务。二是新型财务顾问业务，它根据企业在资本市场、并购重组、组合融资等具体业务需求，联动内外部金融机构,为其提供相关咨询、分析、建议等服务,如股权类、债券发行、基金、并购重组、项目融资、私募融资、资产管理类等财务顾问业务。

2. 债券业务

债券是指政府、企业、银行等债务人为筹集资金,按照法定程序发行并向债权人承诺于指定日期还本付息的有价证券。我国债券市场分为证券交易所市场、银行间债券市场和银行柜台市场,其中,交易所债券市场和银行间债券市场是两大主要债券市场。

银行的债券业务是指银行在银行间债券市场为发行人承销各类债券,主要品种有非金融企业债务融资工具、金融债券、政府债券和熊猫债。此外,银行也可以依托海外分支机构承销发行中资美元债、离岸人民币债券和自贸区债券。其中,非金融企业债务融资工具在整个债券市场中发行规模最大,其主要产品如表2-2-2所示。

表2-2-2　　　　　　　　　　非金融企业债务融资工具主要产品

产品名称	超短期融资券（SCP）	短期融资券（CP）	中期票据（MTN）	定向工具（PPN）	资产支持票据（ABN）	资产支持商业票据（ABCP）
期限	270天（含）以内	不超过1年	1年以上	无限制	1年及以上	产品期限长于1年,单期期限短于1年
注册额度	结合企业需求	结合企业需求	结合企业需求	结合企业需求	结合基础资产类型及企业需求	结合基础资产类型及企业需求
募集资金用途	补充营运资金,偿还借款（不得用于长期投资）	补充营运资金,用于项目建设、偿还借款	补充营运资金,用于项目建设、偿还借款	补充营运资金,用于项目建设、偿还借款	补充营运资金,用于项目建设、偿还借款,银行间类REITs可用于项目资本金	偿还借款,补充营运资金
优点	融资灵活,成本低,信息披露简洁,注册效率高,发行方式高效	融资成本低,筹集金额大,融资效率高	满足企业中长期融资需求	信息披露更加灵活,申报效率较高,不占用净资产规模,持续经营不要求满3年	拓宽融资渠道,资金用途灵活,可盘活存量资产,降低负债率,调节财务报表	融资成本低,基础资产期限与单期产品期限可错配,投资机构配置需求强

3. 并购重组业务

并购,是指并购方企业通过受让现有股权、认购新增股权,或收购资产、承接债务等方式以实现合并,实际控制或增强控制已设立并持续经营的目标企业或资产的交易行为。重组,是指企业在日常经营活动之外通过购买或出售资产、负债和权益或者通过其他方式进行交易,导致企业主营业务、收入发生变化的交易行为。并购重组业务可分为融资和融智两大类。融资类并购重组产品包括境内并购基金、境内并购贷款和跨境并购贷款，融智类服务产品主要包括并购重组顾问。

以境内并购贷款为例：境内并购贷款是指商业银行向借款人发放的，用于支付符合规定的境内并购交易的价款和相关费用的贷款。并购贷款是目前唯一可从商业银行获得的用于股本权益性融资的信贷类产品。

4. 资产证券化业务

资产证券化是指以基础资产未来所产生的现金流为偿付支持，通过结构化设计进行信用增级，在此基础上发行资产支持证券（Asset – Backed Securities，ABS）的过程。我国资产证券化产品主要包括信贷资产证券化、企业资产证券化、资产支持票据、基础设施REITs等。资产证券化主要产品情况如表2-2-3所示。

表2-2-3　　　　　　　　　　　资产证券化主要产品情况

产品	监管机构	交易场所	主要特征
信贷ABS	人民银行、国家金融监督管理总局	银行间债券市场	以信贷资产作为基础资产的证券化，包括住房抵押贷款、汽车贷款、消费信贷、信用卡账款、企业贷款等；发行主体为银行、财务公司等金融机构
企业ABS	证监会	上海证券交易所、深圳证券交易所	基础资产包括企业应收账款、租赁债权、信托受益权等财产权利，以及基础设施、商业物业等不动产财产或财产权利；发行主体为企业；承销商以券商为主
资产支持票据（ABN）	交易商协会	银行间债券市场	基础资产同企业ABS类似；发行主体为非金融企业；承销商以银行为主
基础设施REITs	国家发展改革委、证监会	上交所、深交所	基础设施项目公司股权真实转让，类似IPO，行业范围涉及交通、能源、市政、生态环保、仓储物流、园区、新基建、保障性住房、水利、消费类等基础设施，对资产收益率、稳定性要求高

资产证券化除了满足发行人融资需求外，还可以解决发行人其他个性化问题。一是优化财务报表，可通过基础资产出表或并表交易结构设计，降低资产负债率，增加利润；二是盘活存量资产，提升资产流动性，实现轻资产运营；三是实现权益融资，通过基础设施REITs、类REITs募集资金，可用于项目资本金。这些个性化需求通常是企业发行资产证券化的主要原因。

银行资产证券化业务主要包括资产证券化承销和资产证券化顾问。其中，资产证券化承销业务是指银行在银行间债券市场为企业发行资产证券化提供中介服务的行为；资产证券化顾问是指银行作为项目安排人或交易顾问，在相关市场交易场所中，整合市场中介资源，为客户提供项目论证、方案设计、中介组织、工作推进、监管沟通、产品发行以及协助备案挂牌等全流程或部分环节的顾问服务。

案例拓展

资产证券化助力应收账款出表

1. 案例背景

2018年9月，中共中央办公厅、国务院办公厅印发《关于加强国有企业资产负债约束的指导意见》，明确到2020年前，央企的平均资产负债率要再下降2个百分点，并设定了不同行业资产负债率的上限控制标准。具体而言，工业企业上限为70%，非工业企业上限为75%，科研设计企业上限为65%。同时支持国有企业按照真实出售、破产隔离原则，依法合规开展以企业应收账款、租赁债权等财产权利和基础设施、商业物业等不动产财产或财产权益为基础资产的资产证券化业务。

M公司是中国某建筑央企的子公司，信用等级为AAA。最近几年，该公司业务发展势头强劲，营业收入大幅增加。然而，随着业务的快速发展，应收账款规模也不断扩大，资产负债率超过80%，这使得它面临降杠杆的压力。

2. 产品方案

C银行是M公司的主要合作银行，客户关系良好。C银行客户经理通过分析M公司的财务报表，发现该企业应收账款规模大，资产负债率高，因此主动制订了应收账款ABN方案，引导企业将应收账款出表，缓解其应收账款规模较大、资产负债率较高的问题。

（1）产品要素

M公司应收账款ABN注册规模为50亿元，其中优先级比例为92%，次级比例为8%，全部对外公开销售，所募资金主要用于支付工程款、归还银行借款等流动资金需求，期限不超过3年，增信措施为M公司对优先级资产支持票据提供不可撤销及无条件差额补足支付承诺。

（2）产品交易结构

M公司产品交易结构如图2-2-1所示。

3. 产品优势

（1）应收账款出表，降低企业资产负债率

M公司实现应收账款完全出表，且应收账款ABN募集资金不计入公司负债，从而降低企业资产负债率。

（2）基础资产归集，扩大融资规模

基础资产既包括M公司自身的应收账款，也包括M公司控制的子公司的应收账款，通过应收账款的转让，大幅提高了应收账款ABN操作的便利性和融资规模，降低了融资成本。

（3）循环购买，延长融资期限

M公司应收账款ABN产品期限为3年，前2.5年为循环购买期，每半年用当期应收账款回收资金购买新的应收账款，期内不偿还ABN本金；后6个月为本金摊还期，

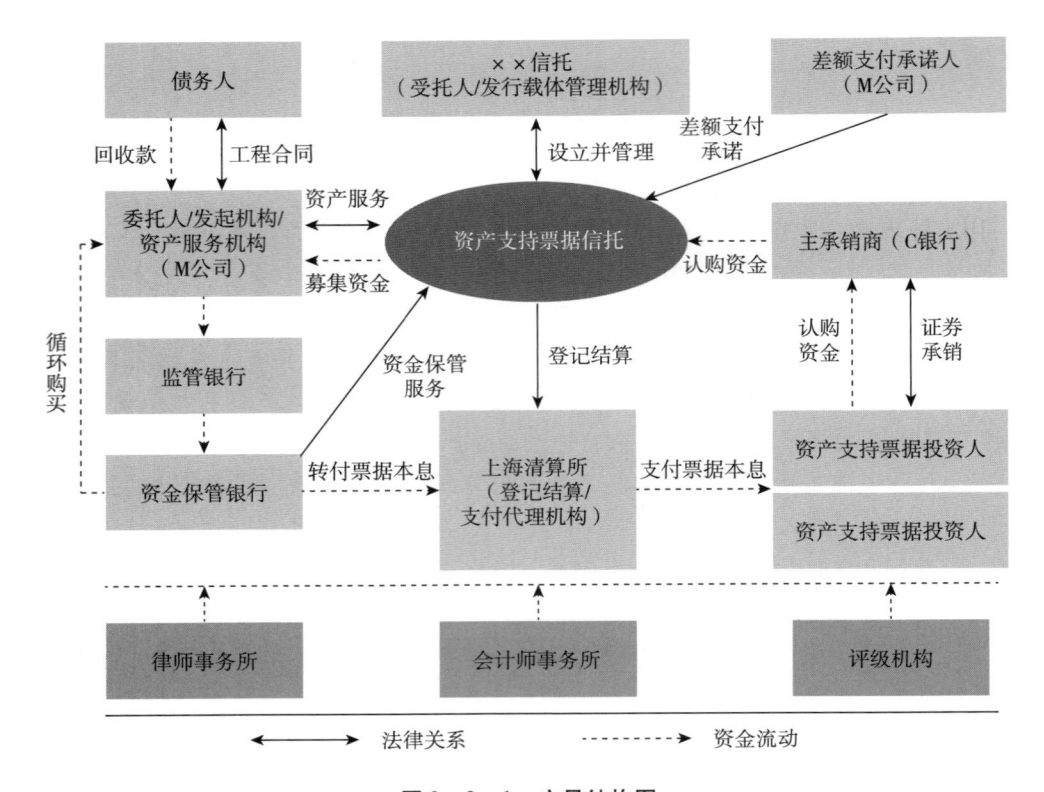

图 2-2-1 交易结构图

不再进行循环购买，应收账款回款用于偿还 ABN 本息。通过循环购买，解决了应收账款账期不一致问题，提高了资金使用效率，延长了融资期限。

4. 案例评述

（1）企业满意度高

应收账款 ABN 帮助 M 公司降低资产负债率 5 个百分点，顺利完成了总部降杠杆要求，同时票面利率低于企业预期，控制了融资成本。

（2）银行综合收益显著

C 银行通过承销和投资该项目，取得了较好的承销费收入和投资收益；同时，该项目的募集资金、应收账款回款给 C 银行带来了较高的存款贡献。

（3）产品发展潜力较大

建筑公司普遍存在应收账款规模大、资产负债率高的难点。C 银行通过该项目的成功发行，树立了较好的市场形象，后续承销了多笔央企建筑公司的应收账款 ABN。

（七）如何做好公司金融业务

公司金融业务在商业银行业务结构中扮演着重要角色，新形势下受技术进步和市场环境的变化呈现出数字化、投行化、综合化的特征。要想推进对公业务高质量发展，客户是根基，产品和服务是土壤，根深才能叶茂，土沃才能花繁。因此，从根本上要厚植客户根基，深耕产品和服务，强化数字化转型；同时既要重点突出，又要统筹兼顾，服务好实体经济，筑实量价险效平衡。具体来讲，有以下六个方面。

1. 厚植根基，拓展客户账户

各类市场主体是经济发展的根基，服务好各类市场主体是商业银行的应有之义。只有拥有不断壮大的优质客户基础，业务发展才能生生不息。

当前商业银行对公客户发展的外部环境发生了很多的变化，客户总量快速增长、渠道融合全面推进、经营工具方式持续丰富、市场竞争更加激烈。对此，商业银行应该牢固树立"大客户为核心、中型客户为中枢、小客户为基础"的客户经营理念，分层分类梳理客户源头，做大客户账户总量，提升客户价值。

对于大中型客户，应提高营销层级，保障资源供给，加速产品创新，进一步巩固银企、银政合作伙伴关系；对于中型客户，可以通过场景营销、做细服务，深挖需求，找准症结和突破点，提升客户黏性；对于小微客户，要加大对公数字化经营能力，推动数据共用、产品共创、能力共享、生态共建，提升用户画像、客户评价、数据整合等方面对营销的支持力度、对客户的响应速度和自身的市场竞争能力，实现数字化、批量化、集约化营销。

2. 资源整合，发挥协同联动效益

当前，商业银行的角色逐步从单一信贷产品的提供商，向综合金融资源的整合商转变，这也要求银行摒弃"以产品为中心"的传统理念，做好"以客户为中心"的金融服务，真正形成协同联动格局，打造商业银行差异化的优势。

一是总分支行、前中后台联动，形成一致的目标和行动。主动响应市场，发现客户痛点，围绕客户需求，解决怎么干的问题。

二是银行集团内部联动。围绕客户经营、产业发展、资金流向，商业银行集团各业务板块、各经营机构、母子公司间要加强信息互通和客户对接，以客户体验最优、收益最大化为目标，形成合力，完善客户服务体系。

三是公私协同联动，围绕具体业务场景，跨条线建立闭环营销机制，形成公私双向互动，提供客户企业及个人的全方位金融支持。

3. 开拓创新，做优全方位综合服务

商业银行要持续强化全生命周期、多市场多层次的产品供给，推进产品创新和优化，做优全方位综合服务，为持续高质量发展筑牢保障。

一是要增强"商行＋投行"的综合打法，提供"投＋贷""股＋债""本＋外"全链条产品，贯穿客户生命周期全流程。

二是要服务核心客户的上下游生态，打造富有创新性的产业链产品解决方案，提升整体产业链的运营效率，促进产业健康发展。尤其是面对对公客户全球化、集团化、线上化、平台化、连锁化发展趋势，商业银行需要有整体性、全面性、综合性的金融解决方案。

三是要强化创新意识，加快产品创新，打造银行产品品牌。当前商业银行产品差异化有待提高、多样性有待提升，因此商业银行需要对客户需求进行细分和整合，定制专属产品和服务，打造商业银行品牌。通过品牌效益，吸引更多同类客户自主自发聚集，形成对公业务经营的"滚雪球"效应，这也是客户综合服务中的竞争力所在。

4. 把握机遇，做强数字化场景服务

商业银行应不断强化科技运用与数字化赋能。

一是通过拓展金融产品使用场景及应用平台，转变传统融资模式。探索平台建设、生态打造，将数字化平台和生态场景作为未来获客、活客的重要阵地。

二是通过数字化提升大中型客户分析能力，向内赋能提升综合经营能力。推动数据要素转化成为数据资产，让数据要素在银行各个部门、条线进行流动、交换和共享，使数据在银行业务发展中发挥更关键的作用，成为与人力、资本、技术等要素同样重要的生产资源。通过对客户精准画像，推进形成经营、管理、运营、风控的全方位数字化体系，提升对公客户综合经营能力。更重要的是，商业银行要大力推进长尾客户的数字化经营，构建长尾客户金融服务新生态。利用大数据打造集约化经营的模式，通过智能化手段筛选营销目标，提升营销精准度、管理效率以及风险把控能力，做到快速引流、精准推荐、分级经营，充分挖掘长尾客户收入贡献能力，减少经营人员重复性、流程化的事务性工作，降本增效，充分释放人力资源，降低业务扩张的边际成本。

5. 拥抱变化，服务实体经济重点领域

随着中国经济新旧动能转化的步伐加快，商业银行应积极拥抱市场变化，跟随国家产业结构调整的步伐，加强政策跟踪分析，从经济发展全局出发，加大重点领域贷款投放，不断优化信贷结构，持续提升服务实体经济质效。

一是聚焦重点区域重点客群，加强对宏观经济、行业变化及风险趋势的研判，深入分析区域经济政策与潜在需求，聚焦区域内重点行业客群和行业龙头客户，做好清单化营销和组织推进。

二是创设与特定客群相适应的产品体系，结合产业集群的共性特点和典型客户的需求痛点，整合优化产品体系，满足特定客群差异化的金融诉求。

三是强化专业经营能力，一方面加强对市场、行业、客户的洞察力和研究分析能力，另一方面提升营销团队直面客户的能力，通过"在对的时间点、找到对的人、问对的问题、提供更专业的授信方案"来更主动地把握市场机会。

四是加强中后台支持，借助数字化工具和平台赋能前台营销，将专业研究成果和行业数据分析及时触达营销团队，并通过不断地反馈更新，形成重点领域客户的产品、营销策略，同时也可以不断优化业务流程，打通营销申报中的堵点、卡点，提高效率。

6. 统筹兼顾，筑实量价险效平衡

银行价值创造的关键在于定价、中收、成本、风控和资本管理五大关键能力。只有在每个环节实施全面的精细化管理，才能实现银行内在价值和资本回报水平的最大化。

商业银行要树立长远眼光、长久陪伴的观念，要坚持眼光向外，向市场要效益，算好综合账、长远账和客户账，着眼于结构优化与效益整合提升，持续做好策略动态调整和量价动态平衡。

案例拓展

银企综合化合作新机遇

A集团公司是省属最大的公路产业投资运营商。根据集团"十四五"规划，该集团拟投资新建15个高速公路项目。

1. 与银行合作情况

A集团公司与20家银行、10家券商以及头部保险、信托、租赁等金融机构建立合作关系，外部主体评级为AAA。

2. 客户需求痛点

"十四五"期间，该集团以全面构建综合交通网为目标，以打造航空客货运输"双枢纽"为着力点，抢抓区域发展战略和交通基建投资多重政策红利叠加的重大机遇，进一步壮大综合交通主业。

在高速公路主业方面，该集团拟投资新建高速公路，希望各金融机构继续加大对其项目建设的资金支持；另外，部分试运营路段通行费收入尚处于培育期，可能存有资金缺口，希望银行给予一定流动性支持或通过贷款置换等形式为其降低融资成本或采取延期还本；此外，受新冠疫情影响，部分存量在建项目人工、材料、拆迁等成本上升，投资超概算，也存在一定的融资需求。

在路衍产业方面，该集团拟围绕综合交通产业链进行延伸，大力发展交通物流、交通服务、工程建设、交通科技、交通金融、产城融合六大产业，打造盈利新增长点。其中交通物流、交通服务、工程建设三个产业产值将超100亿元。随着产业经营规模的不断壮大，授信需求也将进一步增加。

3. 某银行授信策略

（1）整体策略：由维持存量调整为提升份额。优先支持国高网、省高网"十四五"规划重点高速公路项目，积极支持由国开行及四大行参与的银团项目，抢抓高速公路优质资产，适度提升银行市场份额。

（2）板块策略：重点支持与高速公路主业高度相关的交通物流、交通服务、交通科技、工程施工等路衍产业，审慎支持交通金融、产业投资板块，择优支持风险可控、收益较高的房地产项目。

（3）产品策略：结合各板块业务发展特点和需要，新增供应链融资、银承、项目前期贷、城镇化建设贷款等产品。

二、零售金融业务

(一) 零售金融业务概述

1. 零售金融业务的服务对象

银行零售金融业务（也称零售业务）一般指商业银行以自然人、家庭及小企业为服务对象，提供存款、融资、委托理财、有价证券交易、代理服务、委托咨询等各类金融服务的业务。具体地，零售金融业务包括个人存款业务、个人贷款业务、信用卡业务、财富管理业务、私人银行业务、商户业务等。狭义的零售金融业务就是对个人客户的服务；而广义来说，零售金融业务还包含商户业务。

个人客户根据风险偏好，可以分为激进型、进取型、稳健型、谨慎型、保守型客户等；根据是否有贷款，可以分为有贷户和无贷户；根据办理业务类型，可以分为储蓄客户、信用卡客户、投资理财客户等；根据资产规模（AUM），又可以分为私人银行级、钻石级、白金级、金级、大众客户等。

> **小看板**
>
> **个人 AUM**
>
> 个人 AUM：主要指客户在银行的可支配金融资产总额，包括其在银行的个人存款、正常状态下的个人贷款，以及投资理财产品等。通过计算客户的 AUM 值，银行可以判断其是否是优质客户，并提供相应的权益。
>
> 我国商业银行根据个人客户的 AUM，一般会将客户分为财富管理客户和大众客户两大类。财富管理客户分为金、白金、钻石和私人银行四个级别；大众客户分为普通客户和零资产客户两个级别。其中，2011 年，原银监会在《商业银行理财产品销售管理办法》中明确界定，金融资产达到 600 万元以上的客户为私人银行客户。

2. 零售金融业务的特征

零售业务具有资本占用少、收益稳定、经营风险分散、抗周期性强等特点。

一是资本占用少。零售业务具有单笔规模小的特点，因此资本占用相对较少。这使得银行能够更有效地运用资金，提高资本利用效率，降低潜在的风险。

二是收益稳定。由于零售业务以个人客户为主要服务对象，其通常对金融服务有较为持久的需求。因此，零售业务在很大程度上能够维持较为稳定的客户基础，从而确保相对可预测的收益流。与此同时，零售业务的资产质量相对比较稳定，个贷不良率往往低于公司贷款。

三是经营风险分散。通过服务大量零散的客户，银行能够在不同行业、地区和个体客户之间实现风险的分散。这使得银行能够更好地应对单一客户或行业面临的特定风险，降低整体业务经营的不确定性。

四是抗周期性强。个人客户需求相对较为稳定，不容易受到宏观经济波动的影响，使得零售业务具有"弱周期效应"，稳定性好，对银行信贷投放的支持能力更强。因此常说零售业务是银行的"压舱石"和"稳定器"。

（二）个人存款业务

个人存款业务产品主要包括个人活期存款、个人定期存款、个人通知存款、个人外币存款等。这些产品各有特点，可以满足不同客户的需求。

1. 个人活期存款

个人活期存款是指开户时不约定存期，客户可随时存取的一种个人存款方式。活期存款的最大优点是灵活性高，通常适用于资金使用比较频繁的客户。

2. 个人定期存款

个人定期存款是指银行与存款人双方在存款时事先约定期限、利率，到期后支取本息的存款。相比活期存款和其他理财产品，定期存款的利率一般较高。

3. 个人通知存款

个人通知存款是指客户在存入款项时不约定期限，支取时需提前通知，约定支取存款日期和金额的一种个人存款方式。通知存款的存款利率高于活期利率。存期相对灵活、支取方便，能获得较高收益，适用于大额、存取较频繁的存款。

4. 个人外币存款

个人外币存款是指居民将个人拥有的外币资金存入银行，银行开具存折或者存单作为凭证按规定支付本息的业务。

小看板

个人结算账户

个人结算账户是指银行根据个人客户申请，为客户开立的用于办理人民币、外币资金收付结算的银行账户。根据中国人民银行有关个人银行结算账户分类管理的规定，个人银行结算账户（不包括信用卡、准贷记卡）按照账户类型分为Ⅰ类户、Ⅱ类户、Ⅲ类户；按照介质分为活期存折、借记卡、无介质电子账户（e账户、钱包等）；按照开户渠道分为银行自有渠道开立和外部平台开立。个人外币资金使用个人Ⅰ类银行结算账户管理，具体如表2-2-4所示。

表 2-2-4　个人结算账户

	I 类户	II 类户	III 类户
账户形式	实体借记卡、活期存折	实体借记卡、电子账户	电子账户
账户用途	"金库"账户：可用于大额存取款、转账、消费、缴费、投资理财等。使用范围和金额不受限制	"钱夹"账户：可用于限定金额的存款、投资理财、消费、缴费、转账等业务	"零钱包"账户：可绑定快捷支付、在线消费、缴费等小额支付

使用个人银行结算账户办理人民币现金存取、资金结算等业务时，应遵守《人民币银行结算账户管理办法》，以及对现金管理、账户分类管理及交易限额、账户余额的有关规定；办理外币现金存取、外币兑换、资金结算等业务时，应遵守外汇管理相关规定。

（三）个人贷款业务

个人贷款是指贷款人向符合条件的自然人发放的用于个人消费、生产经营等用途的本外币贷款。按贷款用途来分，可分为个人住房贷款、个人消费贷款、个人经营贷款、国家助学贷款；按担保方式分，可分为个人信用贷款、个人保证贷款、个人抵押贷款、个人质押贷款；按贷款期限分，可分为个人短期贷款、个人中期贷款、个人长期贷款；按额度是否可循环分，可分为个人普通贷款、个人额度贷款。

1. 个人住房贷款

个人住房贷款是指银行用信贷资金向购买、建造、大修各类型住房的自然人发放的贷款。按住房交易形态，可分为个人新建住房贷款和个人再交易住房贷款（也称个人二手住房贷款）。

个人住房贷款具有贷款期限长、还款方式灵活的特点。其贷款期限最长可达30年；借款人可以分期偿还并选择等额本息、等额本金等多种还款方式。

阅读资料

个人住房贷款的分类

个人住房贷款根据贷款资金来源可分为商业性个人住房贷款、公积金个人住房贷款和个人住房组合贷款。两者的区别如表2-2-5所示。

商业性个人住房贷款是指商业银行用自有信贷资金发放的个人住房贷款。

公积金个人住房贷款是指商业银行接受各地公积金管理中心委托，利用公积金管理中心提供的住房公积金资金，根据"委托协议"向缴存公积金的职工发放的个人住房贷款。公积金管理中心作为住房公积金贷款委托人，是开办此项业务的重要源头客户，直接决定商业银行受托承办公积金贷款的业务规模和市场份额。

表 2－2－5　　　　　商业性个人住房贷款与公积金个人住房贷款比较

贷款要素	商业性个人住房贷款	公积金个人住房贷款
贷款对象	是否缴交公积金不是必要条件	符合住房公积金借款条件和足额按时缴存住房公积金的个人客户
贷款用途	购买住房	
贷款期限	最长 30 年	
贷款利率	公积金个人住房贷款属于政策性贷款，利率低于商业性个人住房贷款	
贷款额度	根据房屋交易总价或者房屋评估价值、借款人还款能力测算	最高可贷额度根据职工公积金缴交情况计算

个人住房组合贷款是指商业银行利用自有信贷资金和公积金管理中心提供的住房公积金资金，向购买、建造、大修房屋的职工发放的商业性个人住房贷款、公积金个人住房贷款的组合。当借款人的购房首付款加上公积金个人住房贷款可贷额度不足以覆盖购房款时，借款人可以同时申请一笔商业性个人住房贷款，与公积金个人住房贷款形成组合贷款。

2. 个人商业用房贷款

个人商业用房贷款是指银行用信贷资金向购买各类型商业用房（包括商铺、办公用房等）的自然人发放的贷款。按照商业用房交易形态，可分为个人新建商业用房贷款和个人再交易商业用房贷款。商业用房是借款人购置的用于自己或出租给他人生产经营用途的房屋，因此部分商业银行将其纳入个人经营贷款管理。

个人商业用房贷款与个人住房贷款有许多相同点，但在购买房屋属性、贷款期限、贷款额度、贷款利率等方面存在差异。具体如表 2－2－6 所示。

表 2－2－6　　　　　个人住房贷款与个人商业用房贷款比较

不同点	个人住房贷款	个人商业用房贷款
购买房屋属性	住宅	商铺
贷款额度	最高不超过购房款或者评估价值的 80%	最高不超过购房款或评估价值的 50%
贷款期限	最长为 30 年	最长为 10 年
贷款利率	根据中国人民银行、国家金融监督管理总局 2023 年 8 月 31 日发布的《关于调整优化差别化住房信贷政策的通知》，首套个人住房贷款利率政策下限按现行规定执行，二套个人住房贷款利率不得低于相应期限贷款市场报价利率加 20 个基点。	根据中国人民银行 2019 年 8 月 25 日发布的《关于新发放商业性个人住房贷款利率调整的公告》，二套商业用房购房贷款利率不得低于相应期限贷款市场报价利率加 60 个基点。

3. 个人消费贷款

个人消费贷款是指以满足个人消费融资需求，采取信用、抵押、质押或保证方式，向借款人发放的用于其本人及家庭购买商品、房屋装修、旅游、出国留学、周转等用途的贷款。

个人消费贷款具有贷款用途广泛、贷款方式灵活、还款便利等特点。贷款用途方面，个人消费贷款可用于个人及其家庭的各类消费支出；贷款方式方面，普通贷款可采取抵押、保证和信用方式；还款方式方面，个人消费贷款可采用委托扣款、柜面还款和自助还款等方式，给借款人提供便利。

案例拓展

建设银行个人快贷

建设银行个人快贷是国内金融系统中首个全流程线上自助的个人贷款产品。客户可通过建设银行电子渠道在线完成贷款，包括实时申请、审批、签约、支用和还款。产品先后荣获《银行家》杂志2015年中国金融创新奖"十佳金融产品创新奖"和人民银行主办的中国国际金融展"金鼎奖"年度特别大奖、"优秀个人金融服务奖"，在《亚洲银行家》2016年中国奖项计划评选中荣获"2016年度中国最佳消费信贷产品"。

快贷属于个人消费用途的商业银行互联网贷款产品，遵循小额、短期、高效和风险可控的原则。单户授信额度最高不超过20万元，贷款期限最长不超过3年；到期一次性还本的，授信期限不超过1年。

资料来源：中国建设银行官网。

4. 个人经营贷款

个人经营贷款是为个体工商户、小微企业主等个人经营类客群提供的用于生产经营的贷款。个人经营贷款的服务对象既包括拥有经营实体的自然人，又包括依法无须申领营业执照的个体经营者。其中，经营实体覆盖个体工商户、个人独资企业、小微企业、合伙企业、农民专业合作社等市场主体；个体经营者包括新市民、货车司机、灵活就业人员等人群。

按照担保方式不同，个人经营贷款可分为个人经营信用贷款、个人经营抵押贷款两类。一般情况下，个人经营贷款按照小额分散、高效便捷的原则发放，贷款额度大多在50万元左右。

5. 国内助学贷款

国内助学贷款是指银行向境内高等学校中经济确实困难的全日制普通本科生、专科生（含高职生）、研究生和第二学士学位学生发放的，用于支付学费、住宿费和生活费用的人民币贷款。国家助学贷款业务由各地高校管理部门以招投标方式选择合作的商业银行后开展。

国内助学贷款实行"财政贴息、风险补偿、信用发放、专款专用、按期偿还"的原则，采取借款人一次申请、贷款行一次审批、单户核算、分次发放的方式。贷款额度由借款人所在学校按本校的总贷款额度、学费、住宿费和生活费标准以及学生的困难程度确定。借款人必须在毕业后 6 年内还清,贷款期限最长不得超过 10 年。

> **阅读资料**
>
> ## 个人贷款操作流程
>
> 个人贷款操作流程一般分为受理与调查、贷款审核、贷款审批、贷款签约、贷款担保、贷款发放、贷后管理等环节。
>
> 1. 受理与调查
>
> 借款人以书面形式提出个人贷款申请,并提交贷款申请书、身份证明、偿还能力证明、贷款用途证明、贷款担保资料等申请资料;商业银行采取现场核实、与借款人面谈、电话查问以及通过人民银行征信系统等行内外有关信息系统查询等途径和方法进行贷款调查,并形成贷款调查意见。
>
> 2. 贷款审核
>
> 银行贷款审核人员对贷款调查内容及其形成的调查意见的合法性、合规性、合理性、准确性进行全面审查,重点对调查人的尽职情况和借款人还款能力、诚信状况、担保情况、抵(质)押比率等的合规性进行审核。
>
> 3. 贷款审批
>
> 银行贷款审批人根据借款人所从事的行业、年龄、收入以及资信情况等,通过综合分析、评价借款人的还款能力、担保措施的充分性和可控性及贷款风险程度,进行审批决策。
>
> 4. 贷款签约
>
> 贷款审批通过后,银行与借款人、担保人等当面签订书面借款合同、担保合同等相关法律文件。借款合同应明确约定各方当事人的诚信承诺和贷款资金用途、支付对象(范围)、支付金额、支付条件、支付方式等,明确借款人不履行合同或怠于履行合同时应当承担的违约责任等。
>
> 5. 贷款担保
>
> 以抵(质)押和抵(质)押加保证方式担保的个人贷款,要按合同约定办理抵(质)押物及质押权利登记。抵(质)押登记手续由抵(质)押人和银行共同办理,抵(质)押人也可委托银行代为办理。
>
> 6. 贷款发放
>
> 借款合同生效且符合放款条件后,银行贷款发放人员按合同约定及时发放贷款。对于采用受托支付方式的,银行根据借款人的提款申请和支付委托,将贷款资金支付给符合合同约定用途的借款人交易对象;采用自主支付方式的,将贷款资金直接发放至借款人账户。
>
> 7. 贷后管理
>
> 个人贷款发放、支付后,银行要采取有效方式对贷款资金使用、借款人的信用及

担保情况变化等进行跟踪检查和监控分析,并应按照借款合同约定,收回贷款本息。

(四) 信用卡业务

按是否具有透支功能,银行卡可分为信用卡和借记卡。广义的信用卡包括贷记卡和准贷记卡,狭义的信用卡仅指贷记卡。如无特殊注明,本书中所指信用卡均为狭义的信用卡,即贷记卡。不同种类银行卡的具体特征如表2-2-7所示。

表2-2-7 银行卡的种类

种类	贷记卡	准贷记卡	借记卡
信用额度	有信用额度	有信用额度	无信用额度
透支	先消费、后还款,可在银行核定额度内透支	先存款、后消费,可在银行核定额度内透支	先存款、后消费,不能透支
利息	存款不计息	存款计息	存款计息
免息期	有免息期	无免息期	不存在还款问题
最低还款额	可按最低还款额方式还款	无最低还款额	
账单	提供账单服务	提供账单服务	一般不提供账单服务

信用卡是发卡机构为持卡人提供的一种同时具备循环信贷和支付结算功能的金融工具。信用卡具有两个核心属性:一是信用支付工具,发卡机构基于持卡人个人信用授予信用额度、持卡人凭借发卡机构的信用从商户中获得商品与服务;二是循环信贷工具,持卡人可在发卡机构核定的额度内循环使用贷款。

阅读资料

信用卡的功能

信用卡具有消费信贷、支付结算、增值服务、资信凭证等功能。

1. 核心功能

消费信贷是信用卡最核心的功能。银行发放信用卡给持卡人,实质上是向持卡人承诺随时提供短期的消费信贷。根据持卡人不同的资信状况,银行将给予不同的授信额度,持卡人可在授信额度内进行短期的透支消费或预借现金,透支消费可以享受一定期限的免息还款期。近年来,发展迅猛的信用卡分期付款功能,则是消费信贷功能的延伸,在消费信贷的基础上,为持卡人提供了更加灵活的还款方式和费率。

2. 基本功能

信用卡为社会经济活动中所产生的资金流通提供最为广泛和便捷的结算服务,便于买卖双方购销活动的完成,提高资金流转速率。信用卡的消费支付、预借现金、转账结算以及代扣代缴等功能,均是支付功能不可或缺的组成部分,为持卡人提供了多样化的支付选择。

3. 增值服务

持卡人使用信用卡消费后，可按照银行的积分适用范围及计算方式累计积分，积分可兑换精美礼品、航空里程、服务等。为鼓励持卡人用卡消费，银行发展各种类型的特惠商户，涵盖特色餐饮、精品酒店、时尚购物、休闲娱乐、度假旅游、生活服务等各领域，提供消费折扣等特惠活动，让持卡人刷卡更实惠；为了提高信用卡产品竞争力，银行还会以信用卡业务为原点向外延展，链接不同领域的行业合作方，契合日常生活各个场景，为信用卡持卡人提供金融、保险、健康、医疗、餐饮、娱乐、出行等信用卡基本功能服务以外的服务产品。

4. 行业应用

近年来渐渐兴起的集成电路（IC）信用卡，用芯片取代了磁条，不仅具有更高的安全性，还能够加载行业应用，可在机动车电子行驶证管理、高速公路不停车收费、城市公交、会员信息管理、市民卡等多个领域应用，为持卡人带来更加安全、便捷的支付体验。

5. 派生功能

由于信用卡一般是发卡银行根据申请者的社会身份地位、经济实力、购买消费能力、信用等级等标准来发放的，卡片一般按照持卡人的资信水平划分为不同的等级，因此信用卡在很多场合都可以作为持卡人的一种身份象征，而持卡人长期刷卡建立起来的信用记录更是个人资信程度的体现，且伴随持卡人一生。

信用卡按照发卡对象，可以分为个人卡和单位卡；按照持卡人信用卡等级和产品功能、服务不同从低到高可分为普通卡、金卡、白金卡、钻石卡等；按照信用卡卡片介质，可以分为实体卡和虚拟卡；按照信用卡信息存储介质，可以分为磁条卡、芯片卡和磁条芯片复合卡；按照信用卡账户币种数目，可以分为单币种信用卡、双币种信用卡和多币种信用卡。

阅读资料

信用卡的业务流程

1. 申请与受理

信用卡支持线下线上多渠道申请，银行在收到客户的申请之后，首先对客户的资信进行征信审核，并根据审批结果授予客户信用额度。审批通过后将进入制卡环节，制卡成功后，卡片将邮寄至客户账单地址，客户在收到信用卡后按要求进行开卡即可正常使用信用卡交易。

2. 交易与授权

信用卡交易授权按处理方式分为联机交易授权和人工交易授权；按业务性质分为一般交易授权、特殊交易授权和紧急服务授权等。

3. 账务处理

账务处理主要包括客户每日交易的入账及账单日的结算。银行每天根据交易明细对持卡人账务进行相应处理，并在每个账单日日终，分批对持卡人当期（上一账单日次日至当前账单日）的账务进行结计利息和费用汇总处理，计算持卡人本期全部应还款额和最低还款额，确定到期还款日，并生成对账单。

4. 还款

持卡人可以根据其使用习惯选择适当方式办理还款，主要分为主动还款和约定还款两类。

5. 催收

当信用卡持卡人未在规定的还款期内偿还最低还款额时，银行根据其欠款时间的不同，通过电话、信函、上门或司法等方式向持卡人催讨欠款。

6. 客户服务

银行通过人工电话、网点柜台、网上银行、手机银行、短信银行、信用卡网站和自助语音、在线客服，为客户提供业务咨询、业务查询、业务操作、投诉及建议受理等多样化的服务支持。

（五）财富管理业务

财富管理业务是指银行利用掌握的客户信息与金融产品，分析客户自身财务状况，通过了解和发掘客户需求，制定客户财务管理目标和计划，并帮助选择金融产品以实现客户理财目标的一系列服务过程。银行代理理财产品类型较多，包括基金、保险、国债、信托产品、贵金属等。

1. 代理保险业务

代理保险业务是指银行接受保险公司委托，在保险公司授权的范围内，代理保险公司销售保险产品及提供相关服务，并依法向保险公司收取佣金的经营活动。代理对私保险业务是银行受保险公司委托在授权范围内向个人客户提供对私保险产品或服务的经营活动。

2. 代销公募基金业务

代销公募基金业务是指银行接受由国务院证券监督管理机构依法实施监督管理、持有金融牌照的金融机构委托，在银行渠道（含营业网点、电子渠道以及依托银行系统交易的第三方网络平台），为投资人办理公募基金业务相关的交易账户开立、份额发售、申购赎回及提供交易账户信息查询等业务活动。

3. 代销对私私募类资产管理产品业务

代销对私私募类资产管理产品业务是指银行接受由国务院金融监督管理机构依法实施监督管理、持有金融牌照的金融机构委托，在银行渠道（含营业网点和电子渠道），以私募方式面向个人合格投资者、专业投资者代理销售，由合作机构依法发行设计管理的对私私募类资产管理产品的代销业务活动。

4. 实物贵金属业务

实物贵金属业务是指向个人客户或公司机构客户销售或回购实物贵金属产品，并提供实物交割提取、管理账户开立与维护、实物定投和兑换等相关服务的业务。目前，银行的实物贵金属业务经营品种包括黄金、白银两大类，并按照不同经营模式分为两类：一类是品牌实物贵金属，是指由银行自行设计、符合国家有关规定、冠以银行品牌、赋予一定含义、由银行委托指定贵金属加工企业加工的贵金属产品；另一类是经销与代销实物贵金属，是指银行与外部贵金属机构签订合作协议，由合作机构按照国家有关规定设计制作，并在银行进行销售的贵金属产品。

5. 个人外汇业务

分为现钞和现汇。现钞指外币现金和以外币现金存入银行的款项。现汇指由国外汇入或从国外携入的外币票据，通过转账的形式，存入银行账户。个人外汇可进行结售汇、汇款、外汇买卖、外币理财等业务。

案例拓展

建设银行大财富管理战略

我国财富管理行业市场空间广阔。随着客户存量时代的到来，各大金融机构纷纷布局精细化客户经营，同时在内容上从金融投资拓展到客户全生命周期的财务管理，以应对机遇与挑战并存的蓝海市场。

2021年，建设银行将大财富管理列入全行"十四五"规划战略重点，形成"普惠、智慧、专业、专注"的战略蓝图和行动共识。

一是打造"普惠"的财富管理。针对全量个人客户构建"分层、分群、分级"的客户服务体系，推进数字化与财富管理深度融合，通过"零钱管理、保险保障、稳健投资、追求回报"四笔钱精准识别客户需求，提供匹配的资产配置方案和财富管理产品。

二是打造"智慧"的财富管理。打造覆盖线上线下渠道一站式的大财富管理平台。对内升级财富顾问、客户经理、产品经理三大工作台，对外打造"财富规划—资产配置—产品优选—投后陪伴"的服务闭环，为客户提供全生命周期的财富管理服务。

三是打造"专业"的财富管理。推动财富管理投研专家、财富顾问和对私客户经理"三支队伍"建设，强化名单制管理，持续开展能力传导和专业培训，以专业能力为客户创造长期价值。

四是打造"专注"的财富管理。推动形成以个人客户金融资产为核心的经营管理体系，考核指标、经营计划和资源配置锚定个人客户金融资产规模增长，专注推动大财富管理转型，实现个人存款和个人客户金融资产协同发展。

建设银行大财富管理战略如图2-2-2所示。

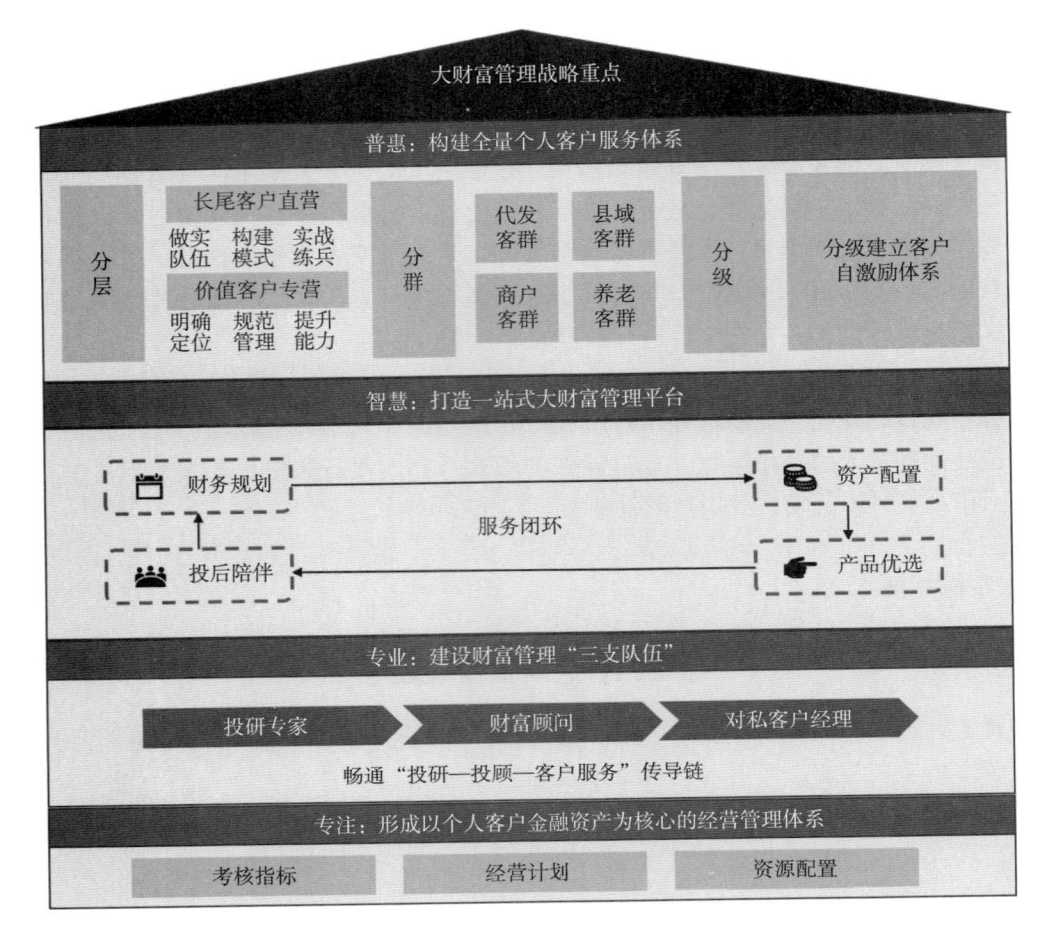

图 2-2-2　建设银行大财富管理战略图

资料来源：中国建设银行股份有限公司2022年年报。

(六) 私人银行业务

私人银行业务主要是基于私人银行客户需求，融入客户全生命周期管理，为私人银行客户提供以财富规划和资产配置综合解决方案为核心的服务。该服务对接银行产品货架，为客户构建个人、家庭、家族与企业资产的系统性安排，以满足客户不同人生阶段风险隔离、财富保全、财富增值、财富传承等多元化财富需求。常见的私人银行业务包括私行资产配置服务、家族信托业务、保险金信托等。

1. 私行资产配置服务

私人银行客户的资产配置服务涵盖客户细分和需求管理、财富规划制订、资产配置方案制订、投资组合构建、动态平衡调整、定期资产检视服务等步骤，形成财富管理服务的完整闭环，旨在帮助私人银行客户有效管控风险，实现财富管理目标。

私人银行客户的资产配置服务作为私行能力建设基石，是撬动大财富经营转型在私行业务探索实施的关键。资产配置服务体系不同于以往的资产配置策略，是一套集客户细分、市场研究、工具创新、产品遴选、人员评估为一体的体系化打法。私行资产配置服务流程如图2－2－3所示。

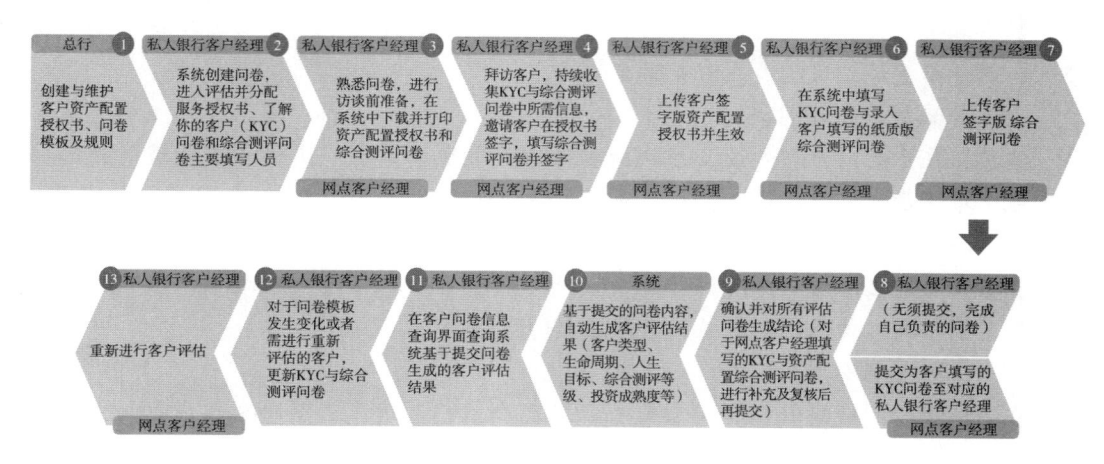

图2－2－3 私行资产配置服务流程图

2. 家族信托业务

家族信托是指信托公司接受单一个人或者家庭的委托，以家庭财富的保护、传承和管理为主要信托目的，提供财产规划、风险隔离、资产配置、子女教育、家族治理、公益慈善事业等定制化事务管理和金融服务的信托业务。

家族信托财产金额或价值不低于1000万元，受益人应包括委托人在内的家庭成员，但委托人不得为唯一受益人。单纯以追求信托财产保值增值为主要信托目的，具有专户理财性质和资产管理属性的信托业务不属于家族信托。

阅读资料

家族信托业务的核心功能及主要类型

1. 核心功能

家族信托业务的核心功能包括财产安全保护、财富有序传承、家族成员保障、后代关爱激励、婚姻风险防范、繁冗继承简化、财富专业配置、公益慈善规划等。

2. 主要类型

（1）家族成员保障信托

保障家族成员的学业、生活、养老等多种需求。实现财富有序传承，避免复杂的遗产继承程序。

（2）未成年子女保障信托

为未成年子女成长、教育等需求提前安排好独立资金，免去子女无力管理财产的烦恼。通过设置不同条件下的信托利益领取规则，可以激励未成年子女的良好行为。

（3）跨代传承信托

实现家族财富的跨代、多代传承。对家族成员实行价值引导和正向激励，增强家族成员凝聚力。

（4）婚姻风险防范信托

通过私密方式隔离婚前财产，避免与婚后共同财产发生混同。将财富传承到子女个人，避免由于婚姻风险造成家族财富外流。

（5）家族财产保护信托

家族信托中的财产与未设立信托的其他财产相隔离。在一定情形下实现财产的保护功能。尽早设立家族信托，有利于降低各种意外风险及企业经营风险对家庭的影响。

（6）保险金信托

在信托功能之上增加保险的保障功能和杠杆功能。在保险功能之上增加信托在传承对象范围扩大、传承规划设置灵活等方面的优势。

（7）家族慈善信托

在事业成功后回馈社会、帮助他人，实现公益慈善诉求。引导家族成员树立正确的价值观，传承家族精神，增强家族成员凝聚力。

3. 保险金信托业务

保险金信托是指信托公司接受客户委托，通过客户将人身保险合同的相关权利和对应的利益作为信托财产，当保险合同约定的给付条件发生时，保险公司按照保险约定将对应资金划付至对应信托专户，由信托公司按照信托文件进行管理。

案例拓展

家族信托体系化服务

1. 案例背景

L客户家族人数众多，关系复杂。家族第一代、第二代通过一辈子奋斗积累了可观财富。为了实现家业永续，客户家族必须合理分配这些财富，以确保每一名后代都能充分体会到长辈的关怀并获得应有的利益。然而，通过常规的金融产品，已无法满足客户的这一诉求。此外，在C银行与客户沟通过程中，了解到客户家族企业存在上市需求。

2. 行动过程

一是优质服务，躬亲力行赢客户。L客户是C银行多年服务的私行客户。中秋节前期，C银行行领导带领私人银行中心拜访L客户，交谈中发现L客户对家族财富有传承需求，便当场向客户推荐了该行家族信托业务，重点突出了家族信托在财富传承、风险隔离方面的核心优势。L客户表示愿意进一步深入了解。

二是专业制胜，层层递进拓新客。C银行与集团信托子公司组成专业团队，与客户多次召开线上沟通会，深入了解客户家族财富传承和风险隔离需求；对于客户提出的多个疑问，专业团队都会及时给予解答；C银行家族信托业务专人主动上门面见客户，为客户讲解个性化条款。最终，C 银行服务团队的专业能力和定制化服务方案得到了客户家族成员的一致认可。

三是条线联动，以私促公新突破。达成签约意向后，C 银行与客户积极沟通签约时间，经过持续努力终于敲定，正式办理家族签约手续。在与客户沟通家族信托的过程中，C 银行了解到客户家族企业的上市需求，C 银行私人银行部立即与集团信托子公司召开电话会议，迅速拟订上市服务方案，为后续公私业务打下良好基础。在客户企业上市后，C 银行还将提供信贷融资、股票信托、慈善信托等公私一体化综合服务方案，满足客户社会需求，实现减持中的税务筹划，完成股权平稳过渡和定向传承。

四是母子协同，集团优势显神威。L 客户对女儿关爱有加，想要实现对女儿及孙辈的长期照料。对此，C 银行充分发挥与集团信托子公司、人寿子公司的协同优势，为客户设计了保险金信托的架构。

3. 案例分析与总结

超高净值客群的需求非常多元化，除了个人的投资理财等金融需求外，还有健康关爱、法律税务、便捷出行等非金融服务需求。同时，他们还需要为家族成员提前安排子女教育和财富传承等。此外，私行客户往往关联一家企业，客户家族企业在融资、股权优化、上市辅导等方面均有业务诉求。

在本案例中，C 银行以家族信托为突破口，深入了解客户家族综合情况，紧盯客户行外资金、深挖财富传承需求，通过对家族信托及保险金信托进行特殊架构设计和定制化条款安排，与家族三代成员建立密切联系，赢得客户家族的信任和认可，实现长期稳定的客户关系。

（七）收单业务

收单业务，是收单机构与特约商户签订协议，在特约商户按约定受理支付并与客户达成交易后，为商户提供交易资金结算服务的行为。

> **小看板**
>
> 1. 特约商户：指与收单机构签订银行卡、条码支付或有关支付受理协议、按约定受理支付，并委托收单机构为其完成交易资金结算的企事业单位、个体工商户或其他组织，以及按照国家工商行政管理机关有关规定，开展商品交易等经营活动的自然人。实体特约商户，是指通过实体经营场所提供商品或服务的特约商户。网络特约商户，是指基于公共网络信息系统提供商品或服务的特约商户。
>
> 2. 收单机构：包括从事收单业务的银行金融机构，获得收单业务许可、为实体特约商户提供受理支付并完成资金结算服务的支付机构，以及获得网络支付业务许可、为网络特约商户提供支付受理并完成资金结算服务的支付机构。

阅读资料

收单市场参与方

收单业务参与方涵盖了监管机构、发卡机构、支付机构、收单服务商和特约商户等（如图2-2-4所示）。一般而言，商业银行同时扮演了发卡机构、收单机构、商户拓展方、服务采购方等角色。

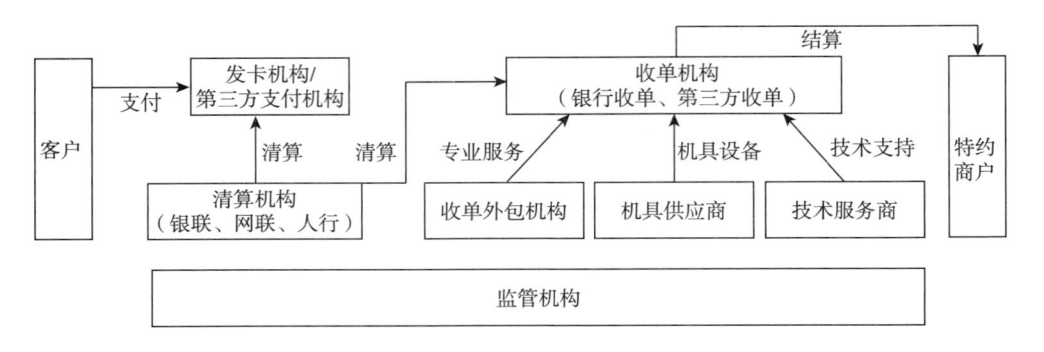

图2-2-4 收单业务参与方构成

对于商业银行而言，收单业务是一项低风险、低资本占用、高客户黏度的中间业务，能够带来持续、稳定的手续费收入。收单支付将消费者C端、商户B端、政府机构G端联结在一起，是一项贯通GBC生态的核心业务，可稳定并派生存款，可基于交易数据，协助商户贷款融资，衍生代发工资等服务，是商业银行拓展、维系客户、提升客户黏度及联动存、贷、汇业务的重要抓手。

自2013年人民银行颁布《银行卡收单业务管理办法》以来，银行收单产品已从单一的银行卡收单发展为集银行卡收单、条码收单、数字人民币收单于一体的产品矩阵。银行收单产品矩阵表见表2-2-8。

表2-2-8 银行收单产品矩阵表

特约商户	交易场景	渠道			
	实体经营场所（线下）	刷卡收单	条码收单	平台融合收单	接口类收单
		POS/挥接等	码牌/扫码盒子/扫码枪等	POS-App等	MIS-POS/被扫接口/动态码接口等
	交易场景	渠道			
		接口类收单		平台类收单	
	公共网络信息系统（线上）	快捷支付/被扫接口/App/小程序/公众号/H5/网关支付等		收单银行自主开发部署	

> 阅读资料

银行收单业务流程

1. 申请与受理

银行收单业务支持商户线上线下多渠道申请。

2. 审批入网

收单银行在收到商户申请后,按照《银行卡收单业务管理办法》中的要求,完成特约商户资质审核、受理协议签订。

3. 终端安装和商户培训

收单银行在系统中完成商户及终端配置后,由机具管理人员到商户现场安装或布放。收单银行在提供收单服务前对商户进行业务培训,并根据商户的经营特点和风险等级,定期开展后续培训。

4. 账务处理

收单机构按协议约定及时将交易资金结算到特约商户的收单银行结算账户,资金结算时限最迟不得超过客户确认可直接向特约商户付款的支付指令生效之日起 30 个自然日(通常是 T+1 个工作日)。

5. 商户巡检

收单银行按照人民银行《银行卡收单业务管理办法》中的要求对商户进行巡检。检查要点主要包括商户经营情况的真实性合法性、终端安全与维护、相关业务系统安全性、结算账户、开展环境验证等。

6. 风险监控

收单银行对已入网的特约商户进行分级管理,对于风险等级较高的商户加强后台监控并及时对可疑交易和异常情况进行核查处置。一旦商户出现违反银行卡账户信息与交易数据安全管理规定的情况时,启动商户退出机制。

7. 档案保管

收单银行在商户完成签约后,按照"一户一档"的原则建立商户档案,并妥善保管,至少保存至收单服务终止后 5 年。

(八) 如何做好零售业务

随着经济的发展和科技的进步,零售业务在商业银行的战略地位越来越重要。想要做好零售客户服务、打造好零售服务品牌,商业银行需要着重提升数字化经营能力、拓客获客能力、优质服务能力、财富管理能力、全渠道布局能力。这五个方面的能力提升不仅是适应当前金融市场变革的需要,更是提升竞争力、深化客户关系的战略性选择。

1. 提升数字化经营能力

零售业务天然具有客户规模庞大、交易零星分散、需求复杂多样的特点。近年来,商业银行在运用新兴技术推动解决业务痛点方面进行了大量积极有益的探索，出现了智能投顾、直销银行、小额快速贷款、快捷支付、无卡取现等颠覆性的金融科技产品和服务。与此同时，数据应用成为商业银行管理客户、精准营销和风险防控的主要手段，数字化经营能力在很大程度上左右着零售银行的竞争能力。

对此，商业银行要强化金融科技赋能，重构"人货场"价值链，打造"找得准、连得上、留得住"的全链条数字化能力。客户方面，通过大数据技术，对客户进行精准画像，全方位洞察客户，对客户分级分层分群管理，从而实现精细化客户经营。产品方面，构建体系化客户权益体系、升级数字化产品体系、打造商户服务体系，丰富"货"架，提升高频服务能力。场景方面，要全面升级数字化服务渠道，着重打造手机App、企业微信等战略级数字化渠道，同时要打造开放银行，实现金融服务"走出去"并无缝嵌入客户生活和消费场景中，此外要强化流量管理，全面性统筹和智能化配置流量，实现客户价值最大化。

2. 提升拓客获客能力

客户是商业银行赖以生存和发展的基础。存量竞争时代，商业银行要聚焦源头获客，重点关注代发工资、社保养老和业务联动三大批量源头获客领域，区分客户类型、潜力等级、资产贡献、效益水平等，分层分类组建营销团队，密切跟进当地各项政策，抢抓营销契机，在拓客方面找出路、想办法，制定综合营销清单，在拓新客和保存量两端同步发力，同时围绕客户生命周期开展拉新、进阶、挽留等工作，建立线上线下融合的客户经营生态，推动用户向客户转化。

3. 提升优质服务能力

麦肯锡发布的《寻找零售银行增长的二次曲线》报告中明确提出，客户体验开始引起实质性业务增长分化，只有提供卓越的客户体验，才能吸引新客户并深化与存量客户的关系。要想做好客户服务，一方面要提高客群管理精细化程度；另一方面要实现产品、模式、流程等各方面的优化。

商业银行应从简单的资产分层经营向场景化的细分客群经营转变，深度挖掘用户图谱，按客户年龄、行为、渠道偏好、场景等其他维度来细分客户，从而匹配个性化的精准服务和权益资源，不断提升客户营销和维护效率，持续优化改善客户体验。此外，在服务模式上，通过智能化精准推荐、定制化融资方案，致力于构建智能极简的金融服务模式；在产品创新上，精准定位客户需求，着力解决客户痛点，打造具有市场统治力和影响力的明星产品；在流程优化上，更加关注细节、减少冗余、打通断点，努力打造简洁、高效、友好的极致流程体验。

4. 提升财富管理能力

个人金融资产总量的持续增长为商业银行财富管理业务的发展奠定了重要基础。2023年麦肯锡《后疫情时代，财富管理重启增长》报告显示，截至2022年底，我国居民个人金融资产已接近250万亿元，成为全球第二大财富管理市场。未来10年，预计个人金融资产将继续以9%的年复合增长率平稳增长，到2032年全国整体个人金融资产将达到 591 万亿元。

商业银行要加快夯实财富管理能力，构建财富管理服务体系。具体做到以下三个方面：一是"定策略"，形成企业级宏观、配置和产品策略，指导客户资产配置和产品优选；二是"强管理"，加强代销业务机构、产品准入和存续期管理，实现重大风险把控；三是"抓落实"，做实"投研—投顾—客户服务"专业传导链。通过财富管理品牌打造和投资理财客群经营，将财富管理、资产配置、价值共赢作为客户经营主旋律。同时，用好大数据资源和智能化工具，精准洞察客户需求，"千人千面"匹配产品；配套专业化的财富管理工具矩阵，实现客户经理从"手工作坊"向"标准工厂"转型。

5. 提升全渠道布局能力

为适应金融科技发展、满足客户多元化需求、提升竞争力，商业银行要积极构建"全渠道营销"，打通、接触到客户的所有营销触点，使各渠道间相互协同，保持一致的体验，更好地服务客户。线下网点注重科学选址，充分发挥网点服务的主阵地作用，优化网点零售组织作业模式，提高网点零售服务效率，壮大零售营销服务团队，提升客户综合服务能力；线上渠道充分发挥手机银行和网络平台的连接转化作用，基于客户整体经营策略，打通线上线下融合经营路径。

三、资金资管业务

银行资金资管业务涵盖资产管理业务、金融同业业务、资产托管业务、金融市场业务等。银行资金资管类业务的共同特点是对金融市场具有高度的敏感性，对投研等专业能力要求较高。另外，近年来商业银行资本约束收紧，内部净息差收窄，外部补充渠道受限，大力发展资金资管业务是商业银行转型发展的必然选择。

（一）资产管理业务

资产管理业务是指银行、信托、证券、基金、期货、保险资产管理机构、金融资产投资公司等金融机构接受投资者委托，对受托的财产进行投资和管理的金融服务。

1. 资产管理业务的类型

通俗来讲，资产管理业务的本质是受人之托，代人理财。金融机构作为受托人，为委托人利益履行诚实信用、勤勉尽责义务并收取相应的管理费用；投资者作为委托人，自担投资风险并获得收益。

资产管理业务有"募、投、管、退"四个阶段。首先，"募"是指发行理财产品、信托计划、资产管理计划、基金、保险产品等资产管理产品募集资金；募集方式有公募和私募；根据拟投资范围，资产管理产品分为固定收益类产品、权益类产品、商品及金融衍生品类产品和混合类产品。其次，"投"是指根据募集资金对收益性、安全性、流动性等要求，投资股票、债券、非标债权、未上市企业股权、存款、商品及金融衍生品等资产，取得投资收益。再次，"管"是指对资产管理产品的资金、资产进行管理，防控风险。最后，"退"是指所持有资产到期或在市场上出售以收回投资并实现投资收益的过程。

当前商业银行的资产管理业务主要由理财子公司负责开展。截至2023年6月末，已有31家银行创设理财子公司，包括国有大行6家、股份行11家、城商行8家、农商行1家、合资银行5家。

目前，银行在资产管理业务中主要从事的工作包括：一是在募集资金阶段，发挥银行网点、客户资源等优势，代理资产管理产品的销售，满足银行客户的理财需求；二是在投资阶段，根据各类资产管理机构的投资策略，向其推荐债券、债权、股权等资产，满足银行客户的融资需求；三是在管理阶段，配合资产管理机构处理部分投后管理工作。

阅读资料

中国资产管理行业关键事件

1. 首批公募基金成立，开启中国资产管理行业纪元

1998年3月，开元证券投资基金和金泰证券投资基金在上海和深圳同时上网公开发行，是中国正式发售的第一批公募证券投资基金。

2. 信托法颁布，资管行业迎来新起点

2001年10月1日，《中华人民共和国信托法》正式施行，规范了信托行业，也是资产管理行业的基础性制度安排。

3. 保险资管诞生，推动保险集团化改革

2003年，中国第一家保险资产管理公司即中国人保资产管理公司成立，中国人保升级为中国人保集团，对下属财产险、寿险、资管公司进行集团化管理。截至2023年末，我国已设立了33家保险资管公司，资管规模超20万亿元。

4. 银行理财开纪元，开启银行表外潮

2004年7月，光大银行发行中国第一款银行理财产品，中国银行理财业务就此拉开序幕。

5. 券商创新松绑，开启资管混业元年

2012年5月，证券公司创新发展研讨会在北京召开。大资管时代开启，一是券商资管投资范围从标品扩展到各类非标、财产性权益等；二是基金子公司成立，除了没有信托贷款资质，其他信托类投资业务都能开展；三是保险资金的投资范围进一步拓宽，允许投向各种资管产品。

6. 整治金融乱象，严监管时代到来

2017年，国家加强金融体系的监管，开展了"三三四十"乱象整治活动，防控金融风险，金融行业的严监管时代到来。

7. 资管新规落地，回归资管本源

2018年4月，中国人民银行、中国银保监会、中国证监会、国家外汇管理局联合发布《关于规范金融机构资产管理业务的指导意见》（以下简称资管新规），统一同类

资管产品监管标准，打破刚性兑付，禁止资金池，产品净值化，资管回归本源，开启了一个新的时代。

2. 资产管理业务的特征

第一，具有轻资本占用的特征。与传统的银行业务相比，资产管理业务通常不需要大量的资本占用。它主要通过为客户提供投资和理财服务，帮助客户管理资产并进行风险管理，从而获得手续费和管理费的收入。因此，资产管理业务具有较低的资本占用要求，具有轻资本占用的特性。

第二，具有高度专业性。资产管理业务需要具备专业的投资、研究和风控技能的团队。银行资管团队通常拥有经验丰富的投资研究团队和风险管理团队，能够对市场趋势进行深入分析，为客户提供个性化的投资建议和风险管理方案。此外，银行资管团队还具备多元化的金融产品线知识，能够满足客户不同的投资和风险管理需求。

第三，贡献较大的中间业务收入。资产管理业务通过为客户提供各种投资和理财服务，获得手续费和资产管理费用。这些收入属于银行的中间业务收入，相对于传统的利息收入而言，具有更高的可持续性和增长性。资产管理业务的收入贡献对于银行的中间业务发展具有重要意义。

第四，具有较大的业绩波动性。资产管理业务与金融市场的行情波动密切相关，市场的行情变化、宏观经济状况、政策法规调整等因素都可能对资产管理业务产生影响。因此，银行资产管理团队需要对市场趋势进行持续监测和分析，根据市场变化及时调整投资策略和管理方案，以保持资产管理业务的稳定性和竞争力。

3. 资产管理业务的主要产品

银行向客户提供的资产管理产品主要为本外币形式的银行理财产品，主要为净值型产品。银行理财产品按投资标的不同可以划分为固定收益类理财、权益类理财、商品及金融衍生品类理财和混合类理财等。商业银行具体的资产管理业务产品类别参见下文阅读资料。

阅读资料

银行理财产品的主要类型

中国商业银行的资管业务主要由理财子公司来开展，银行理财子公司通过发行理财产品募集资金，银行理财产品的主要类型有：

1. 按运作模式划分：开放式理财和封闭式理财

开放式理财：指自产品成立日至终止日期间，理财产品份额总额不固定，投资者可以按照协议约定，在开放日和相应场所进行认购或者赎回的理财产品。

封闭式理财：指有确定到期日，且自产品成立日至终止日期间，投资者不得进行认购或者赎回的理财产品。

2. 按产品净值处理划分：净值型理财和非净值型理财

净值型理财：指产品发行时未明确预期收益率，产品收益以单位份额净值的形式展示，投资者根据产品实际运作情况享受浮动收益的理财产品。

非净值型理财（预期收益率理财）：指在产品终止时一般按照一定的收益率兑付的理财产品，如"产品预期年化收益率为4%"。

3. 按投资标的划分：固定收益类、权益类、商品及金融衍生品类和混合类

固定收益类：固定收益类产品要求投资于存款、债券等债权类资产的比例不低于80%。

权益类：权益类产品要求投资于股票、未上市企业股权等权益类资产的比例不低于80%。

商品及金融衍生品类：商品及金融衍生品类产品要求投资于商品及金融衍生品的比例不低于80%。

混合类：混合类产品要求投资于债权类资产、权益类资产、商品及金融衍生品类资产且任一资产的投资比例未达到前三类产品的最低标准。

（二）金融同业业务

金融同业业务泛指以金融同业客户为服务与合作对象，以同业资金融通为核心的各项业务。银行可以通过金融同业业务与其他金融机构开展合作，推动业务的发展。

1. 金融同业业务的类型

广义的金融同业业务具体包括代理同业资金清算、同业存放、债券投资、同业拆借、外汇买卖、衍生品交易、代客资金交易和同业资产买卖回购、票据转贴现等。狭义的同业业务是指同业专营业务，主要指金融机构之间开展的以投融资为核心的各项业务，主要业务类型包括同业拆借、同业存款、同业借款、同业代付、买入返售（卖出回购）等同业融资业务和同业投资业务。

同业业务的经营客户主要包括三类。第一，金融监管部门批准设立的境内持牌金融机构，包含境内外资非银机构，不包括基金公司。第二，接受金融监管部门管辖的交易平台、资金清算结算登记平台、金融业服务机构等全国金融基础设施。第三，由地方政府监管的地方金融组织，包括小额贷款公司、融资担保公司、区域性股权市场、典当行、融资租赁公司、商业保理公司、地方资产管理公司等监管主体为地方政府的金融机构。

2. 金融同业业务的特征

第一，资本占用低。同业业务主要涉及商业银行之间及其与其他金融机构之间的资金往来行为，如同业拆借、同业存放、买入返售（卖出回购）、同业借款等。这些业务往往基于金融机构之间的信用基础进行，因此相对于传统的信贷业务，其资本占用相对较低。

第二，风险防范更加依赖交易对手的风控水平。同业业务的信用增级主要由作为

交易对手的金融机构直接提供，主要依靠其风险防控水平的历史表现和对交易标的实施的风控措施。

第三，业务协同性较强。银行发展金融同业业务，有利于加强与其他同业机构的业务合作，为公司金融业务、个人金融业务带来增量资金，有利于增强银行的流动性管理能力，提升资金的运用效率。

3. 金融同业业务的主要产品

金融同业业务产品包括同业负债、同业资产、同业代理与存管三大类产品。

具体而言，同业负债包括同业活期存款、同业定期存款、保险公司存款、卖出回购票据、票据再贴现等。其中，同业活期存款和定期存款是银行负债及流动性管理的重要组成部分；卖出回购票据业务是以票据为媒介进行资金融入的重要工具之一，可用于盘活库存票据，满足资金流动性需求；票据再贴现能融入较低成本的资金，增加流动性支持。

同业资产包括同业借款、存放同业、同业代付、结算账户透支、同业投资、票据贴现、转贴现、买入返售票据等。其中，同业借款和存放同业是银行间资金融通的重要工具之一，可调节自有资金的流动性，同时实现收益；同业代付适用于具有跨境货物交易和跨境服务交易背景的融资需求；结算账户透支的时效性强，透支额度可循环使用，操作简便。

同业代理与存管业务包括代理资金结算清算、证券客户交易结算资金第三方存管（CTS业务）、代理银行承兑汇票等。其中，代理资金结算清算业务利用银行现有的清算系统，帮助有业务需求的同业实现资金划拨，有利于拓展和维护客户关系；证券客户交易结算资金第三方存管业务有利于吸收低成本同业存款，在收取存管手续费的同时带动个人业务的发展。

阅读资料

重点金融同业业务产品介绍

银行金融同业业务产品较多，为了帮助读者进行深入了解，下面选取部分重点的同业业务产品进行介绍。

1. 票据转贴现

票据转贴现是指持有票据的银行在票据到期日前，将票据权利背书转让给其他银行或财务公司的行为。在这个过程中，受让方会收取一定的利息，并在扣除利息后将约定的金额支付给原持票人。简而言之，票据转贴现是金融同业之间为了融通资金而进行的一种票据转让行为。

2. CTS业务产品

CTS业务指的是证券公司客户交易结算资金第三方存管业务，也称为第三方存管业务，是银行接受证券公司委托，为投资者的交易资金开立管理账户，提供资金转账、存取和划付等服务。CTS业务建立在客户证券与资金管理严格分离的基础上，遵循"证券公司管证券，银行管资金"的原则。银行负责投资者保证金账户的管理、交收、转账、现金存取以及与证券登记结算公司之间的资金交收。CTS业务在夯实客户基础、增加服务黏性、提升稳定资金和增加中间业务收入等方面发挥重要作用。

3. 同业买入返售

同业买入返售业务是指银行之间按照协议约定，先由一家机构（买入方）以一定的价格买入另一家机构（卖出方）持有的金融资产，然后在约定的未来某个时间点，卖出方按照协议约定的价格将这项金融资产买回。这一操作实质上是一种资金的融通方式，通过买入返售，银行可以实现短期资金的调节和盈利。

（三）资产托管业务

资产托管业务的机制本质是风险隔离，是托管机构作为独立第三方，依照相关法律法规和合同约定，安全保管委托人资产，监督投资管理人的投资运作行为。

1. 资产托管业务的类型

资产托管业务主要围绕投资管理人的投资管理等经济活动提供交易监督、资金清算、会计核算、信息披露、绩效评估以及相关增值服务。

托管业务与资产管理业务和资金类交易活动相伴相生，处于业务链条的下游位置，与其他业务条线及集团子公司关联性很强。托管业务的发展是衡量银行综合经营和协同联动能力的重要标尺。

2. 资产托管业务的特征

第一，具有轻资产、轻资本的特点。托管业务能以低资本占用获取较高的收益。通过托管业务，银行不仅能够收取托管服务费用，还能回流存款，带来较高的资金沉淀，而对托管资金维护及运营的成本较低。

第二，客户黏性高，收益具有长期稳定性。资产托管业务属于一次营销、长期受益型业务，即在一次业务合作之后，只要托管关系延续，那么就能够持续收取托管费用并增加银行收益。

第三，能带来低成本负债。资产托管业务通常情况下能够带来相当一部分的沉淀资金，在托管业务周期内，存放资金维护成本较低，资金投资时间较长，未投资部分的资金会对银行形成一定存款沉淀。

第四，协同效应显著。资产托管部门通过对内建立各业务部门之间的合作联动机制，充分整合项目、资本及渠道等业务资源，优化业务流程和运营效率，将资产托管业务打造成连接资产端和负债端的业务撮合平台，为终端客户提供包括产品设计、资产推荐、销售渠道等一站式综合金融服务。

3. 资产托管业务的主要产品

银行托管业务的种类很多，包括证券投资基金托管、委托资产托管、社保基金托管、企业年金托管、信托资产托管、农村社会保障基金托管、基本养老保险个人账户基金托管、补充医疗保险基金托管、收支账户托管、QFII（合格境外机构投资者）托管、贵重物品托管等。托管业务具有典型的技术密集特征，先进的处理系统是业务赖以生存的基础和发展壮大的支撑。我国资产托管业务的具体产品种类可参见下文的阅读资料。

阅读资料

根据中国银行业协会的分类，目前托管业务可分为 11 个大类别，具体产品明细见表 2-2-9。

表 2-2-9　　　　　　　　　资产托管业务品种

序号	产品名称	产品发行主体
1	公募证券投资基金	公募基金公司
2	基金专户资产管理计划	公募基金公司
3	证券公司资产管理计划	证券公司
4	理财产品	商业银行
5	信托计划	信托公司
6	私募投资基金	私募基金公司
7	保险资产	保险公司
8	企业年金与职业年金计划	企事业单位
9	合格境内机构投资者（QDII）跨境产品	合格境内机构投资者
10	合格境外机构投资者（QFII）跨境产品	合格境外机构投资者
11	其他（如监管、存管、期货资管计划等）	

（四）金融市场业务

金融市场是指进行金融资产交易的场所，反映了金融资产的供给者与需求者之间的供求关系，揭示了资金的归集与传递过程。金融市场可以分为不同的类型，例如按融资期限可分为短期金融市场和长期金融市场，按交易对象可分为货币市场、外汇市场、贵金属与大宗商品市场、证券市场等。境内商业银行的金融市场业务主要涉及本外币市场、债券市场、贵金属与大宗商品市场，一般不参与股票市场。金融市场业务是银行的重要业务领域之一，旨在为客户提供多样化的金融服务，满足客户的金融需求，同时通过参与金融市场交易和投资，获取利润和实现资产增值。

1. 金融市场业务的类型

银行的金融市场业务主要包括国内、国际本外币金融市场相关的交易、投资等业务，为公司、个人以及金融同业提供全面、完善、专业的各项金融市场服务。这些业务具体包括以下几个方面。

资金交易方面，银行作为银行间市场的主要参与者，通过即期、远期、掉期、期权等交易方式，进行本币资金、外汇等金融产品的买卖或拆借，以服务客户、获取利润，并在这个过程中为市场提供流动性。

投资交易方面，银行作为金融市场投资机构，通过自营或代客交易的方式，进行对债券、外汇、大宗商品等的投资活动，以获取投资收益和满足客户的投资需求。

风险管理方面，银行为客户提供风险管理服务，包括利率风险管理、汇率风险管理、资产价格风险管理等，帮助客户在金融市场上进行套期保值和其他风险管理。

金融市场研究方面，银行作为金融市场的研究机构，对宏观经济、市场趋势、投资策略等进行研究和分析，为客户提供专业的研究报告和市场分析服务。

2. 金融市场业务的特征

第一，专业性较强，对投研能力的要求较高。这要求从业人员具备深厚的投资、研究、交易以及估值定价能力。在金融市场的激烈竞争中，从业人员需要紧密跟踪市场变化，对各类数据进行分析，以预测未来的趋势和风险。同时，他们还需要对各类投资产品有深入的理解，包括债券、外汇、大宗商品、金融衍生品等。

第二，波动性较大，对风控能力的要求较高。金融市场的价格波动往往受到多种因素的影响，包括经济政策、市场情绪、国际事件等，这些因素可能导致市场的波动性增加，从而增加了交易的风险，从业人员需要具备敏锐的市场洞察力。另外，由于管理的资金规模巨大，账户头寸的波动也很大，这对从业人员的投资组合管理、风险控制能力提出了较高的要求。

第三，创新性较强，对产品创新的要求较高。在遵守监管政策的前提下，金融市场业务需要灵活应对市场变化，不断探索新的投资机会和交易策略。同时，他们还需要根据不同客户的需求，提供个性化的金融产品和服务。这需要具备高度的合规意识和创新思维，时刻关注监管政策的变化和市场趋势的发展，以便及时调整交易策略和产品服务。

第四，全球联动性较强，对境内外统筹管理的能力要求较高。金融市场业务服务诸多涉外客户，需要处理外汇、贵金属、大宗商品等全球化程度较高的交易，与境外分支行具有紧密的联系，是国内银行业务出海的重要抓手。因此，金融市场业务需要了解不同国家和地区的金融市场及监管政策，以便在全球范围内进行投资和交易，同时更好地服务全球客户。

3. 金融市场业务的主要产品

按照市场类型进行划分，金融市场业务的主要产品包括以下类型。

货币市场：包括信用拆借、质押式回购、央行公开市场操作、外汇掉期、跨境人民币账户融资、流动性管理项下短期债券投资、同业存单发行等。

债券市场：包括国债、地方政府债、国家主权债券外币、央行票据、政策性银行债券、国际机构债券外币、政府机构债券外币、政策性银行金融债券、商业银行金融债券、非银行金融机构债券、非金融企业债券、资产支持证券、同业存单的投资和交易、部分券种的借贷等。

外汇市场：即期结售汇、外汇买卖、人民币购售、远期结售汇、外汇买卖、人民币外汇掉期、人民币外汇货币掉期、人民币外汇期权、跨境汇率交易等。

利率衍生品市场：利率互换、利率期权、结构性衍生品（包括结构性存款）等。

贵金属及大宗商品市场：交易及融资类业务品种包括黄金、白银、铂金、钯金等贵金属，铜、铝、镍等基本金属。交易工具包括现货即期、现货延期、租借、代理、远期、期货及其他衍生产品。

（五）资金资管业务的拓展与展望

1. 如何拓展资金资管业务

当前资金资管领域竞争激烈，想要发展好资金资管业务，需要围绕企业的全球资金需求，从"专精特新"四个方面着手发力，为客户提供一体化、数字化、专业化、综合化的产品服务方案。

"专"方面：一是专业能力，资金资管业务是专业性很强的业务，提升专业性非常重要。具体来说，要持续提升政策解读能力、市场研判能力、宏微观结合的投研能力、攻守平衡的资产配置能力、及时有效的应变能力等，从而把握大势、找准方向、挖掘机会、创造价值、守牢底线。二是专业精神，坚持基本的经营原则和逻辑，坚定回归业务本源；坚持风险管理的底线和边界，牢固树立底线思维、极限思维，全面做实风险管控；充分考虑市场极端情况，做好压力测试，将前瞻性风险管理嵌入业务全流程。三是专业人才，要打造专业专注的高素质人才队伍，能及时理解和采集客户的需求，捕捉市场机会。四是专业口碑，要以专业的服务赢得客户满意的评价。

"精"方面：一是精细管理，在政策解读、行业研究、资产配置、客户服务等各方面做精做细，用心挖掘其价值；在业务办理过程中精细管理，提高业务办理时效。二是精准营销，加强客户画像，实行客户分级分层分类管理。丰富产品货架，针对不同的客群、不同的需求提供有针对性的适配产品，有效满足客户差异化的需求。此外，根据政策的变化、市场的变化、客户需求的变化等做好产品创新和产品优化。三是精心配置，坚持投研、配置、考核相结合，在统一风险偏好的前提下配置优质资产，有效提升资产管理效益。

"特"方面：即形成特色，走差异化、特色化发展道路。根据不同的牌照资源、客户群体、发展基础、资源禀赋、文化基因和发展阶段，结合自身特点开展差异化竞争，打造自身发展特色和市场品牌。当然，在强调特色化、差异化的同时，也要重视统一性和协同性，发挥单位整体合力，增强协同响应服务客户的能力，以及对战略策应的能力。

"新"方面：一是要贯彻"新金融"理念，要有高度的社会责任感和使命感，在服务好大型客户、高端客户的同时，也要通过创新服务方式有效触达小微客户、大众客户的金融服务需求，切实为小微企业"助好力"，为老百姓"理好财"，不断提升金融服务的普惠性和利他性。二是要聚焦新兴产业，持续加大对绿色产业、先进制造、乡村振兴、科技创新等重点领域的金融支持力度。

在做好"专精特新"四个方面的同时，还要注意围绕客户财资管理需求，做好客户服务：一是瞄准"看得见"，完善智能友好的银企信息交互渠道，打造全景穿透的信息视图，通过网银或银企直连渠道为客户提供境内外、不同银行、不同币种的账户信息梳理和全景展示，并提供多维度信息分析加工和查询下载服务，帮助客户实现全球账户的实时可视、动态管理；二是瞄准"管得住"，提供账户管理、票据、收付结算、资金监管等领域产品的数字化管控和服务解决方案，有效满足企业多元化资金监控需要；三是瞄准"调得动"，推动资金池覆盖扩容功能升级，畅通境内外资金调剂调拨，帮助客户实现全球资金的可运作；四是瞄准"用得好"，既要聚焦产业链价值链，优化供应链金融服务，又要丰富收益增值产品，与企业供应链平台有效对接，提供全面、便捷的供应链金融服务。

2. 资金资管业务未来展望

在资管新规过渡期后，各类资管机构迎来共同繁荣的崭新格局。展望未来，资金资管行业的发展将呈现"五化"趋势。

趋势一：机构生态多元化，同台竞技中形成差异策略。

随着监管标准的逐渐统一，各类资管产品将同台竞技，在产业精细分工背景下，不同资管机构打通产业链的路径各有差异，但发挥资源禀赋优势，做好特色化的客群定位，搭建市场化的运营机制，是资管机构持续领跑的必然路径。长期来看，各类资管机构将同生共存，共同构成差异化定位、市场化运营、国际化竞争的多元行业生态。

一是打破同质化竞争的僵局，机构定位更加差异化。过去，国内资管行业同质化现象严重。各机构在策略、产品、投研、渠道等方面大同小异，在市场冲击面前同向波动显著，难以满足资管行业的深度、广度和复杂度要求。市场呼唤各类机构在不同领域精耕细作，为各类投资者提供差异化、个性化、专业化的服务。从海外成熟资管市场的经验来看，各类资管机构将朝着全能型综合机构、分销平台、解决方案专家等不同类别分化。长期来看，我国资管市场将形成"大而全"的全能型机构和"小而美"的特色型服务商共同繁荣发展的竞争格局。

二是提高对直接融资模式的适应性，机构运营逐步市场化。由于我国金融行业长期以间接融资为主，不少资管机构在项目拓展、人员配备、考核激励方面仍沿用间接融资的思路和模式。以银行理财子公司为例，其经营模式受母行的信贷文化影响大，负债端依赖母行获取客户，资产端依赖分行推荐项目，难以真正创设和配置出富有吸引力的产品。未来，此类机构需明确专业机构投资者的定位，构建市场化经营模式，按照市场化原则适配战略性资源投入、增强投研能力、建设人才团队、设置激励机制，积极培育适应市场竞争的核心能力。

三是外资入华发挥"鲇鱼效应"，机构竞争日益国际化。随着新一轮金融扩大对外开放，国际资管巨头纷纷以新设资管公司或并购的形式布局国内市场。2020年4月，证监会取消证券公司、基金管理公司的外资持股比例限制。随后，贝莱德、宏利、路博迈、富达、施罗德等外商的全资控股基金公司纷纷在华落地。理财公司领域，汇华理财、贝莱德建信、施罗德交银、高盛工银等中外合资理财公司也已纷纷获批。外资资管公司入华将推动中国资管行业新业态的形成，推动行业竞争更加激烈，同时促进国内机构在竞争与合作中提升自身能力。

趋势二：资金需求个性化，三大蓝海亟待开拓。

居民财富总量增长，投资意识增强，资管市场参与者的广度和深度进一步提升。从规模上来看，居民可投资资产高速增长，推动资管行业快速发展。根据高盛预测，到2025年，我国居民可投资资产将增至337万亿元，资管行业规模将增至168万亿元。从结构上看，在"房住不炒"等政策调控下，家庭资产配置方式正逐渐从投资房地产向金融资产转移。此外，投资理念逐渐从短期交易向长期投资演变，投资目标也从单纯的储蓄与增值转变为"风险＋收益＋期限"的目标。居民财富正在以更加理性的方式深度参与到资管市场中来。

机构资管仍是一片蓝海。尽管当前资管市场中的企业资金占比较少，但其规模和商业价值都在与日俱增，不少机构正争先布局机构资管。过去，企业闲置资金主要选择固定利率的银行理财，多元化金融产品投资的意识和能力较弱。随着保本理财清零，企业资金的投资观念被动转变，亟待寻找替代投资工具，服务对公客户的资管业务大有可为。与个人投资者不同，机构客户除了考虑资金资管业务本身，还强调知识转移因素，倾向于选择能为企业提供综合化智力支持和战略服务的资管机构。具备集团业务协同能力和丰富对公客户资源的机构可以进一步拓展机构资管市场，定制化匹配企业需求，积极引导企业资金参与资管市场。

养老金等长期机构资金入市，成为资管市场重要的资金来源。2022年4月，国务院办公厅发布《关于推动个人养老金发展的意见》，进一步引导个人养老金入市，预计将为资管市场带来千亿级别长期增量资金。

普惠客群开发潜力大。过去，财富管理与资产管理一直以高净值客户为主要客群，普惠客群因服务成本高、客单价低而被忽略。但随着线上渠道、智能投顾等技术的发展，服务普惠客户成为可能。加之大众客群基数庞大，对于资金总量的贡献不容忽视。未来，在渠道和公募产品方面具备优势的机构，可以进一步发展普惠资管，释放普惠客群的资管需求。

趋势三：渠道运营平台化，开放化平台渐成主流。

资管行业渠道运营的逻辑正从"销售"向"平台"转变。产业链模式从过去"产品供应—渠道销售"的简单分工关系，转变为共同经营客户。

蚂蚁集团、京东数科等互联网金融平台的快速发展揭示了开放平台商业逻辑的巨大价值。各老牌资管机构纷纷谋变，调整渠道端战略布局，积极打造"大财富管理生态圈"。对内，调整架构，整合资源。如招行将财富管理部与零售金融总部的大部分团队合并，组建财富平台部。对外，银行、基金等机构积极引入外部产品，打造开放产品平台，为客户提供一站式综合化服务。比如，平安银行联合易方达、汇添富、中欧等基金公司打造"银基开放平台"；招商银行向合作机构开放招行"财富开放平台"App等。

对于各机构来说，同台竞技无疑会加剧市场竞争，对资管机构商业模式提出变革要求。而对于投资者而言，一体化综合化平台将更有利于筛选产品和满足综合化的需求。

趋势四：产品设计精细化，创新产品多点开花。

过去，我国资管产品在投资策略、投资标的等方面同质化程度较高，品种较为单一。未来，随着资金偏好日趋个性化，为各类客户提供精细化的产品设计是大势所趋。从海外经验来看，大部分头部资管公司都建立了丰富多元的产品体系，并以此实现跨周期的超额收益。目前，我国资管市场中环境、社会和公司治理（ESG）投资、公募不动产投资信托基金（REITs）等特色产品正崭露头角。

在"双碳"目标引领之下，ESG产品快速发展。截至2023年6月末，ESG主题理财产品存续规模达1586亿元，同比增长51.29%。尽管相比海外市场，我国ESG投资还处于早期阶段，但面对市场海量的资金需求，绿色资管还大有可为。公募REITs破土而出，拓宽资管行业边界。公募REITs的出台填补了我国金融产品类别上的空白，也为大类资产配置提供了更多选择。从2021年第一批公募REITs发行以来，REITs产品得到市场广泛追捧，到2022年末，总市值从最初的325亿元增加至854亿元。同时，系列配套政策纷至沓来，从基础资产、资金来源、税收政策等多方面支持公募REITs进一步扩容。

趋势五：全产业链科技化，金融科技赋能行业全链条。

从海外资管巨头的经验来看，科技发展是资管规模扩大的重要驱动因素。先锋、富达、贝莱德等境外主流资管机构加大金融科技投入，搭建阿拉丁等集投研、投资、风控于一身的资管系统，创设低费率、低门槛和自动化的投资组合产品，迅速重新主导市场发展。未来，金融科技将成为塑造行业内核心竞争力的重要一环。

未来金融科技将从多个方面赋能资管产业：一是金融科技赋能投资研究。金融科技的引入可以从海量金融市场信息中，挖掘出高频、精确的有效数据，打造基于大数据的投资研究能力。从投资者偏好来看，投资者也越来越青睐系统化和基于算法的策略。二是金融科技赋能运营转型。目前资管机构普遍面临产品费率低、合规成本增加、盈利水平下滑的挑战，科技赋能是提升效率、降低成本的关键。三是金融科技赋能渠道管理。互联网分销渠道的高速扩张显示出金融科技在渠道领域的强大渗透力，使得机构可以高效地触达客户，并提供数据驱动的产品推荐。金融科技为渠道扩张开辟了新的可能，也带来了新的挑战，资管机构需要考虑将线上市场作为资金来源和技术变革的重心。

分析与思考：

1. 银行如何做好科技型企业的金融服务？
2. 银行如何利用数字化工具经营长尾客户？
3. 银行如何满足居民差异化的理财需求？
4. 资管业务如何通过专业化的服务创造中间业务收入？

第三章　经济社会发展的助力者

【学习目标】

1. 阐述银行社会责任的主要内容
2. 阐释银行发展绿色金融、普惠金融、科技金融与乡村振兴金融业务的原因
3. 举例说明绿色金融、普惠金融、科技金融、乡村振兴金融业务的客户类型与主要产品
4. 阐明银行如何发展好绿色金融、普惠金融、科技金融与乡村振兴金融业务

【内容概览】

1. 社会责任
2. 绿色金融
3. 普惠金融
4. 科技金融
5. 乡村振兴

诺贝尔经济学奖获得者罗伯特·希勒在著作《金融与好的社会》[①] 中认为，金融并非只为了赚钱而存在，而是为了实现社会的发展目标，金融可以成为解决社会问题、实现社会目标的最佳推动力。商业银行不仅可以利用金融的力量促进经济社会发展，更能够用一种责任之心解决社会的痛点、难点问题，体现出金融的温度，让"好的金融"与"好的社会"相得益彰。

本章旨在全面阐述商业银行所肩负的社会责任，具体从绿色金融、普惠金融、科技金融以及服务乡村振兴领域进行深入剖析。本章逐一阐释这些领域的丰富内涵与深刻意义，详细介绍商业银行在这些领域的产品、服务与业务模式，探讨商业银行如何通过这些领域的有力实践，更好地助力经济社会的发展。

一、社会责任

（一）社会责任概述

1. 承担社会责任的原因

商业银行作为经营货币业务的金融企业，其特殊地位决定了其必须承担社会责任。

---

① ［美］罗伯特·希勒. 金融与好的社会［M］. 北京：中信出版社，2012.

首先，作为一般企业，商业银行需坚持诚实守信，遵守市场交易规则，合法合规经营，积极参与社会公益事业等，以履行直接的社会责任。其次，我国间接融资比重长期在80%以上，作为社会资金供应者，商业银行对企业融资有重要影响，具有引导、鼓励和约束其他组织履行社会责任的特殊功能，需承担间接社会责任。例如，商业银行可通过信贷杠杆限制造成环境污染的企业，引导社会风气改善，促使人们共同遵守道德规范等。

承担社会责任对商业银行实现可持续发展至关重要，这不仅是道德和良知的呼吁，也逐渐成为道德和制度的约束。承担社会责任关系到商业银行的社会形象和品牌，在激烈的市场竞争和可持续发展的挑战中，这对商业银行至关重要。成功的商业银行必须将承担社会责任视为战略的重要组成部分，如关注员工的法定义务和道德义务，制定政策和措施以促进内部和谐，考虑是否有利于公众利益、生态环境、社会进步与和谐。

2. 社会责任的内涵

世界银行将企业社会责任定义为：企业与关键利益相关者的关系、企业价值观、遵纪守法，以及尊重人、社区和环境等有关政策和实践的集合。该定义表明了企业社会责任既是企业在经济全球化背景下对其自身经济行为的道德约束，也是企业为改善利益相关者生活质量而贡献于可持续发展的一种承诺。

商业银行的社会责任可分为三个层次。一是商业银行参与捐赠等公益慈善活动，这类策略通常与银行的核心业务之间没有紧密的联系。二是商业银行通过加强管理、改进经营过程，减少对社会、环境的影响，这一层次，商业银行已经将社会因素引入内部的决策程序之中。三是商业银行通过业务和战略创新，将经济、社会、环境利益协调起来，其产品既能带来更多利润，又可以推动社会进步。在这一层次，银行达到追求利润和社会责任的战略融合，经营活动与社会责任不是相互冲突而是相互促进，银行可获得持续的社会竞争力。

因此，对于商业银行来说，其社会责任是指商业银行在追求盈利、实现股东利润最大化过程中，主动维护非股东的利益相关方，如员工、金融消费者、债权人的利益，积极促进环境保护和社会公益性事业，推动社会经济可持续发展。具体涵盖的内容主要分为经济责任（经济调节）和社会责任（社会治理）。

（二）经济调节

1. 促进社会经济可持续发展

商业银行是国民经济的主要参与者，也是社会组织的重要组成部分，对社会经济可持续发展具有重要影响力。作为金融中介机构，商业银行不仅需对股东、员工、金融消费者、社区等利益相关者负责，还要承担建立和谐劳动关系、维护公平竞争市场、促进经济可持续发展的社会责任。

20世纪70年代席卷资本主义世界的"滞胀"危机，宣告了凯恩斯主义的破产，并把"新自由主义"推上了历史的舞台。多国强调资本的自由权利，导致全球出现市场主体权利与义务的失衡，引发经济与社会问题的冲突。在此背景下，可持续发展理念逐渐兴起，成为国际社会关注的焦点。世界环境与发展委员会（World Commission on Environment and Development，WCED）在1997年发表的《我们共同的未来》的报告中将"可持续"定义为"既满足当代人的要求，又不对后代人满足其需求的能力构成危害的发展"。对于企业的可持续发展问题，国际货币基金组织作出的界定是：在确保企业长期成功的同时能够促进经济和社会发展，促进一个健康环境和稳定社会的建设。简言之，企业的可持续发展可理解为在原来追求的经济价值的基础上添加了社会和环境等价值因素。

作为特殊金融企业的商业银行，其对社会经济的发展，尤其是在促进可持续发展方面，起到了至关重要的作用。商业银行通过评估和定价金融资产、监督借款人、控制金融风险、建立支付系统等功能，对社会经济的可持续性产生积极影响。商业银行的贡献包括促进经济稳定、支持借款人的经济可持续性、强调自然资源保护、提高社会福利要求等。

随着"可持续金融"理念深入人心，国际机构、非政府组织以及跨国公司纷纷提出措施，如全球报告倡议组织的《可持续报告编制指南》、"赤道原则"、"沙利文原则"、联合国全球契约等，成为商业银行践行社会责任的外在和内在约束机制，推动了商业银行社会责任制度在全球兴起。

2. 支持实体经济

实体经济是一个国家经济实力的根基、财富创造的来源。作为金融体系的重要组成部分，商业银行一直是金融服务实体经济的"主力军"，承担着经济调节中最重要的资源配置功能，是解决实体经济融资困难的直接面对者。这要求商业银行必须注重效率、兼顾公平，全面提升服务实体经济质效。

一是促进实体经济创新发展。商业银行开发适合大众创新、支持新经济发展与新动能培育的金融产品，对于科技创新等专业化比较强的企业，通过拓宽抵押品范围、创新信贷管理机制，如"金融+互联网"商业模式，实现线上线下有机结合，提高金融服务效率。

二是助力实体经济结构调整。商业银行按照区别对待、有扶有控的原则，对产能过剩行业有效益、有市场、有竞争力的优质企业继续给予信贷支持；对长期亏损、失去清偿力和竞争力的企业，给予清晰可行的资产保全计划，稳妥有序推动企业重组整合。比如，按照市场化、法治化原则，支持金融资产管理、地方资产管理公司对钢铁、煤炭等领域骨干企业开展市场化债转股。

三是稳妥支持实体经济化解债务风险。商业银行突破传统信贷融资业务模式，推动企业按照市场规律开展债务清理和债务整合，通过债券、并购等业务，满足企业兼并重组不同阶段合理融资需求，对稳杠杆、解决"僵尸企业"问题发挥重要的作用。

四是降低社会融资成本。实体经济融资难，其中小微企业融资难、融资贵问题尤为突出。商业银行运用大数据、云计算等技术手段，优化信用评级体系，简化审批流程，降低授信管理运营成本，还通过担保体系增加信用贷款、优化续贷管理，从而降低融资成本，推动中间环节合理定价，营造降低融资成本的良好社会氛围。

阅读资料

发达国家银行业支持实体经济模式各具特点

美国是盎格鲁—撒克逊模式的代表，其特点是自由竞争的市场经济，强调效率，资本市场在融资中起着主导作用。美国银行业支持实体经济的特点体现在以下三个方面。一是既重视表内存贷款业务，又通过投资银行和资产管理业务深度参与资本市场。既满足了个人和企业客户多样化的金融需求，银行也获得较高的利差收入和非息收入。2017年，美国银行业贷款占资产的比重为54%，非息收入占比为34%，美国四大行非息收入占比平均达45%。大银行非息收入中，和资本市场相关的收入占比高。如摩根大通银行资产管理费及佣金、做市和自营交易、投资银行三项收入占非息收入的69%。二是由于大企业主要通过资本市场融资，因此银行对个人贷款和中小企业贷款更为重视。三是在市场化原则下履行社会责任。政府在制定涉及要求银行业支持实体经济的相关法规时，如《社区再投资法》《小企业法》等，注意平衡保证银行安全审慎经营与鼓励银行履行社会责任之间的关系。银行则根据自己的战略定位和资源禀赋决定各项业务发展力度。高度市场化的融资体系和过度的金融创新推动美国经济实现"从0到1"的创新活跃，但也带来不稳定因素，经济金融危机时有发生。危机发生后有大量企业破产兼并，市场经历阵痛，但出清速度快、恢复快。

日本是东亚模式的代表，其特点是政府主导下的市场经济，强调赶超式发展，动员资金实现经济赶超目标。日本在二战前以直接融资为主，二战后为迅速实现经济恢复和发展，限制资本市场，压低利率为企业提供资金，扶持以银行为主的间接金融体系，1955—1972年，形成了银行与企业建立长期稳定、密切交易关系的主银行制度。主银行为企业提供最大的融资额，同时提供债券承销等综合金融服务，是企业最大的股东之一，向企业派遣董事或审计员等重要人员，在企业出现危机时承担救助责任。日本的主银行制为满足企业对资金的旺盛需求提供了可靠保证，是日本战后经济奇迹的重要支柱，在经济高速增长时期，银企关系进入良性循环。主银行制度有利于企业开展投入大、周期长的创新，银行在投入期给予较低利率等支持，企业创新成功后银行也能分享部分收益。但20世纪90年代初"泡沫经济"破灭后，很多企业经营困难，银行还继续投入资金救助，"僵尸企业"占用资源，经济长期陷入低增长。20世纪90年代后，日本进行了多次金融改革，倡导发挥市场作用，金融体系由政府导向型向市场主导型转变，主银行制度呈现衰落之势，但仍然存在。

德国是莱茵模式的代表，其特点是在国家制定的秩序框架下实现竞争，强调社会公平和秩序。德国全能银行分为私人银行、公共银行和合作银行三大类，还有房屋储蓄银行等特定功能银行。在金融危机前，相比其他欧洲主要国家，德国银行业发展较慢，创新不活跃，经营绩效不佳。在国际金融危机和欧债危机中，深度参与国际资本市场的德国大型银行、州立银行受冲击较大，资产规模大幅下降，但固守地方性、传统存贷业务的地区银行、储蓄银行和信贷合作社保持了资产规模和信贷投放的稳定增长。德国有着和日本类似的主银行制度，银企关系密切，能够为企业提供稳定的资金支持，有利于其发挥"工匠精神"并持续改进和创新。金融危机后，德国各部门的宏观杠杆率都有所下降，然而经济增长在欧盟国家中最为强劲，主要得益于德国制造业强大的核心竞争力，走高质量发展之路，实现不依赖债务扩张的内涵式增长。

各国支持实体经济的模式各不相同，但都与本国情况相契合，并对其实体经济起到了促进作用，这体现了各国商业银行支持实体经济的经济调节责任。

3. 防范经济和金融危机

商业银行担负着一个国家宏观经济稳定运行的重要责任，防范金融风险，维护经济和金融稳定是商业银行最根本、最核心的社会责任。国际金融危机表明，发生危机将对经济、社会带来重大负面影响。次贷危机根源之一是金融机构违背了自身社会责任的初衷，贪婪自利缺乏诚信，对国家、社会和其他利益相关者的责任心不足。特别是大型商业银行、投资银行在追求高额利润时，逐渐忽视了企业社会责任的要求。当私人利益与社会利益相悖时，这种力量积聚导致了对金融生态环境的灾难性破坏，对商业银行、投资银行、对冲基金、次贷按揭人等产生了灾难性冲击。

次贷危机引起了全球政府的深刻反思，他们认识到信贷对宏观经济波动的正反馈机制是加剧危机的重要因素之一。这一机制表现为社会资源更加倾向于金融资本方面。在经济上行期，商业银行扩大信贷投放规模，通过实体经济获取超额利润；而在经济下行期，商业银行缩减信贷投放规模，金融资本本能地收缩投资，导致风险聚积，加剧了宏观经济衰退，诱发了经济危机。

因此商业银行必须稳健经营，根据经济周期性特征，商业银行通过信贷投放逆周期操作，增强抵御风险的韧性，平抑经济周期，抑制经济波动的放大效应，以此维护自身经营和宏观经济稳定运行。具体来说，在经济繁荣期，商业银行加强资本积累，同时提高资本结构中核心资本的占比，用于防范经济衰退时期的金融风险；在经济萧条时期，商业银行增加附属资本在资本中的占比，增加实体经济的信贷投放，推进经济的复苏。

4. 促进区域协调发展

协调发展，是通过发展方式与路径，避免产生结构性矛盾，实现经济、政治、文化、社会、生态等各领域建设的全面推进。促进区域经济协调发展是商业银行机构应履行的社会责任。

商业银行是资金投入的中坚力量。资金投放是区域经济发展战略实施的关键因素，商业银行在经济中天然地充当了协调区域之间发展的角色，提供了源源不断的资金投入，类似于一个"蓄水池"，起到了资金投入的加大、增流、提速作用。此外，外来客户也将地区银行资源投入使用程度，作为衡量地区是否具有投资价值的重要指标之一。

商业银行引导资金合理配置。商业银行提供了资本有效流动和使用的平台。在快速发展的区域城镇化和县域经济建设中，商业银行发挥资源配置杠杆的作用，引导城镇化和县域经济结构的调整，促使宝贵资源投入建设。

商业银行的服务是促进地区企业运行的必需条件。商业银行扮演了证券融资、信贷业务、转账结算和资金流动等方面的重要角色，是保证企业生产、经营、发展顺利进行的纽带，对区域经济发展的各大企业、产业集群的发展起到了不可替代的作用。

商业银行自身安全运营是实施区域经济发展战略的"稳定器"。确保地区金融安全、促进地方金融和谐发展、建立良好信用环境是为地方经济可持续发展提供基本保障。区域经济发展战略也为商业银行提供了良好的外部发展环境和机遇，拓展了其发展空间和提升平台。

（三）社会治理

社会治理是商业银行社会责任的主要体现之一。和谐社会是人类美好的理想追求，在建立和谐社会的进程中，各种社会主体的积极参与至关重要，商业银行作为社会主体的构成要素，能够对扶助弱势群体、推动社会信用体系建设以及赋能智慧政务等发挥重要作用。

1. 发展金融扶贫

发展金融扶贫、补齐社会短板、促进和谐发展体现了商业银行的社会治理功能。金融扶贫是指利用银行信贷资金或者国内外金融机构合作，从事产业开发，改善贫困地区、贫困户、弱势人群生产生活条件的一种扶贫方式。《穷人的银行家》述说了穆罕默德·尤努斯创立格莱珉银行的故事。该银行专注于向孟加拉国最贫困的人口提供小额贷款，致力于帮助他们实现个体创业，从而摆脱贫困。格莱珉银行在多年努力后取得了令人瞩目的成绩，1993年以来年收入足够覆盖支出。1998年孟加拉国严重水灾沉重打击格莱珉银行，格莱珉银行调整经营策略为根据个人信誉发放贷款。虽然第二代格莱珉银行的服务主体对象不再是穷人，但是它拓展了普通商业银行不愿涉足的客户群体，兼顾了社会责任和经济利益，对金融扶贫产生了深远影响。

商业银行金融扶贫并不是从根本上否定商业银行的盈利性，而是树立金融新思维、新理念，将金融服务有效满足广大弱势群体的金融需求作为金融扶贫的根本出发点和落脚点。

一是"义利并举"，抵制"唯利是图"。西方传统金融逻辑是理性经济人假设，强调"利字当头"，纯粹以利润为导向，侧重于效率。扶贫金融更多的是面向弱势群体、弱势区域、弱势产业，强调公平。商业银行应改变过往单纯追求利润的导向，主动扛起金融扶贫的责任，同时保持自身的可持续经营。

二是面向"普罗大众"，而不是"嫌贫爱富"。传统的金融逻辑遵循"二八定律"，即服务20%的高利润头部客户或重点客户，赚取80%的行业利润。由此，商业银行过去往往忽视了广大普通客户和弱势阶层的金融需求，甚至导致"金融排斥"现象。商业银行应秉承新理念，坚持金融为"大多数人"服务，把各类新型农业主体、县域小微企业作为重要服务对象，持续输入金融活水。

三是"雪中送炭"，而非"锦上添花"。实现金融扶贫重点解决的是发展不均衡问题，是让广大的弱势群体"不掉队"，让落后地区发展"赶上来"，即缩小城乡差距、区域差距和贫富差距。尽管西方传统金融业往往是扩大贫富差距的重要推手，但是现代商业银行要坚持金融为民，将有限的金融资源集中支持低收入人群、小型农业主体、县域小微企业等，增强其发展的内生动力，通过金融功能助力解决经济社会发展的突出问题，切实缩小贫富差距。

2. 支持公益慈善

从宏观上看，公益慈善高于其他社会责任，可以更好地凸显商业银行的社会治理。社会发展的不平衡要求商业银行承担起慈善事业的责任，核心在于解决"社会问题"，促进社会快速有序发展。

商业银行的公益慈善主要由社区志愿者、社会福利和公共事业等构成，包括但不限于：救助灾害和贫困，扶助社会弱势个体和群体；为教育、科学、文化、卫生、环保等事业提供支持；基于战略合作协议的签订，为定点扶贫工作提供智力支持和资金支持，促进贫困地区建设发展；建立鼓励员工参与志愿活动的管理制度，积极完善志愿活动的长效机制并发展员工志愿团队，积极回馈社会；为公益慈善机构提供资产保值增值服务并且对公益慈善类银行产品与服务进行不断创新，建立更加快捷安全的公益慈善平台；按照自己实际情况建立专项基金、非公募基金会等，为公益慈善事业发展提供支持；积极参与公益活动和宣传，积极促进中国慈善事业的透明度和公信力。

商业银行积极主动地承担社会慈善责任，不仅可以得到员工的认可，而且有利于自身企业文化的培养。商业银行用于慈善、救灾、扶贫等方面的资金投入，可以提高公众对商业银行的认同、支持和尊重，从而获得更广泛的客户群体，有利于打造和谐社会，促进社会共同利益的增长。

案例拓展

抗洪救灾，加大慈善捐赠

捐赠是商业银行履行社会责任的最直接体现。2008年5月，汶川大地震，某银行向地震灾区捐赠1.57亿元。2010年4月，青海玉树地震，某银行捐赠1050万元，同时还开通"绿色捐款通道"，采取捐款免收手续费，网点优先办理措施，协助各慈善机构做好社会捐赠接受工作。

案例拓展

建设银行"劳动者港湾"

"劳动者港湾"是由建设银行为户外劳动者提供的休息场所，环卫工人、出租车司机、警察、城管等户外劳动者可在港湾内免费饮水、休息。

环卫工人代表说,"以前从来没想过有一天,环卫工人穿着环卫服,就像回到家一样坐在宽敞明亮的'劳动者港湾'喝水、吃饭,手机没电了可以充电,我们还可以阅读各类报纸杂志。这让我们真正感受到了爱心、贴心、细心和暖心。""'劳动者港湾'真的是我们环卫工人的一片幸福港湾。"快递员代表说,"'劳动者港湾'非常不错。建设银行专门推出了'劳动者港湾'App,可以使我们轻松找到最近的港湾,工具箱、医药包等快递员特别需要的物品,在'劳动者港湾'都可以找到。"新华网评论,"'劳动者港湾'虽然只是在城市中建立的一个个小小空间,但是它打破了职业界线、环境界线,实现开放与共享,努力创造尊重劳动者、热爱生活的友好氛围,体现先进的现代思想观念。'劳动者港湾'使崇尚劳动、关心劳动者蔚然成风,营造了良好社会氛围,弘扬了社会正能量。在为建设银行'劳动者港湾'点赞的同时,我们也期待越来越多的'港湾'涌现出来,共行大爱之美,让城市里的每一个劳动者更有获得感、幸福感,共享城市发展的成果。"

资料来源:劳动者港湾:致敬美好生活建设者[EB/OL].[2024-05-07]. http://sd.people.com.cn/n2/2024/0507/c386785-40835068.html.

3. 推动社会信用体系建设

完善的社会信用体系是供需有效衔接、资源优化配置、良好营商环境的重要基础,对促进国民经济循环高效畅通、构建新发展格局具有重要意义。商业银行积极参与社会信用体系建设,与地方政府合作建设地方征信平台,健全信用基础设施,发挥信用监管作用。

一是促进金融服务实体经济。社会信用体系致力于填补信用信息空白,尤其是针对没有传统信用记录的个人和小微企业,社会信用体系为普惠金融和乡村振兴金融服务提供了信用数据基础。这有助于减少信息不对称问题,使得商业银行更好地了解长尾客户,降低商业银行的信贷风险,提高金融服务的可得性,解决传统金融难题。

二是改善市场营商环境。商业银行在经营业务的过程中,充分发挥信用在金融风险识别、监测、管理、处置等环节的作用,推动金融、政务、公用事业和商务领域的信用信息共享,促进更广泛的信息交流,减少了不正当竞争和不诚信行为,有助于促进公平竞争、提高市场透明度。

三是加强社会诚信文化建设。商业银行对守信者的激励作用和失信者的约束作用,能够促进社会诚信文化建设,营造良好社会风尚。

4. 赋能智慧政务

商业银行赋能智慧政务建设就是运用互联网、大数据、云计算等技术手段,构建"互联网+政务服务+金融产品与服务",助力政务、公益服务从"实体办事大厅"向"移动办事大厅"转移,真正做到"让大众少跑路,让数据多跑路",实现政务服务"一网通办",让大众有更多的获得感、幸福感和安全感。

商业银行助力智慧政务建设的优势包括以下几点。

第一，信誉度高。商业银行拥有良好的社会、商业、产品、服务等信誉，能够成为智慧政务在全社会推进的有益补充。

第二，辐射性强。商业银行在全国星罗棋布的网点，延伸了政府部门的服务触角，推动政府服务场所由政务大厅向银行网点的辐射。

第三，科技创新。依托商业银行金融科技专业人才，商业银行可以在政务的系统开发、运营维护、迭代创新等方面提供技术支持，持续优化金融科技服务。

第四，安全保障。长期以来，商业银行形成了严格的保密制度、可靠的风险管控措施与先进的信息安全、数据安全技术管理实力，为参与智慧政务建设提供了安全保障。

案例拓展

某银行"渠道办政务"

"渠道办政务"是由某银行搭建的，某银行发挥遍布全国的众多机构网点和专业队伍等渠道优势，将金融服务线上线下渠道转化为百姓身边的政务服务大厅，融入高频的政务服务功能，并与该银行丰富的产品服务相衔接，实现深度便民、利民和惠民。通过与政府部门合作，引导办事群众就近前往银行网点办理事项申报、服务缴费、证件打印等政务服务事项。不仅分流办事群众，减轻了政府部门基层经办机构的压力，同时也方便了办事群众"就近办"，切实为群众办实事。

商业银行做好智慧政务建设的关键包括以下几点。

第一，金融科技实现大数据共享。商业银行借力金融科技实现大数据共享，助推智慧政务建设。在政府端打通各厅局间的"信息孤岛"，实现数据决策，有助于政府开展精准治理，推动自身的高效运转；在企业端实现一次登录便可完成跨部门的多个事项查询和办理，有利于改善营商环境；在个人端突出只跑一次、随时可找、顺手就办，打造百姓身边的掌上政务大厅。

第二，推动政务服务"无所不在"。商业银行创新智慧政务生态金融圈，开放诸多公共产品和服务与线上渠道、金融技术和信息系统相融合，通过手机 App 等渠道，为政府、企业和百姓提供全渠道、全方位、全区域的政务服务，推动实现政务服务的无处不在。

第三，全渠道建设金融生态圈。一是线上打造一站式应用场景。商业银行通过前端合作，从金融、生活服务、社交、电商、餐饮、娱乐、出行、旅游等人们日常生活各方面入手，打造一站式应用服务平台，构建具备强大场景支撑的 App 生态圈；通过后端合作，从界面优化、渠道整合、风险管控、客户服务、智能投顾等方面入手，为 App 生态圈提供强大、高效、安全的金融科技支撑，稳步提升自身生态圈的客户体验和服务质量。二是线下与各级政府组建普惠金融生态圈信息平台。线下充分发挥商业银行的优势，以搭建普惠生态、小微生态与各级地方政府单位（工商、税务、社保、医保、公积金、公安等）深化政务合作关系，打通各级相关政务机构间信息壁垒，协助组建各地市覆盖政务、企业、个人的普惠金融生态圈。

案例拓展

矢志为民　筑造智慧美好生活
——住房租赁

建设银行坚决贯彻落实国家"房住不炒""租购并举"的政策要求，于 2017 年将住房租赁确定为全行战略，主动创新金融产品，积极培育租赁市场。截至 2023 年 6 月末，公司类住房租赁贷款余额为 3064.95 亿元；成立专业的住房服务子公司，管理房源 16.5 万间，开业运营长租社区 272 个；专注打造开放共享的住房租赁综合服务平台，个人用户超 4700 万户；支持住建部门打造保障性租赁住房 App、公租房公众端 App，分别推广至 234 个、158 个城市。立足新阶段，建设银行试点设立住房租赁基金，参与首批 3 只保障性租赁住房公募 REITs 发行与推广。建设银行既坚持因势利导、有效化解行业风险，同时带动各方资金盘活存量资产，向市场上"引流"一批性价比高、分类分层的租赁住房，助力完善国家住房保障体系建设，满足不同群体特别是新市民安居需求，提升他们的生活品质。

发起设立住房租赁基金

建设银行通过出资设立住房租赁基金，深入推进住房租赁战略，以市场化、法治化、专业化运作，投资房企存量资产，与有关方面加强协作，增加市场化的长租房和保障性租赁住房供给，助力探索房地产发展新模式。截至 2023 年 6 月末，其住房租赁基金签约收购项目 20 个，总资产规模 87.54 亿元，基金累计出资 48.88 亿元，项目位于北京、上海、成都、杭州等地，可向市场提供长租公寓约 1.45 万套；与万科集团及北京、重庆等多地主体共同投资设立子基金 8 只，总规模 295 亿元，基金认缴规模 197.52 亿元。同时，建设银行将充分发挥集团优势，推动住房金融业务向覆盖租购两端、服务存量转型升级的模式发展，形成集股权投资、资产并购、信贷支持、租赁运营、REITs 发行等为一体的全方位住房金融服务体系，持续提升建设银行在住房金融领域的服务优势。

新市民"住有所居"

建设银行深化行业理解，创新融资产品和服务。在北京，建设银行投放 2400 万元贷款支持大兴区刘村"小哥之家"项目建设，作为专门服务于城市基本公共服务人群的住房租赁项目，助力解决周边快递、外卖小哥等新市民、青年群体的安居需求，也与当地乡村治理有效结合，助力提升城乡治理水平、改善社区人居环境。在深圳等地，建设银行探索与具有一定规模的住房租赁企业建立平台合作，支持中小租赁企业发展。

截至2022年末，建设银行在贷客户超300户，贷款余额已有11亿元。在南京，建信投资子公司投放4.7亿元股权资金，支持筹集了700多间保障性租赁住房，在解决新市民居住问题的同时，降低了企业财务费用，助力企业提升经营能力。

资料来源：2022年中国建设银行社会责任报告、2023年中国建设银行半年报。

（四）如何承担社会责任

商业银行应树立社会责任意识，要明确界定商业银行的社会责任，从利益相关者的角度出发，构建商业银行社会责任体系。

1. 聚焦重点领域

商业银行承担社会责任就要引导信贷资源高效配置，聚焦于科技金融、绿色金融、普惠金融、乡村振兴等重点领域。在信贷资源配置过程中，商业银行要按照国家的宏观政策进行资源配置，不能将信贷资源投向高耗能、低效益、环境污染严重、低水平重复建设的项目，要围绕国家信贷政策导向，积极支持中小民营企业发展，支持科技创新型、环保型、低能耗型企业的发展，将信贷投放支持绿色化企业。

2. 提供优质服务

为客户提供优质服务既是商业银行本职之一，也是商业银行应承担的社会责任。从以金融为准公共产品的角度看，银行真正出售的产品就是金融服务，银行的根本利润来源于服务。因此，商业银行要围绕客户的需求创新服务，不仅限于微笑服务、规范服务及提升效率，还需创新信贷产品，并拓展至支付结算、中间业务及非金融服务方面，将服务概念扩展至柜台之外，覆盖交易前后。

3. 推进金融创新

商业银行的发展要注重持续金融创新，以满足社会各个阶层的金融需求。金融创新的本质是用新的方式为客户提供具有价值的金融产品，为客户创造价值。更重要的是，商业银行在业务发展中要关注社会弱势群体，如为下岗人员提供再就业贷款、为贫困大学生提供助学贷款等，让社会的各个阶层享受到优质的金融服务。

4. 支持社会公共事业

商业银行积极支持社会公共事业，有助于商业银行树立良好的社会形象，也可减轻垄断带来的弊端。商业银行不仅要学会怎样获取利润，还要学习如何使用这些利润，即取之于社会，造福于社会。商业银行还须增强社会责任意识，积极地参加社会公益活动，包括社会捐赠活动，以获取社会的支持与理解。

5. 实行科学精细化管理

商业银行实行科学精细化管理，用现代技术和科学思维保证商业银行健康、稳健和可持续发展。商业银行要防范风险、提高资金使用效益，应采取以下措施：一是建立和强化资本约束机制，摆脱盲目发展行为，实现增长方式和经营模式转变；二是健全和完善公司治理，加快银行提质创新步伐，建立专业化的经营管理团队；三是改革和创新内部控制体系，建立科学的发展战略，建立市场化人力资源管理体制和有效的激励约束机制;四是应用现代银行管理方法和科学技术,与国际惯例接轨。

6. 弘扬责任文化

将责任文化贯穿商业银行企业文化建设的始终。商业银行的文化体现在如何对待他人、对待自己、对待自然环境。商业银行的核心价值观应体现社会责任,将社会责任纳入企业文化的塑造和更新中。理念良好固然重要,但真正体现责任感的关键在于采取有实质影响的具体行动,如加强员工思想教育,培养并提升员工的社会责任意识。

二、绿色金融

(一) 绿色金融的发展背景与内涵

1. 全球环境与气候治理发展的历史沿革

自工业革命以来,人类的活动对气候和环境的破坏日益加剧,对社会、经济和环境的影响也愈发显著。为应对全球气候变化,全世界已经采取了诸多措施。

1992年,联合国在巴西里约热内卢召开了"地球峰会",会上通过的《联合国气候变化框架公约》和《生物多样性公约》标志着环境问题正式成为全球关注的重点,为后续的各项制度建立了基础。

1997年,《京都议定书》的签订引起了全球对温室气体排放和气候变化的极大关注,它要求发达国家在2008年至2012年间将温室气体排放量减少到1990年水平的5.2%,并明确了碳排放权的资产属性。

2016年《巴黎协定》的签署是《联合国气候变化框架公约》的后续行动,该协定要求各国采取行动,以将全球气温相较于工业化前水平的上升幅度控制在2摄氏度以下,并努力将其进一步控制在1.5摄氏度以下。《巴黎协定》是对《京都协定书》的补充和完善,也是目前全球近200个国家达成的环境气候领域的法律性文件,具有里程碑式的意义。

2015年由瑞典提出的碳达峰和碳中和是治理全球气候变化最关键的举措。碳达峰指的是控制全球温室气体排放量尽早达到峰值后逐渐减少,以实现气候变化的控制和减缓;碳中和指的是通过各种手段使温室气体的排放与吸收达到平衡。具体如图2-3-1所示。一般来讲,碳达峰是在碳中和的基础上实现的。目前,欧美发达国家均已实现碳达峰,并将碳中和目标时间定在2050年左右,而中国预计将在2030年实现碳达峰,并在2060年左右实现碳中和。主要经济体预测实现碳排放目标时间如表2-3-1所示。

表2-3-1　　　　　主要经济体预测实现碳排放目标的时间

经济体	碳达峰	碳中和
美国	2007年	2050年
欧盟	1990年	2050年
日本	2013年	2050年
中国	2030年	2060年

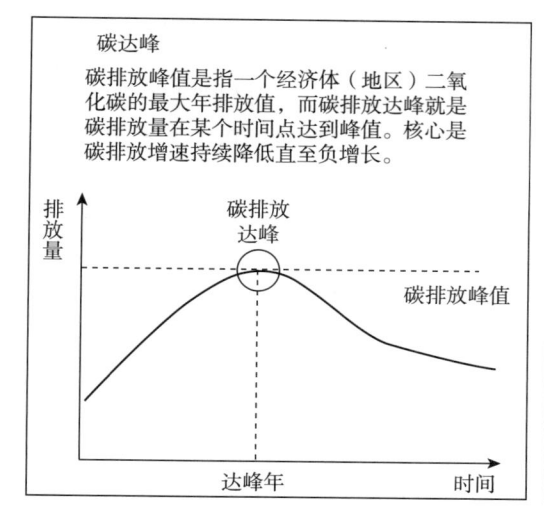

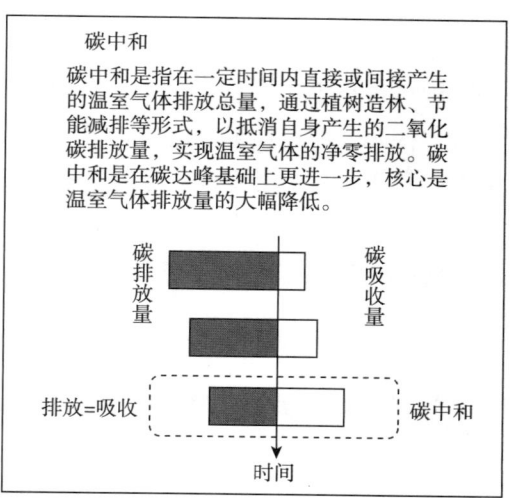

图 2-3-1 碳达峰与碳中和

2. 气候风险的内涵与对经济的影响渠道

全球气候变化正在对人类社会造成越来越大的影响，其中温室效应、洪涝灾害和气候变暖等问题备受关注。这些气候问题不仅对人类生活构成威胁，还给经济活动带来了巨大的不确定性，这就是所谓的气候风险。

气候风险可以分为物理风险和转型风险两类。物理风险主要是由极端天气和自然灾害等气候因素带来的风险，它们可能突然发生，也可能逐渐累积。转型风险则涉及社会向可持续发展转型过程中可能出现的各种问题，包括政策、法律、技术发展、市场偏好和声誉等方面的风险。

气候风险的影响是全方位的，从微观个体到宏观经济基本面，再到金融系统，无一幸免。对企业和家庭来说，气候问题可能导致财产损失，改变需求和成本，进而影响决策。在更宏观的层面上，气候问题可能引起市场价格、劳动力成本、消费模式的变动，甚至影响国际贸易、政府收支、利率和汇率等因素。

经济的变动会增加金融系统的不稳定性，可能导致信用风险、流动性风险、承保风险和操作风险等一系列问题。这些问题不仅会影响金融市场上产品的定价，还可能影响投资者的决策。因此，我们必须高度重视气候风险，采取有效措施来应对。

3. 商业银行在全球环境与气候治理中发挥的作用

为了实现碳达峰和碳中和的目标，推动全球环境与气候治理的发展，金融体系的参与是必不可少的。据联合国预测，全球每年在气候投资方面的缺口高达 5 万亿至 7 万亿美元，而在发展中国家，实现可持续发展所需每年的投融资缺口也高达 3 万亿美元。

作为金融体系的核心，商业银行在推动环境保护和绿色金融方面具有重要作用。实际上，许多国际大型商业银行已经将保护环境、实现可持续发展作为企业的重要社会责任。

这些银行对环境的关注主要表现在以下几个方面：积极采取节能减排措施，接受国际协定对融资项目的约束，支持环保教育和培训，以及为环保和控制气候变化的产业项目提供资金支持。此外，随着有关环境保护的国际准则、公约和非政府组织的建立，许多国际大型商业银行也加入其中，以推动全球环境的改善。其中，最重要的包括联合国环境项目金融倡议、赤道原则、气候组织、联合国责任投资原则等。

阅读资料

赤道原则

发达国家推动绿色金融发展的初期，主要依赖国际组织和商业机构。其中，最具代表性的是赤道原则。

赤道原则是一套非强制性的准则，由银行机构制定，用于衡量、决定和管理环境及社会风险，以进行项目融资或信用紧缩的管理。这套准则在2003年由花旗银行、巴克莱银行、荷兰银行、西德意志州立银行等10家银行共同设立。随后，汇丰银行、JP摩根、渣打银行等金融机构也宣布接受赤道原则。

赤道原则的起草受到了国际非政府组织发布的《关于金融机构和可持续性的科勒维科什俄宣言》的影响，特别是其中提到的金融机构应遵守的六项原则性规定：可持续性、不伤害、负责任、问责度、透明度以及市场和管理。

"赤道"象征着南北半球的平衡与和谐。因为发达国家大部分位于北半球，而发展中国家则大部分位于南半球，既然有南北之分，这个原则就放在中间，叫做赤道原则。无论是发展中国家还是发达国家，都应该遵守赤道原则。

赤道原则可以帮助金融机构判断、评估和管理项目融资中的环境与社会风险，倡导金融机构对项目融资中的环境和社会问题尽到审慎性核查义务，从而支持负责任且可持续的投融资决策。截至2022年7月，自愿采纳赤道原则的金融机构达到138家，涉及全球38个国家。中国有包括兴业银行在内的7家商业银行宣布接受赤道原则。

4. 绿色金融的内涵

在不同的时期，绿色金融的内涵都有所变化。一开始，绿色金融主要指的是促进环境保护和资源节约的金融活动，这与环境金融几乎是一样的。从20世纪末开始，因为国际社会越来越关注气候变暖问题，绿色金融逐渐被看作减少碳排放和应对气候变化的金融活动，这与"碳金融"几乎等同。

总的来说，绿色金融是指为节能环保、清洁能源、绿色交通、绿色建筑等领域的项目提供的投融资、项目运营、风险管理等金融服务，以促进资源节约、环境改善、应对气候变化并提高经济运行效率。

绿色金融的具体业务模式主要包括绿色金融产品和环境权益金融。其中，绿色金融产品以绿色信贷和绿色债券为主，还包括绿色保险、绿色股票、绿色基金等多种金融工具。环境权益市场是将环境权益（如碳排放权、排污权、用能权、用水权等）通过商品化、货币化的形式促使其流转，通过市场的定价机制实现有限环境资源（或所谓"污染权"）的更合理配置。依托该市场的金融产品和服务就是环境权益金融。绿色金融的业务类型如图2-3-2所示。

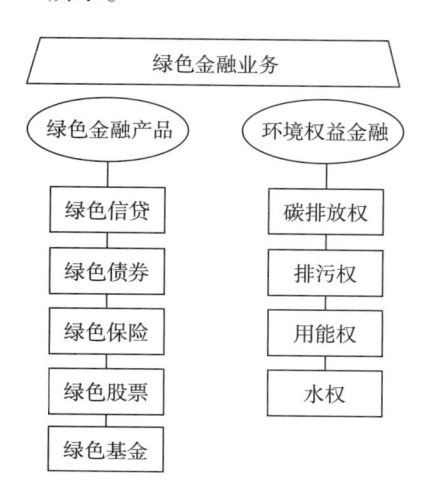

图2-3-2 绿色金融业务一览

环境权益金融中规模最大、最具代表性的是碳排放权金融，简称碳金融，因此，从本质上也可以说碳金融属于绿色金融的细分领域，是碳市场的派生产物。绿色金融、碳金融与碳市场三者之间的关系如图2-3-3所示。

图2-3-3 绿色金融、碳金融与碳市场的关系

碳金融的业务和产品丰富完善了碳市场的定价和交易机制，有助于确定减排效果、降低减排成本，并在一定程度上起到经济"稳定器"的作用。

（二）中国绿色金融体系的五大支柱

在环保要求不断更新的背景下，我国绿色产业的发展急需金融体系的支持。由于我国绿色产业起步较晚，科技和制度体系相对不足，我们正在探索一条具有中国特色的绿色金融发展之路。

1. 绿色评价标准体系

绿色评价标准体系设立的目的是帮助金融机构分辨明晰哪些行业、哪些企业是真正从事对环境和气候有益的绿色业务的，防止资金流向不符合要求的部门造成资源浪费。自2013年开始，原银监会、人民银行、国家发展改革委、证监会等多部门和中国金融学会绿色金融委员会等机构发布了一系列绿色金融领域的评价标准,包括《绿色信贷统计标准》《绿色债券项目支持目录》《绿色产业目录》等,对绿色金融应支持的业务和公司进行了较为清晰的描述和归类。

2. 监管和信息披露

不断完善绿色金融领域的监管和信息披露体制,有助于防止信息不对称的出现,进而提升市场效率。自2017年以来,人民银行、生态环境部、证监会等多部门对于企业的环境信息披露提出要求,从绿色债券发行到一般业务,从重点排污企业到所有上市企业,披露要求覆盖行业、业务的范围逐步扩大。

3. 激励约束机制

通过良好的激励约束机制,可以撬动社会资本,推动绿色金融更快、更高质量地发展。自2017年以来,人民银行和地方政府实施了一系列政策,如绿色宏观审慎评估、绿色再贷款、利息补贴和绿色项目担保等,以资金或降低成本的方式激励绿色信贷、绿色债券业务的开展。

4. 产品和市场体系

一个涵盖丰富和全面的金融产品的市场可以更好地满足绿色产业的投融资需求。截至2021年末,中国绿色贷款余额为15.9万亿元,同比增长33%,存量规模居全球第一,绿色债券存量突破万亿元,居世界第二。2020年7月,国家绿色发展基金正式设立,首期募资规模885亿元。此外,许多大型企业和投资机构已经把ESG理念作为公司经营决策的重要考量因素,并会定期披露与ESG或环境保护相关的公司报告。

小看板

ESG

环境、社会和公司治理又称为ESG(Environmental,Social and Governance),该理念从三个维度评估企业经营的可持续性与对社会价值观念的影响。ESG理念强调企业要注重生态环境保护、履行社会责任、提高治理水平。

ESG评级(ESG Ratings)是由商业和非营利组织创建的一种评价体系,用于评估企业的结构、承诺、业绩和商业模式是否与可持续发展目标相一致。

图2-3-4为ESG评级体系,国内外主要ESG评价体系如表2-3-2所示。

表2-3-2　　　　　　　　国内外主要ESG评价体系

国外	国内
明晟(MSCI)	商道融绿
路孚特(Refinitiv)	中财大绿金
富时罗素(FTSE Russell)	社会价值投资联盟

资源配置——发展ESG投资

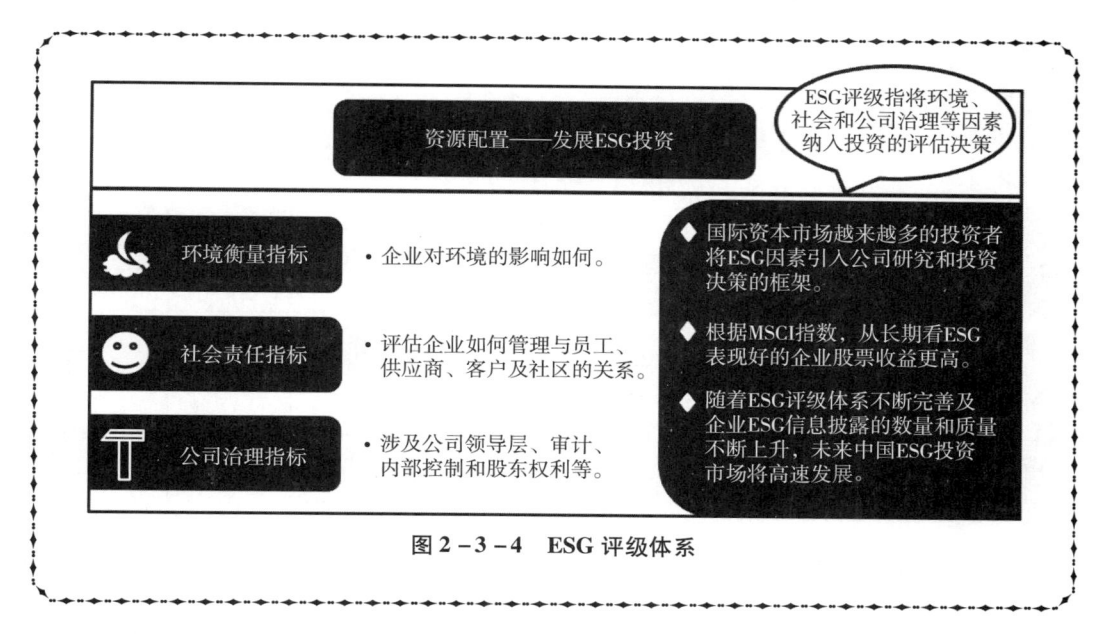

ESG评级指将环境、社会和公司治理等因素纳入投资的评估决策

- **环境衡量指标**：企业对环境的影响如何。
- **社会责任指标**：评估企业如何管理与员工、供应商、客户及社区的关系。
- **公司治理指标**：涉及公司领导层、审计、内部控制和股东权利等。

◆ 国际资本市场越来越多的投资者将ESG因素引入公司研究和投资决策的框架。

◆ 根据MSCI指数，从长期看ESG表现好的企业股票收益更高。

◆ 随着ESG评级体系不断完善及企业ESG信息披露的数量和质量不断上升，未来中国ESG投资市场将高速发展。

图 2-3-4　ESG 评级体系

5. 国际合作

中国绿色金融的发展离不开国际合作。2017年12月，人民银行与监管机构绿色金融网络（NGFS）在巴黎成立；2018年11月，中英共同发起"一带一路"绿色投资原则（GIP）；2021年2月，G20恢复设立可持续金融研究小组。近年来，中欧绿色金融分类标准对照趋同，2022年6月，中欧可持续共同分类目录得到确定。这些举措不仅有助于我国学习国外绿色金融领域的先进理念，更有利于塑造我国负责任大国的形象。

（三）中国的碳市场与碳金融

碳市场的主要运行机制可分为限额—交易和基线—信贷。"限额—交易"原则将"配额"作为核心，对本区域内的碳排放进行总量控制和配额交易，以政府分配给企业的碳排放配额作为基础产品，多用于区域内部的统一碳排放权市场构建。"基线—信贷"原则以"项目"为基础，对国家间合作的减排项目设置基准，以项目实现的减排量进行交易，通常以期货等方式预先买卖，具有预支信贷的特点，多用于国际跨区域的自愿交易市场。

我国碳市场和碳金融的发展可以分为三个阶段。第一阶段，我国通过参与《京都议定书》下的清洁发展机制（CDM）项目，作为供应方参与全球碳交易。到了第二阶段，我国开展了国内碳交易试点：2011年，北京、上海、湖北、重庆、广东、天津、深圳等7省市被批准开展试点；2016年，福建、四川也启用了碳交易市场。目前我国正处于第三阶段，开始筹建全国性的碳交易市场：2021年，上海和武汉分别落地了碳交易系统和碳注册登记系统；首批2225家年排放量达到2.6万吨二氧化碳当量的重点发电企业被纳入重点排放单位名单。主要碳金融产品在中国的实践情况如表 2-3-3 所示。

表 2-3-3　　　　　主要碳金融产品在中国的实践情况

类别	工具	北京	上海	深圳	广州	湖北	福建
交易工具	碳期权	√					
	碳远期		√		√	√	
	碳掉期	√					
	碳指数交易产品				√	√	√
融资工具	碳抵（质）押	√	√	√	√	√	√
	碳回购	√	√			√	
	碳债券			√		√	
	碳托管			√	√		√
风险管理工具	碳指数	√			√		
	碳保险					√	

碳抵（质）押贷款是我国发展最早、目前体系最完善的碳金融产品，其他种类的产品正在试验中不断发展。在未来，我国的碳市场主体将会更加丰富，全国市场规则将更加统一科学，碳市场的活力将不断提升。

在我国，银行参与的碳金融产品和服务包括碳金融基础服务、碳融资产品和碳资产管理服务，这些产品和服务已经得到了实践应用，其具体构成如图 2-3-5 所示。虽然目前部分银行碳金融产品的运用还只是示范性质，但它们已经开始逐渐形成规模化运用和标准化交易体系，为推动我国碳市场的发展发挥了积极作用。

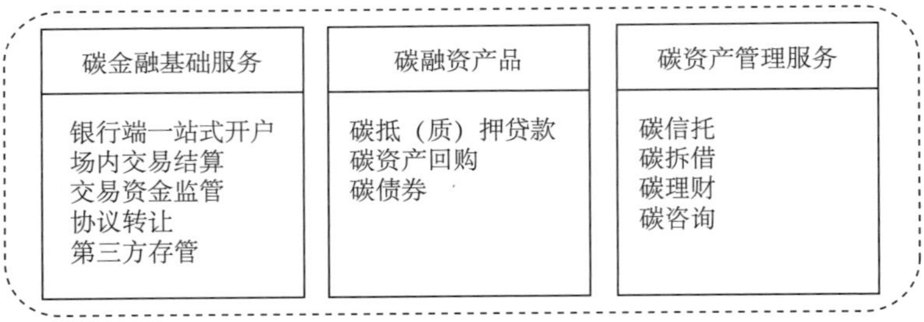

```
┌─────────────────────┬─────────────────┬─────────────────┐
│  碳金融基础服务      │  碳融资产品      │  碳资产管理服务  │
├─────────────────────┼─────────────────┼─────────────────┤
│ 银行端一站式开户    │ 碳抵（质）押贷款 │ 碳信托          │
│ 场内交易结算        │ 碳资产回购       │ 碳拆借          │
│ 交易资金监管        │ 碳债券           │ 碳理财          │
│ 协议转让            │                  │ 碳咨询          │
│ 第三方存管          │                  │                  │
└─────────────────────┴─────────────────┴─────────────────┘
```

图 2-3-5　我国银行业碳金融产品服务

我国碳排放权交易存在问题，但这些问题也为市场提供了改进和发展的空间。首先，碳交易的品种较单一，但这也意味着我们可以通过引入更多种类的交易品种来丰富市场，如碳期权、碳期货等衍生产品。其次，碳金融的支持力度尚不足，但政府正在积极出台相关政策、法律法规，以激发金融机构的参与积极性，推动市场交易量的增长。同时，我们也需要完善交易制度规范，审慎放开衍生品市场，并不断扩展市场覆盖面与参与主体，以推动我国碳市场与碳金融的健康发展。

> 阅读资料

表 2-3-4　　　　　　　　　中欧碳市场与碳金融机制的比较

	欧洲	中国
碳价	稳定的碳价机制 √ 为稳定碳市场信心，欧洲碳排放交易体系（EU-ETS）实施市场稳定储备机制（Market Stability Reserve，MSR），从 2019 年开始，每年从市场中收回 24% 的超额碳排放配额，传递长期稳定碳价信号。 √ 持续推动市场配额总量逐年收缩计划、配额折量延迟拍卖机制，实现对碳价的引导不兜底。	碳价发现功能不强 √ 我国碳排放权交易机制市场仍处于构建不完善阶段，多次出现碳价剧烈波动的情况，导致市场整体信心不足。
流动性	碳金融属性明显 √ 以碳期货为主的金融衍生品的发展极大地提高了 EUETS 的流动性与交易活跃度，欧盟碳排放权交易逐步向碳金融发展。 √ EUETS 在建立伊始就直接引入碳金融衍生品，主要包含碳远期、碳期货、碳期权和碳互换等。	市场流动性较差 √ 我国碳市场配额交易量年均约 0.64 亿吨，仅占碳配额总量的 4.4%；7 年间交易总量不及欧盟 2008 年的十分之一。 √ 截至 2021 年底，全国碳交易市场累计交易量 1.79 亿吨，交易换手率在 3% 左右，而 EUETS 的换手率已从初期的 4.09% 飙升至目前的 417%。
监管	完善的监管制度 √ 构建了完善的信息披露机制、履约机制、惩罚措施等市场监管规则，并根据实际情况进行及时调整。 √ 实施超额排放惩罚，并根据市场情况不断提升罚款额，以此增强碳价发现功能。	监管手段仍需加强 √ 我国碳排放权交易机制在监管手段上仍有完善空间。因碳排放的非实物特性以及数据的强专业性，全国碳交易市场运行不到一年就已出现数据造假案例，供需情况反馈失真，导致碳交易机制失去价格发现和资源引导功能。

（四）中国商业银行绿色金融实践

1. 战略规划与治理架构

当前，国内商业银行开始重视绿色发展，并制定相关规划和方案。头部商业银行将绿色金融作为战略重点，与零售金融、公司金融并列，并建立了全新的组织架构体系。该体系分为治理层、管理层和执行层。治理层由董事会及其下设机构组成，负责指导绿色金融工作、决策战略、听取报告和批准方案。董事会下设绿色金融管理委员会，负责制定发展战略和规划、审批目标和报告、监督评估战略执行情况，委员会主任通常由董事长或总行行长担任。管理层由高级管理层下设的绿色金融推进委员会组成，负责绿色金融管理工作和具体举措的制定，委员会主任通常由所在层级行长担任。执行层是绿色金融主管部门，部门设置多样化。在总行层面，可以设立独立的绿色金融管理部门或某部门兼任该角色，还可以考虑设立协同团队，由多个部门共同推动落实各项措施。

2. 能力支撑

商业银行发展绿色金融业务不仅依赖顶层设计，更需要具体的能力支撑。

首先，商业银行需要系统平台的支撑。通过建设全行级的绿色金融系统平台，可以实现对绿色金融业务的全面管理和数字化、智能化。例如，江苏银行已经建立了"苏银绿金"专业化系统，实现了绿色金融业务全流程数字智能化。

其次，商业银行需要金融科技的支撑。以物联网、大数据、区块链、云计算、人工智能等技术手段为依托的金融科技可有效解决绿色金融全流程中的信息不对称问题，为客户提供更准确的服务。例如，平安银行运用AI技术实现客户与产品的智能匹配，满足客户多样化的产品需求；兴业银行基于大数据技术打造"点绿成金"，聚焦重点用能企业能耗评估，将结果作为信贷资源配置的参考依据。

再次，商业银行需要行研能力的支撑。通过参与绿色金融行业交流和热门课题研究，商业银行可以提升对绿色金融的认知能力，培养行业研究能力。这样有助于商业银行更好地把握市场动态和客户需求，制定更精准的业务策略。

最后，商业银行需要人才培训的支撑。目前，银行人才储备集中在传统金融和科技领域，绿色金融、低碳、环境与社会风险管理等方面人才存在短缺。为了弥补短板，商业银行需要开展绿色金融业务专题培训，培训主题包括绿色行业、授信政策、ESG风险、绿色运营等。这有助于提升商业银行员工的专业素质和业务能力，推动绿色金融业务的快速发展。

3. 产品体系

绿色信贷、绿色债券、绿色保险、绿色基金、绿色租赁、绿色信托、绿色票据、碳金融产品等金融工具共同构成了商业银行及其子公司发行的绿色金融产品体系。

绿色信贷，是指为支持环境改善、应对气候变化和资源节约、高效利用的经济活动所提供的信贷产品及服务。2018年，人民银行印发《关于建立绿色贷款专项统计制度的通知》，明确绿色贷款的统计对象、统计内容、统计标准、实施要求，并将绿色信贷情况正式纳入宏观审慎评估框架（MPA），以量化指标引导金融机构合理、高效地支持绿色产业。

绿色债券，是指将募集资金专门用于支持符合规定条件的绿色产业、绿色项目或绿色经济活动，依照法定程序发行并按约定还本付息的有价证券，包括但不限于绿色金融债券、绿色企业债券、绿色公司债券、绿色债务融资工具等。

绿色金融债券，是金融机构法人依法发行的、募集资金用于支持绿色产业或绿色项目并按约定还本付息的有价证券。

绿色企业债券，是符合条件的境内企业按规定发行的、募集资金主要用于支持绿色产业或绿色项目的企业债券。

绿色公司债，是符合条件的节能环保、可持续发展以及应对气候变化等绿色企业发行的公司债券，募集资金必须投向绿色产业项目。

绿色债务融资工具，是非金融企业在银行间市场发行的，募集资金专项用于节能环保、污染防治、资源节约与循环利用等绿色项目的融资工具。

绿色资产支持证券，是结构化的绿色金融产品，所募集资金需用于绿色产业项目的建设、运营、收购，或偿还绿色产业项目的银行贷款等债务，即源于原始权益人拥有的收费收益权或债权进行绿色资产证券化，或将符合绿色产业支持目录的信贷资产打包入池进行募集资金。

绿色保险，主要包括环境污染风险保障保险、绿色产业风险保障产品、农业风险保障产品、绿色信贷风险保障产品等。

环境污染风险保障保险，是以企事业单位和其他生产经营者污染环境导致损害应当承担的赔偿责任为标的的保险。

绿色产业风险保障产品，是为节能环保等行业有关装备、产品提供风险保障的保险。

农业风险保障产品，是从支持环境改善，应对气候变化和资源节约高效利用的角度出发，为农业发展提供风险保障的产品。

绿色信贷风险保障产品，是针对绿色信贷，以履约人不能按贷款合同约定的期限偿还所欠款项所致权益人的经济损失为标的的保险。

绿色基金，是指以促进绿色发展、改善生态环境为目标，投资于能产生环境效益或从事环境相关业务企业和项目的公募基金产品或其他投资主体。根据投资标的不同，绿色基金可划分为绿色产业投资基金和绿色证券投资基金，绿色产业投资基金针对股权或绿色产业项目进行投资，绿色证券投资基金针对绿色债券和绿色企业的股票进行投资。

绿色租赁，是指租赁机构为支持环境改善、应对气候变化和资源节约高效利用等经济活动，所提供的租赁产品及服务。

绿色信托，是指信托机构为支持环境改善、应对气候变化和资源节约高效利用等经济活动，通过绿色信托贷款、绿色股权投资、绿色资产证券化、绿色产业基金、绿色慈善信托等方式提供的信托产品及受托服务。

绿色票据，是指企业在能够产生环境效益、降低环境成本与风险的项目相关交易中签发、取得、转让的汇票、本票和支票等票据。

环境权益融资工具，是指企业基于合法拥有的碳排放权、排污权、用能权、水权、绿色电力证书等环境权益进行资金融通活动所使用的金融产品，主要包括环境权益直接融资工具（环境权益回购、环境权益借贷、环境权益债券等）和间接融资工具（碳配额抵质押贷款、排污权抵质押贷款等）两种。

碳金融产品，主要是金融机构围绕碳排放权配额履约及交易，引入融资、保理、资产管理、基金、债券等金融产品，包括但不限于碳资产质押融资、碳金融结构性存款、碳中和债券、低碳信用卡等。

碳资产质押融资，是控排企业将碳排放权作为抵质押物进行融资。

碳金融结构性存款，是通过金融衍生交易将产品的还本付息金额与碳排放权交易价格波动挂钩，同时引入碳配额交易作为新的支付标的，解决企业碳配额需求的理财产品。

碳中和债券，是绿色债务融资工具的子品种，募集资金专项用于有碳减排效益的绿色项目，包括清洁能源、清洁交通、可持续建筑、工业低碳改造等。

低碳信用卡，是商业银行发行的低碳信用卡，主要目的是倡导个人绿色消费、绿色生活，以绿色消费方式支持国家应对气候变化目标。

境外商业银行绿色金融产品如表2-3-5所示。

阅读资料

表2-3-5　　　　　　　境外商业银行绿色金融产品一览

零售产品和服务			
产品类别	产品或服务方案	机构名称	地区
绿色存款	募集的存款专门用于可持续的绿色经济项目，包括支持绿色建筑、可再生能源、污染防治产业等。例如，2020年12月，中银香港与安永合作，发行香港首个支持一揽子绿色产业的人民币企业绿色定期存款计划，存款期限3个月，起存金额分别为100万港元、100万元人民币及10万美元。	中银香港	中国香港
	产品名称为EcoDeposits，该产品享受全额存款保险，存款专门借给当地节能公司，这些节能公司主要从事环保领域。	太平洋岸边银行	美国
绿色汽车贷款	通过"清洁空气汽车贷款"为混合动力汽车提供优惠贷款利率，该行最近对该产品进行了重新设计，覆盖了大部分低排放和电动汽车的类型。	温哥华城市商业银行	加拿大
	"GoGreen"汽车贷款是澳大利亚国民银行较为成功的绿色产品。该行与第三方机构合作，对市场几乎全部车款进行了能效和排放分级，并据此确定不同的贷款利率，以金融手段很好地促进了消费者提升绿色消费观念。自推出以来，该行的汽车贷款数量尤其是低排放、新能源汽车贷款显著增加。	澳大利亚国民银行	澳大利亚
	面向运输业、物流企业提供的"小企业管理快速贷款"，该贷款主要面向卡车运输公司。为其提供无抵押的贷款，帮助其购买SmartWay品牌的升级全套设备，该设备可以帮助企业提高节油15%，同时减少废气排放。	美国银行	美国
绿色信用卡	卡片名称为"Barclay Breathe Card"，用户在购买绿色产品和服务时可以享受更低的借款或分期利率，此外，该信用卡利润的50%用于资助全球减排项目。	巴克莱银行	英国

续表

产品类别	产品或服务方案	机构名称	地区
绿色信用卡	该行推出了名为"Air Miles My Planet"的信用卡奖励计划,卡片持有人可以在通过该卡购买140多种绿色产品或服务后,将消费积分兑换成航空奖励里程。	蒙特利尔银行	加拿大
	美国银行与信用卡组织(Visa)合作,推出了名为"World-Points"的奖金,客户可将奖金捐赠给温室气体减排组织,或用来兑换该行提供的绿色商品。	美国银行	美国
	汇丰银行在2005年推出全球首张绿色信用卡,客户可凭借积分兑换指定的环保礼品。此外,汇丰银行还捐该卡签账额0.1%的款项用于汇丰"绿色学校屋顶"计划,让持卡人一同参与环保工作。	汇丰银行	英国
绿色住房抵押贷款	该行鼓励个人住宅的可持续性改造,推出了在线节能检查系统,帮助客户了解绿色住宅的好处及可能性,并对符合条件的客户发放绿色住宅改造贷款,贷款利率可以在原有基础上下浮20个基点。	荷兰银行	荷兰
	加拿大国家住房抵押贷款公司(CMHC)对抵押贷款保险费提供10%溢价退款及最长35年的延期分期付款,以购买节能型住房或进行清洁能源改造。	加拿大国家住房抵押贷款公司	加拿大
房屋净值贷款	"净值贷款"是指借款人以自己拥有住房的房屋净值(房产估值减去房贷债务余额)作为抵押或担保获得贷款。简单来说,不管是否还清按揭贷款,业主都可利用房屋的"净值"再次进行贷款,并将资金用于节能改造。例如,花旗银行与夏普电子签署协议,银行为客户提供融资方案和资金,再由夏普电子为客户提供住房太阳能设备。	花旗集团	美国
公司业务产品和服务			
绿色贷款	为清洁能源、低碳交通、绿色建筑、可再生能源、垃圾无害化处理等项目提供各类贷款。	多家银行	多个国家/地区
	城市更新进程中的"棕色地带再开发"。棕色地带通常是"废弃的、空置的或未被充分利用的城市商业或工业用地",日本瑞穗银行与政府合作,提供贷款,将其打造为新生态的公园、文化项目等。	瑞穗银行	日本
	为美国绿色建筑协会(LEED)认证的商业建筑提供再融资服务,如果符合相关的绿色认证要求,开发商可以不必支付贷款保险费等一些贷款的相关费用。	富国银行	美国
绿色债券	绿色债券指经过专业评估和认定的"贴标"债券,可通过较低成本募集资金,目前绿色债券成为继绿色信贷之后,另一个迅速被市场广泛认可的绿色金融工具。	多家银行	多个国家/地区

续表

产品类别	产品或服务方案	机构名称	地区
绿色资产管理	荷兰合作银行是率先进入碳基金领域的银行之一,该行投资了全球第一只碳基金——世界银行原型碳基金,并与荷兰政府签署了采购10吨二氧化碳排放权的合作框架协议。同时,荷兰合作银行也自行发起设立了绿色基金,一经推出,基金投资者就达6.3万人,基金规模超过20亿欧元。汇丰银行和法国兴业银行等共同出资1.35亿英镑建立了碳排放基金等。	荷兰合作银行、汇丰银行、法国兴业银行等多家银行	多个国家/地区
绿色资产证券化	从全球实践看,绿色基础资产已经从原有的公共交通客票权、基础设施应收账款、新能源电价补助、污水处理收费权扩展到了汽车贷款、农用光伏发电收益权、绿色建筑信托收益权以及绿色供应链金融应收账款等多个新兴领域,世界范围内多家银行均有实践。	多家银行	多个国家/地区
绿色私募股权	通过另类投资的可持续发展投资计划,在风能、太阳能和生物燃料等方面的私募股权投资。	高盛、花旗	美国
绿色托管及代理	为客户提供托管、保管碳信用以及与碳排放交易各方的结算交易等服务。例如,法国储蓄与信贷银行(CDC)与金融交易平台(Powernext)推出了一个结构特殊的名为"Powernext Carbon"的碳现货市场。Powernext提供持续的交易平台,而法国储蓄与信贷银行代表客户注册、管理交易账户,并提供代理交易服务。	法国储蓄与信贷银行	法国
绿色金融指数	绿色金融指数体系包括市场主体绿色绩效指数、绿色产品指数。绿色绩效指数是构建绿色产品指数的基础,也反映了市场对绿色理念的认识与认同。联合国责任投资原则组织提出的环境、社会和公司治理(ESG)框架是影响最为广泛的绿色绩效评价体系,支撑着全球规模巨大的社会责任投资。绿色金融产品指数包括绿色股票、债券和综合指数,在欧美市场发展较为成熟,并衍生出大量指数基金等产品。	摩根大通、汇丰银行等多家银行	多个国家/地区
碳金融交易	国际上把碳排放权交易市场称为"碳金融交易市场"。从碳金融产品与交易服务的类型看,国外银行主要在碳配额和项目减排量等碳资产现货的基础上,开发了碳期货、碳期权、碳远期、碳掉期、碳基金、碳债券等衍生品。例如,美国银行围绕碳信用开发了登记、托管、结算和清算业务;荷兰银行等一些金融机构从事碳交易中介业务,提供融资担保、购碳代理、碳交易咨询。	美国银行、巴克莱银行、汇丰银行、荷兰银行等多家银行	多个国家/地区

（五）如何做好绿色金融

1. 紧抓发展机遇

商业银行要紧抓绿色低碳发展机遇，关注清洁能源、绿色制造、绿色建筑、绿色交通、绿色低碳技术等绿色产业，以及钢铁、煤电、石化等传统行业的技术改造、设备更新，调整信贷结构和资产结构。

2. 构建产品与服务货架

商业银行要精准把握客户需求的关键共性特征，创新适用多样化绿色发展场景的一系列好用、管用的产品，优化绿色金融服务流程，提高服务效率和质量，降低绿色项目的融资成本和时间成本。所谓"好用"是指产品定义容易理解，方便商业银行机构"对号入座"；所谓"管用"是指产品内核直击客户痛点，并能较好地平衡各行业诉求。

3. 运用金融科技

工欲善其事，必先利其器。目前绿色金融属性判定、绿色贷款计划管理、环境和社会风险核查等工作依赖人工支持，制约着工作成效。商业银行要运用金融科技，通过大数据建立环境保护与金融的定量关系，通过人工智能搭建绿色金融支持系统，评估绿色金融风险，实现业务管理、运营管理、风险管理三大功能智能系统化，从而提高绿色项目的识别效率，增强环境与社会的风险防控能力。

4. 加快构建生态产品价值体系

商业银行要加快生态产品价值转化，激活沉睡的生态资产。伴随着生态产品调查监测、价值评分、经营开发、保障补偿等体制机制的不断完善，生态产品的价值核算能力进一步强化，生态产品的可交易性大幅提升，从而为绿色金融产品和服务创新提供新支点。

5. 提升风险管理水平

商业银行应注重提升绿色金融领域的风险管理水平。一是通过完善风险评估体系、加强风险监测和预警机制，确保绿色信贷资金的安全性和有效性。二是关注绿色项目的环境和社会风险，确保业务发展与环境保护、社会责任相协调。

6. 打造专业队伍

优秀的决策管理人员、市场营销人员和一线操作人员是保证绿色金融持续、健康发展的重要条件。商业银行应尽快启动绿色金融人才储备工作，加大相关人才培养力度，切实做好人才培养配套工作，为发展绿色金融提供动能和保障。

7. 促进对外合作

商业银行应积极与政府部门、行业协会、研究机构等开展合作，通过信息共享和资源整合，共同推动绿色金融业务发展。商业银行还应加强与国际绿色金融市场的交流与合作，学习借鉴先进经验和技术，提升绿色金融业务的国际竞争力。

三、普惠金融

(一) 普惠金融的内涵、意义与发展历程

1. 普惠金融的内涵

普惠金融也称为包容性金融、金融普惠。根据世界银行的定义,普惠金融是能够使社会所有阶层和群体广泛、无障碍地享受金融服务的一种金融体系。2015年,国务院印发《推进普惠金融发展规划(2016—2020年)》,成为我国首个国家级普惠金融发展规划。该规划指出,普惠金融是指立足机会平等要求和商业可持续原则,以可负担的成本为有金融服务需求的社会各阶层和群体提供适当、有效的金融服务。

普惠金融重点服务的客户对象是小微企业、农民、城镇低收入人群、贫困人群、残疾人、老年人等弱势群体。让金融为广大人民服务,特别是让边远地区、农村地区的居民和低收入人群也能享受到最基本的金融服务,是普惠金融的应有之义。

2. 发展普惠金融的意义

小微企业融资难、融资贵是一个世界性难题。小微企业抗风险能力不强、信用风险较高,导致金融机构服务小微企业的成本与收益不匹配,且小微企业其他融资渠道较少。因此,融资难、融资贵一直是制约小微企业发展的痛点问题。

从发展普惠金融的意义看,主要体现在以下三个方面。

一是促进实体经济健康发展和稳定社会就业。小微企业、个体工商户等普惠金融客户数量庞大,是吸纳就业的"主力军",是激励创新、带动投资、促进消费的"生力军",是国民经济的重要支柱和经济持续稳定增长的坚实基础。据国家市场监督管理总局统计,截至2022年末,全国小微企业达5000万户,个体工商户超过1亿户。小微企业和个体工商户承载近7亿人的就业,普惠金融支持小微企业和个体工商户,能够稳定社会就业、惠及社会民生。小微企业、个体工商户获得贷款,能够激发民营经济活力,带动社会创业热情的提高、新型经济形态涌现、微观活力和社会活力增强。

二是促进社会公平和共同富裕。无论是高净值人群还是低收入群体都应该成为金融服务对象。发展普惠金融,能够提升金融资源配置的公平性,实现发达地区资金向不发达地区流动、社会富余资金向缺乏资金的群体流动,缩小社会城乡差异和贫富差异,助力共同富裕,增进社会公平和社会和谐。

三是促进商业银行高质量可持续发展。普惠金融有助于银行更好地履行监管要求,承担社会责任和实现可持续发展。商业银行是金融体系的核心机构之一,通过发展普惠金融,为社会提供更为广泛、平等的金融服务,这不仅拓宽其客户群体,推动商业银行优化金融服务供给,还符合可持续发展的理念,对商业银行社会形象和长期可持续发展有积极的影响。

3. 普惠金融的发展历程

现代意义上的小额贷款起源于20世纪70年代的孟加拉国、印度、巴西等国家。1974年,穆罕默德·尤努斯创立了小额贷款扶贫项目。1983年,尤努斯创办格莱珉银

行，其服务对象为穷人和弱势群体，其中大多是农村妇女，该银行的成功运作模式被其他国家纷纷效仿。2005年，联合国提出普惠金融这一概念。在联合国的倡导和推动下，普惠金融联盟（Alliance for Financial Inclusion，AFI）、二十国集团（G20）普惠金融专家组（Financial Inclusion Experts Group，FIEG）、全球普惠金融合作伙伴组织（The Global Partnership for Financial Inclusion，GPFI）等机构相继成立，进一步推动普惠金融在全球的发展。2016年，《二十国集团数字普惠金融高级原则》正式通过，成为普惠金融国际顶层设计的关键一环。2017—2020年，GPFI陆续出台《数字普惠金融新兴政策与方法》《二十国集团青少年、妇女和中小企业数字普惠金融高级政策指引》等高级别指引性文件，大力发展普惠金融成为全球共识，数字化成为普惠金融发展的重点方向。

普惠金融发展历程如图2-3-6所示。

探索小额信贷
孟加拉国、印度、印度尼西亚、菲律宾、巴西、玻利维亚、埃及等国推出小额信贷项目，一般认为以以孟加拉国的格莱珉银行为先驱。
20世纪70年代

正式提出普惠金融
联合国正式提出普惠金融体系，并将2005年定义为"国际小额信贷年"。
2005年

形成多边推进机制
二十国集团（G20）领导人峰会核准《二十国集团普惠金融行动计划》，并成立全球普惠金融合作伙伴组织（GPFI）作为推动普惠金融发展的多边机制。
2010年

数字普惠高级原则
在中国担任二十国集团主席国期间，中国政府推动的《二十国集团数字普惠金融高级原则》正式通过，成为普惠金融国际顶层设计的关键一环。
2016年

成为全球共识
GPFI陆续出台《数字普惠金融新兴政策与方法》《二十国集团青少年、妇女和中小企业数字普惠金融高级政策指引》等高级别指引性文件，大力发展普惠金融成为全球共识，数字化成为普惠金融发展的重点方向。
2017—2020年

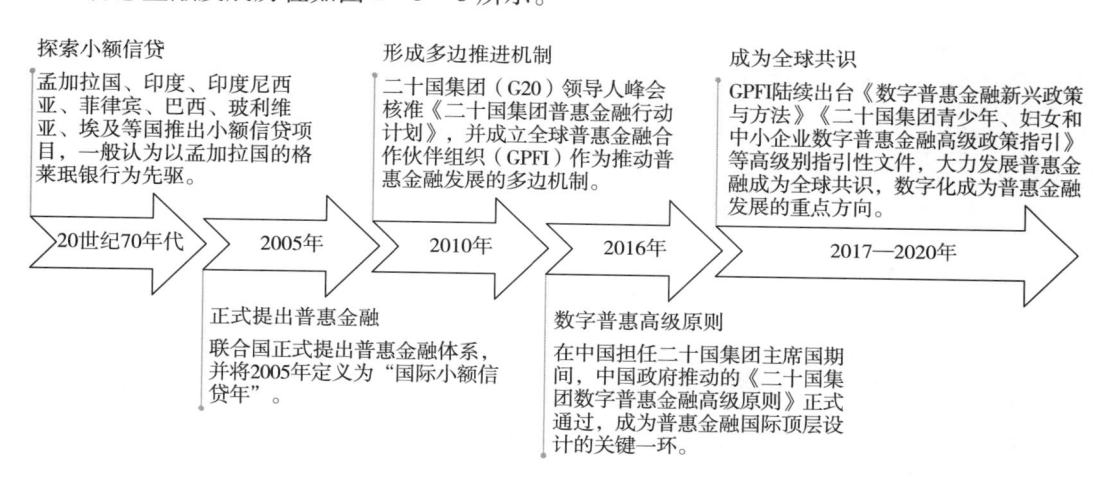

图2-3-6　普惠金融的发展历程

（二）普惠金融业务模式

1. 业务经营模式

小微企业普遍缺少规范的财务报表，企业的真实经营情况难以被准确把握和评价，又缺少抵押物，难找可靠担保。因此，传统对公信贷业务以财务报表分析为主评价企业风险状况和还款能力的方式不适用于小微企业。那么，银行如何判断哪些小微企业具备良好的信用水平和还款能力，是普惠金融的关键问题，核心是解决银企信息不对称的问题。

因此，银行开始纷纷探索以内外部数据为信用要素，对小微企业在本行内的资金结算、交易流水、工资发放、信用卡消费、投资理财等海量数据进行系统整合和动态跟踪。同时连接外部渠道，形成了以人民银行征信、纳税、公积金、投标等政府及公共事业类数据为基础，应收账款、电商交易等特色场景类数据为补充的外部数据库，通过外部数据进行交叉验证，推动内外部数据标准化、关联化，将数据资产转化为信用信息，对企业进行立体"画像"，以此判断企业经营情况。在此基础上，形成了适合小微企业特点的普惠金融经营模式。该模式主要有以下三个特点，具体如图2-3-7

所示。

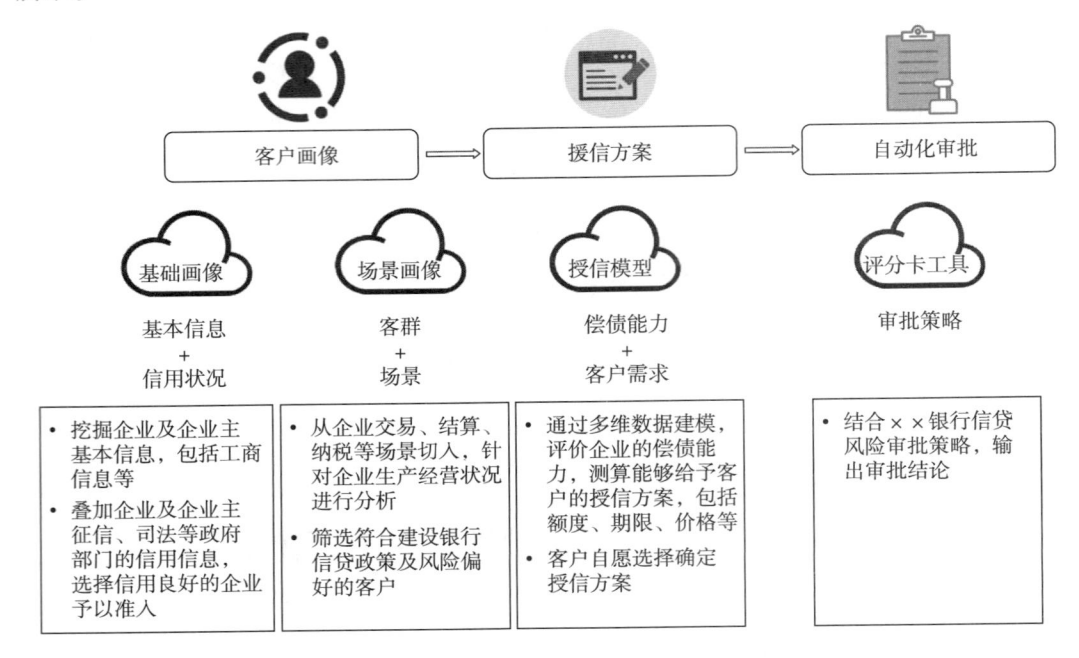

图 2-3-7 商业银行普惠金融业务经营模式

一是从"以财务指标为核心的信用评级"转向"以交易记录等大数据为核心的履约能力判断"。银行对大中型企业的评价往往以财务报表为核心，但小微企业财务报表不规范、信息质量差，导致难以准确评价企业的真实经营情况。因此，小微企业评价通常是以能够获取的内外部大数据为依据，衡量企业信用状况和履约能力。

二是从"先评级、再授信、后支用"的信贷业务办理模式转向"评分卡"模式。大中型客户的信贷模式和流程一般是先评级，即以企业财务指标作为分析核心，对客户因偿债能力变化而可能导致的违约风险进行分析、评价和预测，并确定信用等级。在确定信用等级后，对客户开展授信额度测算，确定一个愿意并能够承受的最高融资限额或风险限额。银行授予客户一定的授信额度后，客户即可在该额度内申请贷款、担保等表内或表外融资业务。但普惠金融业务模式和流程与大中型企业不同，一般是建立小微企业评分卡体系，围绕小微企业履约能力、信用状况和交易信息等非财务信息进行评价，对小微企业偿债能力进行批量化、多维度快速评价，以标准化打分的形式提供审批决策，并通过批量化和标准化操作，提高贷款流程效率，满足小微企业"短、小、频、急、散"的贷款需求。在资本计量方面，小微企业贷款采用零售分池计量经济资本，降低经济资本占用。

三是从"人工审批"向"系统自动审批"转变。通过设定不同准入条件和专家评分卡阈值，系统综合判断小微企业的履约风险和还款能力，实现了从人工审批到系统自动审批的转变。自动化审批大幅提高了审批效率，节省了审批资源，为小微企业金融服务快速扩面提供了便利条件。

总之，普惠金融客户群体数量庞大、行业分布广泛、抗风险能力相对较弱，用大中型信贷业务模式开展普惠金融，难以实现规模效应，服务的客户数量有限，且风险难以控制。商业银行必须依靠金融科技，将大数据、云计算以及移动互联网等数字技术应用到普惠金融领域，通过整合多方资源数据，建立政、企、银三方参与的普惠金融生态体系，不断扩展数据的维度，更好地利用大数据进行客户信用评估，即使客户没有传统的信用记录，仍可以依据大数据分析精准预测客户还款意愿和还款能力，以助于更多客户获得金融服务，从而快速合理地配置资源，实现普惠金融成本、风险和盈利之间的有效平衡。

2. 业务办理模式

从办理模式或渠道看，各家银行普惠金融产品主要通过手机银行、网银、专属App等线上渠道办理，充分运用金融科技实现 7×24 小时在线远程服务，极大地提升客户体验。这种模式也使金融机构能够以较低的成本下沉服务，触达大量分散的小微企业、个体工商户、农户等普惠群体，降低运营成本。具体来说，主要分为普惠客群专属平台模式、传统多渠道引流模式、互联网生态反哺模式三类，如图 2-3-8 所示。

普惠客群专属平台模式，即在手机银行渠道之外，单独推出普惠金融业务专属服务渠道，比较有代表性的如建设银行"惠懂你"App、招商银行"招贷"App 等。传统多渠道引流模式，即不开发专门的服务渠道，而是依托手机银行办理普惠业务，比较有代表性的如工商银行、农业银行、中国银行。互联网生态反哺模式，比较有代表性的如网商银行、微众银行、新网银行等互联网银行。这些银行的普惠金融服务模式不同于传统商业银行，主要是依托自有平台（如腾讯等）海量用户，聚焦其自身生态体系内的交易数据，走出了一条完全场景化的道路。普惠金融三种业务办理模式见图 2-3-8。

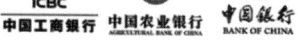

图 2-3-8 普惠金融三种业务办理模式

案例拓展

"建设银行惠懂你" App

"建设银行惠懂你" App，是建设银行运用移动互联网、大数据、人工智能和生物识别等创新技术，为普惠金融客户打造的综合金融服务平台。企业可通过"惠懂你"实现贷款申请、签约、支用、还款等全流程自助式操作。点开"惠懂你" App，"测测贷款额度""预约开户""我要贷款""进度查询"等功能一目了然。点击测额选项，只需输入企业相关信息，后台将在 30 秒内自动生成可贷产品和额度。对已经在建设银行开户的小微企业，可以直接点击贷款产品在线申贷。对没有开户的小微企业，平台提供"预约开户"服务，企业可在线预约开立对公结算账户，自主选择办理时间和网点。通过"惠懂你" App 申请贷款，平均只需在手机上点击 10 余次，即可完成"用户注册—企业认证—精准测额—贷款申请—发放贷款"等办理步骤，切实优化了客户体验，提升了融资便利性。"惠懂你"贷款业务流程示意图如图 2-3-9 所示。

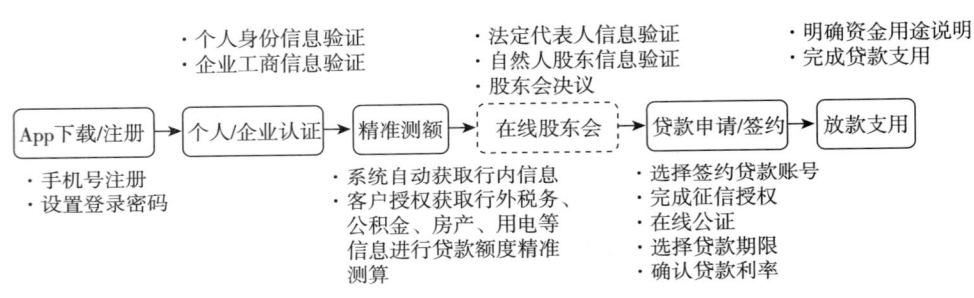

图 2-3-9 "惠懂你"贷款业务流程示意图

资料来源：中国建设银行官网，https：//ccb.com/chn/2019 - 03/27/article 2021/222/659 2341548. shtml.

（三）普惠金融主要产品类型

从目前商业银行实践来看，根据不同的服务对象、数据来源、担保方式、融资模式等，商业银行提供的普惠信贷产品主要可以归纳为以下六种模式。

1. 银税互动产品

2015 年，国家税务总局与原银监会联合建立"银税合作"机制，在依法合规的基础上共享小微企业纳税信用评价结果，充分利用小微企业的纳税信用评价结果，破解小微企业融资难问题。具体来说，就是在依法合规和企业授权的前提下，税务部门将小微企业的纳税情况推送给银行，银行利用这些信息，建立授信模型，为诚信纳税小微企业提供信用贷款。

纳税信用评价是税务机关根据采集的纳税人纳税信用信息，按照《纳税信用管理办法（试行）》和《纳税信用评价指标和评价方式（试行）》的相关规定，就纳税人在一定周期内的纳税信用状况所进行的评价，评价结果分为 A、B、M、C、D 五级。目前银行普遍将纳税信用等级为 A、B、M 级的小微企业纳入服务范围。市场上的代表性"银税互动"普惠产品包括建设银行"云税贷"、农业银行"纳税 e 贷"、工商银行"税务贷"、中国银行"税易贷"等。

2. 供应链产品

供应链金融是指在对供应链各参与方之间的物流、信息流和资金流进行有效整合的基础上，向供应链各参与方提供金融服务的一种模式。供应链模式普惠金融产品是基于对核心企业（一般是大中型企业）稳定的供应链和信用实力的掌握，基于核心企业应付账款、应收账款、订单等，为其上下游供应商和经销商（一般是中小微企业）提供融资服务。主要有以下三种类型，具体如图 2-3-10、图 2-3-11、图 2-3-12 所示。

一是以核心企业对其上游供应商的应付账款为基础，为核心企业的产业链供应商（借款人，一般是中小微企业）提供保理预付款融资。也就是说，借款人将应收账款质押或转让给银行，由银行为核心企业上游供应商提供融资。

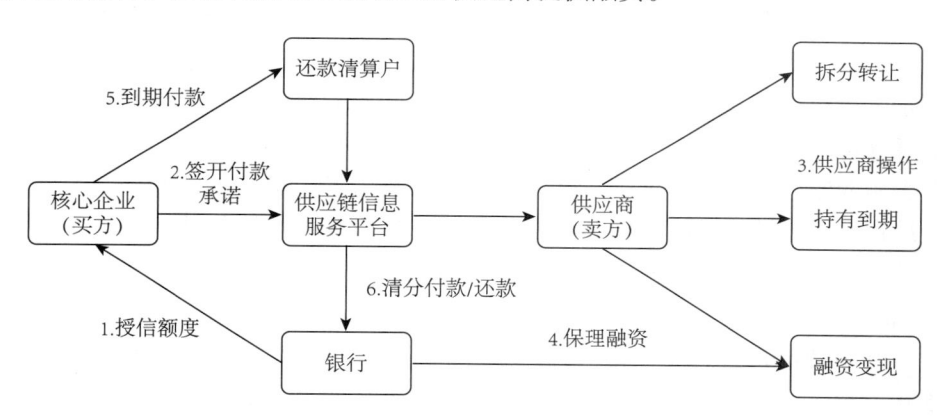

图 2-3-10　核心企业上游（供应商）服务模式

二是基于核心企业与其下游经销商之间的订单，为核心企业下游客户提供融资。银行基于核心企业与经销商之间的真实贸易背景，对经销商向核心企业购货给予授信支持。

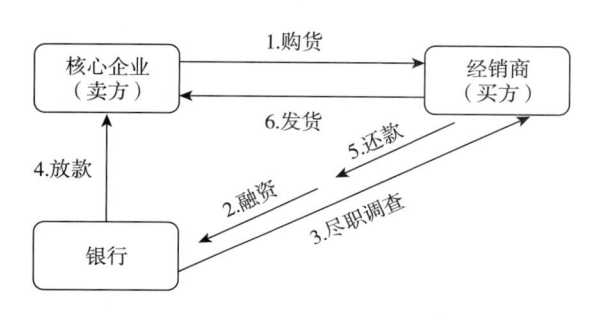

图 2-3-11　核心企业下游（经销商）服务模式

三是政府采购合同融资模式。为政府部门、事业单位的采购交易供应商提供的用于履行政府采购合同的融资产品。通常借款人（中小微企业）凭借中标的政府采购合同即可申请融资。

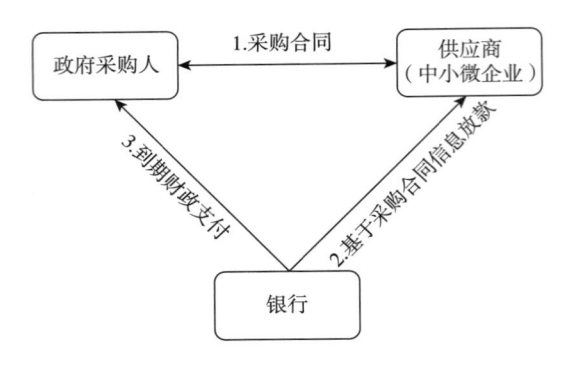

图 2-3-12 政府采购合同融资模式

需要注意的是，目前的供应链产品，大多围绕应收应付等债权债务展开，而围绕仓单、存货等要素的供应链产品较少，这是由于应收应付涉及的信用流转相对而言容易操作，而存货、仓单融资涉及一系列基础设施建设及标准化建立，同时又需要多方协同配合，费时费力，而后者是物流行业开展供应链金融的主要形态。另外，随着科技的进步，供应链模式正朝着数字化、场景化、生态化加速发展，互联网、大数据等新技术推动传统供应链融资模式不断优化，互联网技术被广泛应用于连接核心企业/电商平台、商业银行、上下游企业、第三方机构以及为客户提供在线服务，大数据技术被广泛应用于供应链的风险评估和信贷决策，传统供应链融资模式逐步转变为以线上化、自动化、智能化为特征的新型供应链融资模式。

3. 商户类产品

在做好小微企业金融服务的同时，银行不断扩大普惠客户群体，加大个体工商户融资支持力度。针对小微商户特征，通过支付清算机构（银联股份、网联）获取商户交易清算数据，以及通过银联商务、拉卡拉等第三方收单机构，获取商户收单数据，依托商户经营交易、结算等数据，对商户提供融资。

4. 票据质押产品

随着票据电子化进程的推进，票据已成为市场主体间交易结算的重要工具。2009年，由人民银行建设并管理的全国电子商业汇票系统（ECDS）正式建成运行，票据市场由此迈入电子化时代。这为银行创新面向小微企业的电票质押融资产品提供了重要的基础设施。电子银行承兑汇票是在出票人（即承兑申请人）以数据电文形式向开户银行提出申请，经承兑银行审批并同意承兑后，保证在指定日期无条件支付确定金额给收款人或持票人的票据。小微企业可以将持有的电子银行承兑汇票、电子商业承兑汇票质押给银行，由银行向持票人（借款人）提供融资，持票人在无须提供任何其他担保的形式下，可将持有的银票、商票及时变现，加快资金周转。

5. 批量担保产品

近年来，我国由国家融资担保基金（以下简称国担基金）牵头建成的政府性融资担保体系不断完善,充分发挥财政资金的导向和放大作用,大幅拓展政府性融资担保覆盖面并明显降低费率,鼓励和引导金融机构向有资金需求的小微企业和"三农"群体发放贷款。2020 年,国担基金与多家银行合作,正式启动银担"总对总"批量担保业务。具体来看,银行先对担保贷款项目进行风险识别、评估和审批,政府性融资担保机构不再逐笔进行尽职调查,仅进行批量合规审核,并在银行放款后进行批量担保备案,大幅提高担保服务效率。该模式设置了担保代偿上限和风险分担机制,具有覆盖广、审批快等特点。目前市场上的代表性批量担保普惠产品包括建设银行"善担贷"、工商银行"国担快贷"、农业银行"国担 e 贷"、邮储银行"担保 e 贷"等。

6. 不动产抵押产品

主要是面向信用额度不高,但具有充足抵押物的小微企业、个体工商户。借款人以住宅、商铺等不动产作为抵押,银行通过设定不同抵押率上限,为其提供融资。抵押类普惠产品的贷款额度上限通常为 1000 万元,可贷额度主要取决于抵押品评估价值。近两年,随着国内各城市不动产在线抵押登记的逐步落地,抵押类产品的流程进一步优化,目前已基本实现线上化、智能化。

(四)如何做好普惠金融

商业银行要做好普惠金融需要从体制机制、产品体系、经营模式、金融科技、风险管理、外界合作等方面发力。

1. 优化体制机制

一是设立专属部门。在总行与分支行建立自上而下的垂直管理体系,普惠金融部负责普惠金融政策落实、产品研发推广、风险防控等工作,推动银行网点全面开办普惠金融业务。部分银行打造普惠金融特色网点,发挥特色示范效应。

二是完善资源配置。在对公信贷规模中,单列普惠金融信贷计划,足额保障普惠金融客户信贷需求,并给予普惠贷款内部资金转移定价优惠、经济资本占用折扣。

三是建立差异化绩效考核机制。按照目前监管要求,普惠金融指标在 KPI 考核指标中的权重占比不得低于 10%。商业银行应加大普惠金融考核力度,将普惠金融指标完成情况与主要负责人的考评挂钩并配置专项工资费用。

四是建立尽职免责制度。商业银行针对全线上模式和线上线下相结合的普惠金融小微信贷模式,制定差异化的尽职认定标准和流程,拓宽尽职免责适用范围,保障信贷业务人员的积极性。

2. 丰富产品阵列

商业银行要不断丰富普惠金融产品阵列,不断开发符合小微企业、个体工商户生产经营特点和发展需求的产品和服务。一是加大信用贷款和中长期贷款投放,助力小微企业长期发展。二是建立完善支持小微企业科技创新、设备更新和技术改造的融资机制。三是发展小微企业供应链票据、应收账款、存货、仓单和订单融资、知识产权质押融资等业务。

3. 重塑经营模式

鉴于普惠客群小而散的特点,商业银行必须建立以平台化、场景化为导向的经营模式，促进资源整合。一是平台化服务，建立普惠金融平台，整合线上线下资源，提供一站式金融服务，提高客户体验和满意度。二是场景化运营，在各类场景中深度融入金融服务，如购车购房、社区服务、企业上下游结算等，通过场景化运营巩固拓展客户基础。三是社群化运营，利用社交媒体和社区网络，建立金融服务社群，增强普惠客户黏性，提高服务传播效果。此外，商业银行还要注重加强对老年人、残疾人群体的人工服务、远程服务、上门服务，完善无障碍服务设施，提高特殊群体享受金融服务的便利性。

4. 协同金融科技

商业银行要综合运用大数据、云计算、人工智能、区块链等技术，为普惠金融服务提供保障。一方面，通过突破层级、地域、系统、部门、业务边界，不断扩展数据的维度，加强大数据的集成、整合、洞察、决策能力，实现批量获客，有针对性地开发普惠客群的服务体系，建立对普惠客群的画像与分类评级模型，深入挖掘客户的潜在需求，为客户提供更个性化的服务，提高营销成功率。另一方面，持续改进风险管理模型，对普惠金融业务的风险情况进行预判等，从而快速合理地配置资源，提高金融服务效率，提高风险防控能力。

5. 做好风险管理

商业银行要加强对一线客户经理的培训与管理，综合运用金融科技手段，做好普惠金融业务的风险管理。一是强化客户经理责任落实，促使客户经理把握好客户准入的风险防范第一道防线，核实客户生产经营真实性，及时跟踪客户情况等。二是完善系统预警管理，将反洗钱管理要求嵌入业务全流程等。

6. 深化外界合作

商业银行要以开放的姿态与电商平台、通信服务商、工商税务等政府部门开展合作，通过整合多方资源数据，建立有政、企、银三方参与的多层次普惠金融生态体系。通过完善地方融资信用服务平台，加强小微企业、个体工商户等重点群体的相关信息共享，缓解银企信息不对称；通过将智慧政务与数字普惠金融有机结合，便利对普惠客群的金融服务；通过与融资担保机构等合作，提高普惠客群融资服务的可得性等。

四、科技金融

（一）科技金融的内涵与发展意义

1. 科技金融的内涵

科技金融是指通过创新科技投入方式，引导和促进银行业、证券业、保险业金融机构及创业投资等各类资本，创新金融产品，改进服务模式，搭建服务平台，实现科技创新链条与金融资本链条的有机结合，为初创期到成熟期各发展阶段的科技企业提供融资支持和金融服务的一系列政策和制度的系统安排。

对于商业银行来说，科技金融是指为科技型企业、高新技术企业、"专精特新"中小企业、科创板企业等重点客群及重大科技项目提供金融服务，主要聚焦于国家重点支持的高新技术领域（包括电子信息、生物与新医药、航空航天、新材料、高技术服务、新能源与节能、资源与环境、先进制造与自动化）。商业银行科技金融的客户类型如表2-3-6所示。

表2-3-6　　　　　　　　　　商业银行科技金融的客户类型

客户类型	含义
科技型企业	科技型企业是指从事科学研究、技术开发等一系列生产活动的技术密集型、知识密集型企业，而非劳动密集型企业，是引领我国技术创新能力持续攀升的活力源泉与不竭动力。其生产经营具备专业性、特定性、创新性。
高新技术企业	高新技术企业是指在国家重点支持的高新技术领域内，持续进行研究开发与技术成果转化，形成企业核心自主知识产权，并以此为基础开展经营活动，在中国境内注册1年以上的居民企业。
"专精特新"中小企业	"专精特新"中小企业是指具有"专业化、精细化、特色化、新颖化"特征的中小企业。其中，"专精特新""小巨人"企业是"专精特新"中小企业中的佼佼者，是专注于细分市场、创新能力强、市场占有率高、掌握关键核心技术、质量效益优的"排头兵"企业。
科创板企业	科创板企业是指符合一定条件并在上交所注册上市的科技创新型企业，主要为新一代信息技术、高端装备、新材料、新能源、节能环保以及生物医药等高新技术产业和战略性新兴产业。企业需要具有一定规模，上市条件对预计市值、股本总额、营业收入和净利润等有较高要求，目前以大型企业为主，也包括少量符合条件的中型企业。

2. 发展科技金融的意义

首先，支持国家创新驱动发展战略。科技自立自强是国家发展的战略支撑，科技创新需要金融资源的大力支持，商业银行发展科技金融业务、助力科创企业发展，成为商业银行服务国家战略、服务实体经济的重要抓手。

其次，金融是科技向产业转换的"桥梁"。科技和产业相互独立，产业往往由于路径依赖或为维护自身短期利益，刻意忽视或挤兑科技创新，致使科技无法产业化。金融发挥"眼界"和"认知"作用，在科技和产业之间搭起"桥梁"，将不同价值标准引导下的两个世界进行连接；金融发挥"激励"与"合作"的作用，聚合不同主体，共同实现"看见"的价值。商业银行为科创企业提供符合其生命周期的融资，实现金融资源与科技资源的有效对接，有助于激发企业的科研活力，推动科学技术产业化。

最后，科技金融是商业银行实现高质量发展的重要机遇。发展科技金融业务，能够引导商业银行把握科创企业发展的市场机遇，引导金融资源流向拥有自主创新、国产替代、"卡脖子"等特征的技术企业，推动商业银行全方位转变经营理念，优化业务结构，重塑发展模式，同时促进商业银行的业务创新，提高其数字化能力和技术水平，有助于商业银行高质量发展。

（二）科技金融的业务模式

科创企业多为中小企业，具有科技含量高、资产结构轻、高成长高风险、长周期慢回报、识别评判较为困难、缺少抵押物、融资需求大等特点，这造成商业银行的供给与科创企业需求不匹配。具体表现为，一是风险偏好不匹配。科技企业"高风险、高成长"特征突出，与商业银行的信贷风险偏好存在偏差。二是评价方式不匹配。传统的信贷评价方式难以对科创企业的经营能力、偿债能力进行准确评价。三是产品及服务不匹配。银行信贷产品体系尚不完善，在金额、期限、贷款方式等方面与科创企业金融需求存在错位；科创企业的综合化服务需求难以被满足。

为破解科创企业评价难、融资难的痛点，商业银行纷纷开始探索适宜科创企业的评价体系与产品服务体系。在此基础上，形成了适合科创企业特点的科技金融经营模式。该模式主要有以下四个特点。

1. 采用"技术流"评价体系

为破解科创企业的评价难题，各家商业银行研发适用科创企业的专属信用评价工具，逐步探索出"技术流"评价体系，突出科创属性，赋予科创企业创新因素独立的增信价值，力争实现对科技企业信用风险的有效评价。

科技企业创新能力专属评价体系（以下简称"技术流"），是围绕企业知识产权等创新核心要素，以一系列量化指标评价企业持续创新能力的标准体系。"技术流"并非对企业创新能力、技术水平（或具体的专利）进行评估，而是针对其创新能力的持续性开展评估衡量，包含人力资本、研发投入、科技资质、知识产权等维度。其隐含的体系设计理念是：对于具体的技术、专利的含金量天然地无法直接识别（考虑到政策、市场、行业、技术路线等因素则更为复杂），但通过专利的累计加总数可以对企业创新能力的持续性进行评估衡量。各家商业银行开发"技术流"评价体系，根据评价标准自动生成评价等级与报告，并将其作为分层分类营销、授信审批、贷后管理等工作的参考。

案例拓展

科技企业创新能力专属评价体系助力科技企业贷款

H公司作为光电子、工业基础装备领域的"国家队"企业，业务发展迅猛，但是作为技术密集型企业，其资产多为专利技术等无形资产，这类资产往往看不见摸不着，实际价值难以估计，公司也没有足额实物资产抵押。

2022年5月底，某银行了解到公司急需资金周转，借助银行科技企业创新能力评价体系，对企业知识产权、科技人员情况、研发费用等软实力进行评估，实现企业增信增额，仅用10天时间就迅速为该企业发放2亿元低利率、纯信用流动资金贷款，解决了客户的燃眉之急。

2. 给予信贷支持

在信用评级方面，商业银行往往对于重点科创企业开设绿色评级通道，在评级环节按"优先受理、优先审批"的原则，重点保障其时效性要求。同时，商业银行对于技术水平和创新能力较强的科技企业给予差别化增级支持,采用"A(客户信用评级)+B(创新能力评价等级)"的信用增级方式,通过信用增级因素中的"科研技术增级"或单独提出评级申请,向上调整信用评级级别。

在融资额度方面,为了更好地满足科创企业融资需求,商业银行通过调节系数、放大倍数等,对于科研水平及科技创新能力领先的科创企业,适度扩大其贷款额度或授信额度。

3. 简化业务流程

商业银行对于重点科创企业的授信业务实施差别化流程管控,以提升业务办理成效。具体包括,简化例外准入环节流程,在审批受理、支用放款等环节对于重点科创企业优先受理、优先审核、优先放款,简化并前置合规性审查内容,实施差别化的贷前诊断会议管理,对于部分科创企业进行线上自动审批等。

4. 提供综合服务

商业银行传统信贷业务模式是对贷后的资金进行管理,但对于科创企业,除了贷后的资金管理外,股权投融资服务,上下游供应链服务、订单服务、企业内部管理系统建设、企业人才培养等非金融服务,也是全生命流程服务科创企业发展的重要一环。在科技金融的实践中,各家商业银行还与政府部门、创投公司、核心企业、科研院校、孵化机构等合作,整合内外部优质资源,为科创企业专属打造了融合金融、孵化、产业、教育等功能的线上线下一站式综合服务平台。

(三)科技金融的主要产品及服务

1. 贷款产品

商业银行通过采用信用、抵押、质押、保证等担保方式,为科创企业和个人提供信贷产品。其中,科技含权贷和知识产权质押贷款是独具特色的产品。

科技含权贷是指属于高科技型、成长型,但目前尚不满足信用贷款条件的企业,可以与银行合作的基金签署《认股选择权协议》,实现增信,获得的无抵押信用贷款。企业可根据实际发展情况,灵活选择对于期权的处置方式,包括回购、出售或转让。

知识产权质押贷款是指以知识产权权利人合法拥有的专利权、注册商标专用权、著作权等知识产权中的财产权为质押标的物的贷款,与科创企业核心价值相关度较高。知识产权作为押品,考量核心在于知识产权的可质押性、登记程序、可处置性。国家知识产权局自2009年试点知识产权质押融资、投融资服务,主要模式包括以下三种类型。

直接质押融资模式:企业将其经评估机构评估的知识产权作为质押物向银行申请贷款。

捆绑质押融资模式:企业将知识产权和其他企业资产(应收账款、股权、有形资产等)捆绑打包作为质押物向银行申请贷款。

反担保质押融资模式:主要指第三方机构为企业提供担保,企业将知识产权作为反担保物质押给担保机构。根据担保机构性质,主要分为政府担保模式和担保公司模式。目前该模式在各地运用最为广泛。

表2-3-7的案例中体现了建设银行科技金融贷款产品的构成。

案例拓展

表2-3-7　　　　　　　　建设银行科技金融贷款产品

产品类型	产品名称
固定资产贷款	科技置业贷
	科技研发贷
流动资金贷款（线上线下相结合）	科技易贷
流动资金贷款（线上产品）	科技云贷
流动资金贷款（线下产品）	科技创业贷
	科技转化贷
	科技信用贷（善新贷、善科贷）

资料来源：中国建设银行官网，https://want.ccb.com/fintech//enterprise/financing?tab=tab2.

2. 投贷联动

投贷联动是指商业银行以"信贷投放"与其内外部机构"股权投资"相结合的方式，为企业提供投贷结合一体化投融资服务。根据合作方式划分，投贷联动分为母子协同模式与内外合作模式。根据投贷顺序划分，投贷联动主要包括先投后贷和先贷后投。

母子协同模式，是指母行与集团内具有投资功能的子公司，通过母子协同、资源共享、产品联动，形成集团整体投贷合力，为科创战略性新兴企业提供综合化资金支持。业务联动中，母行开展授信及信贷类业务，子公司开展股权投资业务，由投资收益抵补信贷风险。

内外合作模式，是指商业银行在风险可控的前提下与外部合作机构深化合作，建立市场化投贷生态，为科创企业及战略性新兴企业提供"贷款+外部直投"服务，推动科创企业及战略性新兴企业在生命周期中前移金融服务。业务合作中，商业银行开展授信及信贷类业务，外部合作机构开展股权投资业务。

先投再贷，即先由股权投资机构对科创企业进行股权投资，待企业成长到一定规模后再由银行发放贷款，此模式常见于种子期或初期科创企业，该模式依赖于银行与投资机构（如风投机构）的协议合作，银行利用投资机构专业能力筛选客户，提升投资效果。

先贷再投，即银行向科创类企业发放贷款的同时，签订企业股份认股权，规定在未来一段时间内可以约定的行权条件认购企业股份，该模式较适于具有较大发展潜力的成长期科创企业。在此模式下，银行可在获得利息收入的同时，分享企业估值增长带来的股权收益，但前提是银行或自己所属集团有股权投资牌照或通道。

3. 股权投融资服务

作为信贷业务的补充和拓展，商业银行的股权投融资服务可以满足科创企业全链条综合化金融服务需求，具体包括围绕科创企业股权资产开展的投资及相关服务，以科创企业债权资产为最终投资标的开展的融资类业务及相关服务，组合式金融服务及科创企业股权服务生态网络。

（四）如何发展好科技金融

商业银行要发展好科技金融，需要从体制机制、产品体系、服务模式、风险管理、金融科技、外界合作等方面入手。

1. 完善体制机制

体制建设方面，商业银行应通过新设与改建科技分（支）行等方式建立科技金融专营机构，或指定专门部门、人员负责科技金融服务。

工作机制方面，商业银行需要建立专业人才队伍机制和行业研究工作机制，落实尽职免责制度等。围绕科技创新企业的特征与需求，商业银行需选拔综合金融服务能力强的业务人员进行学习与实践，加快科技金融队伍建设和人才培养。针对科创企业评价难的痛点问题，商业银行需要持续加强前瞻性研究和创新产业研究，深入研究分析科创企业所属新产业、新业态的发展现状、核心技术、赛道布局等情况。

2. 创新产品体系

针对科创企业缺抵押、定贷难、期限不匹配等融资难题，商业银行需要不断创新科技信贷等金融产品。具体包括：探索创新抵质押担保方式，推进非上市公司股权、知识产权、排污权、碳排放权、应收账款、订单、仓单、保单等资产质押贷款；探索发行知识产权信托产品、碳资产信托产品，推广成套设备租赁等金融产品；探索集合信贷产品，对技术联盟、战略联盟、销售联盟和紧凑的上下游企业自律组织联盟进行集合授信支持；推动信贷产品期限由短期向长期转变，以适应科创企业全生命周期规律。

3. 提供综合化服务

在融资服务方面，商业银行要促进投贷联动发展模式，探索以投促贷、以贷促投、投贷并举等"直接融资＋间接融资"的金融服务方案，为科创企业提供跨融资市场、跨融资周期、跨融资机构的综合融资支持。此外，商业银行还要加强综合服务平台建设，积极向科创企业提供开户、结算、理财、咨询、现金管理、国际业务等一站式、系统化的金融服务，以及融智、融通等非金融服务。

4. 应用金融科技

商业银行要通过大数据、算法等技术，实现科创企业多元化数据资源的融合应用，推动数字资产在业务领域的应用。在加大对"卡脖子"关键核心技术支持的过程中，更要在商业银行本身"卡脖子"技术攻关工程中取得关键突破，不断完善自身的数字化能力建设。

5. 健全风险管理

一是聚焦科创企业评价。科创企业的评价体系是商业银行科技金融业务风险管理的核心，科创企业的评价影响到客户准入、信贷审批及贷后管理等方面，因此必须不断探索完善科创企业的评价体系，提高企业股权投资可获得性、研发能力、技术优势、专利质量、团队稳定性与市场前景等要素在企业评价中的权重。

二是实施差异化风险管理。商业银行可建立单独的审批通道，优化审批流程，提高业务效率；贷后检查可参考外部合作投资机构掌握的信息，统筹考虑企业持续经营能力；通过母子协同投贷等方式，以股权收益抵补信贷风险。

6. 加强外界合作

一是加快推进与政府机构的战略合作落地，联合政府部门建立有效互通、互赢、共生、共享的信息对接平台，缓解银企信息不对称；二是积极推进与金融同业的合作，合作共建多层次、全品类、全市场、全链条、全生命周期的科技金融服务生态；三是加强与外部机构的合作，通过引入外部数据资源，完善知识产权评估方法、科创企业综合评价模型等；四是要全力推进与高校的合作，依托科研项目为科创企业评价提供有力的理论基础，通过教育培训加强行内科技金融人才队伍建设。

五、乡村振兴

（一）金融服务乡村振兴的内涵与发展意义

1. 金融服务乡村振兴的内涵

我国始终把"三农"问题视为关系国计民生的根本性问题，把解决好"三农"问题作为重中之重。2020年，我国现行标准下农村贫困人口全部实现脱贫、贫困县全部摘帽、区域性整体贫困得到解决，"三农"工作重心由脱贫攻坚转向全面推进乡村振兴，即全面推进乡村的产业、人才、文化、生态、组织"五个振兴"。

金融服务乡村振兴，旨在以"服务大多数人"为理念，把更多金融资源配置到农村经济社会发展的重点领域和薄弱环节，持续完善农村基础金融服务，以助力农业高质高效、乡村宜居宜业、农民富裕富足。作为金融服务乡村振兴的主要实施主体，商业银行的任务是发挥资源、机制、科技等优势，加强线上线下协同，增加乡村振兴领域信贷投入，强化粮食、种业融资保障，支持构建现代乡村产业体系，创新搭建招商引资、产销对接、融资支持、便民服务等综合服务平台，优化乡村金融生态环境，积极参与乡村治理等。

在提供乡村振兴金融服务的过程中，商业银行对接企业端（B端）、个人端（C端）和政府端（G端）等主体，为相关企业和个人提供融资服务，协同基层政府参与乡村治理。具体涉及的主体如表2-3-8所示。其中，家庭农场、农民专业合作社、农业产业化龙头企业、农业生产服务组织、农批农贸市场等构成了新型农业经营主体（是指在完善家庭联产承包责任制度的基础上，有文化、懂技术、会经营的职业农民和具有大规模经营、较高集约化程度和市场竞争力的农业经营组织，具体见表2-3-9），他们已逐步成为保障农民稳定增收、农产品有效供给、农业转型升级的重要力量，是乡村振兴金融业务的重点服务对象。

表 2-3-8　　　　　　　　　　乡村振兴金融业务涉及的主体类型

主体类型	具体类型
B 端（企业）	农村企业、城市涉农企业、农林牧渔业企业、农业科技企业、农产品加工企业、农村基础设施建设公司、乡村旅游企业等
C 端（个人）	农户（包括农户个体工商户、农户小微企业主、建档立卡贫困户等）、新型职业农民（包括家庭农场主、农民专业合作社带头人、农业雇员、农业社会化服务人员等）、返乡农民工、退役军人、大学生村官等
G 端（政府）	县乡村三级党委（支委）政府（村政府）等
其他主体	农村集体经济组织、农业社会化服务组织、农民专业合作社、家庭农场、农批农贸市场等

表 2-3-9　　　　　　　　　　　　新型农业经营主体

新型农业经营主体	解释说明
家庭农场	指以家庭成员为主要劳动力，以家庭为基本经营单位从事农业规模化、标准化、集约化、商品化生产经营，并以农业收入为家庭主要收入来源的新型农业经营主体。
农民专业合作社	指在农村家庭承包经营基础上，同类农产品的生产经营者或者同类农业生产经营服务的提供者、利用者，自愿联合、民主管理的互助性经济组织。
农业产业化龙头企业	指以农产品生产、加工或流通为主业，通过各种利益联结机制与农户相联系，带动农户进入市场，使农产品生产、加工、销售有机结合、相互促进，在规模和经营指标上达到规定标准并经全国农业产业化联席会议或各级农业产业化工作主管部门认定的企业，包括国家级农业产业化龙头企业、省级龙头企业、地市级龙头企业、县域规模龙头企业。
农业生产服务组织	又称农业生产社会化服务组织，指贯穿农业生产作业链条，直接完成或协助完成农业产前、产中、产后各环节作业的社会化服务组织，包括农业生产托管服务组织、农资服务组织、农机服务组织等。
农批农贸市场	指农副产品、农业生产资料等商品和服务贸易的场所，是农产品生产流通产业链的重要环节。
民营林场	包括林业专业大户、家庭林场、林业企业和林业重点龙头企业等，采用市场主体登记和林业主管部门认定等方式进行界定。

2. 服务乡村振兴的意义

一是具有支持现代化和维护国家安全的战略意义。乡村振兴是国家战略，对助力经济高质量发展与全面建成社会主义现代化强国具有全局性和历史性意义。粮食安全与每个人息息相关，是乡村振兴的首要任务，是维护国家安全的重要支撑。作为金融体系的中坚力量，商业银行能够为加快农业农村现代化、保障粮食安全发挥重要力量，服务乡村振兴成为支持现代化、维护国家安全的必然选择。

二是具有推动农村经济发展的经济意义。城乡发展不平衡，部分原因是过去的金融资源分配不均——商业银行分配在农村地区的金融资源不足，农村地区金融服务设施不够完善，适宜的农村金融产品比较匮乏，导致农村地区融资难、融资贵、金融服务可得性较差，农村经济发展受限。商业银行提供多样化金融服务、倾斜金融资源，逐步破解农村居民和企业的融资难题，有助于扩大其生产规模、改善其生产条件，在促进农业产业发展、助力乡村基础设施建设等方面发挥金融优势，有效推动乡村经济发展。

三是具有缩小贫富差距和促进公平正义的社会意义。在近些年的脱贫攻坚实践中，商业银行服务于农村基础设施建设，帮扶贫困县全部摘帽，推动脱贫攻坚取得全面胜利，证明了商业银行在缩小贫富差距和促进公平正义方面能够发挥关键作用。商业银行通过促进农村经济发展，创造更多就业机会，提高农村居民收入水平，有助于缩小贫富差距；通过完善农村基础设施建设，改善农村居民的生活条件，有助于提高其生活质量和幸福感；通过开展金融知识教育与便民服务，提升农村居民的反诈骗意识和金融素养等。因此，商业银行服务乡村振兴有助于缩小贫富差距，促进社会公平正义和稳定和谐。

四是具有拓展市场和业务创新的发展意义。农村已成为中国经济发展的"新蓝海"，全面推进乡村振兴将产生巨大的金融需求，推动商业银行迎来新一轮发展机遇。一是现代农业和乡村特色产业深度发展，将涌现更多全新的农村金融业务需求，包括农业供应链、农村电商金融支持等；二是农业科技和装备的不断升级，为商业银行提供更多投融资机会；三是随着农民农户增收和知识素养水平提高，对于高质量金融产品以及信用体系、金融教育、消费者权益保护等金融基础设施的需求将持续增加。商业银行服务乡村振兴，实际上是把握自身发展机遇，拓宽客户基础，促进业务创新，为自身业务增长和多元化开辟新的发展路线。

（二）服务乡村振兴的业务特征与经营模式

1. 服务乡村振兴的业务特征

一是线上化和批量化。随着乡村基础设施环境的不断改善，商业银行为乡村提供金融服务不再仅仅依赖于物理网点，线上金融服务能够以更高效率和更低成本触达更多乡村客户。农业生产天然具有不确定性，单笔农户贷款需求较小且信用风险较高，乡村振兴金融业务需要实现批量化以有效管理业务需求和风险。这意味着商业银行需要建立高效的线上金融平台，以满足大量农村客户的金融需求。

二是地域特色性。不同地区拥有不同的经济、文化和自然环境特点，孕育了各具特色的农产品和农村产业，各类农产品的生产销售特征差异较大，因此乡村振兴金融业务需要因地制宜、因品制宜，提供与当地农业产业特色相符的金融产品和服务，包括不同场景的农业贷款方案、农村小额信贷等。

三是普惠性。商业银行服务乡村振兴的出发点，就是为广大农村居民、涉农经营主体提供其可负担的金融服务。相比传统业务，乡村振兴金融业务更关注弱势群体，简化业务流程，提供优惠利率，同时商业银行从加强金融教育、培育乡村创新创业等方面，推动乡村振兴，履行社会责任。

2. 服务乡村振兴的经营模式

商业银行在服务乡村振兴的实践中，形成了产业链经营模式、"银政担"模式、

"银保期"模式、整村授信模式以及特色产品模式等经营模式。

产业链经营模式，是指商业银行围绕农业产业链龙头企业和链条上下游客户实施一体化营销和综合化经营，聚焦农业龙头企业、农业生产服务组织、农民专业合作社、家庭农场和农批农贸市场等优质新型农业经营主体，并以其为支点，以龙头带农户、以核心带上下游，实现客户批量营销、信贷择优支持、资金体内循环的业务模式。

农业龙头企业、农业生产服务组织、农民专业合作社、家庭农场和农批农贸市场等优质新型农业经营主体是该模式的重要支点。对于生产经营良好，有完备 ERP 系统并通过该系统与上下游客户有持续的销售、订单等实际交易数据的经营主体，商业银行采用线上数据直连的方式进行数据采集，严格把控客户准入等工作，提供线上信贷融资服务。对于其他生产经营状况良好，与上下游客户建立良好合作关系的经营主体，商业银行采用线下信息建档方式，经过客户经理实地调查、客户准入申请、审核及白名单备案登记等工作流程，为客户提供融资服务。上下游客户和关联农户均可通过这些经营主体触达。

"银政担"模式，是指商业银行与政府、农担公司合作开展涉农信贷的业务模式。政府、农委部门具有涉农群体数据优势，可帮助商业银行分析客户还款能力或提供客户推荐名单。担保公司对客户进行审核，通过批量化担保服务，可缓解客户因有效抵质押物不足而难以获得贷款的问题。

案例拓展

YC 银行"银政担"业务模式助力天津乡村振兴

天津市宁河区是农业高占比的典型代表地区，总人口 42 万人，其中农业人口有 28 万人。近年来，在信贷业务的发展过程中，YC 银行发现区域内涉农银行风险系数较高，农业从业人员在高风险和低利润面前选择止步不前。因为信息相对闭塞，很多有实际贷款需求的百姓无法第一时间获取融资渠道信息，从而导致一部分"中介贩子"蚕食农户本就不多的利润。

针对这些问题，该行逐个对接乡镇政府和当地农委部门，达成战略合作意向。政府、农委部门利用其掌握的涉农群体数据优势，从中筛选出有信贷需求的从业人员，推送至该行信贷团队，通过专人对接、初筛、确定客户贷款需求及资质，再准入天津市农业融资担保有限公司作为担保方，农委部门对符合条件的客户在结清后还会给予补贴，这样既大幅降低了农户的融资成本，又及时解决了无抵押物、找担保人难的问题。对很多农业从业人员而言，"银政担"业务就是"纯信用+低利率"的一款惠农产品。风险把控方面，在前端风控上对传统信贷业务加以改进，使风险保持在预期范围内。客户由政府、农委部门进行推荐，再通过银行信审、农担公司审核，形成"1+1+1"的风控模式。风险分担由传统业务"农创保"的农担公司 80%、银行 20%，变为农担公司 70%、银行 20%、农委 10% 的分担比例，稀释担保公司的风险，促使业务规模进一步扩大。

在业务开办期间，该行仅用时3个月，就成功受理银政担业务105笔，发放贷款4995万元，为当地从事农业生产的百姓提供了有效的金融支持。"银政担"业务在一定程度上解决了农户与金融机构之间的信息不对称等问题，有助于打击"中介贩子"这类扰乱金融秩序的非法群体。

资料来源：天津市银行业协会。

"银保期"模式，即"银行+保险+期货"综合金融服务模式，是指商业银行协同保险、期货等公司开展涉农信贷，形成银行信贷资源、保险和期货价格避险功能相结合的业务模式。为了解决涉农信贷中缺乏有效抵质押物的问题，商业银行将保险单、标准仓单作为抵押物，对符合条件并有融资需求的农户等经营主体发放贷款。该模式还可进一步引入担保机构或引入龙头企业参与粮食或农产品收购，为经营主体贷款提供担保或有效抵押，确保其还款来源，从而形成经营主体申贷、还款的风险闭环。

案例拓展

"银行+保险+期货"模式支持生猪养殖企业融资

生猪是大宗农产品，生猪产业对国民经济与社会发展有着举足轻重的影响，但由于生猪价格有明显的周期特征，养殖户与养殖企业面临较大的价格波动风险。

JS银行牵头发起的"银行+保险+期货"模式为生猪养殖户和企业带来了福音。生猪养殖户或企业向保险公司投保生猪期货价格保险，锁定生猪养殖价格波动风险，保障其合理收益和信贷还款来源。保险公司向期货公司买入被保标的的期权转移风险，期货公司利用期货市场对相应大宗商品进行价格风险对冲，JS银行提供贷款支持，并对保费提供补贴，最终形成从价格风险转移到融资贷款支持的支农闭环。

资料来源：许超. 建行天津分行首单"银行+保险+期货"业务模式落地津门[N]. 中国农村信用合作报，2023-05-23.

整村授信模式，是指商业银行对整个村庄符合授信条件的客户进行授信。商业银行依托地方基层政府和乡村"熟人社会"，通过客户经理实地走访调查，整村推进信用村农户授信工作，将有意愿、符合条件的农户评为信用户，为其提供无担保、无抵押、纯信用的贷款，以及开户绑卡、手机银行等配套综合金融服务。在建成信用村、评定信用户的基础上，商业银行可实现贷款申请到发放流程的线上化。该模式比较适合深耕县域的农商行和物理网点覆盖广泛的商业银行。

案例拓展

邮储银行的农户普遍授信模式

邮储银行农户普遍授信模式入选2022年金融支农十大创新模式。该模式按照"整村授信、应授尽授"思路，为信用村内农户提供小额度、广覆盖、纯信用的授信服务。该行在建成信用村超38万个、评定信用户超千万户的基础上，推出农户普遍授信模式。一是积极与地方政府合作。二是在传统农村信用体系建设流程基础上大胆创新，简化作业流程。三是充分利用内外部数据资源，根据客户的历史贷款和用款情况、还款表现、信用评分等因素形成相关名单，用于辅助客户经理精准评定和服务信用户，提升农户普遍授信效率。四是采取"一次核定、随用随贷、余额控制、循环支用、动态调整"的方式，提升农户小额信用贷款的服务体验。截至2022年末，该模式试点已逐步推广至全国250个信用村。

资料来源：邮储银行农户普遍授信模式入选农业农村部金融支农十大创新模式［EB/OL］.［2023-06-12］.https：//www.psbc.com/cn/gyyc/ycfm/ycdt/20230b/t20230612_205012.html.

特色产品模式，是指商业银行聚焦地方特色农产品生态场景，精准提供个性化信贷产品或融资服务方案的业务模式。

（三）服务乡村振兴的主要产品及服务

1. 涉农贷款

商业银行服务乡村振兴的主要产品为涉农贷款。在农村经济发展的过程中，最突出最集中的金融需求即为融资需求。然而，由于农业经济的固有特点，涉农贷款往往存在资信信息缺乏、抵押担保不足、贷款手续烦琐等问题，商业银行对涉农信贷业务作出了一系列的改进及创新，以工商银行的"兴农贷"、建设银行的"裕农快贷"为代表的一系列产品，将涉农贷款产品进一步细化，以满足广泛的农业种植、养殖、农产品加工运输等农业多领域的生产经营性融资需求。2022年我国涉农贷款余额为49.25万亿元，同比增长14%，增速比上年末提高3.1个百分点。

从实际用途的维度，涉农贷款包括农林牧渔业贷款和支农贷款。农林牧渔业贷款包括农业、林业、畜牧业、渔业和农林牧渔服务业贷款。支农贷款是指贷款投向除"农、林、牧、渔业"外，支持农业的产前、产中和产后的各环节和支持农村基础设施建设的贷款，包括农田基本建设贷款、农产品加工贷款、农业生产资料制造贷款、农用物资和农副产品流通贷款、农业科技贷款及农村基础设施建设贷款。

从承贷主体的维度，涉农贷款的承贷主体包括农户、企业及各类组织。企业方面，既包括农村企业，也包括开展涉农业务的城市企业。农户贷款，包括农户生产经营贷款和农户消费贷款，支持农户的生产经营、生活消费、医疗教育等需求。

从担保方式的维度，涉农贷款涉及信用、保证、抵押、质押四种担保方式。例如，农户小额信用贷款属于信用贷款，农户联保贷款属于保证贷款。为打破涉农贷款缺乏有效抵质押物的长期桎梏，商业银行抵质押贷款产品不断创新，抵质押范围不断拓宽，除了积极推广农村承包土地经营权抵押贷款外，农业订单、农业设施设备、活体畜禽、圈舍、农业商标等抵质押贷款业务以及农村集体经营性资产股份质押贷款、农垦国有农用地使用权抵押贷款、农村集体经营性建设用地使用权抵押贷款等业务均在探索开展。

监管机构持续加强商业银行涉农信贷的监管考核引领。2021 年 5 月，人民银行、原银保监会联合发文，开展金融机构服务乡村振兴考核评估，包括涉农信贷业务、政策实施、制度建设、金融创新、农村金融环境建设等方面，重点考核涉农信贷业务，占比达 70%。金融机构服务乡村振兴考核评估的贷款结构指标见表 2-3-10。

表 2-3-10　　金融机构服务乡村振兴考核评估贷款结构指标

指标名称	指标说明
农、林、牧、渔业贷款	发放给各承贷主体从事 A 门类（农、林、牧、渔业）所属活动的所有贷款。
农村基础设施建设贷款	用于农村生活设施建设贷款、农业服务体系建设、农村流通体系设施建设、农村公共设施建设等方面的贷款。
新型农业经营主体贷款	发放给农民专业合作社（包括农民专业合作社联合社）法人、家庭农场、农业产业化龙头企业、民营林场的贷款。
单户授信 500 万元以下普惠型农户经营性贷款	向农户发放的用于从事生产经营活动、单户授信总额在 500 万元（含）以下的贷款。
单户授信 1000 万元以下普惠型涉农小微企业贷款	向注册地位于农村区域的各类小微企业法人发放的贷款和向注册地位于城市区域的小微企业发放的用于农林牧渔业贷款以及支农贷款，单户授信总额应在 1000 万元（含）以下。
农村承包土地经营权抵押贷款	以承包土地（指耕地）的经营权作抵押、由银行业金融机构向符合条件的承包方农户或农业经营主体发放的、在约定期限内还本付息的贷款。
林权抵押贷款	指金融机构发放的以林权为抵押品的贷款。
农户信用贷款	凭农户的信誉而发放的贷款，包括信用方式发放的农户生产经营贷款、农户消费贷款。

2. 综合服务平台

商业银行为服务乡村振兴创新性地提供了乡村振兴综合服务平台。工商银行的"兴农通"、建设银行的"裕农通"等综合服务平台集中"存贷汇缴投"等多项金融功能，与生活缴费、社保医疗、社区服务等民生服务场景相结合，与村务、党务、财务、农村集体"三资"管理、土地流转交易等基层治理场景相结合，与农资采购、农机租赁、销售接合、技术科普等产业发展场景相结合，不仅打通了金融服务乡村的"最后一公里"，更为便捷乡村生活、优化乡村治理、助力乡村产业提供了智慧方案。

案例拓展

建设银行的"裕农通"综合服务平台

建设银行以科技、共享等方式加大包含"裕农通"普惠金融服务点、"裕农通"App、"裕农通"微信公众号在内的"裕农通"综合服务平台建设，尤其注重以数字技术赋能乡村振兴，持续完善"裕农通"App 功能场景，为广大农民提供助农取款、民生缴费、社保医疗等更加丰富的金融和非金融服务，切实提升金融服务资源匮乏区域的金融服务可及性。

建设银行与村委会、供销社、村口超市、卫生诊所、退役军人服务站等主体合作，建设"裕农通"普惠金融服务点，布设智能 POS 机、智慧助农终端等机具设备，连接共享乡村有效社会资源，提供基础金融服务，为所在地农村居民提供助农取款、现金汇款、转账汇款、代理缴费、查询等基础支付服务，以及反赌反诈、反洗钱、反假币等宣传和金融知识普及等服务。

"裕农通"App 紧密围绕乡村现实需求，为各类涉农主体提供包括金融服务、智慧村务、便民事务、电子商务于一体的综合化服务，上线了百余项场景功能。在总行标准版的基础上，各分行结合乡村建设、基层治理、产业发展等实际需求，创新推出了更具地域特色的区域功能，有效打通了该行金融服务乡村的"最后一公里"。

资料来源：中国建设银行 2023 年半年度 ESG 报告。

3. 融智服务

乡村振兴的社会责任属性意味着商业银行在服务乡村振兴的过程中，不仅要以涉农贷款及综合服务平台向乡村广泛提供金融服务，还要发挥资源优势，以融智服务推动乡村振兴的全面发展。商业银行提供的融智服务主要包括以下方面。

一是提供乡村培训。商业银行提供丰富的金融与非金融培训。农村居民金融素养相对较低，限制了其在金融市场的参与度，商业银行通过反赌反诈、反洗钱、反假币、存贷款产品等金融知识宣传，提升农民的反诈骗意识和金融服务获取意识，激发其对金融产品的进一步需求。此外，通过科学文化、农业技术、产品销售等多方面的知识培训，商业银行也能助力农村居民更好地理解和运用现代化科技工具，助力农业科学管理等。

二是培育乡村振兴人才。商业银行与地方政府合作实施"金融副村长"计划，加大对"金融副村长"的培训力度，推动其提升金融素养和专业水平，成为合格的乡村金融"宣传员"和信息"采集员"，及时响应农户金融需求，打通农村金融服务"最后一公里"，以组织振兴、人才振兴带动乡村振兴。

三是服务具体项目。商业银行根据自身资源优势为农村客户提供资金以外的综合服务，为基层政府、企业、家庭农场及合作社等各类经营主体提供多角度支持，包括乡村电商服务、产业投顾服务、专家服务、营销渠道、财税法律顾问、采购及库存管理服务等。

📋 案例拓展

建设银行探索"金融副村长+裕农通"服务模式

自2020年起，建设银行与内蒙古自治区阿荣旗旗委政府合作，联合为148个行政村实施一村一名"金融副村长"计划，首创"金融副村长+裕农通"服务模式。该行将"裕农通"服务点设在村委，将熟悉农村金融业务且综合协调能力较强的"金融副村长"聘为"裕农通"业主。指导百姓通过"裕农通"App足不出户办理转账、充值、社保缴费等业务。同时，成为业主的"金融副村长"还可以通过分享二维码，帮助农户预约办理乡村振兴银行卡、协助农户测试贷款额度，推荐涉农经营主体办理普惠金融贷款。自2023年起，该行内蒙古分行在前期模式推广的基础上，进一步提出"星火计划"，旨在将阿荣旗"金融副村长+裕农通"模式的"星星之火"在全区推广，形成"燎原之势"。截至2023年6月末，全区共聘任金融副村长2008名，有效覆盖全部12个盟市。该模式为破解乡村"农民贷款难、银行放款难"双重难题提供了解决方案。

资料来源：中国建设银行2023年半年度ESG报告。

（四）如何服务好乡村振兴

商业银行要服务好乡村振兴，需要从体制机制、产品体系、服务模式、科技手段、风险管理、外界合作等方面入手。

1. 健全体制建设

体制架构方面，商业银行在总分行需设立专门的乡村振兴金融部，成立金融服务乡村振兴工作领导小组，统筹协调乡村振兴金融业务，制定相关政策和战略；渠道运营方面，商业银行保持农村地区尤其是脱贫地区网点基本稳定，打造乡村振兴金融服务特色支行或网点，推动基础服务向县域乡村延伸；激励机制方面，商业银行加大涉农领域费用激励，以激励员工更积极地参与农村金融服务。

2. 完善产品布局

不断丰富完善涉农贷款产品，盘活农村资产，持续创新抵质押贷款产品。例如，探索农村承包土地经营权、农业订单、农业设施设备、活体畜禽、圈舍、农业商标、农村集体经营性资产股份、农垦国有农用地使用权、农村集体经营性建设用地使用权等抵质押贷款业务。

3. 升级服务模式

一是加强线上线下协同，以综合服务平台为触手，触达更广泛的农村客群；二是积极参与农村金融生态圈的建设，推动农村信用体系建设等；三是提供深度融智服务，与乡村治理、乡村产业、乡村生活等相结合，提供全方位的服务，促进农村的综合发展。

4. 融合科技手段

通过融合科技手段，提升农村金融服务的精准度和效率。例如，利用大数据与人工智能技术，分析农村客群金融需求和风险，协助选择适宜客户的金融产品和服务策略；利用卫星遥感、动物耳标等科技手段，协助对农作物长势和动物活体押品进行日常监测，破解风险管理难题。

5. 强化风险管理

一方面，建立涉农贷款差异化管理机制，将涉农贷款分类分级管理，定期评价贷款质量，建立高风险网点监测管理清单等。另一方面，构建智能风控体系，推进数据采集真实性校验、贷中贷后风险监测、分级分类预警机制、贷后检查跟踪机制等。

6. 推进外界合作

首先，商业银行可以积极与政府合作，共同推动乡村振兴项目的实施，政府支持和政策倾斜可以为商业银行的服务提供有力的支持。其次，商业银行可以与农村企业建立战略合作伙伴关系，提供金融支持，促进农村产业和企业的发展。最后，商业银行可以与高等院校共建"乡村振兴人才培训基地"，对重点产业链企业提供定制服务，搭建与政府、农业管理部门携手服务"三农"的交流平台；同时，依托高校农业技术、产业经济、县域发展等领域优质教育资源，举办培训班，联合开展调研项目，提升行内金融服务乡村振兴能力。

分析与思考：

1. 从社会责任的角度说明，银行如何发展绿色金融、科技金融业务？
2. 银行如何在乡村振兴业务中承担社会责任？
3. 银行如何发展普惠金融？

第三篇
银行如何有效管理　如何高效运营

第一章　制定发展战略
第二章　融入风险管理
第三章　强化内部控制
第四章　插上科技的翅膀
第五章　平衡资产负债
第六章　统筹财务资源
第七章　实施绩效考评
第八章　线上线下一体化经营与后台集中运营
第九章　保护消费者权益
第十章　与监管打交道

商业银行作为经营货币商品的特殊企业，既有相同于一般传统工商企业的基本运行特性，也有不同于一般企业独特的运营管理模式。这一篇章主要是从商业银行内部视角来全面阐述"银行如何管理，如何运营"，力图从发展战略、风险管理、内部控制、金融科技、资产负债管理、财务管理、绩效考评、线上线下一体化经营与后台集中运营、消费者权益保护、与监管打交道等多维度，讨论商业银行内部运营管理的内涵功能、目标职能、衡量指标、体系工具、流程路径、业务特征及未来发展趋势等，进而分析商业银行如何进行内部管理及内部运营，包括银行运营管理是什么、为什么要进行运营管理、怎么做好运营管理以及未来如何更好地做好运营管理等。

第一章 制定发展战略

【学习目标】

1. 阐述银行发展战略的内涵及意义
2. 说明银行制定发展战略的阶段和过程
3. 阐明银行发展面临的挑战与应对措施

【内容概览】

1. 发展战略的内涵与意义
2. 制定发展战略的流程
3. 现实挑战与战略选择

制定发展战略是提高企业集团竞争力的重要一环,对于商业银行而言尤为重要。银行发展战略是商业银行体现管理层思路、统筹谋划全年工作、协调任务目标、进行资源配置、开展绩效评价等政策工具的综合载体,是商业银行层级之间、条线之间沟通管理目标、传导管理要求、共享管理知识的矩阵式交互管理工具,是商业银行进行价值创造并形成自身竞争力,以达到与变化着的外部市场环境相适应的一种指引。

本章围绕商业银行发展战略展开讨论,首先,阐述了发展战略的内涵及商业银行制定发展战略的意义,其次,详细介绍了商业银行制定发展战略的流程,最后,指出商业银行当前发展面临的现实挑战以及可采取的战略选择。

一、发展战略的内涵与意义

(一)发展战略的内涵

商业银行发展战略是指在一定时期内,商业银行对其发展方向、发展速度、发展质量以及发展能力等方面所作出的重大选择、规划及策略。这种战略可以帮助商业银行明确其发展方向,设定发展目标,找到发展的关键领域,并确定其所需的发展能力。根据不同的分类标准可以分为多种类型,常见的分类标准包括以下几种。

1. 按战略的层级划分

商业银行发展战略可以分为三个层次,即目标战略、业务战略和职能战略。

目标战略:目标战略是一个企业整体战略总纲,是企业最高管理层指导和控制企业一切行动的最高行动纲领。目标战略有两项关键的战略要素，即使命和目标。这两项要素对商业银行发展规划有着直接影响，决定了商业银行的战略选择。商业银行的使命阐述了商业银行存在的目的或者理由，例如，银行使命将商业银行的服务范围表述为"地区性的"、"全国性的"或者"全球性的"，决定了不同的银行发展战略。目标则是商业银行使命的具体体现，是为实现使命而设定的具体标准，往往具有明确的量化指标，例如，10%的年增长率、15%的投资收益率等。不同的目标，是不同的战略选择的基础性因素。

业务战略：业务战略是在顶层战略指导下，各个战略事业单位制定的部门战略，是目标战略之下的子战略。业务战略主要研究产品和服务在市场上的竞争力，其目的从企业外部来看是建立一定的竞争优势，即在某一特定的产品和市场领域取得获利能力；从银行内部来看主要是获得一定的协同效应，即统筹安排和协调银行内部的财务、研究开发、营销等业务活动。业务战略有多种划分标准，比较流行的是迈克尔·波特所提出的三种类型：总成本领先战略、差异化战略和聚焦战略。

职能战略：职能战略是为贯彻、实施和支持目标战略和业务战略而在特定的职能管理领域制定的战略，职能战略的重点是提高资源利用效率，一般可分为营销战略、人事战略、财务战略、生产战略、研发战略和公关战略。对于职能战略，不能简单地将其视为某个方面的职能部门一般性的功能发挥，而必须将其看作目标战略和业务战略的具体贯彻，所导致的企业内部不同类型资源配置的战略选择方向。因此，职能战略与目标战略和业务战略关系密切，它是由目标战略和业务战略所决定的。

比如，在职能战略中，营销战略一般分为四种类型：第一种类型为扩大现有产品在现有市场上的份额；第二种类型为现有市场开发新产品；第三种类型为现有产品开拓新市场；第四种类型为以新产品开发新市场。如果企业采取的目标战略是集中战略，那么营销战略只能是上述第一种或者第三种；如果企业采取的目标战略是分散战略，那么营销战略只能是上述第二种或者第四种。

2. 按战略的时限划分

从时限上来讲，商业银行发展战略分为中期战略和长期战略。

长期战略：商业银行长期战略，一般要立足于5年以上进行思考规划，由使命、愿景、价值观组成，是指商业银行通过实行特定战略而达到的结果。商业银行的长期战略一般包括财务目标和战略目标。财务目标考查收入，战略目标考查自身优势。设定长期战略应当具有以下特征：数量化、可度量、实际、好理解、有挑战性、分层次、可达到。长期战略为商业银行设定了发展方向，但同时也要注意与短期目标相结合，因为短期目标是解决近期的企业发展问题。

案例拓展

招商银行的零售优先战略

招商银行是最早提出向零售转型的商业银行之一，早在2004年年报中就提出将零售银行作为发展的战略重点，在经过用"一卡通"替代存折的1.0时代，用财富管理替代以存款为中心的2.0时代，以及用App经营替代卡片经营的3.0时代后，招商银行在2020年开启4.0时代，将"大财富管理"作为新战略。经过20年的坚持，招商银行在个人贷款、私人银行以及个人金融业务收入贡献等方面一直保持较高水平，成为行业公认的"零售之王"。

资料来源：曹远征，刘茜. 上市银行零售战略的推进对策［J］. 中国金融，2023（16）.

中期战略：商业银行中期战略，一般是制定3～5年的战略目标及行动路径。商业银行中期战略目标主要包含商业银行的营销战略和利润战略；行动路径包含业务战略、利益机制战略、人才战略、过程战略等。

3. 按商业银行服务的市场领域划分

从市场领域来讲，银行发展战略一般分为全能银行战略、投资银行战略、资产管理战略、消费者信贷战略、交易银行战略、房屋抵押贷款银行战略等。市场上采取不同的战略模式的银行数量有所不同，总体来看全能银行占比最大。

全能银行战略：即银行通过提供全方位的金融服务，实现业务的多元化和综合性。

投资银行战略：以资本市场业务为核心，专注于为企业提供股权融资、并购重组、债券发行等金融服务。

资产管理战略：即银行大力发展资产托管和投资管理服务。

消费者信贷战略：银行旨在通过发展个人消费信贷业务，满足居民对住房、汽车等高价值消费品的需求。

交易银行战略：即主要面向机构投资者提供资本市场上的交易服务。

房屋抵押贷款银行战略：指商业银行以房屋抵押贷款业务为核心，为购房者提供贷款支持。

4. 按商业银行的客户选择划分

从客户选择来讲，银行发展战略一般分为一体化战略、多元化战略和一般竞争战略。

一体化战略：指同时覆盖商业银行内外部、上下游和同业竞争者的综合性战略，如成本领先战略、差异化战略等。

多元化战略：指同时覆盖地理区域、客户、产品和服务等方面的多元化战略。

一般竞争战略：指围绕商业银行专业化竞争产品，把重心放在地理区域、客户、产品和服务等方面中的一个专门领域上，具体来说，包括特定地理区域的专业化和特定客户或特定产品和服务的专业化两个方面。

（二）制定发展战略的意义

商业银行发展战略是指商业银行在特定的经济环境下，通过明确的目标和行动计划，谋求长期发展和竞争优势的一系列决策和行动。制定发展战略为商业银行提供了一个全面的、长远的、系统性的思考框架，使其能更好地应对复杂多变的市场环境和竞争压力，进而实现可持续发展。商业银行制定发展战略的意义主要表现在以下几个方面。

第一，指引商业银行发展方向。发展战略帮助商业银行确定长远的发展目标和发展路径，提供发展方向，为各个层面的决策和行动提供指导和依据。

第二，优化资源配置与内部管理。通过制定发展战略，商业银行能够对自身资源与能力进行评估与规划，从而将有限的资源集中在核心竞争力的培育上，优化资源配置。同时，加强内部协调与合作，促进商业银行管理的科学化和规范化，提高运行效率和管理水平。

第三，有效应对市场环境的变化和竞争压力。通过制定发展战略，商业银行会对内外环境进行翔实的分析与评估，了解自身优势劣势、市场趋势以及竞争对手发展情况，从而及时调整自身的业务模式与竞争策略，抓住市场机遇的同时，积极应对各种挑战，增强抵御风险的能力。

第四，推动商业银行可持续发展。制定发展战略，有助于商业银行从全局和长远的角度出发，规划出既符合自身实际情况，又能与外部环境相协调的发展路径，确保商业银行在社会和环境责任等方面的合规性和可持续性。

二、制定发展战略的流程

（一）环境分析

对商业银行所处的内外部环境进行调查与分析，有助于商业银行全面把握有利的市场时机并积极规避潜在风险，同时提升其快速反应能力和持续创新发展能力，使商业银行能够实现自我认知与市场竞争的双重优势，并将目标与可用资源进行有机结合。商业银行可以通过市场调研、竞争分析、SWOT分析等方式评估外部环境和内部资源，了解行业趋势、竞争态势、市场机会和挑战等因素。

内部环境分析：商业银行需要对自身的资源和能力进行评估，包括财务状况、人力资源、组织结构、产品和服务、风险管理与内部控制能力以及业务创新能力等方面。通过这一分析，银行可以明确自身的优势和劣势。

外部环境分析：商业银行需要关注外部环境的变化，包括国家政策走向、经济发展趋势、社会需求变化、技术发展水平变化、市场竞争格局变化等方面。通过这一分析，银行可以了解外部环境的机会和威胁。

小看板

SWOT 分析法

SWOT 分析（见图 3-1-1）是一种在商业和管理领域广泛使用的战略分析工具。它的名称由优势（Strengths）、劣势（Weaknesses）、机会（Opportunities）和威胁（Threats）四个单词的首字母组成，这四个分析维度通过调查列举的方式，依照矩阵形式排列，用系统分析的思想把各种因素相互匹配起来加以分析，从中得出一系列决策性结论。它具有清晰、简明、具体的特性，其最大的优点在于能够抓住最能影响战略的几个核心因素进行分析。

优势 （Strengths）	劣势 （Weaknesses）
机会 （Opportunities）	威胁 （Threats）

图 3-1-1　SWOT 分析法

从整体上看，SWOT 可以分为两部分。第一部分为 SW，主要用来分析内部条件，着眼于企业的自身实力及薄弱点。第二部分为 OT，主要用来分析外部条件，强调外部环境的变化及对企业可能产生的影响。

但是，SWOT 分析也存在一些局限性。首先，它可能无法涵盖所有的外部因素和内部因素，可以与其他工具相结合，如 PEST 分析、五力模型等，以提供更全面的战略视角。其次，SWOT 分析的结果可能受到主观因素的影响，因为不同的分析师可能得出不同的结论。最后，SWOT 分析只是一种静态的分析方法，它不能反映出企业特性随着时间和市场环境的变化而变化。总之，SWOT 分析是一种重要的战略分析工具，它可以为企业提供有价值的洞察和指导，帮助其制定出更加明智的决策。

案例拓展

SWOT 分析在 XYZ 银行战略制定流程中的运用

- 优势（Strengths）

——丰富的客户资源：XYZ 银行拥有大量的个人和企业客户，能够提供多样化的金融产品和服务。

——全面的金融服务：XYZ 银行提供包括存款、贷款、投资、保险等在内的全面金融服务，满足客户多样化的需求。

——品牌认知度高：XYZ 银行在市场上拥有较高的品牌认知度，客户对其服务和产品有较高的信任度。

——资金实力雄厚：XYZ 银行拥有雄厚的资金实力，能够承担较大的风险并提供大额的资金支持。

- 劣势（Weaknesses）

——组织结构复杂：XYZ 银行组织结构较为庞大和复杂，管理难度较大，可能影响决策效率和创新能力。

——金融科技发展不足：相对于其他竞争对手，XYZ 银行在金融科技方面的投入和发展相对滞后，可能影响用户体验和市场竞争能力。

——服务质量参差不齐：虽然 XYZ 银行拥有全面的金融服务，但部分地区的服务质量不够稳定，可能影响客户的满意度和忠诚度。

——风险管理压力大：随着金融市场的复杂性和不确定性增加，XYZ 银行面临较大的风险管理压力。

- 机会（Opportunities）

——数字化转型：随着金融科技的快速发展，XYZ 银行可以借助数字化转型提高服务质量和效率，拓展新的业务领域。

——绿色金融发展：随着社会对环保和可持续发展的关注度提高，XYZ 银行可以积极发展绿色金融业务，满足市场需求。

——财富管理市场增长：随着财富管理市场不断扩大，XYZ 银行可以提供更加丰富的投资产品和服务，满足客户的财富管理需求。

——国际市场拓展：XYZ 银行可以积极拓展国际市场，提高自身的国际化水平和综合实力。

- 威胁（Threats）

——市场竞争加剧：随着金融市场的竞争加剧，XYZ 银行需要不断提高自身的竞争力和创新能力，以保持市场地位。

——监管压力加大：随着金融监管的趋严，XYZ 银行需要加强合规管理，并适应市场变化，及时调整业务策略。

——技术风险增加：随着金融科技的应用，XYZ 银行面临的技术风险也在增加，需要加强技术管理和安全防护。

——经济周期影响：金融市场和经济周期的变化对银行的业务和发展产生了一定的影响，XYZ 银行需要密切关注市场动态并及时调整战略。

通过 SWOT 分析，XYZ 银行可以明确自身的优势、劣势、机会和威胁，从而制定相应的战略来应对市场的竞争和变化。例如，针对自身在数字化转型方面的劣势，银行可以加大对金融科技的投入，提高数字化服务能力和创新水平；针对威胁方面，银行可以加强合规管理和技术安全管理，同时积极拓展新的业务领域来应对市场的竞争和变化。如果银行发现自身在产品创新方面具有优势，同时市场需求较高，那么银行可以考虑开发新的产品或服务来满足市场需求。

（二）制定战略目标

首先要明确商业银行的使命和愿景。使命阐述了商业银行为何存在，指出了商业银行为顾客和利益相关方提供的核心价值。一个清晰的使命能够帮助商业银行在复杂多变的市场环境中保持方向感，确保所有决策和活动都围绕其展开。愿景代表了商业银行未来期望的状态，是商业银行发展的长远目标和蓝图，描绘了一个激励人心的未来景象，激发全体员工共同努力，朝着这个方向不断迈进。

在明确了使命和愿景之后，需要设定清晰、具体、可衡量的战略目标，这些目标应该与使命、愿景和环境分析的结果相一致，并具有可行性、挑战性和可衡量性的特点。可行性意味着目标要在商业银行的能力和资源范围内实现；挑战性则要求目标具有一定的难度，能够激发团队的潜能和创造力；可衡量性则是指目标要具有明确的衡量标准，以便对执行的过程和结果进行监控和评估。

（三）确定战略选择

在确定战略选择的过程中，商业银行需要基于之前进行的环境分析和目标设定，全面评估各种可能的战略选择方案，并选择最适合自身发展的战略路径，涉及产品、市场、技术、竞争等多个方面。

产品方面，商业银行需要评估其产品或服务在市场中的定位，包括分析产品的独特性、市场需求、客户偏好以及竞争对手的产品线等。通过了解这些信息，商业银行可以确定是否需要调整产品策略，如改进现有产品、开发新产品或拓展产品线。

市场方面，商业银行需要考虑其目标市场的特点和发展趋势，包括分析市场的规模、增长潜力、消费者行为以及市场细分情况等。通过深入了解目标市场，确定最适合的策略，如选择新的市场细分、拓展现有市场或开发新的销售渠道。

技术方面，商业银行需要评估当前的技术趋势、新兴技术发展现状以及自身在技术研发和创新方面的能力，进而考虑是否需要采用新技术来提升产品或服务的竞争力，以及如何在技术变革中保持领先地位。

竞争方面，商业银行需要密切关注竞争对手的战略动向、市场份额、竞争优势以及潜在威胁。通过了解竞争对手的情况，选择合适的竞争策略，如差异化竞争、成本领先或集中化竞争等。

（四）制订行动计划

制订行动计划是将战略转化为具体行动的关键步骤。首先，需要制定一个明确的时间表，在其中设定战略目标的短期、中期和长期时间节点，以及每个阶段需要完成的关键任务。其次，分析资源需求并合理配置，评估在实施战略过程中所需的财务、人力、物资和技术资源，并确保这些资源能够得到有效配置和利用。再次，进行责任分配，明确各个部门和团队在战略实施过程中的具体职责和任务，确保个体清楚自己的角色和工作目标。最后，设定明确、可衡量的成果指标，以便对战略实施的效果进行监控和评估。

此外，制订行动计划还需要注重灵活性和适应性。由于市场环境和内部条件的变化，商业银行在实施战略过程中可能会遇到各种挑战和机遇，保持一定的灵活性和可调整性，便于商业银行在必要时对战略进行调整和优化。

（五）绩效管理与监控

商业银行需要建立一套完善的绩效管理和监控机制，以确保战略目标有效执行。首先，设定明确的绩效指标。这些指标应该与商业银行的战略目标紧密相连，能够全面反映战略实施过程中的关键成功因素和潜在风险。指标的选择应该具有针对性和可衡量性，以便能够准确评估战略目标的执行情况和结果完成情况。其次，建立跟踪报告机制。通过定期收集和分析数据，及时了解战略实施的进展和问题。最后，进行定期回顾。通过定期召开会议或进行专项评估，对战略实施情况进行全面的回顾和总结，保持商业银行的敏感性和适应性，确保战略目标能够持续、有效地推进。

（六）持续改进和调整

持续改进和调整战略是商业银行在动态环境中保持竞争力的关键。在战略实施过程中，商业银行需要密切关注战略实际执行情况以及外部环境变化。通过定期的绩效评估和监控，及时发现战略执行中的问题和不足，从而采取针对性的改进措施。此外，商业银行还需要建立顺畅的反馈机制。通过收集和分析来自各个渠道的反馈信息，了解战略实施的实际情况和员工的意见建议，为战略调整提供重要参考。

三、现实挑战与战略选择

（一）现实挑战

1. 经济增速放缓，不确定性因素增多

经济增速放缓意味着市场整体需求减少，企业盈利能力下降，会影响商业银行的信贷业务。信贷业务是商业银行的主要利润来源之一，经济增速放缓会影响商业银行的信贷资产规模、价格、质量以及中间业务收入等，进而影响其盈利能力和稳健性。此外，不确定性因素增多也给商业银行的风险管理带来更大的挑战，如国内外政治经济环境的变化、政策调整、市场竞争的加剧等，这些因素都可能对商业银行的经营产生不利影响。

2. 净息差收窄，盈利下滑压力增加

近年来，在利率市场化、让利实体经济等因素的作用下，商业银行净息差进入下降通道。据统计，2012—2022年，商业银行净息差下降84个基点。受存量房贷利率调整、贷款重定价、新发放贷款利率下行等因素影响，2023年末国内商业银行净息差降至1.69%，首度跌破1.7%关口。某种程度而言，商业银行已步入低息差时代。

一方面，利率市场化进程中存贷利差明显收窄。2019年LPR改革后，商业银行新发放贷款主要参考 LPR 定价，而 LPR 与 MLF 直接挂钩，实现了贷款利率与政策利率的直接联动；存款利率市场化也在稳步推进，尤其是 2022 年人民银行指导自律机制建立了存款利率市场化调节机制，自律机制成员参考以 10 年期国债收益率为代表的债券市场利率和以 1 年期 LPR 为代表的贷款市场利率，合理调整存款利率水平，促进商业银行提升存款利率市场化定价能力。但从实践来看，囿于激烈的同业竞争，存款利率相对刚性，相较于贷款利率下行幅度偏小，存贷利差收缩导致银行业净息差持续下行。

另一方面，金融让利实体对息差管理带来挑战。近年来，商业银行坚决落实国家宏观政策导向，持续让利实体经济，降低企业融资成本，加大对制造业、普惠、绿色、战略性新兴产业等重点领域的支持力度。伴随着贷款利率不断创出新低，商业银行的净息差水平也持续收窄，降至新低。这就要求商业银行在持续支持实体经济发展的同时，强化息差的精细化、科学化管理，保持营业收入的稳定增长。

3. 监管趋严，银行资本管理能力亟待提升

资本作为商业银行抵御风险和吸收损失的"最后一道防线"，直接决定了银行的资产扩张能力。从监管形势看，2008 年国际金融危机后，巴塞尔委员会相继完善并提出了《全球系统重要性银行监管要求评估标准及监管细则》《总损失吸收能力（TLAC）原则和条款》《巴塞尔协议Ⅲ（最终版）》等规则指引。在此框架下，近年来国内监管部门陆续出台了《关于建立逆周期资本缓冲机制的通知》《系统重要性银行评估办法》《系统重要性银行附加监管规定（试行）》等一系列监管制度，不断健全商业银行资本管理框架；2023 年 11 月，国家金融监督管理总局发布了《商业银行资本管理办法》，于 2024 年 1 月 1 日起正式实施，这将对银行业未来发展产生重大而深远的影响。从资本补充途径看，目前国内上市银行市净率（PB）普遍小于 1，通过外部渠道补充核心一级资本非常困难，因此，商业银行需要保持合理的盈利水平，形成内生资本补充的良性机制，否则很难实现自身的可持续发展和服务实体经济的目标。监管趋严和资本管理能力亟待提升的双重压力，需要商业银行采取一系列措施，如加强内部风险管理、优化资本配置、提高资本运用效率等。

4. 科技革新，数字化转型压力加大

随着金融科技公司的崛起，传统商业银行面临着越来越激烈的竞争。这些金融科技公司通常具有更灵活的组织架构、更快的创新速度和更低的运营成本，能够提供更加便捷、个性化的金融服务，并且不断推出新的支付、贷款、投资等金融产品和服务，对传统商业银行的市场份额和客户基础造成威胁。在数字化转型的过程中，商业银行开展业务会涉及大量的客户数据，包括个人身份信息、交易记录等敏感信息，需要建立完善的数据安全和隐私保护机制，预防数据泄露、滥用等风险。此外，随着金融科技的发展，监管部门可能会出台更加严格的监管要求，如数据保护、反洗钱、反欺诈等方面的规定，需要商业银行密切关注并及时应对。

5. 直融加速，对银行业务形成竞争性替代

随着债券融资市场日益扩大，创业板、科创板以及北京证券交易所设立，注册制

的全面落地，层次分明、梯度清晰的资本市场快速发展，金融业态正在发生快速变化。2022年末我国债券余额超过140万亿元，较2012年翻了5番多；股票市场流通市值超过66万亿元，总体增长势头向好，"企业债券+股票"占新增社会融资规模的比例，由21世纪初的不足5%上行至2022年末的超过10%。同时，包含银行理财、公募基金、保险、信托等在内的大类资管产品市场规模超过100万亿元。在融资渠道日趋多元化的情况下，以商业银行为代表的间接融资模式受到较大冲击。

（二）战略选择

在新发展阶段，为应对现实挑战，商业银行更要强化价值导向，全面提升管理效能，加快业务转型，为经济社会高质量发展作贡献。商业银行需结合自身情况，选择符合自身发展需要的战略。

1. 零售优先战略

改革开放40多年来，国内中等收入群体逐步扩大，而共同富裕目标的实现进程更是打开了居民金融资产的"无限增长空间"。零售业务兼具"高收益、低资本消耗"优势，能够有效熨平经济波动影响，提升商业银行穿越周期的能力。随着居民收入和个人资产的不断积聚，商业银行在财富管理和个人信贷等零售业务上有较大发展空间。

2. 多元化战略

商业银行不仅要摆布好传统的表内资产负债，更要拓宽视野，打造具有"无限延展可能"的资产负债表，努力拓展多元化的收入来源。要将业务触角从传统信贷市场拓展至整个金融市场，打通信贷、投行、资管、私行等业务隔阂，构建财富管理、资产管理、综合融资等核心能力，发展具有强大服务中介功能的投行能力、为客户经营提供强大支撑的资管能力、具有强大客户经营功能的销售与托管能力，以及"投资+交易"的能力，实现由赚利差向赚价差、由融资向融智的转变。

3. 成本领先战略

成本领先战略是一种通过降低成本以获取竞争优势的战略。对于商业银行而言，实施成本领先战略可以帮助其在激烈的市场竞争中保持优势地位。

商业银行要注意控制负债成本。打存款"价格战"的路会越走越窄，而围绕"渠道、产品、平台、场景、生态"，加快打造差异化的竞争优势，拓展低成本、分散化、可沉淀、波动性低的结算性存款来源，才是控制存款成本的主要手段。要通过前瞻性的利率走势预判，动态地摆布好市场化负债量价、期限和结构。

商业银行要摊薄运营成本。近年来，金融科技在实现线上线下一体化运营和推动组织与管理创新等方面，持续为商业银行赋能。要坚持用系统化思维、数字化思维，驱动原有组织、流程、制度、体系不断优化，强化量子计算、物联网、人工智能、大数据等前沿技术布局和成果转化，有效减少人工操作环节，提高运营效率、提升客户体验，进而摊薄运营成本。

商业银行需减少风险成本。发挥风险偏好的统领作用，与时俱进地反映监管导向、社会责任、价值回报和风险底线要求，牢牢守住不发生系统性金融风险的底线，以高安全水平服务高质量发展。商业银行本质上是经营风险的机构，降风险成本并不是一味地只做那些风险最低的资产，而是要结合宏观形势、产业趋势、政策导向和自身能力，做能把风险控制得住的细分领域资产。

商业银行要压降资本成本。商业银行要坚持资本精细化管理，以资本约束为纲，优化资源配置，厉行资本节约，推动资源向市场潜力大、综合回报高的业务和领域倾斜，不断提升资本使用效率，提高经济利润（EVA）和风险资本回报率（RAROC）水平。

4. 数字化转型战略

面对日益激烈的市场竞争和多元化的客户需求，数字化转型成为银行提升竞争力、优化服务体验、实现可持续发展的关键路径。通过数字化转型，商业银行能够创新业务模式，拓展业务范围，为客户提供个性化、智能化的服务体验，更高效地处理业务，同时利用技术手段提高风险识别和预警能力，加强风险管理，推动业务稳健发展。在推进数字化转型过程中，商业银行可以采取一系列措施，包括制定清晰的战略规划、建立专门的数字化转型团队、优化业务流程和客户服务、加强技术应用和创新、培养和引进数字化人才、强化风险管理和数据治理以及持续评估和优化数字化转型效果等。

5. 普惠金融战略

普惠金融战略指商业银行致力于为社会各个阶层和群体提供平等、便捷、可负担的金融服务。渠道上，商业银行可以通过优化网点布局，确保金融服务的广泛覆盖，特别是在偏远地区和农村地区，努力消除金融服务空白。产品上，可以积极创新金融产品和服务，提供适合小微企业和中低收入者的贷款产品，推出便捷的移动支付服务，以及为特殊群体（如农民、残疾人等）提供定制化的金融服务。技术上，商业银行可以利用先进的信息技术和数据分析工具，提高服务效率和质量。例如，通过大数据分析和人工智能技术，准确评估客户信用状况，从而提供更加个性化的金融服务。此外，商业银行还可以通过移动互联网、云计算等技术手段，扩大服务范围，提高服务可及性。开展普惠金融的同时，商业银行需要注重风险管理和内部控制，以确保金融服务的稳健运行和可持续发展。

案例拓展

同质化竞争背景下中小银行小微普惠金融发展战略选择

中国银行业同质化竞争的情况愈演愈烈，银行在经营理念、目标客户、业务结构等方面同质化程度过高会引发恶性竞争，导致资源配置不合理，加剧系统性风险。常熟银行作为一家地方性农村商业银行，坚守服务"三农两小"市场定位，较早开始探索并创新小微业务模式，借鉴IPC技术和信贷工厂模式，在小微业务领域形成先发优势。然而，由于监管政策的推动，大型银行全力下沉客群，追求小微贷款规模的高增长。

面对小微市场的激烈竞争，常熟银行于 2020 年新冠疫情冲击后果断调整小微战略，选择更为下沉的市场错位竞争，具体措施包括：（1）加快异地扩张：在周边地区设置四个普惠金融试验区，发力空白区域，让小微业务通过移动化工具下沉至县域乃至边远农村。（2）调整贷款结构：大型银行由于较高的风控要求更偏好抵押类业务，为此，常熟银行调整贷款结构，率先大力开拓信用类、保证类信贷市场，抢占优质客源。信用类和保证类贷款的利率定价相对高，同时也是有竞争壁垒的小微业务模式，能有效抵御国有大行冲击。（3）建立一支高度本土化、专业化的客户经理队伍：常熟银行一般招聘具备当地户籍的应届大学生任职客户经理，他们熟悉当地风土人情，且没有工作经验，可以避免受到固有思维的影响，专注于融入常熟银行小微业务的文化。（4）线上线下双渠道营销获客：加快布局线下普惠金融点，提升金融可及性；同时，常熟银行积极拓展线上获客渠道，双管齐下为拓展新客保驾护航。这一系列措施推动常熟银行小微业务深度下沉，减少与同业正面的利率竞争。

面对同质化竞争，常熟银行结合现实背景与自身优势走出一条差异化经营道路，并且成果显著，实现高增长与低不良并存。（1）高增长：纵向来看，常熟银行 ROE 和 ROA 于 2020 年前后受到冲击，但由于其及时调整小微战略，2021 年有效扭转了局面。横向来看，2021 年常熟银行 ROE 和 ROA 处于上市农商行首位。其较高的盈利能力，主要是由优秀的贷款收益表现驱动，高贷款收益与其个人经营性贷款占比较高有关。（2）低不良：在常熟银行成熟的微贷技术和风控体系下，银行分派客户经理线下调查客户实际还款能力和信用状况，多渠道交叉验证客户信息，确保经营下沉的同时风险可控，2019—2021 年常熟银行个人经营性贷款的不良率始终保持在 1% 以内。

资料来源：常熟银行年报。

分析与思考：

1. 举例说明银行有哪些类型的发展战略。
2. 陈述制定商业银行发展战略的一般流程。
3. 举例说明你对当前中国商业银行战略选择的理解。

第二章　融入风险管理

【学习目标】

1. 描述风险管理的作用机理及风险管理体系理论框架发展阶段
2. 阐述数字化全面风险管理体系的构成要素
3. 列明信用风险管理的流程及方法
4. 列明市场风险管理的流程及方法
5. 列明操作风险管理的流程及方法

【内容概览】

1. 风险管理的基本认识
2. 数字化全面风险管理体系
3. 信用风险管理
4. 市场风险管理
5. 操作风险管理

商业银行是经营风险的金融机构，风险是商业银行利润的重要来源，是其赖以生存、发展的重要基础，因此风险管理在整个商业银行的经营管理活动中占据重要地位，风险管理能力成为商业银行的核心竞争能力，成为其稳健经营和创新发展的基本保障。2017年发布的《企业风险管理——战略与绩效整合》(Enterprise Risk Management – Integrating with Strategy and Performance，ERM – ISP) 重塑了风险管理理念框架，强调了企业风险管理需要融入企业价值创造的整个过程，贯穿于战略制定、选择和执行的始终，不能独立于企业管理体系之外，企业管理工作需要真正"融入风险管理"。

本章从对商业银行风险管理的基本认识入手，阐述风险管理对商业银行核心竞争力建设的作用机理；回顾风险管理理论框架发展对现代风险管理发展的推进历程以及信息技术进步对风控效能提升的促进作用；介绍数字化全面风险管理体系的构成要素。随后，本章按照风险管理的流程，详细介绍信用风险、市场风险、操作风险三大风险的管理流程、管理工具和管理方法。

一、风险管理的基本认识

(一) 风险管理能力与核心竞争力

结合国内外对风险的研究及商业银行的经营管理实践,风险可以定义为未来产生损失或收益的可能性或不确定性。风险既是损失的原因,也是盈利的来源。风险管理在整个商业银行的经营管理活动中占据重要地位,风险管理能力作为商业银行的核心竞争能力,是其稳健经营和创新发展的基本保障。风险管理对商业银行核心竞争力建设的作用机理可以从三个方面来理解。

1. 提升经营效益。商业银行以承担风险为代价来获取收益,但在实际情况中高风险并不必然带来高收益,低风险也未必就是低收益,关键在于不同商业银行风险管理能力的差异。风险管理能力强的商业银行,相对于同业平均水平来说,可以做到低风险高收益,获得超额回报;反之,风险管理能力差的商业银行,很可能出现高风险低收益的情况,收益无法覆盖风险,盈利能力受损。

2. 提高资本实力和资本回报水平。资本作为抵御风险损失的最后屏障,是商业银行的信用基石,也是维持市场信心、日常运营和合规监管的基本要求。随着资本约束的加强,资本实力和资本回报水平逐渐成为商业银行竞争力的综合体现。通过风险管理优化风险加权资产结构,整合风险与绩效管理框架,对风险调整绩效考核关键指标进行计量,能够有效增强商业银行资本实力并提升资本回报水平。

3. 增强持续经营能力。商业银行作出特定的风险选择,客观上决定了其风险敞口,锁定了风险经营的路径,进而决定了其经营基础是否稳固,是否能够经受市场波动的冲击等,这在历次金融危机中得到了印证。

(二) 风险管理体系理论框架主导现代风险管理发展方向

商业银行风险管理体系建设的框架基础有两大主要来源:一是美国反虚假财务报告委员会下属的发起人委员会(The Committee of Sponsoring Organizations of the Treadway Commission,COSO)发布的《企业风险管理框架》(Enterprise Risk Management Framework,ERM),二是巴塞尔委员会出台的一系列巴塞尔协议。

1. 风险管理理论框架发展

ERM 的指导思想和管理逻辑为商业银行风险管理体系建设提供了一个基础指导框架。

内部控制整合框架。1992 年 9 月,COSO 发布的《内部控制整合框架》对内部控制提出了"一个定义、三项目标、五个要素",简称"五要素阶段"。描述内部控制由控制环境、风险评估、控制活动、信息及交流和监督五个互相关联的要素构成。内部控制需要考虑以下因素:经营的效率和效果(基本经济目标,包括绩效、利润目标和资源、安全)、财务报告的可靠性(与对外公布的财务报表编制相关的,包括中期报告、合并财务报表中选取的数据的可靠性)和是否符合相应的法律法规。

企业风险管理整合框架。2004 年 9 月,COSO 出台了《企业风险管理框架》

（ERM），从内部控制的角度出发，首次提出了全面风险管理的定义、管理过程和实施要点，在概念上提出了风险偏好和风险容忍度，在观念上提出了风险组合观，在目标上增加了战略目标，在内容上增加了目标设定、风险识别、风险应对三个管理要素，并将五要素扩展为八要素，该框架将内部控制上升到全面风险管理。

企业风险管理融入战略和绩效。2014年，COSO对ERM进行了全面升级，并于2017年正式发布《企业风险管理——战略与绩效整合》（以下简称ERM 2017），将全面风险管理重新定义为组织在创造、保持和实现价值的过程中，结合战略制定和执行，赖以进行管理风险的文化、能力和实践。框架从企业使命、愿景、战略出发，强调全面风险管理嵌入企业经营活动和核心价值链，并最终实现组织对价值的追求。可见，COSO从之前将风险管理工作定义为"一个流程或程序"提升至"一种文化、能力和实践"，并着重强调风险管理的目标在于实现组织创造、保持和实现价值，强调风险管理工作融入企业的所有业务流程和核心价值链，更加强调风险管理对价值创造的重要意义。

阅读资料

ERM 2017 重塑风险管理理念框架

1. ERM 2017 的主要理念变化

ERM 2017 将企业风险管理定义为：组织在创造、保持和实现价值的过程中，结合战略制定和执行，赖以进行管理风险的文化、能力和实践。这与ERM 2004将风险管理工作视为"一个流程、程序"相比，有了颠覆性的变化。

重新检视了风险管理文化的角色。ERM 2017提出，建立一个所有员工都接受的企业文化，对于企业抓住机遇和管理风险以实现战略和业务目标至关重要。

从"控制体系"发展为"管理体系"。ERM 2017澄清了对风险管理和内部控制关系的误解，认为企业风险管理远不止内部控制，还涉及其他主题，如战略制定、企业治理、与利益关联方的沟通、绩效评估等。

强调风险管理和企业价值之间的紧密关联。根据ERM 2017的定义，实施风险管理的工作目标是为股东和利益相关方创造、保持和实现价值。这种理念突出了风险管理应被视为战略设定和抓住机遇、创造和保持组织价值不可或缺的一部分，是动态管理组织整个价值链的一环。

指出了风险管理应贯穿于战略制定、选择和执行的始终。ERM 2017提出，当前企业风险管理应当与企业总体战略相整合，不仅要支持战略执行过程中的风险管理，而且在企业战略的计划阶段，就需要考虑战略不符合企业使命、愿景及核心价值观的可能性，并充分揭示已有战略的风险，积极应对执行战略、实现绩效目标过程中的风险。

增加企业风险管理和绩效管理的协同。ERM 2017认为，企业风险管理应增强识别影响绩效目标实现风险的能力，评估这些风险如何影响绩效目标的实现。

2. ERM 2017 的特点

ERM 2017 的主要特点可以归纳为三个关键词：融入、贯穿、去风险化。

融入：ERM 2017 认为，企业风险管理工作和企业战略与绩效是一个有机的、密不可分的整体，风险管理从一个看似单独的工作或流程发展到与企业战略和绩效相协同，真正融入企业管理工作中。

贯穿：ERM 2017 使用更加清晰的价值创造链条来阐述要素与企业使命、愿景及核心价值观的关系，以及它们如何通过战略制定和具体实施来影响企业绩效。

去风险化：ERM 2017 五要素不再一味强调风险视角下的企业治理及管理要素，而是强调应该"跳出风险看风险"，提出从企业管理视角开展风险管理。

资料来源：金鹏等. 未来银行全面风险管理[M]. 北京：中国金融出版社，2020.

2. 风险监管理论发展

COSO 的 ERM 是针对企业风险管理提出的，虽然为商业银行的全面风险管理体系建设奠定了基础，但真正对银行业全面风险管理进行统一与规范的是由巴塞尔委员会制定的一系列巴塞尔协议，即从资本的角度强调商业银行如何建设全面风险管理体系。

《巴塞尔协议Ⅰ》是以资本为标准的统一监管规则。《巴塞尔协议Ⅰ》的主导思想是银行在准确计量风险水平的基础上，通过持有充足的资本来覆盖风险损失，以弱化其破产带来的系统性影响。《巴塞尔协议Ⅰ》第一次明确提出了资本监管的理念，在银行监管史上具有划时代的革命性意义。

《巴塞尔协议Ⅰ》首次提出将资本与银行风险管理挂钩。20 世纪 90 年代以后，金融全球化的发展和国际竞争的加剧也导致国际活跃商业银行的风险结构发生了变化，与衍生品交易相关的市场风险逐渐成为影响银行体系安全的一个重要风险因素，而《巴塞尔协议Ⅰ》未能适应这种变化。1995 年巴林（Barings）银行倒闭、1994—1995 年墨西哥比索危机和 1997—1998 年东南亚金融危机等一系列危机的爆发，对全球经济形成了广泛冲击。《巴塞尔协议Ⅰ》在实施过程中，逐步暴露出其与经济、金融发展变化及商业银行实践不相适应的问题，尤其是巴林银行破产事件进一步放大了这种缺陷和不足。

《巴塞尔协议Ⅱ》是以资本为纽带的全面风险管理框架。《巴塞尔协议Ⅱ》吸取了银行业更为精细的风险计量技术成果，形成了一套完整的风险计量体系，建立了资本与风险的动态平衡机制，强化了资本的纽带作用，实现了维护金融体系稳定的外部监管目标与商业银行内部风险管理改进目标的激励相容。《巴塞尔协议Ⅱ》首次提出了"三大支柱"的监管框架，即最低资本要求、外部监管和市场约束；构建了以三大支柱为核心的全面风险管理体系，实现了从过去以资本抵御信用风险为主转变为以风险管理体系抵御风险为主，强调内部管理、外部监督、市场约束的有机结合，为商业银行提高风险管理水平提供了全新理念。

《巴塞尔协议Ⅱ》的局限性在于对商业银行的流动性和交叉性风险应对措施不够，对收益覆盖风险的重要性强调不足。2008 年次贷危机引发巴塞尔委员会对《巴塞尔协议Ⅱ》的反思，《巴塞尔协议Ⅲ》的出台是对次贷危机的一次全方位反思，在延续《巴塞尔协议Ⅱ》三大支柱的基础上，对次贷危机中资本监管所暴露出来的问题进行了总结，提出了宏观审慎和微观审慎相结合的全球统一资本监管制度。

《巴塞尔协议Ⅲ》是以资本为核心的全球风险治理体系。《巴塞尔协议Ⅲ》由一套监管文件构成，包括最低资本充足率要求（增加杠杆率要求）、流动性监管框架、系统重要性金融机构监管框架和大额风险暴露框架，不再仅仅是一个资本充足率的概念。《巴塞尔协议Ⅲ》进一步强化了流动性、系统重要性金融机构及大额风险暴露监管要求，全面加强了银行风险管理、维护金融稳定的宏观审慎职能。

（三）风险偏好是风险管理的核心

风险偏好是商业银行为追求可持续发展，在风险承受能力范围内能够且愿意接受的风险类型及风险总量。风险偏好主要解决战略层面的结构布局和风险边界问题，体现的是边界思想，即商业银行经营管理要以风险管理能力为边界。风险偏好需要通过管理层制定的资本规划、资源配置、风险政策、风险限额、经营计划、准入标准、绩效考核、风险文化等载体来具体传导和落实，贯穿商业银行经营管理的方方面面。

商业银行的风险偏好通常以风险偏好陈述书的形式表达，主要围绕业务结构布局和发展导向，体现做什么、不做什么、如果做要承担多大风险三个方面内容。

（四）信息技术进步促进风险控制效能提升

信息技术的进步和广泛应用为商业银行风险管理能力的提升创造了有利的条件，极大地提高了风险计量与管控的效率。20 世纪 70 年代到 80 年代，信息技术开始向国际银行业迅速渗透，商业银行开始运用计算机网络技术实现内部业务的联机处理，并实现与客户的联网交易。这一时期，计算机技术在风险建模、监测报告等方面得到不断应用，但受限于数据存储技术，风险管理主要以财务数据及交易数据等结构化数据为主，风险管控的全面性和准确性受到一定影响。20 世纪 90 年代以来，全球经济逐步进入数字化和移动互联时代，随着大数据、云计算技术的出现，文本、图片、语音和视频等非结构化数据在风险管理领域开始得到应用，这大大提升了风险管理的全面性和时效性，尤其是人工智能技术的快速演进和迭代，将进一步提升风险管理的主动性和智能化水平。

二、数字化全面风险管理体系

（一）全面风险管理的内涵

全面风险管理涵盖风险类别、业务类别、机构和人员。

全面风险类别：包括信用风险、市场风险、流动性风险、操作风险、国别风险、银行账簿利率风险、声誉风险、战略风险、信息科技风险以及其他风险。风险管理框架及技术的演变和发展，进一步丰富了商业银行风险管理的工具和手段，从而推动了商业银行风险管理实践从单一风险管理转向组合风险管理。

全面业务类别：包括表内和表外、本币和外币业务。

全面机构参与：包括商业银行全集团范围内的各个分支机构。

全面人员参与：风险管理是商业银行前台、中台、后台所有部门以及所有员工共同的职责。

（二）风险管理架构

风险管理架构是数字化全面风险管理体系建设的组织载体。良好的风险管理架构有助于企业战略意图得到准确的理解和执行，有助于风险文化的持续培育，有助于全面主动地管理风险进而增进价值创造。

1. 董事会的决策职能。董事会是商业银行风险管理的最高决策机构，承担全面风险管理的最终责任。董事会负责审定风险偏好及重要的风险政策、审议全面风险管理报告及重大风险事项处置方案、推进风险文化建设和组织架构优化、聘任及考核首席风险官等方面的工作。董事会下设的风险管理委员会履行全面主动风险管理相关职责及董事会授权的其他职责。

2. 高级管理层的实施职能。高级管理层承担全面风险管理的实施职责，负责执行董事会决议，将董事会的战略意图分解为可操作、可考核的具体管理措施，确保完成和实现董事会及监事会确定的风险管理任务和目标。

高级管理层设置的风险管理专门委员会，一般称为风险管理与内控管理委员会，是银行风险管理与内部控制的研究、议事和协调机构。风险管理与内控管理委员会通过会议等方式定期或不定期听取银行全面风险管理报告，审议风险管理领域重大政策和制度、重大风险事项化解方案，协调整体风险的防范、控制和应对，并督促落实。

3. 风险管理体制。风险管理体制的设置没有统一的行业惯例，通常有两种形式，即垂直管理体制和层级管理体制。

垂直管理体制要求风险管理部门不仅要独立于业务经营部门，而且要直接对上级风险管理部门负责，即第一报告路线为向上级风险管理部门汇报。各业务经营部门的风险派驻团队人员也要对本级风险管理部门负责。垂直管理体制在国际大型商业银行中应用比较普遍。

层级管理体制要求各层级风险管理部门首先对本级机构主要负责人负责，第一报告路线也是向主要负责人报告。目前国内大型商业银行普遍采用层级管理体制。

4. "三道防线"管理机制。"三道防线"是国内大型商业银行在股改上市时借鉴国外先进同业实践后逐步形成的概念。其具体模型如图 3-2-1 所示。

第一道防线为业务部门（前台经营部门），承担所辖产品和业务风险管理的直接责任。在业务经营中，业务部门遵循全行统一的风险偏好，有效落实各项风险管理要求，

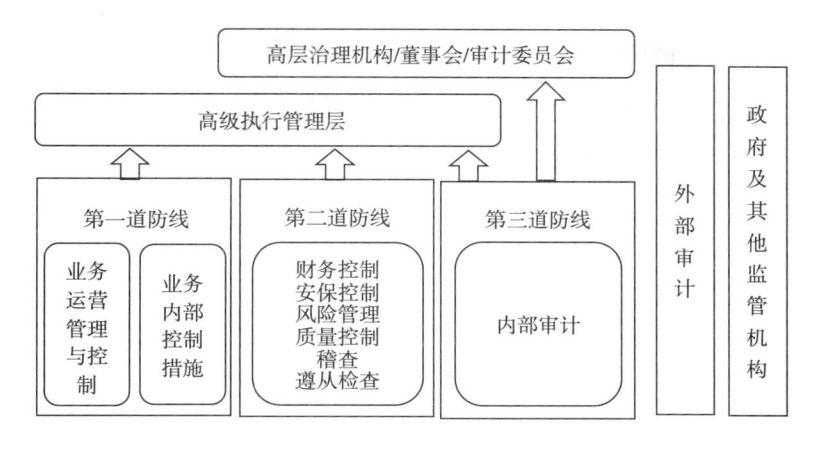

图 3-2-1 三道防线模型

承担日常管理决策和业务运营中相关风险的直接管理职责，并做好条线管理；配合风险管理部门定期对所辖业务的各类风险进行识别、监测、评估并报告，及时发现隐患、弥补漏洞；及时提供风险管理所需数据和信息，并对数据质量负责。

第二道防线为风险管理部门和内控合规部门，其中风险管理部门负责对各业务部门的风险管理活动进行规范、引导、协调、评估、监督及报告，内控合规部门负责督查各业务部门遵守法律法规、监管规定及内部规章制度的情况。

第三道防线为内部审计、纪检等部门，强化对前两道防线的再监督，以风险为导向查找存在的问题和业务运作中的重大风险隐患，确保前两道防线能及时防范风险，属于后台监控。

（三）数字化风控体系提升智能主动风控能力

随着人工智能、区块链、云计算、大数据等金融科技的突破式发展，商业银行也着力应用金融科技完善风险管理体系，进行数字风控体系建设，打造企业级风险管理平台和风控中台，以用于支持经营决策。

风险管理嵌入业务流程系统。持续将制度、流程、授权和限额等风险管理的关键环节嵌入业务流程系统，支持客户实现风险筛查及欺诈识别，增强风险控制的主动性和精准性。

应用大数据提升风险计量。整合内外部数据，主动挖掘和应用海量数据，建立数据应用管理体系，改善风险计量模型的表现，实现从获客到不良处置的全流程线上业务风险管控。

构建企业级的风险预警与管理平台。运用人工智能技术实现数据分析及捕捉风险变化趋势，实现贷前准入、贷中放款、贷后管理的系统自动预警或监控，健全反欺诈体系，实现预警信息充分共享，运用关联图谱、机器学习、深度学习等前沿技术，实现单户管控向"系、圈、链"管控模式转变。

三、信用风险管理

信贷业务是银行主要的业务，银行作为信用中介直接以债权人或债务人的身份参与资金融通。银行对业务的管理过程，实质上也是对信用风险的管理过程。信用风险管理贯穿于整个信贷业务操作流程中。

（一）信用风险选择

开展信贷业务首先面临客户选择的问题，银行判断客户好不好、做不做即是风险选择的过程。银行风险选择的能力直接影响了银行的信贷资产质量和盈利回报。

风险选择以风险偏好为出发点。银行风险选择应遵循自身风险偏好，综合考虑经营环境和可用管理资源，主动承担合适的风险敞口。

风险选择要坚持能识别、可承担、有盈利和善管理。能识别是指银行弄不清楚的事情就不要做；可承担是指银行要具备涵盖识别、计量、监测和控制信用风险的审慎政策与程序，确保交易安全完成，同时银行有足够的资本来承担和抵御交易中的风险；有盈利是指银行在风险识别和计量的基础上，主动选择那些经济增加值为正的业务领域和交易；善管理是指银行要充分发挥长板优势，在自己擅长管理的领域开展业务。

风险选择以风险计量为依据。建立定量的风险计量方法，在经营管理中就有条件对风险作出科学的排序，从而为风险选择提供依据。

风险选择通过信贷政策和结构安排实现。信贷政策基于银行的发展战略和风险偏好，着眼于提高资本利用效率。提升盈利能力、实现即期回报与长期可持续发展的有机平衡，是信用风险选择的具体体现。

（二）信用风险识别

有效管理信用风险的基本前提是识别风险。风险识别是指银行在风险发生前，对业务经营中可能发生的风险种类、生成原因进行分析判断。面对信贷领域广泛存在的信息不对称问题，银行在信贷业务的贷前、贷中、贷后环节均需要开展风险识别，才能较为全面地掌握借款人经营状况的动态变化，及时采取风险防范措施。

1. 贷前调查是信用风险识别的重要环节

贷前调查是指信贷人员在贷款发放前对客户信息及相关材料进行收集整理、调查核实、分析论证，对影响信贷资产的潜在事项或因素予以全面、及时的识别，并出具调查结论，为后续风险计量、风险安排和风险决策提供有效依据和支撑。

贷前调查的内容。贷前调查要从外部环境、客户基本面、客户财务状况、融资用途背景等方面，对客户的风险状况作出全面准确判断。零售客户的风险识别重点包括外部环境风险识别和客户基本面（交易真实性、借款人还款能力和意愿）风险识别，具体如表3-2-1所示。

表3-2-1 贷前调查的主要内容

主要方面	主要内容	具体内容
外部环境	宏观环境	宏观经济及行业周期、宏观经济政策、产业经济政策等信息
	行业环境	行业成本结构、行业市场需求、行业成熟度、行业盈利能力、依赖性、替代产品和监管
	区域环境	区域自然条件、产业结构、经济政策、经济发展水平、政府行为等信息
客户基本面	基本情况	主体资格及经营范围、股权结构、组织架构和人力资源管理、信用状况、私人控股企业控制人及主要股东信用、关联关系、决议性文件、发展规划
	生产经营状况	生产经营运转情况、主营业务、市场营销情况、盈利模式及竞争力、上下游交易情况及成本结构、行业风险、环保、节能及安全生产
客户财务状况	财务情况	财务审计报告形式审查、财务报表真实合理性审查、主要科目调查、财务状况分析（偿债能力分析、盈利能力分析、营运能力分析、现金流量分析）
	银企合作情况	客户与金融同业合作情况、现有授信方案执行情况、现有债项执行情况、授信需求
融资用途背景	项目基本信息	项目立项材料、项目要件材料、项目资本金结构、项目资本金投入、项目资本金使用情况
	交易背景	交易合同信息、交易证明文件
	融资用途和还款来源	融资用途、还款资金来源
	风险缓释措施	保证人调查、抵（质）押担保调查

贷前调查的方法。贷前调查的方式可采取实地调查、间接调查、综合分析。实地调查是指信贷人员亲赴相关现场，通过实地走访、账务核实、面谈等方式获取客户信息的调查方式。间接调查是指信贷人员从客户以外的第三方机构获取客户信息的调查方式。综合分析是通过实地调查、间接调查获取客户相关信息和资料后，信贷人员提炼信息、印证信息并开展综合分析，识别客户风险，明确风险应对策略。信贷人员在调查过程中，应客观、审慎地对客户相关信息进行真实性核查，有效识别真实性风险。具体调查方法如表3-2-2所示。

表3-2-2 贷前调查方法

方式		具体内容
实地调查	走访	走访客户与担保人的主要经营场所、生产车间和施工现场，核实客户的经营状况、生产能力、项目施工进度等是否与相关账务信息一致
		走访客户与担保人主要固定资产所在地、存货存放地，核实固定资产、存货的权属是否清晰，价值是否稳定，保管措施是否适当
		走访客户的同行或上下游企业，深入了解行业现状、发展前景、原材料价格及变动趋势、付款条件、信用记录、产品市场竞争力等情况
	账务核实	查验客户财务报表和相关账簿，核实关键财务数据是否"账表、账账、账实"相符，对于异常会计科目或大额往来款项是否与发票、出库单、发货单、银行入账单等原始凭证相符

续表

方式		具体内容
实地调查	面谈	与客户主要管理人员、财务人员及普通工作人员交谈，了解客户生产经营状况、财务状况以及发展战略等信息
间接调查	利用互联网	利用搜索引擎
		利用专业网站查询
	查询外部监管机构、行政主管部门网络系统	通过人民银行征信系统，查询客户信用记录、负债规模、对外担保等信息
		通过工商、税务、海关、国土、环保等行政主管部门、司法机关、行业协会、金融同业、评估机构以及会计师事务所、律师事务所等机构，对客户信息的真实性进行核实
	其他外部信息搜集渠道	通过收集整理报刊、杂志、电视、广播等媒体上有关客户的报道，获取相关信息
		通过人际关系网等非正式渠道获得非公开的关键信息
	行内信息系统渠道	充分运用行内信息系统工具
信息提炼	经验判断法	在浏览审阅原始信息过程中依靠自己的学识和经验，凭经验判断信息的真伪和可信度
	交叉检验法	对不同信息来源途径、同一信息来源途径的钩稽关系进行分析，对客户信息进行真实性、准确性、完整性判定
	集体讨论法	对于无法下结论的信息，采用集体会诊的方法确定取舍
	专家裁决法	对一时无法取舍的信息交由专家裁决
	数学核算法	对原始信息有疑虑的情况通过数学核算进行确认
	现场核实法	对存在疑虑的信息，深入现场核实真伪
信息印证	"眼见为实"开展现场核对	通过实地考察、现场核对、正面观察等方式印证客户信息
	"顺藤摸瓜"查阅信息	通过一些信息质疑点开展调查，追根究底，印证客户信息的可靠性
	"上下左右"比较和印证信息	掌握客户相关信息的关联方信息，如主管部门、上下游客户、同业，通过不同来源的信息进行比较和相互印证
	"抽丝剥茧"查找潜在信息	层层分析信息的相关因素及其影响，查找潜在风险相关信息

案例拓展

贷前调查—看客户基本面—穿行上下游产业链

B 公司主导产品为空调外壳塑料零部件。该公司仅有 M 集团这一强力下游厂商作支撑（下游客户过于集中），规模小、成立时间短、抵御风险能力弱。贷款后不久 M 集团对所有供应商精减 50%，该公司因产品价格缺乏竞争力而惨遭淘汰。至此，B 公司市场丧失，资金链断裂，丧失了还款来源。

2. 贷中审查细节决定成败

贷中核查是审查人员对调查人员提供的资料进行核实、评定，复测贷款风险度，提出审核意见，按规定履行审批授信及贷款发放。

贷中审查的内容。贷中审查主要在授信审批、贷款发放等环节开展。授信审批环节主要对授信申报事项及申报材料要件、内容进行检查核对，包括申报事项政策制度遵循性审查、申报材料要件齐全性审查和申报材料内容完备性审查。贷款发放环节主要对授信审批条件落实、贷款用途、合同签署、支付方式等内容进行审核。

贷中审查的方法。贷中审查主要对信贷客户和信贷业务的完备性、规范性、合规性和有效性进行审核，应严格遵循操作流程，开展精细核查验证。如贷中核查过程中发现信贷客户及业务信息钩稽关系、逻辑关系等存在明显瑕疵，审核人员需要求信贷经营人员做进一步核查。具体方法如表3-2-3所示。

表3-2-3　　　　　　　　　贷中审查的方法

方式	具体内容
信息要素比对分析	审核人员对各项信息要素的一致性进行核查比对
遵循性审核分析	比照相关制度、标准、法律规定审核信贷要件的齐全性、合规性
查阅相关信息分析	依据相关名单、系统、征信报告、预警信息查询比对客户及业务信息是否合法、合规
交叉检验分析	对信贷业务资料的钩稽关系、逻辑关系开展分析，确定客户及业务信息是否具备准确性、完整性、合规性

案例拓展

贷中落实贷款条件

H有限公司，贷中落实抵押物过程中，未按要求将土地及地上附着物一并抵押，存在于土地上的三幢房产仅就其中一幢办理了抵押手续，其余两幢房产被抵押给其他债权人，给银行后期处置带来一定困难。

3. 贷后管理是真正经营客户的开始

贷后检查是从贷款发放或其他信贷业务发生后，到本息回收或信用结束的整个过程中，对影响信贷资产安全的各类因素定期或不定期地进行跟踪调查和检查，及时识别风险信号。

贷后检查应遵循早发现、早预警、早化解的原则。信贷经营管理人员需要对客户信息保持高度敏感，深入企业经营财务活动，时刻监控、收集企业的各种信息，并做好贷后回款、用款、贷后走访、风险分析等关键环节的风险识别。对在贷后检查中发现的风险信号，应及时按照信贷机构的分析预警管理规定进行管理和报告，针对不同等级的预警信号，根据实际情况采取一项或多项措施，形成有效的行动方案。

贷后检查的内容。贷后检查主要从客户、债项、信贷产品、担保措施等维度开展，具体如表3-2-4所示。

表3-2-4　　　　　　　　　　贷后检查的内容

主要方面	主要内容	具体内容
客户情况	客户基本情况	公司实际控制人、法定代表人、主要负责人情况、公司高管及员工变动情况、关联关系情况
	生产经营情况	生产经营状态是否正常，是否存在停产、半停产，或经营恶化等情况；公司生产经营策略变动情况；上下游关系情况
	财务状况	按季收集客户财务报告，对报告的真实性、完整性做形式审查，对公司财务指标及变动情况进行分析
	账户行为	分析本行存款及结算情况；分析了解客户所有账户流水情况
债项情况	信贷资金用途延伸核查	追踪客户贷款资金流向、还款资金来源等，判断资金用途是否符合约定用途，是否合法合规等
	还款情况	客户还款意愿是否良好；是否配合银行的贷后检查
信贷产品情况	信贷产品具体检查要求	根据各产品制度规定，对各产品关键风险点情况进行检查
担保情况	抵质押物状态	确定抵质押物是否完好无损
	保证人情况	收集保证人经营状况、财务状况、对外负债及对外担保等信息，重点关注保证人是否存在影响代偿能力的风险隐患

贷后检查的方法。贷后检查方式分为现场检查和非现场检查。现场检查是到客户、保证人或利益相关方等的生产经营所在地、项目建设地、押品保管地等进行实地检查，收集资料、了解最新变化情况；对非现场检查发现的风险疑点进行现场核查等。非现场检查主要是依托内部系统工具，对系统推送的企业财务报表及网络、系统信息等进行分析判断，发现需现场核查的风险疑点应推送给现场检查岗等。

贷后现场检查和非现场检查可以参考前述贷前调查的通用方法。针对不同行业、不同授信产品等维度，还需要制定更有针对性的检查内容。

（三）信用风险计量

信用风险计量是指运用数据挖掘和数理统计技术，发现和掌握信用风险的演变规律，对客户信用风险状况作出准确评价，为银行按照规律对信用风险实施科学管理提供依据和支持。现代信用风险管理的基础和关键环节是信用风险计量，如果无法计量风险，就无法对风险进行有效管理。

1. 单一资产的信用风险计量分为客户评级和债项评级两个维度

客户信用风险的评价即客户评级，通过违约风险（Probability of Default，PD）计量。客户信用评级是指对客户因偿债能力变化而可能导致的违约风险进行分析、评价和预测，及确定客户信用等级的过程。评价结果是违约概率（PD），是指债务人在未来一段时间内（通常1年）违约的可能性。

客户评级采取定量分析、定性评价和特例事项调整相结合的方法,对客户违约风险进行综合评价。

定量评价是基于宏观经济数据及客户提供的近年财务报表,对定量指标运用统计模型进行违约风险分析和判断,定量评价指标及其权重是通过统计分析方法,从对客户违约的敏感性、业务逻辑性和数据的可靠性等角度进行筛选确定,主要包括偿债能力、盈利能力、营运能力等客户财务风险指标和宏观经济指标。

定性评价是评价人员根据所掌握的相关信息和经验,对客户基本情况及主要风险特征进行定性分析和判断,包括客户的管理水平、竞争实力、经营环境三个方面。

特例事项调整是对影响一般公司客户生产经营和偿债能力的重大事项,根据调整规则对客户初始评级结果进行调整,重大事项包括净资产为负、本行或他行信用记录、法律诉讼、第三方负面评价、违法违规、管理层异动、异常税务记录、重大灾害等事项。

债项评级通过违约损失率(Loss Given Default, LGD)和违约风险暴露(Exposure At Default, EAD)计量。债项评级是银行信用风险管理的主要工具,可以弥补客户信用评级不能完全反映全部信用风险的不足,主要针对交易风险特征进行评估,其核心是根据违约损失率进行债项等级评定。

违约损失率是指某一债项违约导致的损失金额占该违约债项风险暴露的比例,即损失占风险暴露总额的百分比。违约损失率计量方法包括回归分析方法、决策树方法、隐含数据分析法和现金流分析法。违约风险暴露是指债务人违约时预期表内和表外项目的风险暴露总额。违约风险暴露包括已经使用的授信余额、应收未收利息、未使用的授信额度的预期提取数量以及可能发生的相关费用等。实施信用风险内部评级法的大型银行计量非零售违约风险暴露(EAD)有两种方法:一种是信用风险内部评级初级法,采用监管规定的规则计量 EAD;另一种是信用风险内部评级高级法,银行根据历史数据建立模型来估计 EAD。

信贷资产风险分类是在对公债项 LGD 计量的基础上,结合对公客户信用评级结果,辅以专家判断建立的债项风险分类体系。公司类信贷资产风险分类的基本流程包括初始分类级别确定、风险因子调整、风险缓释措施调整和综合调整四个步骤,将信贷资产划分为十二级分类。十二级分类是基于资本协议的一种风险内部评级,核心变量是预期损失,建立在对违约概率和违约损失率进行科学计量的基础上,是考虑特定交易特征的债项评级,体现了对风险的前瞻性考量。

2. 组合风险管理的核心计量工具——经济资本

经济资本是度量资产组合风险大小的工具。银行在单笔资产风险的基础上,考虑资产之间的相关性,计量出在一定置信水平下的最大损失,为组合风险管理提供了量化支撑。

从巴塞尔协议和国际先进银行的实践来看,经济资本已经成为银行风险管理的有效工具,西方先进银行借助经济资本这一核心工具实现对银行风险总体轮廓和风险分布的科学量化管理。计量经济资本的六大关键要素是容忍度、违约概率（PD）、违约损失率（LGD）、违约风险暴露（EAD）、相关性和迁移风险。

小看板

经济资本与监管资本之间的关系

经济资本与监管资本都是用于风险缓冲，但经济资本是由银行管理者从内部来认定和安排缓冲，反映股东价值最大化对银行管理的要求；监管资本是由监管当局从外部来认定这种缓冲，反映了监管当局对股东的资本要求，体现为股东的资本费用。经济资本与监管资本的用处不同，监管资本是监管部门通过资本充足率测算来监管和控制银行的风险，经济资本是银行内部通过非预期损失的资本抵御来控制风险。经济资本在数额上与监管资本也可能不一致。监管资本是根据资本充足率监管口径计算的、实际可用于弥补非预期损失的资本。为充分抵御风险，银行的监管资本应该超过经济资本（最经济的形式是两者相等）。如果经济资本超过监管资本，说明银行所面临的非预期损失的风险超过了资本承受能力，风险的资本支持不足。如果经济资本增加，为了保持资本充足率水平不降低，监管资本至少应等额增加。如果经济资本增加而监管资本不增加，则资本充足率水平会下降。

---

3. 零售信用风险计量体系包括零售信用评分和零售风险分池

零售信用评分是针对单笔债项层面的，它运用数据挖掘技术和数理统计技术，捕捉历史信息和未来信用表现之间的关系，并用一个具体分数直接展现，为信贷管理决策提供依据。零售风险分池是针对资产组合层面的，它运用数据挖掘技术和数理统计分析方法，将全部零售债项归入一个个不同的"资产池"，每个资产池内的所有债项具有相同的风险特征，从而通过对资产池的管理实现对全部零售资产的管理，根据零售资产池计量的风险指标，零售资产池分为 PD、LGD 和 EAD 资产池，每个资产池内的债项具有相同的违约概率、违约损失率和信用转换系数（CCF）。

（四）信用风险安排

1. 授信总量安排

合理的授信量，可以使银行和客户双赢。在确定总量时，银行应先准确计算客户的风险限额，以风险限额为基础，对客户的资金需求总量进行测算和估计。客户资金需求主要有流动资金需求和固定资产投资资金需求，银行在结合客户的总风险敞口的基础上，对客户授信总额进行统筹安排。零售客户授信总额的安排，主要参考客户的还款能力来确定，另外还要根据客户的信用评分、押品覆盖程度、保证人保证能力等进行适当调整。

2. 信贷产品安排

对授信方案中信贷品种进行合理调整和组合，通过对信贷产品的设计，将已识别风险安排内嵌到授信产品安排中，从而事先把控风险。

3. 授信期限安排

根据监管部门及银行的合规性要求、客户经营资格要求、主营业务经营权期限等，将授信期限确定在合规的范围内。客户资金周转期是合理确定授信期限的基础，还款来源、到账时间是调整授信期限的主要因素，同时还应根据外部环境、客户自身的稳定性和风险状况，对授信期限予以适当调整，并最终确定授信期限的安排。

4. 风险缓释工具安排

风险缓释是指通过担保措施或其他相应安排来降低风险的损失频率或影响程度，其作用是降低债项违约时的实际损失，从而可以弥补债务人资信不足的缺点，提高债项的吸引力。信用风险缓释工具包括抵质押品、保证、净额结算、信用衍生工具等。

风险缓释工具的安排应遵循合法性、有效性、审慎性、独立性和差别化等原则。

根据巴塞尔新资本协议对合格押品的分类，银行接受的押品分为金融质押品、应收账款、商用房地产和居住用房地产、其他押品四大类。在进行押品安排中，应根据价值稳定性、变现难易程度等因素确定选择的优先次序。重点关注押品的合法合规性、押品的缓释变现能力、押品能否有效覆盖风险敞口和押品风险转移等因素。

5. 授信价格安排

银行经营信贷业务就要承担合理的风险，如何能让收益覆盖风险，是信贷业务工作中面临的主要挑战。价格是银行最难决策的风险安排要素之一。银行的报价既要考虑政策规定，也要从银行自身出发考虑业务成本、风险与必要的利润，又要从客户角度出发，使价格能够被客户接受，同时还要考虑到竞争对手的价格策略、市场的价格水平等。

授信定价有三种基本方法，分别是成本导向定价法、需求导向定价法和竞争导向定价法。

成本导向定价法是主要根据银行经营管理贷款所发生的资金成本、各项费用、风险成本和分摊的资本成本等要素确定授信价格的方法。成本是贷款的定价基础，决定着贷款的价格底线，是其他各种定价方法的基础。

需求导向定价法主要以客户对银行贷款的认知价值为基础对贷款进行定价。需求影响客户对贷款价值的认识，决定着授信价格的上限。

竞争导向定价法是指银行主要参照市场上同业的授信价格水平确定本行的价格。市场竞争状况调节着授信价格，影响银行和客户双方的协定价格。

6. 风险控制措施安排

银行在贷前调查或审查中会发现客户在某些方面存在一些潜在的不足，在策划授信方案时，通过明确授信前信贷条件和授信后风险控制措施，来控制风险因素对客户偿还能力的影响。

信贷条件有以下三个层次的含义：一是银行与借款人商定的授信价格条件，包括贷款的金额、利率、费用、期限等；二是借款人使用贷款应具备的前提条件，主要是考虑借款人借款的前提是否具备，借款的时机是否成熟等；三是客户使用贷款须保证的持续条件，主要是确定借款人在用款的过程中，保证其法律地位和财务状况的持续稳定，包括借款人的陈述和保证，借款人的承诺，以及违约事项等。

实践中，授信前提条件主要有：必要的客户承诺、风险缓释措施的落实、开立结算账户或偿债专户和约定相关的其他条件等。

授信持续条件主要有：要求客户评级维持在一定等级以上，要求负债率不得高于一定水平，要求流动性水平须维持在一定范围，要求客户保持一定的盈利水平，要求或有负债必须在一定比例内，要求股权结构维持一定稳定性，限制长期投资，限制发行优先债等。

这些限制性条件实际上是企业经营状况变化的早期预警信号，因此授信前对这些风险信号出现后的应对措施应进行预先安排，有利于授信后及时进行处理，有效控制风险。

（五）信用风险监测、预警与应对

信用风险监测预警是指银行通过建立有效指标体系，借助各种先进的监控技术，有效捕捉信用风险指标的异常变动，并判断指标是否已超过阈值。当其超过阈值时，及时预警，并在风险预警的基础上采取跟踪控制措施，为控制和降低信贷风险创造有利条件，保障银行资金安全，减少损失。

1. 监测预警是一个持续动态的管理过程

监测预警是信贷经营管理人员通过各种监测手段和工具，持续、动态捕捉授信客户的风险信号，提前采取预控措施，为控制和降低信贷风险创造有利条件。监测预警管理包括收集信息、触发预警、甄别核查、跟踪管理等环节。信用风险监测预警工作流程如表3-2-5所示。

表3-2-5　　　　　　　　信用风险监测预警工作流程

工作流程	工作事项	具体内容
收集信息	人工收集信息	由经营管理人员在日常监测、贷后检查、风险排查中收集风险信息。
	系统自动收集信息	通过本行开发的监控预警信息系统或外部公司的监测平台，将客户各类数据信息进行自动归集、整理、展现。
触发预警	触发方式	包括系统触发和人工触发方式发出预警并派发甄别核查任务。
	预警分级	按照风险的严重程度，将预警信号划分为高、中、低等不同的等级。
甄别核查	风险甄别	对风险预警信号的真实性进行甄别。
	风险核查	客户经理调查核实风险成因，结合现场检查信息、外部舆情等，对客户是否存在实质性风险进行分析判断，并制定具体措施。
跟踪管理	贷后跟踪管理	对风险信号核查属实的客户，应根据客户的风险状况，制订风险化解方案，加强贷后管理，及时调整经营管理策略。
	预警退出	对符合客户风险已化解、融资类业务全部结清、客户风险分类已下调为不良等情形的预警客户，可实施预警退出。

2. 风险应对是出现信用风险事项后的防范计划

风险应对是客户出现信用风险事项后，在分析其风险影响程度的基础上，根据风险性质和银行对风险的承受能力而制订的回避、承受、降低或者分担风险等事后的防范计划。风险应对措施包括调整授信方案、增加风险控制措施、推动客户资产重组、实施信贷退出和采取资产保全处置措施。

调整授信方案的前提是客户具有可持续经营能力，未来对贷款具有偿付能力，不扩大风险敞口，不弱化担保措施。主要有再融资、贷款期限调整、变更借款人和贷款承接表外授信业务等方式。

增加风险控制措施是在客户贷款风险增大时，银行可以通过与客户共同签订协议，增加适当的控制措施，监控或限制企业的经营活动及其他对偿债有影响的活动，以达到降低风险的目的。增加风险控制措施包括监管企业的银行账户、对企业资金进行封闭式管理、与企业签订贷款分期还款计划和增加风险缓释措施等。

推动客户资产重组是银行借助自身项目服务能力的优势，帮助企业通过与其他企业重组的方式，改善财务状况。

实施信贷退出是当客户偿债能力出现很大风险时，银行根据客户经营具体情况，采取不同的退出策略实施主动的信贷退出。

资产保全处置是对于确实已无力偿还贷款的客户，银行应及时对不良资产采取处置措施，盘活不良资产，化解潜在风险，降低不良资产损失，提高资产质量。资产处置主要有催讨清收、依法清收、贷款重组、呆账核销、资产证券化、不良资产打包出售等方式。

案例拓展

F集团的风险化解历程：银行采取风险应对，实现企业重生

F集团曾经是某区域国企的一面旗帜，是某区域工业经济的重要支柱。2017年，F集团生产经营出现重大风险，旗下子公司G公司于2017年2月及7月先后两次发生爆炸，安全许可证被吊销，公司生产经营陷入停顿。随后，集团资金链濒临断裂，包括公司董事长在内的数名高管被采取司法措施，各类诉讼集中爆发，成为当时某区域最大的金融风险。某银行风险敞口余额高达近50亿元，面临重大信用风险。

某银行采取了以下风险应对措施：1. 整体联动，建立多级联动风险化解体系。通过高层联合帮扶、各级齐抓共管、前中后台有效联动的立体风险管控机制，落实主体责任，推进整体联动，强化日常管理，形成主动作为、策略共商、协同推进的有利局面。2. 勇于担当，带头落实债委会工作措施。作为F集团债委会副主席行，某银行积极参与债委会工作，研究分析F集团提出的相关诉求和债委会联席会议案，多次提出合理化建议，为F集团改革脱困出谋划策，持续维护债权银行权益。3. 对症下药，推动企业增强造血机能。积极支持F集团改革脱困和聚焦主业，坚持"以经营思路化解

信贷风险"的理念，支持企业重组，助推转型发展，持续增强企业自身造血机能。

历经 5 年政、银、企协同发力，F 集团实现浴火重生。目前，F 集团生产经营态势良好，集团年度经营利润由亏损变成盈利，金融负债下降，资产负债率下降，经营管理重新步入正轨，国有股权全面厘清，安全环保总体受控，银企关系逐步正常，生产经营根本好转，实现了集团财务指标和资金状况根本好转、银企关系正常化的风险化解目标。某银行风险敞口压降，贷款分类上迁。

四、市场风险管理

（一）市场风险管理概述

银行在经营发展过程中，受利率、汇率、股票价格、商品价格等市场价格不利变动的影响，各项表内外业务蒙受损失的可能性称为市场风险。根据驱动因素不同，通常将市场风险分为利率风险、汇率风险、股票价格风险和商品价格风险。这四种风险类别不是互相独立的，任何一种风险因素的变化都可能直接或间接影响到其他类型的市场风险。

1. 利率风险

利率风险是指利率的不利变动对金融工具价值的影响导致的潜在损失。按照来源不同，可以分为重定价风险、收益率曲线风险、基准风险和期权性风险。利率风险影响因素包括货币政策、物价水平、宏观经济增长情况、国际利率水平、国际资本流动和基准利率等。

2. 汇率风险

汇率风险是指由于汇率的不利变动导致的潜在损失。汇率风险又可以分成折算汇率风险和交易风险。

3. 股票价格风险

股票价格风险是指股票或股权价格的不利变动导致的潜在损失。所有包含股票因素的金融工具，都会面临此类风险。对银行而言，虽然不直接投资股市，但代售的基金却直接受股市的影响，很多理财产品因为与股票挂钩，也面临着股票风险。

4. 商品价格风险

商品价格风险是指因商品价格的不利变动导致的潜在损失。所有商品和以商品为基础的衍生品头寸都会面临此类风险。

（二）市场风险识别

为了更好地理解市场风险，从市场风险产品的维度出发，对其所面临的市场风险及其他风险进行识别和判断。

1. 外汇市场交易及其所面临的主要风险

外汇市场交易是指投资者通过买卖货币来获取汇率变动的差价利润。按交易类型，外汇市场交易分为即期、远期、掉期和期权交易。这类产品面临的主要风险包括市场风险（汇率波动方向或幅度与投资者的预期不一致，可能会导致亏损）、信用风险（交易对手因为流动性不足、管理不善等原因无法履行付款义务而导致的损失）、流动性风险（人民币小幅升值引起更强的升值预期，可能会有更多的外汇资金选择结汇，从而对银行的外汇储蓄存款等带来不利影响）、操作风险（交易过程中由于操作人员、模型系统以及操作流程等方面的失误而导致的损失）与法律风险（与客户或同业未能签署有效的交易协议而可能导致的法律纠纷）。

2. 债券产品及其所面临的主要风险

债券是政府、金融机构、工商企业等机构通过资本市场直接向社会筹措资金时，向投资者发行，承诺按一定利率支付利息并按约定条件偿还本金的债权债务凭证。这类产品所面临的主要风险包括市场风险（债券市值因利率走势而波动的风险）、信用风险（债务人可能会违约或无法按时偿还本息所遭受的损失）、提前还款风险和延期偿还风险（资金池的现金流与债券本金的摊销及利息收取与资金池现金未能保持一致而导致的风险）、流动性风险（债券无法以合理的价格变现而导致的损失）与操作风险（交易过程中由于操作人员、模型系统以及操作流程等方面的失误而导致的损失）。

3. 衍生产品及其所面临的主要风险

衍生产品是指从传统的基础金融工具衍生发展出来的新金融产品，主要形式有远期、期货、期权和掉期等。这类产品所面临的主要风险有市场风险（基础资产的价格波动或衍生产品本身的供求关系而导致的交易盈亏或衍生产品市值变动产生的浮盈浮亏）、信用风险（交易对手违约或无力履行合约义务而产生的风险）、流动性风险（衍生产品本身和交易对手提供担保物的流动性风险）、操作风险（外部欺诈或内部管理问题造成的意外损失）、法律风险（衍生交易合约不能依法执行而产生损失的可能性）和声誉风险（由于交易双方信息的不对称性，弱势一方出现亏损后极易引发法律诉讼，从而使另一方面临重大声誉风险）。

4. 贵金属业务及其所面临的主要风险

贵金属业务即与贵金属产品有关的业务，包括黄金、白银、铂金、钯金等贵金属品种。贵金属业务所面临的主要风险包括市场风险（价格风险和汇率风险，黄金租借业务还面临利率风险）、信用风险（交易对手违约风险）、流动性风险（实物贵金属库存量无法同时满足销售和兑换，境内平台黄金交易不活跃）、操作风险（日常操作风险、报价风险、IT系统风险）和声誉风险。

5. 大宗商品及其所面临的主要风险

大宗商品是指可进入流通领域，但非零售环节，具有商品属性用于工农业生产与消费使用的大批量买卖的物质商品。这类交易所面临的主要风险有信用风险（客户或交易对手的违约风险）、操作风险（交易的传递与完成依赖手工进行，缺乏系统支持）和流动性风险（OTC大宗商品衍生品交易在亚洲交易时段不活跃，客户若选择即时成交，面临无法成交或只能部分成交的风险）。

（三）市场风险计量

市场风险的识别能力告诉我们风险到底来自哪里，但风险到底有多大呢？在不同的情况下可能的损失是多少呢？要回答这些问题，就必须在前面定性分析的基础上，进一步开展定量分析，对风险进行准确的计量。

在定价与估值的基础上，我们需要进一步知道产品未来价格或价值的变化，这就需要在不同情景、不同概率下去进行风险的计量。在实际工作中，由于银行账户与交易账户在风险形态以及风险计量方法上存在一定的差异，我们一般习惯从银行账户风险计量和交易账户风险计量的角度分别进行计量和管理。

银行账户风险计量方法：主要工具为重定价分析、久期分析、敏感性分析和情景模拟。

交易账户风险计量方法：主要依托风险价值（VaR，即风险价值或在险价值），并以此形成一套完整的风险计量体系，包括风险价值计量、压力风险价值计量和返回检验。

压力测试：市场风险压力测试是一种评估市场风险敏感度和稳健度的方法，旨在测试一个资产组合或金融机构在市场风险情况下的表现。压力测试旨在弥补风险价值的不足，即考虑小概率事件发生时，利率、汇率、商品价格、股票价格等市场风险因素对银行资产价格、质量、损益的影响，揭示极端环境下金融市场业务面临的薄弱环节。通过确定压力测试的对象、设计压力测试情景、执行压力测试、分析压力测试结果，形成完整的压力测试报告并进行报告，根据压力测试结果制定应对措施等。

市场风险经济资本：经济资本是描述在一定的置信度水平上，一定时间内，为了弥补银行的非预期损失所需要的资本。风险价值模型是计量市场风险最常用的技术。

（四）市场风险安排

市场风险安排是指银行要在风险偏好的引领下，合理安排和调整负债结构，构造适合其风险承受能力的金融市场业务资产组合。市场风险安排包括银行账户利率风险安排和金融市场业务市场风险安排。

1. 银行账户利率风险安排

银行账户利率风险是指银行面临的由于市场利率变动而产生的风险。这种风险可能会对银行的资产和负债造成影响，进而对银行的收益、流动性和资本结构产生影响。银行账户利率风险安排方法包括总量管理和集中管理。

总量管理：通过制定银行利率风险边界、利率风险准备金和利率风险经济资本来管理。

集中管理：通过全额资金计价和产品定价授权体系来管理。

2. 金融市场业务市场风险安排

金融市场业务市场风险安排是对风险进行合理安排和选择的过程，主要包括产品安排、客户选择、风险缓释措施、组合安排和限额管理五个方面。

产品安排：在构造适合银行风险偏好的产品组合时，首先需了解各种产品的风险程度，必要时对产品进行风险分级，然后再综合考虑收益目标、市场供求、业务发展战略和风险管理能力等因素形成恰当的产品组合。在选择产品时，还要注意产品的定价是否合理，价格要能充分覆盖产品所承担的风险，达到风险和收益的平衡。

客户选择：需要对债券发行主体、代客衍生产品业务、黄金租借的客户端进行适当的选择和安排，并采取相应措施控制信用风险，以防范客户信用风险对银行造成损失。

风险缓释措施：指通过运用合格的抵质押品、净额结算、保证和信用衍生工具等风险控制措施来降低风险的损失频率或影响程度。

组合安排：主要涉及债券投资。在构造投资组合时，应考虑投资组合期限的搭配和行业的分布，注意防范集中度风险，运用经济资本等工具计量和控制组合的整体风险。

限额管理：是根据银行风险偏好和风险政策对关键的市场风险指标设置限额，并据此对业务开展进行风险监测和控制的过程。

（五）市场风险控制

市场风险预警控制即根据业务的特点，通过收集相关的数据信息，监控风险因素的变动趋势，向决策层发出报告并采取相应控制措施。以有效的方法对市场风险进行预警控制，对于尽早发现风险，及时采取措施防范和化解风险，防止风险蔓延具有重要的意义。

风险预警控制方法包括风险监控、风险检查和风险报告；风险防范和化解措施包括减值准备、止损对冲和应急管理。

五、操作风险管理

随着银行机构越来越庞大，产品和服务越来越多样化和复杂化，一些操作上的失误，可能导致极其严重的后果。20世纪90年代以来，巴林银行事件和"9·11"恐怖袭击等重大事件对银行业的冲击，使监管机构和银行意识到，除了信用风险和市场风险外，还有一类风险正日益威胁着银行的正常安全运营。

（一）认识操作风险

这类无法归入信用风险或市场风险的风险，经过银行和监管部门的不断实践和总结，被称为操作风险。巴塞尔委员会将"操作风险"定义为：由不完善或有问题的内部程序、员工和信息科技系统以及外部事件所造成损失的风险。

这个定义反映了操作风险是一种与银行业务操作相联系的风险，是由于以不当或不足的方式操作业务或外部事件而对银行业务带来负面影响的可能性。

与信用风险、市场风险相比，操作风险具有其显著的特征。

一是内生性，除自然灾害、恐怖袭击等外部事件引起的操作风险损失外，操作风险大多是银行的内生风险，如内部人员因素、流程缺陷或系统故障等造成的风险。

二是多样性，操作风险引发因素多样（如产品营销、新技术运用、人员流动和违规操作等），表现形式多样（如内部人员违规或欺诈、系统宕机、自然灾害和外部侵害等），损失形态也多样（既有实物资产损失和信贷资产损失，也有客户赔偿和监管处罚等）。

三是风险收益的不对称性，操作风险本身不能产生收益，银行无法通过承担更多的操作风险来获取更大的收益，而且在大多数情况下操作风险损失与收益的产生没有必然联系，因此银行不能经营操作风险，只能管理。

四是分散性，操作风险管理实际上覆盖了银行经营管理的所有方面，既包括那些高频低损的日常业务差错，也包括低频高损的自然灾害、内外部欺诈等；涉及资产负债业务和表内表外业务，遍布前中后台。

操作风险可具体表现为经营混乱、失控、出差错、不当行为或外部事件，总结来说，不外乎来自七个方面：内部欺诈，外部欺诈，就业制度和工作场所安全，客户、产品和业务活动，实物资产的损坏，信息科技系统事件，执行、交割和流程管理事件。巴塞尔委员会将这七类风险进行了细分，形成了操作风险分类树，如表3-2-6所示。

表3-2-6　　　　　　巴塞尔委员会的操作风险分类树

分类（第一层）	分类（第二层）	行为举例（第三层）
内部欺诈	未经授权的行为	未经汇报的交易、未经授权的交易类型（造成损失）、头寸的错误标价（故意的）
	偷窃及欺诈	欺诈、信用欺诈、虚假储蓄、偷窃、勒索、贪污、抢劫、不当挪用资产、恶意破坏资产、伪造、开空头支票、走私盗用他人账户或身份、税收不合规/逃税、贿赂/回扣、知情者交易（使用非行内账户）
外部欺诈	偷窃及欺诈	偷窃、抢劫、伪造、开空头支票
	系统安全	黑客损失、偷窃信息（造成金融损失）
就业制度和工作场所安全	员工关系	薪酬、福利、解聘纠纷、劳工集体行动
	安全的环境	一般设施（造成员工滑倒等）、员工健康及安全规定、事件，工人补贴
	种族、性别或其他歧视	所有类型的歧视
客户、产品和业务活动	适合性、披露及信托	违反信托指导原则、适合性/披露问题、违反零售客户披露、违反隐私权、强行销售、客户流失、保密信息的滥用、借款方的义务
	不适当的业务或市场做法	行业垄断、不恰当的交易/市场做法、市场操纵知情者交易（使用行内账户）、未获营业执照的业务、洗钱
	产品缺点	产品缺陷（未授权等）；模型错误；未能针对指导原则对客户进行调查；超过客户敞口限额
	咨询业务	在咨询业务的成果上产生的纠纷
实物资产的损坏	灾难和其他事件	自然灾害损失、来自外部的人为损失（恐怖主义、破坏行为）
信息科系统事件	系统	硬件问题、软件问题、通信问题、设备故障造成业务中断
执行、交割和流程管理事件	交易的获取、执行及维护	沟通失误，数据录入、维护或加载错误，错过截止时间或未完成职责，系统操作失误，会计记账错误/数据属性错误，其他任务执行错误，交付失败，抵押管理失误，参考数据维护
	监督及汇报	未履行规定的报告义务、外部报告不准确（发生损失）
	客户引入和规定文件签署	缺失客户签署同意的文件、法律文件缺失或不完整
	客户账户管理	进入账户权限未批准、客户记录不正确（发生了损失）
	交易对方	非客户的交易对方操作错误、其他非客户的交易对方引起的纠纷
	供应商或供货商	外包、供应商引起的纠纷

利用操作风险分类树对操作风险损失进行分析固然重要，但更为重要的是，要将操作风险分类树的操作风险诱因和相应的银行经营管理活动联系起来，并以操作风险分类树为工具，为操作风险的控制和管理提供支持。

> **小看板**
>
> 你知道吗？除了案件和操作差错属于操作风险外，以下风险也是操作风险的管理范畴：自然灾害、战争、恐怖袭击等不可抗力造成的财产损失和业务中断；系统宕机造成的错账或业务中断；内部违规经营等问题造成的监管罚没；内部人员疏忽造成诉讼时效过期而导致的债权丧失。

案例拓展

从多个案例中区分操作风险

案例1：2011年9月15日，瑞士最大银行瑞银集团（以下简称UBS）宣布，其ETF交易主管阿多博利进行未经授权的高风险衍生产品交易，导致公司损失约20亿美元。这成为金融市场继2008年1月法国兴业银行交易员科威尔违规交易以来又一严重的违规交易事件。UBS股价在当日大跌。阿多博利被控二项罪名：一是伪造账目，二是滥用职权构成欺诈。除此之外，监管机构和UBS均没有公布本案件其他具体细节。

这是一起典型的市场风险与操作风险相结合，最终导致巨大损失的风险事件。其中，在市场价格的波动因素与员工的欺诈行为中，缺少任何一项都难以形成如此严重的后果。这也说明当操作风险与市场风险结合时，其破坏力是多么巨大。

案例2：银行与某开发商签订合同，长期租用一层楼作为其营业场所，租期为10年，1年后，银行管理层由于经营决策变化，决定将长期租用改为3年期短期连续租用，于是需要与开发商重新签订合同，并且支付违约金。

分析过程和结论：战略风险是由战略决策造成的风险，战略风险一般与管理层的决策相关，战略风险事件不属于操作风险事件。战略风险事件包括投资决定、并购和收购决定、区域或业务发展战略、人事雇用或终止决定等情况。

银行管理层出于经营管理方面的考虑，作出了更改租赁方式的决策，相关损失是由战略决策变化而造成，并非由操作风险因素造成，因此该事件属于战略风险事件，而不是操作风险事件。

案例3：银行某营业网点所在地区发生冰雪灾害引起供电线路问题，导致该网点停电一天，因此形成了三种损失。一是该营业网点当日不能进行营业活动，造成该网点当日没有产生任何收入；二是为了清除积雪影响，保证网点员工和客户进出的安全，网点购买了铁锹、扫把等除雪工具和发电设备；三是冰雪导致供电设备短路而烧毁，为修复供电设备而支出修理费。

分析过程和结论：冰雪属于外部事件，其形成的事件属于操作风险事件。为确定其中的操作风险损失，应紧扣操作风险损失定义，明确操作风险损失的界定范围。从上述案例中可以看出，第一种损失是网点不能正常营业导致收入的减少，这属于潜在损失；第二种损失是为了减少未来操作风险损失而投入的长期成本，它并不是单独应对操作风险的一次性投入；第三种损失属于此次操作风险事件直接造成的损失。综上所述，第一种损失和第二种损失不属于操作风险损失的计算范围，而第三种损失属于操作风险损失的统计范围。

案例4：银行某工作人员在进行某只证券的买入交易时，买入量超过了他的规定交易限额，银行发现后，对该越权交易进行了反向操作以进行更正，由于该证券价格下跌，银行因此遭受了损失。

分析过程和结论：在判断该案例是否属于与市场风险相关的操作风险损失事件时，应当重点分析该事件中是否存在违规操作、市场交易中的人为失误、模型问题、系统或网络故障等问题。

在此案例中，工作人员超过交易限额进行交易属于操作风险，证券价格下降导致了银行在更正交易时遭受了损失，因此，操作风险是导致本案例中市场风险的主要因素，本案例属于与市场风险相关的操作风险损失事件。

在确认本案例的操作风险损失总额时，只有工作人员超过其规定交易限额造成的损失才属于操作风险损失，其他损失并不属于操作风险损失。

（二）管理操作风险

根据国际先进银行操作风险管理经验，成功的操作风险管理框架应包括组织结构、战略与政策、风险识别、风险评估、监控报告和风险控制/缓释六个关键因素（见表3-2-7）。

表3-2-7　　　　　　　　操作风险管理框架与流程

关键因素	管理要点
组织结构	银行管理层应为操作风险管理设定一个组织结构、明确每个人的任务和责任。高级管理层（如董事会）应承担最终责任，并设立一个委员会负责操作风险管理的日常决策和定期检查报告。此外，应建立独立的操作风险管理职能部门，以评估、监控和报告银行整体的操作风险，并评定风险管理活动是否满足既定的战略与政策。
战略与政策	高级管理层应制定操作风险战略，包括业务目标、治理结构、风险偏好和操作风险政策。这些政策应包含风险管理标准和目标，以及操作风险管理方法。这些政策应能建立机制，使银行能识别、测量和监控所有重大操作风险，并确保风险管理人员完全理解。
风险识别	风险识别的目的是识别各种操作风险及其形成因素，并进行排序，为后续的风险管理提供基础。识别过程应关注当前和潜在的风险，是一个持续循环的过程。随着银行经营活动的变化，会产生新的风险或现有风险发生变化，因此风险识别需要持续进行。

续表

关键因素	管理要点
风险评估	在对操作风险进行识别后，需要评估风险，衡量其发生的可能性和影响，并提出处置策略。风险评估和量化的作用在于使管理层能够比较操作风险与风险管理战略和政策，识别不能接受或超出机构风险偏好的风险暴露，选择合适的缓解机制并优先处理需要缓解的风险。操作风险评估方法包括操作风险自评估、情景分析、记分卡和因果网络等。
监控报告	操作风险监控旨在实现以下目标：对各类操作风险的定性和定量评估进行监控；评估风险缓解活动的效果和适当性；确保控制充分，风险管理系统正常运行。操作风险报告过程应涵盖关键操作风险、风险事件及补救措施、已实施措施的有效性、管理风险暴露的详细计划、即将发生风险的领域和采取风险管理步骤的状态等信息。
风险控制/缓释	银行应决定如何控制/缓释已被识别的重大操作风险，对于不能控制的风险，应决定是否接受、减少相关业务或停办。基本思路包括风险规避、风险承担、风险降低和风险转移。风险规避是通过业务流程设计躲避潜在风险，风险承担要求接受风险并用资本金或损失准备金应对风险，风险降低是通过流程优化、人员培训和系统约束等方法降低风险的，风险转移是通过购买保险或业务外包实现的。

银行要有效进行操作风险的管理，就必须建立独立且垂直的操作风险管理组织结构，制定操作风险管理政策和建立科学的操作风险识别和监测方法，为操作风险暴露提供有效的分析和管理工具，具备适时报告的能力，最后还要为操作风险分配经济资本并为其选择恰当的保险。

（三）计量操作风险

长期以来，操作风险被认为是不可量化的，银行只能通过操作手册或风险清单进行定性化管理。2004 年推出的巴塞尔新资本协议，规定了计量操作风险监管资本的三种方法[①]。2011 年，巴塞尔委员会在总结近年来操作风险管理和监管实践基础上，又发布了《操作风险高级计量监管指引》，鼓励和指导银行实施高级计量法。2017 年，巴塞尔委员会发布《巴塞尔协议Ⅲ：最终版》，将三种操作风险方法合并为一种，即新标准法。根据巴塞尔委员会的要求，银行从 2022 年 1 月开始全面采用新标准法计量操作风险。

新标准法作为一个全新的操作风险计量方法，可以更加动态、更加细化地反映操作风险的损失。相比原先的计量方法，新标准法更加重视内部损失数据的作用，所形成的计量方法既可以反映银行的业务规模，也可以充分利用历史损失。新标准计量法下操作风险资本金由下列公式表示：

$$OCR = BIC \times ILM$$

其中，ORC 表示银行的操作风险资本金，BIC 表示业务指标因子，ILM 表示内部损失乘数。其中，BIC 是由基于银行财务报表的业务指标 BI 确定，ILM 是由 BI 和银行的

[①] 这三种方法按照计算的复杂性和风险敏感性依次渐强，分别是基本指标法、标准法和高级计量法。

历史损失数据共同决定，具体如下：

1. 业务指标（BI）

银行的业务指标由三部分组成，分别为：

（1）利息收入、租赁收入与股利收入（ILDC），ILDC 是最近 3 年内利息收入、租赁收入与股利收入平均值的线性加总。其计算公式可以表示为

$$ILDC = \min\{利息净收入, 2.25\% \times 生息资产\} + 股利收入$$

（2）服务收入（SC），SC 是最近 3 年内其他营业收入、其他营业支出、手续费收入和手续费支出平均值的线性加总。其计算公式可以表示为

$$SC = \max\{其他营业收入, 其他营业支出\} + \max\{手续费收入, 手续费支出\}$$

（3）财务收入（FC），FC 是最近 3 年内交易账簿净损益与银行账簿净损益平均值的线性加总。其计算公式可以表示为

$$FC = |交易账簿净损益| + |银行账簿净损益|$$

综上所述，业务指标可由如下公式计算：

$$BI = ILDC + SC + FC$$

2. 业务指标因子（BIC）

业务指标因子是将银行的业务指标（BI）与其相对应的边际乘数进行相乘所得的乘积。银行根据所计算得到的 BI 值的大小可被分为三类，每一类所对应的边际乘数也有所不同。BI 值的单位为 1 亿欧元，若 $BI \leq 10$，对应边际乘数 12%；若 $10 < BI \leq 300$，对应边际乘数 15%；若 $BI > 300$，对应边际乘数 18%。因此，可以得到 BIC 的计算公式如下：

$$BIC = \begin{cases} 12\% \times BI, BI \leq 10 \\ 1.2 + 15\%(BI - 10), 10 < BI \leq 300 \\ 44.7 + 18\%(BI - 300), BI > 300 \end{cases}$$

3. 内部损失乘数（ILM）

内部损失乘数由银行的历史损失，业务指标因子共同决定。内部损失乘数的计算公式如下：

$$ILM = \ln\left[\exp(1) - 1 + \left(\frac{LC}{BIC}\right)^{0.8}\right]$$

其中，LC 表示银行过去 10 年间年度操作风险损失数额平均值的 15 倍。如果银行出现了数据缺失或质量问题导致无法获得过去 10 年的损失数据时，巴塞尔委员会放宽要求，允许这些银行使用大于等于 5 年的损失数据。另外，《巴塞尔协议Ⅲ：最终版》在银行内部损失乘数的设定上给予了各个不同地区的监管机构自主选择权。监管机构可以根据各个地区的发展情况，授予银行内部损失乘数设定的自主计算权，或者人为地将内部损失乘数设置为 1。

（四）操作风险管理的主要思路

在技术工具和专业管理手段相对缺乏的现状下，面对形态不一、分布广泛和特点

多样的操作风险，银行该如何对其有效管理？以下列举银行在操作风险管理中的常用思路，供读者参考。

1. 强化"三道防线"，形成高效严密的操作风险管理体系

业务部门作为银行防范操作风险的第一道防线，各业务部门应当负责制定本业务条线的操作风险管理制度和流程；运用操作风险管理专业化工具识别、评估、监测和管理本部门、本条线的操作风险状况；在全行统一的风险偏好下，制定和实施本部门（条线）的操作风险控制/缓释措施，不断优化流程，完善内控。

内部控制、风险管理等操作风险管理职能部门作为防范操作风险的第二道防线，负责协调、指导、评估、监督各业务部门及后台保障部门的操作风险管理活动。如设计操作风险管理框架，制定全行的风险管理政策，开发专业的风险管理工具，对全行操作风险状况进行分析并报告给高级管理层乃至董事会。

审计作为防范操作风险的第三道防线，负责对操作风险识别、控制、监测体系的有效性进行再监督，对风险管理政策和措施的执行情况进行评价。

2. 健全内部控制，夯实操作风险管理基础

内部控制通过完善的组织体系、明确的职责分工等控制环境要素为操作风险管理提供管理架构支撑和制度依据；内部控制措施，如授权、岗位制衡、审批等，均直接嵌入业务流程中，对各类业务提供基本的风险控制；内部控制强调的信息交流沟通和鼓励主动暴露的风险文化相契合；而监督评价作为内部控制的重要一环，激励各级机构和部门审视自身管理中的缺陷问题，推动操作风险管理水平的螺旋式上升。

3. 使用专业的管理工具，做好主动风险管理

在风险识别、评估及监测以及报告方面，目前国内外银行主要使用操作风险自评估、关键风险指标、损失数据收集等专业工具方法进行管理。这些在各业务条线共用的风险管理工具还可以将分散的操作风险信息进行汇总、加工、横向比较，从而为管理决策提供支持。

4. 加强机控，提升操作风险管理质量和效率

信息技术改变了以往传统"人盯人"管控高频低损类操作风险的模式，减少了风险控制成本，提高了控制效率，日益成为操作风险管理的重要手段和主要途径。可以有序规划，搭建梯次防控体系，将操作风险控制、监测、预警、计量和分析报告功能嵌入不同功能的业务流程系统、风险监测系统和信息平台中。

5. 注重小概率事件管理，确保关键业务持续运营

系统故障、自然灾害等小概率事件突发性强，缺乏规律性，但一旦发生，往往会给银行带来巨大损失。业务连续性管理（BCM）作为专门针对小概率事件进行的、确保关键业务持续运营或及时恢复的一整套管理办法，涵盖范围最广，既包括应急计划、灾难恢复方案等，还包括预防、预警、评估、报告、决策、处置和持续改进等全流程的管理机制、政策和标准等。

6. 强化资本约束，促进各级机构提升操作风险管理水平

巴塞尔协议对操作风险提出了资本要求，为实现资本的激励约束作用，银行将操

作风险纳入经济资本占用和配置中，一方面是应对操作风险，考虑资本覆盖；另一方面作为绩效和考核等管理手段，激励各级机构通过不断提升自身操作风险管理能力和水平，降低操作风险的资本占用，提高资本的使用效率。

分析与思考：

1. 风险管理在银行的功能是什么？
2. 数字化风险管理体系的构成要素包含哪些，各要素的实质作用是什么？
3. 简要说明信用风险管理各项流程的管理方法。
4. 简要说明不同产品市场风险的识别和判断方法。
5. 简要说明操作风险的管理流程和管理方法。

第三章　强化内部控制

【学习目标】

1. 描述内部控制的要素和措施
2. 说明内部审计在内部控制监督中的功能和审计事项

【内容概览】

1. 内部控制的内涵
2. 内部控制的历史演进
3. 内部控制的要素
4. 内部审计

内部控制是商业银行保障经营管理的合法合规、资产安全和财务报告真实完整的重要体系，是企业风险管理工作的基础，对商业银行的稳健经营至关重要。其中，内部审计在内部控制监督中扮演着重要的角色。

本章首先介绍内部控制的基本概念，明确内部控制的目标，列明内部控制的原则；其次呈现内部控制的历史演进；后续进一步阐述内部控制五个不可分割的组成要素及各要素对应的主要措施；最后详细说明内部审计的职能、目标、工作事项及程序等内容。通过本篇的学习，您将能够更好地理解和应用内部控制。

一、内部控制的内涵

内部控制是指由董事会、监事会、高级管理层和全体员工共同实施的，通过制定和实施系统化的制度、流程和方法，旨在合理保证其目标实现的动态过程和机制。

内部控制的目标是合理保证商业银行经营管理合法合规、资产安全、财务报告及相关信息真实完整，提高经营效率和效果，促进企业实现发展战略。实施内部控制应当遵循以下原则。

全面性原则。内部控制贯穿决策、执行和监督全过程，覆盖各项业务流程和管理活动，涵盖各类机构、部门、岗位和人员。

重要性原则。内部控制在全面控制的基础上，关注重要业务事项和高风险领域。

制衡性原则。内部控制坚持风险为本、审慎经营的理念，设立机构或开办业务均坚持内部控制优先,在公司治理结构、内部组织架构及权责分配、业务流程等方面形成相互制约、相互监督的机制,同时兼顾运营效率。

适应性原则。内部控制与管理模式、业务规模、产品复杂程度、风险状况等相匹配,并根据情况变化及时调整。

成本效益原则。内部控制需权衡实施成本与预期效益,以适当的成本实施有效控制。

二、内部控制的历史演进

内部控制最初起源于"对比卷宗"的概念,这个思想的演变和发展离不开历代企业家、政府官员、会计人员和著书立说者的努力。这些人提倡或在实践中应用这一思想,推动了内部控制的发展。

内部控制与组织的形成紧密相连。自从组织出现后,为了实现其目标,内部控制也随之产生。早期的分工、牵制、授权、汇报、稽查等活动都是内部控制的体现。可以说,内部控制最初是在组织内部自然产生的,而非外部力量推动。

内部控制思想的发展是一个循序渐进的过程。随着社会经济的不断发展,企业规模扩大,所有权和经营权分离,融资需求增加,业务活动频繁,内部控制也不断发展完善。推动其发展的因素主要来自组织的演进和政治、经济、社会、技术等环境的变化。内部控制的演进表现为内部控制目标、对象和手段的变化。

内部控制的历史演进可以分为四个阶段:内部牵制阶段、内部控制制度阶段、内部控制结构阶段和内部控制整合框架阶段(见图3-3-1)。21世纪后,随着经济形势的发展,内部控制与风险管理逐渐融合,形成了企业风险管理整合框架。

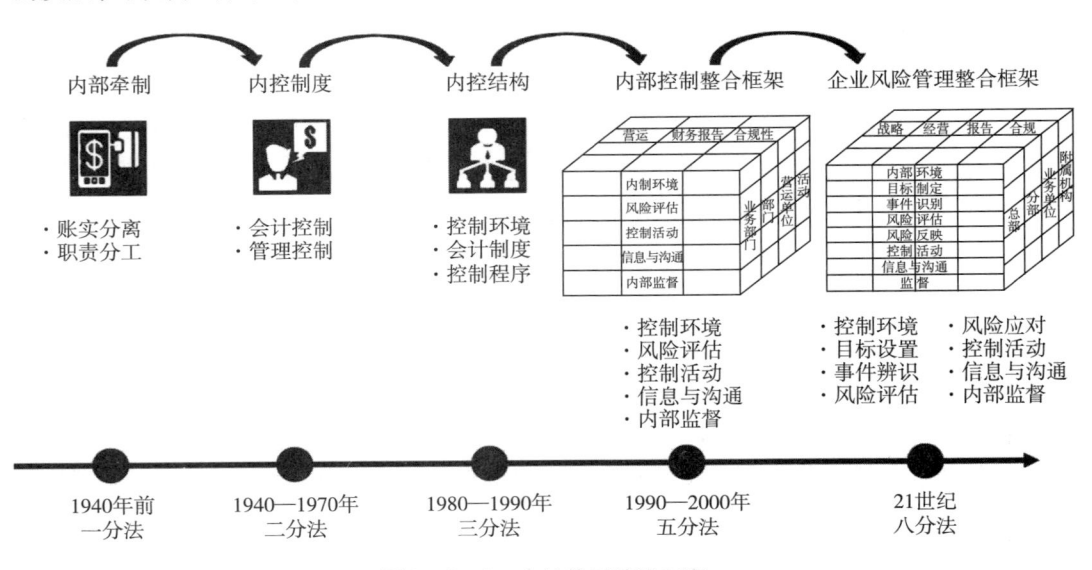

图3-3-1 内控体系演进历程

(一)企业私人化与内控一分法(内部牵制)

内部牵制是为确保有效地组织和经营,防止错误和非法行为而制定的业务流程。

它的核心在于，任何个人或部门都不能单独控制任何一次或部分业务权力，而是通过组织责任分工和业务交叉检查来实现相互制约。例如，处理现金的人不能进行会计记录，负责银行对账的人不能负责现金保管和会计记录，负责财产保管的人不能进行会计记录。这种相互补充、相互制约的关系是内部控制的雏形，旨在通过责任分工和业务交叉检查来预防错误的发生。

内部牵制的概念可以追溯到公元前3100年左右的苏美尔文明时期。当时，苏美尔人已经开始使用"记账""结账""盘点"等方法，通过对账表和账实的核对来防范财物丢失或被挪用。随着时间的推移，内部牵制的思想逐渐发展并应用于更多的组织和业务流程中。

在古埃及时期，财务接收时数量的记录、入库的记录与实物的接收、核对，分别由三名人员完成。这种分工方式是为了确保业务的准确性和防止舞弊。在古罗马时期，出现了"双人记账制度"，一项业务发生后，两名人员同时进行记录，定期核对，以达到防范差错和舞弊的目的。这些做法都是内部牵制思想的体现。

随着经济的发展和企业的规模化，内部控制的范围逐渐扩大，涵盖了更多的业务领域和部门。在意大利出现了复式记账法，这种记账方法为内部牵制提供了新的手段。在此期间，内部牵制的主要内容是会计核算的相互牵制和账目之间的相互核对。实施一定程度的岗位职责分离是内部牵制的重要手段之一，旨在防止一个部门或个人对某项业务进行单独控制。

随着工业革命的到来，现代化的企业开始快速发展，企业规模迅速扩大，公司制企业开始出现。为了提高企业运营效率、防范舞弊，内部牵制制度逐渐形成并得到广泛应用。一些企业在应用内部会计牵制的过程中，逐步摸索出一系列组织、协调、制约和检查生产经营活动的方法，形成了内部牵制制度。内部牵制从内部会计牵制逐步扩展到企业经营的各个方面，通过对岗位的职责分工，确保任何一个部门或个人无法单独控制任何一项业务，实现业务过程中的交叉检查控制。此外，还有会计记账和人员轮换等控制要素，目的是防范财产物资流转和管理中的舞弊，保证企业资产的安全和完整。

总的来说，内部牵制是内部控制的萌芽时代。它是在当时生产规模较小、管理理论比较原始的条件下，总结以往经验并在实践的基础上逐渐形成的。内部牵制以查错防弊、保证财产物资的安全和完整为主要目的，以岗位职责分离和会计账目核对为主要手段，以会计交易事项（钱、账、物）为主要对象。作为一种管理制度，内部牵制基本上不涉及会计信息真实性和工作效率提升的问题，因此其应用范围和管理作用都比较有限。到20世纪40年代末，生产的社会化程度空前提高，股份有限公司迅速发展，市场竞争进一步加剧，为了在激烈的竞争中生存及发展，企业迫切需要在管理上采用更加完善有效的控制方法。

（二）企业股份化与内控二分法（内部控制制度）

为了适应股份日益分散的趋势并保护社会公众投资者的利益，西方国家通过法律要求企业披露会计信息，对会计信息的真实性提出了更高的要求。因此，传统的内部牵制制度已无法满足企业会计信息披露的需求，现代意义上的内部控制应运而生。

一般认为，20世纪40年代至80年代是内部控制制度的阶段。在此期间，系统化的内部控制制度在前期内部牵制的基础上逐步形成。它是传统内部牵制思想与古典管理理论相结合的产物，是在社会化大生产、企业规模扩大、新技术应用以及公司股份制形式出现等因素的推动下形成的。

随着经济的快速发展，所有权与经营权分离的经营模式被广泛应用，新技术的应用以及注册会计师行业的发展促使企业采取更完善、更有效的控制方法。同时，为保护投资者和债权人的利益，需要通过强化内部控制对企业财务和其他业务活动进行控制和监督。因此，内部控制从之前的内部牵制逐渐发展成为涉及企业组织机构、岗位职责、人员素质、业务流程和内部审计的一整套内部控制制度。

20世纪40年代到70年代，基于内部牵制制度，内部控制制度的概念逐渐形成。一方面，企业改变了"小作坊"靠经验管理的模式，开始在管理过程中采用更完善、更有效的控制方法；另一方面，为了保护投资者和债权人的利益，很多国家通过法律法规来规范企业的经济活动。此时，内部控制的目标除了保护组织财产的安全外，还包括增进会计信息的可靠性。

1949年，审计标准委员会将内部控制定义为企业为了保证资产的安全完整、检查会计资料的准确性和可靠性、提高企业经营效率、贯彻企业既定经营策略而设计的总体规划及采取的所有方法和措施。1950年，美国国会在其制定的预算及会计程序法案中第一次将内部控制列入政府法令。

1958年，为了满足注册会计师在评价企业内部控制方面的需求，美国注册会计师协会将内部控制分为内部会计控制和内部管理控制两类。内部会计控制是为了保证资产安全完整、提高会计核算准确性和可靠性所采取的控制方法和措施，例如授权与批准控制、对从事财物记录与审核的职务及从事经营与财产保管的职务实行分离控制、实物控制和内部审计等；而内部管理控制则是为了提高企业经营效率、贯彻企业经营策略而采取的方法和措施，这些方法和措施通常与财物会计只是间接相关，如统计分析、时间动作研究、业绩报告、员工培训、质量控制等。

（三）企业公众化与内控三分法（内部控制结构）

20世纪80年代，许多财务机构破产，其中有许多原因，例如，宽松的管理环境、波动的利率、过度的投机、不良的管理以及舞弊。随后的调查发现，在大多数案例中，审计人员不能发现公司的舞弊情况。1985年，美国反虚假财务报告委员会成立，这个委员会旨在探究财务报告舞弊产生的原因，考察财务报告舞弊在多大程度上削弱了财务报告的完整性，明确注册会计师在发现舞弊过程中的责任，并且确定可能导致舞弊行为发生的公司结构。1987年，基于该委员会的建议，其赞助机构COSO（Committee of Sponsoring Organizations of the Treadway Commission）成立，专门研究内部控制问题。

20世纪80年代后期，大量财务失败导致投资者损失，为了尽量弥补公众对于审计保证的期望和业界认为审计所能达到的水平之间的差距，内部控制理论研究进一步深入。在对企业内部控制和内部管理控制进行研究的过程中，研究者认为将内部会计控制与内部管理控制进行区分，对注册会计师进行企业内部控制评价非常重要，但两者之间相互联系、相互影响，有时无法明确区分，而且后者对前者有很大影响，无法在审计时完全忽略。同时，研究人员逐渐将控制环境纳入内部控制研究范畴，跳出了内部控制"二分法"的圈子，这突出管理当局对内部控制的态度、认识和行为等控制环境的重要性，他们认为这些因素是实现内部控制目标的环境保证，要求注册会计师在评价企业内部控制时，不仅要关注企业内部会计控制和内部管理控制，还应当对企业内部控制环境进行评估。

1988年5月，审计标准委员会首次提出以"内部控制结构"概念取代之前的"内部控制制度"，并指出"企业内部控制结构包括提供企业实现特定目标的合理保证而建立的各种政策和程序"，包括控制环境、会计制度和控制程序。

控制环境指对建立、加强或削弱特定政策与程序的效率有重大影响的各种因素，如管理者的思想和经营作风、诚信度、经营理念、对风险的偏好；董事会及其下属委员会的职能，特别是审计委员会的职能；企业组织结构；岗位职权确定的方法与程序；管理者监控和检查工作时所用的控制方法，包括经营计划、预测、利润计划、责任会计和内部审计；人力资源政策与程序；外部关系对企业的影响等。

会计制度指为对各项经济业务进行分类、确认、计量和披露，明确资产与负债而规定的各种方法，是内部控制的重要组成部分，包括确认和记录所有的合法经济业务；对各类经济业务进行分类，作为编制财务报表的依据；选择合理的货币对各项经济业务进行计价，以便列入财务报表；确定经济业务发生的时间，按照会计期间进行业务记录；对经济业务和其他相关事项在报告中进行合理披露。

控制程序指管理层制定的用于保证实现一定目标的政策和程序，如对经济业务和活动的授权；明确岗位的职责与权限，防止有关人员对正常业务图谋不轨和隐匿错弊，职责分工包括指派不同人员分别承担批准业务、记录业务和保管财产的职责；凭证和账单的设置和使用应确保经济业务和活动被有效记录；资产以及记录的限制接触与安全措施，如接触电脑程序和档案资料要经过批准；对已记录的业务及其评价的复核，如常规的账面复核，存款、借款调节表的编制，电脑编程控制，以及管理者对明细报告的检查等。上述概念的提出，顺应了经济发展趋势，有助于企业管理和注册会计师审计，得到了会计和审计界的认可。在此基础上形成了基于风险评估的审计方法。

在三个构成要素中，会计制度是内部控制结构的关键要素，控制程序是保证内部控制结构有效运行的机制。上述定义的重大改变在于将内部控制环境纳入内部控制结构并且不再区分会计控制和管理控制。内部控制的三个要素要为完成内部控制的目标服务。此时的内部控制融会计控制和管理控制于一体，从"制度二分法"阶段步入

"结构分析法"阶段,即"三要素阶段"。这是内部控制发展史上的一次重要转变。由三个要素组成的内部控制结构,实现了内部控制由零散到系统的提升和转变,反映了内部控制实务操作和理论研究的新方向。

(四)企业全球化与内控五分法(内部控制整合框架)

20世纪90年代,随着信息化的到来,资本流动加速,企业开始在全球范围内拓展业务。这使得企业面临更多、更大的风险,国际交易形式变得复杂多样化,跨国集团的股权结构和组织形式也更加复杂。这些变化对企业内部控制提出了新的要求。

COSO自1986年成立以来,一直致力于内部控制的研究。1992年9月,COSO发布了《内部控制——整合框架》,并于1994年进行了增补。该框架于1996年进行了完整的定义和描述,得到了广泛认可。它认为内部控制是由董事会、管理层和其他员工实施的,为企业财务的可靠性、营运的效率效果和相关法律规章的遵循目标的达成提供合理保证的过程。

COSO的内部控制整合框架是一个立体的内部控制体系,包含内部控制要素、内部控制目标和内部控制层次三个维度(见图3-3-2)。其中,控制要素包括控制环境、风险评估、控制活动、信息与沟通和内部监督。控制目标包括经营效率与效果、财务报告可靠性和合规性。控制层次包括不同层级的业务单位或业务活动。

控制环境是实施内部控制的基础,涉及公司治理结构、内部组织架构及权责分配、内部审计、人力资源政策、企业文化等方面。风险评估是及时识别、系统分析经营活动中与实现内部控制目标相关的风险,合理确定风险应对策略。控制活动是根据风险评估结果,采用相应的控制措施,将风险控制在可容忍范围之内。信息与沟通是及时、准确地收集、传递与内部控制相关的信息,确保信息在银行内部、银行与外部之间进行有效传递。内部监督是对内部控制建立与实施情况进行监督检查,评价内部控制的有效性,发现内部控制缺陷,并及时加以改进。

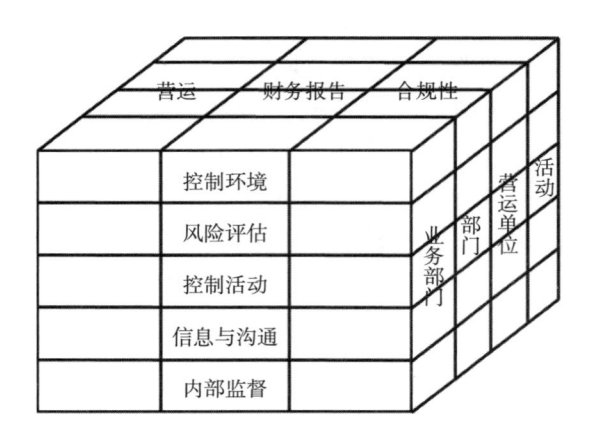

图3-3-2 内控五分法(企业内控整合框架)

> **阅读资料**

风险管理与内部控制的关系

COSO 于 2004 年 9 月正式颁布了《企业风险管理——整合框架》，指出企业风险管理指由董事会、管理层、其他员工共同参与，应用于制定企业战略、企业内部各层次部门和各项经营活动，用于识别可能对企业造成潜在影响的事项并在风险偏好范围内管理风险，为实现企业目标而提供合理保障的过程，同时指出《内部控制——整合框架》已经融入《企业风险管理——整合框架》。《企业风险管理——整合框架》分为内部环境、目标制定、事项识别、风险评估、风险反映、控制活动、信息与沟通、监督等八个相互关联的要素，各要素分别贯穿于企业的管理过程。在 2017 年发布的《企业风险管理——战略与绩效整合》（ERM—ISP）中，COSO 进一步描述了风险管理与内部控制的关系。内部控制聚焦在主体的运营和对相关法律法规的遵从性上。风险管理注重明确风险偏好，并建立与战略目标和风险偏好相适应的风险管理体系。同时，该报告指出风险管理体系和内部控制体系不能相互替代，而是侧重点各不相同且相互补充的关系。内部控制作为一种经历时间考验的企业控制体系，是企业风险管理工作的基础。这一结论与 2016 年中国银监会发布的《银行业金融机构全面风险管理指引》中将内部控制作为全面风险管理体系的构成要素之一是相一致的。企业风险管理整合框架见图3-3-3。

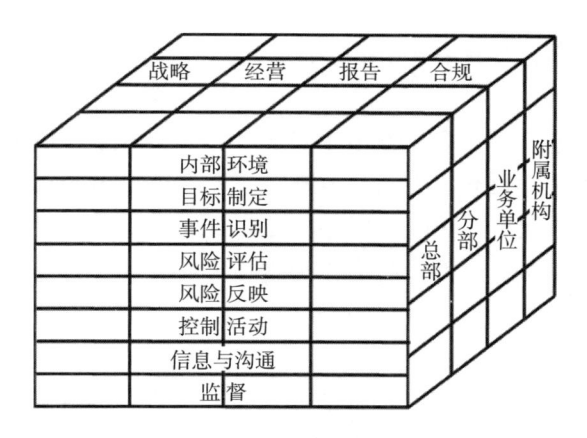

图3-3-3　企业风险管理整合框架（即所谓"内控八分法"）

三、内部控制的要素

（一）内部环境

内部环境是实施内部控制的基础，具体涉及公司治理结构、内部组织架构及权责分配、内部审计、人力资源政策、企业文化等方面。

1. 公司治理结构

银行应根据国家有关法律法规和公司章程，建立规范的公司治理结构和议事规则，明确决策、执行、监督等方面的职责权限，形成科学有效的职责分工和制衡机制。

股东大会享有法律法规和公司章程规定的合法权利，依法行使银行经营方针、筹资、投资、利润分配等重大事项的表决权。

董事会对股东大会负责，依法行使银行的经营决策权。

监事会或国有独资公司在董事会中设置的由董事组成的审计委员会对股东大会负责，监督董事会、高级管理层及其成员履行职责。

高级管理层负责组织实施股东大会、董事会决议事项，主持银行的经营管理工作。

2. 内部组织架构及权责分配

银行应建立健全由内部控制管理部门、业务部门、内部审计部门等组成的分工合理、职责明确、报告关系清晰的内部控制组织架构；明确岗位职责权限及相应报告路线，形成各司其职、各负其责、相互协调、相互制约的工作机制；编制内部管理手册，使全体员工掌握内部组织架构、岗位职责、业务流程等情况，明确权责分配，正确行使职权。

3. 内部审计

审计部门是履行内部控制监督职能的部门，该部门负有以下职责：负责结合内部审计监督，对内部控制有效性进行监督检查；负责对监督检查中发现的内部控制缺陷，按照内部审计工作程序进行报告；负责对监督检查中发现的内部控制重大缺陷，按照规定路线和程序向董事会及其审计委员会、监事会报告。

4. 人力资源政策

银行应制定和实施有利于可持续发展的人力资源政策；完善员工招聘、聘用、培训、考核、薪酬、奖励、晋升、处罚、解聘、辞职等方面的政策制度；明确关键岗位轮岗或离岗、强制休假规定；明确掌握国家秘密或重要商业秘密的员工离岗的限制性规定；将职业道德修养和专业胜任能力作为选拔和聘用员工的重要标准；加强员工培训，不断提升员工素质。

5. 企业文化

银行应加强文化建设，培育银行价值理念、社会责任感和合规文化，倡导诚实守信、爱岗敬业、开拓创新和团队协作精神，引导员工树立内部控制意识、合规意识、风险意识，提高员工的职业道德水准，规范员工行为。

董事、监事、高级管理人员应当在企业文化建设中发挥主导作用。

（二）风险评估

风险评估是及时识别、系统分析经营活动中与实现内部控制目标相关的风险，合理确定风险应对策略。

1. 制定内部控制目标

全面分析董事会、监事会、高级管理层、关键岗位人员对风险控制的要求与建议，根据风险状况、市场和宏观经济变化，确定风险偏好，并传达到各机构、条线和岗位；确定风险容忍度，包括整体风险承受能力和业务层面的可接受风险水平。

2. 执行风险评估程序

建立健全风险评估的流程和标准，不断开发风险评估的工具与方法，组织专业人员，对识别的风险按照风险发生的可能性及影响程度等进行评估。根据风险分析结果，按照发生可能性及影响程度，确定风险等级。定期重检风险评估的方法和工具，确保其科学性。

3. 评估频率

根据影响内部控制目标实现的风险类别、影响程度、发生可能性等因素确定风险评估频率。对于预期发生或影响程度大的风险因素，每年至少应评估一次；对于影响程度低、发生可能性小的，应根据管理需要确定评估频率；对于战略执行、内部组织架构设置、绩效考核等管理机制，应根据运行状况确定评估频率；对于突发风险事件或控制薄弱的分支机构、业务流程、信息系统等，应及时组织开展风险评估。

4. 风险应对策略

根据风险分析结果和风险等级，结合风险容忍度，权衡风险与收益，确定风险应对策略，包括风险规避、风险降低、风险分担和风险承受等，明确控制程序与方式，实现对风险的有效控制。

（三）控制活动

控制活动是根据风险评估结果，采用相应的控制措施，将风险控制在可容忍的范围之内。

内控措施分为一般性控制措施、基础性控制措施和其他控制措施。

一般性控制措施是指为合理保证内部控制目标的实现所采取的通用性控制措施，主要包括：不相容岗位分离控制、授权审批控制、会计管理控制、财产保护控制、预算控制、运营分析控制、绩效考评机制等。

基础性控制措施是指为一般性控制措施提供基础性支撑的工具与方法等，主要包括：规章制度控制、流程控制、信息系统控制、员工行为管理控制等。

其他控制措施包括：信息安全架构控制、模型风险控制、数据质量控制、业务连续性管理机制、客户投诉处理机制、重大风险和突发事件报告机制、外包管理与控制等。

（四）信息与沟通

信息与沟通是及时准确地收集、传递与内部控制相关的信息，确保信息在银行内部、银行与外部之间进行有效传递。

1. 信息报告

境内外分支机构、子公司、业务部门应建立内部控制信息报告制度，明确内部控制信息收集、分析、报告的程序与方式，报告类型分为定期报告和专题报告等。内部控制信息报告应当包括本报告期内部控制基本状况、内部控制缺陷及问题的分类分析、内部控制缺陷的整改措施及其执行情况、加强内部控制管理的意见与建议等。

2. 报告路线与程序

内部控制信息采取双线报告方式,各级机构和部门对报告的准确性、完整性和时效性负责。境内分支机构和业务部门应定期向本机构内部控制管理部门和上级部门报送内部控制相关信息报告,内部控制管理部门负责汇总、整理、按规定进行发布等;境外机构、子公司向总行内部控制管理部门报送内部控制相关信息报告,总行内部控制管理部门负责汇总、整理,按规定进行发布等。

3. 对外报告与披露

银行总行、境内外分支机构、子公司应按照监管部门的要求和规定程序,报送内部控制状况报告。对于监管部门要求对外披露的财务报告、内部控制评价报告和重要信息等,应建立符合监管要求的对外披露制度,明确对外披露的程序、方式等,按要求对外披露。

(五) 内部监督

内部监督是对内部控制建立与实施情况进行监督检查,评价内部控制的有效性,发现内部控制缺陷,并及时加以改进的过程。

1. 监督检查

监督检查是对建立与实施内部控制的情况进行的日常监督检查和专项监督检查。

2. 内部控制评价

内部控制评价是在汇总日常监督和专项监督结果、各部门报告内部控制信息的基础上,定期组织对内部控制的设计与运行情况进行的全面评估。

制定内部控制评价制度,组织开展内部控制评价,及时发现和整改内部控制缺陷,强化内部控制评价结果运用,促进内部控制管理水平的提升。

3. 内部控制缺陷管理

内部控制缺陷是指内部控制的设计或运行无法合理保证内部控制目标的实现。内控缺陷管理是指为实现内部控制水平持续改进和提升的目标,对内控缺陷进行识别、分类、分级、认定、整改等一系列动态过程。根据突出重点的导向,内控缺陷管理主要围绕设计缺陷和多发性的运行缺陷加以开展。

加强内部控制缺陷管理,需要明确缺陷管理流程,建立缺陷整改机制,实施整改验证。根据发现的缺陷,可以定期重检制度与系统,及时弥补设计缺陷,完善业务管理流程,同步将控制要求纳入信息系统,通过缺陷整改提升内部控制的有效性。

4. 内部控制责任认定与追究

建立健全内部控制管理责任制,强化责任认定和追究,对内部控制失职机构或人员,应依据法律法规、监管规则、银行内部管理制度进行责任认定和追究。

董事会、高级管理层对内部控制的有效性分级负责,并对内部控制失效造成的重大损失承担相应责任。

业务部门对内部控制设计的缺失、未执行相关制度和流程、未适当履行检查职责、未及时落实整改承担相应责任。

内部控制管理部门对未适当履行监督检查、内部控制评价职责承担相应责任。

审计部门对未适当履行内部控制监督职责承担相应责任。

5. 审计监督

审计部门根据审计监督需要，对内部控制有效性进行再监督。

阅读资料

内部控制评价等级分类

一类。内部控制体系科学、健全，内部控制规章制度设计合理、执行有力，在落实管理要求、完善控制措施、提升管理能力等方面成效明显，内部控制效果显著。

二类。内部控制体系较为健全，内部控制规章制度设计较为合理，制度规定和控制措施得到较为有效的执行。存在个别、轻微问题或一般性缺陷，内部控制效果较好。

三类。内部控制体系的设计与运行基本达到规范化要求，内部控制规章制度和控制措施基本得以执行。存在一些明显问题和缺陷，但风险可控，内部控制效果一般。

四类。内部控制体系亟待完善，内部管理较为粗放，规章制度设计存在漏洞、执行松懈，控制措施不足，存在爆发案件、违规事件和风险事件的可能性，内部控制效果较差。

五类。内部控制存在严重漏洞和缺陷，内部管理混乱，规章制度和控制措施基本未得到贯彻执行，已发生多起性质严重的案件或违规事件、风险事件，内部控制效果很差。

资料来源：冯文红，王丽新，于洋. 浅析农业银行一级分行内部控制评价体系[J]. 中国乡镇企业会计，2009（1）.

四、内部审计

（一）内部审计的基本认识

1. 内部审计的产生和发展

19世纪中后期，随着社会经济发展、经济组织规模和范围不断扩大，上级机构和管理者没有能力对下级的受托经济责任履行情况进行直接、及时的评价和审查。基于加强内部控制和管理的需要，为了获取充分、快捷的信息，有必要从组织内部专门挑选出一些合格人员，设置一个专职的机构来从事审查和评价活动，内部审计机构应运而生。各国先后颁布一系列法律法规，开始对经济组织设立内部审计提出强制性要求。20世纪中叶，产生了现代意义上的内部审计，内部审计作为一个职业被广泛认识并蓬勃发展。

内部审计由初级到高级历经错弊审计、账项基础审计、控制基础审计等不同阶段，目前正从控制走向全面风险管理,进入风险导向的内部审计新阶段。内部审计的价值在于通过深入企业价值链的各环节,改善组织的风险管理、内部控制和治理过程。

2. 内部审计的定义

2017年,国际内部审计师协会(IIA)发布新版《国际内部审计专业实务框架》,内部审计被定义为"一种独立、客观的确认和咨询活动,旨在增加价值和改善组织的运营。它应用系统的、规范的方法,评价并改善风险管理、控制和治理过程的效果,帮助组织实现其目标"。

3. 内部审计与"三道防线"

内部审计与银行内部控制、风险管理和公司治理紧密联系,在其中承担重要角色。银行内部审计机构,利用熟悉业务、信息便利、客观独立等优势,在风险预警、监督制约、保障服务等方面发挥着独特且不可替代的作用。

内部审计部门作为风险管理和控制的第三道防线,独立履行监督、评价和建设职能。但内部审计不能完全替代第一道防线的自我纠偏职责和第二道防线的监控检查职责,尤其不能完全侧重于监督具体业务活动,而放松对前两道防线作用发挥的监督,应该及时、深入地揭示银行内部普遍存在的问题或重大风险隐患,检讨机制设计中存在的问题,即内部审计履职的关键在于对前两道防线进行再监督、再评价,以此促进银行整体内部控制和风险管理机制发挥积极作用。

4. 内部审计的形式

按照不同分类口径,银行内部审计有不同形式。

按审计范围,可分为全部审计和局部审计,或全面审计和专项审计。全面审计通常是对一级经营机构的审计,对机构全部业务及经营管理开展系统性审计。专项审计是对某一类业务、产品、环节、系统等具体事项开展的专门审计。全面审计占用审计资源较多,较之专项审计,其实施频率相对较低。

按实施时间,可分为事前审计、事中审计和事后审计。通常,对已发生业务开展的事后审计占比更高,但基于审计时效性、风险化解及时性等方面的考虑,与业务经营管理同步的事中审计,甚至先于业务投入运营的事前审计都呈现一定的上升趋势。

按实施频率,可分为定期审计和不定期审计。定期审计是以某一固定频率针对某具体事项开展的审计,旨在连续、动态地跟踪风险及其演进。不定期审计没有固定频率,是以风险评估为基础,针对高风险事项开展的重点审计。

按实施地点,可分为现场审计和非现场审计。现场审计是审计机构派出审计组到审计对象各级经营管理场所,运用现场调阅资料、现场访谈、现场察看等方式所进行的审计。非现场审计是审计机构通过连续收集整理被审计对象业务经营管理的数据和资料,运用适当的方法和流程进行分析的远程审计程序,是现代信息处理和传递方式下迅速发展起来的一种审计监督方式。与现场审计相比,非现场审计具有全面性、时效性强、审计成本低、效率高和规范性强等优势。

现场审计与非现场审计并不是完全独立的两类形式。在审计全流程中,非现场审计通常是审计准备阶段的核心工作，是实施现场审计的基础，高质量的非现场审计有助于精准锁定重要线索，进而提升现场审计查证的质量效率。需要关注的是，在大数据时代背景下，拥有海量数据的商业银行对数字化审计的需求与日俱增。而随着大数据分析工具以及方法技术的创新与不断升级，加之远程访谈、线上查询等取证方法的日益成熟，以非现场分析为特征的远程审计占比日益增大，部分场景下甚至可以完全替代现场审计。

按是否通知被审单位，可分为预告审计和突击审计。在预告审计场景下，审计机构会提前向审计对象发送审计通知书，提前告知审计期间、审计时间、需调阅的各类资料以及各项配合需求，审计对象据此提前做好相关准备工作。突击审计有时又叫做飞行审计，即不提前告知，审计机构根据管理层指派或其他需要，派出审计组对某机构的某具体事项开展的临时性审计。突击审计一般针对重大风险事项或重大苗头隐患，审计范围相对较小，方式灵活，实际运用相对较少。

案例拓展

非现场审计系统

某银行内部审计部门和信息技术部门采用智能化和模型化相结合的设计思路，引入丰富实用的审计分析和数据挖掘工具，联合开发非现场审计系统，搭建了全行集中的企业级非现场审计工作平台。

非现场审计系统，提升了非现场审计工作的集约化程度，为各类业务数据的跨一级分行（包括海外分行）审计分析工作提供了"高效、便捷、安全"的应用平台，实现了"审计模型"的集中管理和运行，智慧审计的快速共享和推广应用，进一步完善了非现场审计的作业模式。

该系统实现了审计数据的全行集中管理，总行统一获取、检核、加载数据，严格管控数据质量，不断提升数据接入能力，为"大数据"分析打下良好的基础。

该系统借助"桌面云平台"技术，实现了系统用户及访问权限的有效管控，进一步提升了信息安全水平，同时有效提高了广域网环境下系统的响应速度，改善审计人员使用体验。系统主要具有数据组织、审计查询、模型管理、审计分析、系统管理和监控等功能，普通审计人员日常主要应用审计查询、模型管理和审计分析功能。非现场系统为业务数据非现场分析提供了一个可靠的工作平台。

5. 内部审计体制

内部审计代表所有者对经营管理实施独立的第三方监督并独立报告监督结果。独立性是内部审计的生命线，独立性需要相应的审计体制加以保障。从国内外实践看，商业银行普遍建立了相对独立的内部审计体制。我国国有大型商业银行的一般架构是，董事会及其审计委员会对内部审计工作行使监督及评价职权；监事会负责对内部审计工作进行指导；高级管理层则保证内部审计制度实施与审计人员履行职责，并确保充分利用审计成果。

内部审计机构通常为总行直接派出并垂直管理的机构，人、财、物相对独立。内部审计机构的工作通常直接对董事会负责，通过首席审计官或其授权方，向董事会及其审计委员会报告工作开展情况、审计发现和审计建议，以及审计资源的保障情况；向高级管理层报告审计资源需求情况，同时通报内部审计工作开展情况、审计发现和审计建议。

（二）内部审计的目标、对象及事项

审计目标、审计对象及审计事项是与审计职责相关的重要概念，串联起来，回答的实则是内部审计部门要对谁实施审计，审计什么期间的什么事项，以达到什么目标的问题。

1. 审计目标

审计目标指从事审计活动所期望达到的目的和要求。内部审计最基本的目标是帮助组织成员有效地履行职责，为其提供与检查监督活动有关的分析、评价、建议等信息。从审计目标的概念层次上看，可分为审计宗旨、总体审计目标和具体审计目标三类。

审计宗旨。是审计的终极目标，其特点是全面性和长期性。原银监会颁布《商业银行内部审计指引》规定，内部审计的目标包括推动国家有关经济金融法律法规和监管规则的有效落实；促进商业银行建立并持续完善有效的风险管理、内控合规和公司治理架构；督促相关审计对象有效履职，共同实现本银行战略目标。我国各商业银行内部审计终极目标与其内涵基本保持一致。

总体审计目标。总体审计目标是审计人员对审计事项作出审计判断的基本方向，包括真实性、有效性和效益性目标三个方面。

具体审计目标。具体审计目标的内涵与外延较为广泛，一般可以分为确认真实性、确认有效性、确认效益性三类目标。其中，真实性目标具体表现为确切性、完整性、所有性、估价性、分类性、期限性、相符性和揭示性等。有效性目标具体表现为健全性、合理性、遵循性等。效益性目标具体表现为经济性、效率性、效果性等。

在确认具体审计目标时，内部审计应随着银行经营战略和管理要求的变化而不断调整具体内容，并针对审计对象和审计事项所处的不同历史背景及经济环境进行判断选择。

2. 审计对象

审计对象是对被审计单位和审计范围的概括。审计对象有时表现为组织、实体形式，有时表现为自然人形式。

银行的审计对象包括但不限于下列被审计单位或被审计人：总行本级；境内外分支机构；直接拥有控制权的公司，以及间接拥有控制权但明确由该行直接管理的公司；各级经营管理部门；监管规定范围内的高级管理人员等。

3. 审计事项

审计事项,是内部审计机构按照确定的审计目标,对有关审计对象进行审计时,所涉及的具体内容。审计事项有时单一表现为内部控制或风险管理,有时表现为多种内容的组合。内部审计事项主要包括:

公司治理的健全性和有效性;

经营管理的合规性和有效性;

内部控制的适当性和有效性;

风险管理的全面性和有效性;

会计记录及财务报告的全面性和准确性;

信息系统的持续性、可靠性和安全性;

机构运营、绩效考评、薪酬管理和高级管理人员履职情况;

监管部门监督检查中发现问题的整改情况及监管指定项目的审计工作等。

在审计实务中,一般会就审计事项确定其跨越的时间界限,也就是审计对象有关活动的存在、发生或持续的时间段,作为当次的审计期间。一般来说,可将以下期间作为审计期间:审计对象经营管理活动的发生期间和持续期间;审计对象经济责任的发生期间和持续期间;财务会计报告年度、资产负债表期间或统计报表期间等。

(三) 内部审计程序

审计程序是审计机构和审计人员在实施审计项目时应遵循的工作流程和操作步骤,是审计项目从开始到结束的整个过程以及在该过程中各项具体工作的先后顺序、相互协调关系的总和。审计程序也是开展审计项目和控制审计项目实施过程的有效手段,是提高审计项目质量和审计效率的基础。银行内部审计程序一般包括以下阶段。

1. 审计立项阶段。一般依据风险评估结果、外部监管部门的规定和要求、董事会/监事会/高级管理层的要求、有权人的委托或提请、相关部门和机构的审计需求等内容,确定审计项目。

2. 审计准备阶段。该阶段是为实现审计目标而进行的必要的前期准备,包括成立审计组、发出审计通知书、编制审计方案、收集和研究背景资料、调查和了解内部控制以及进行审计培训等。其中关键是调查和了解内部控制、编制审计方案。通过调查和了解内部控制,初步评估被审计单位的控制风险水平,才能确定审计重点,科学制定审计策略,编制具体审计方案并更好地指导审计测试。

3. 审计测试阶段。该阶段是收集、分析、整理审计证据的关键环节,直接关系到审计目标的实现,它包括测试、取证的过程和方法,以及提出审计发现的方法和步骤。

在测试过程中,审计人员应就测试过程及结果同步编制审计工作底稿。由于内部审计服务于组织整体战略目标,因此,审计组应就审计工作底稿中所反映的问题,与经营责任人、取证对象乃至审计对象进行必要的沟通,力求客观全面地反映问题,找准问题成因,就后续整改化解风险等达成共识。

4. 审计报告阶段。该阶段是审计结果的形成和处理阶段,是审计成果的最终反映。

审计报告既要对审计事项的风险、控制等进行整体评价，也要充分披露重要的风险事项与内部控制缺陷，同时还应提出针对性的管理意见或整改建议供审计对象参考。

  5. 审计跟踪阶段。该阶段是通过跟踪与推动审计发现整改，来巩固和提高审计效果，促进审计价值的实现。开展审计跟踪是实现审计闭环管理，推动审计成果转化为审计效果的必要步骤。审计计划中应涵盖审计跟踪的相关安排，审计机构应安排一定资源有序开展相关工作。

  6. 项目评价阶段。该阶段是对审计工作的总结和评价，包括项目评议、对审计组以及审计人员工作进行的综合考评等。

  实际工作中，为实现具体的审计目标，审计组可根据实际情况调整或简化审计程序中的某些阶段或某些步骤。

分析与思考：

1. 内部控制在历史上经历了几个发展阶段？每个阶段分别有什么特点？
2. 内部控制的要素和措施是什么？
3. 内部审计是如何对内部控制开展审计监督的？

第四章 插上科技的翅膀

【学习目标】

1. 阐述金融科技方面的核心技术及其在银行业务中的应用
2. 阐明金融科技从哪些方面推进银行数字化转型
3. 阐释金融科技的应用趋势

【内容概览】

1. 金融科技的概念与发展历程
2. 金融科技核心技术
3. 金融科技战略实施路径
4. 金融科技的应用前景
5. 大语言模型在银行中的应用

"无科技不金融。"银行一直以来都是金融科技研发投入和应用的引领者。近年来，各银行逐渐加大金融科技投入，探索以科技和数据向业务、客户和社会赋能，数字化转型已成为银行突破获客短板、深耕存量价值、提升服务效率和强化风险管控的重要手段。从发力方向看，技术中台、业务中台和数据中台建设成为大型银行的普遍发力点，三大中台作为银行数字化的基础设施，可以降低应用开发与数据使用的门槛，让科技变成银行员工的底层能力，从而快速响应业务需求。另外，银行"上云"有重要进展，银行的未来在"云"上，重塑银行业务模式，让业务从柜台走上"云端"正在成为行业共识。未来，随着技术基础的不断积累，科技与金融业务的融合将更加紧密，更多应用创新与模式创新的成果将值得期待。

本单元聚焦于金融科技，从金融科技的概念与发展历程出发，介绍了金融科技发展的整体时间脉络，更进一步地阐述了金融科技的核心技术和银行实施金融科技战略的实施路径。在具体应用方面，本单元描述了金融科技在银行中的落地领域，包括最新的大语言模型在银行中的应用。

一、金融科技的概念与发展历程

金融科技（Financial Technology，FinTech），是指传统金融企业利用科技手段推动创新变革、提高效率以及提升用户体验，或者新型创业公司利用科技手段推出全新的金融产品或商业模式。金融科技不只是"金融"与"科技"的简单相加，而是在信息技术加速发展的背景下，技术赋能传统金融，产生的一系列商业模式、业务等的创新，是产业与新技术深度融合的必然发展方向与结果。

> **小看板**
>
> 　　根据金融稳定理事会（FSB）的定义，金融科技主要是指由大数据、区块链、云计算、人工智能等新兴前沿技术带动的，对金融市场以及金融服务业务供给产生重大影响的新兴业务模式、新技术应用和新产品服务等。

纵观中国金融行业金融科技发展历程，大体可以分为以下三个阶段。

（一）金融电子化阶段（20世纪70年代至21世纪初）

该阶段主要由政府主导科技与金融的融合，并经历了替代手工、网络化、数据大集中三个历程。替代手工技术的条件是商业电脑的普及，中国银行业也从算盘时代走向了键盘时代。其中的标志性事件是20世纪70年代中国银行引入理光-8（RIOCH-8）型主机系统，20世纪80年代批量成套引进M150小型计算机，揭开了我国银行业电子化和信息化发展的序幕。

全面网络化阶段则是在20世纪90年代初，因通信网络日益成熟，各大银行在一些大中城市建立起各种形式的自动化同城票据交换系统，也纷纷加入SWIFT系统，并开始了以城市为中心的计算机联网工程。

得益于光纤通信技术的发展，大型机、数据存储服务器、大型数据库技术的日益成熟，以及各大银行核心系统的建立，在21世纪初，我国大型金融机构先后完成数据大集中建设工程，中国银行业数据大集中取得了初步的建设成果。

（二）金融互联网化阶段（2001—2016年）

标志："网上银行"和"电子商务"的崛起（银行与互联网企业的相互碰撞）。

技术条件：光纤通信能力的快速提升以及3G、4G牌照的发放。

特点：银行与互联网企业共同推动了金融的互联网化、移动化，互联网金融野蛮生长，金融脱媒现象加剧（渠道脱媒、支付脱媒、融资脱媒、理财脱媒、存款脱媒），银行焦虑情绪加剧，思考未来的方向，具体如图3-4-1所示。

2012年扫码支付推出，2013年4G牌照发放，移动互联网业务迎来快速增长。

（三）经营数字化阶段（2016年至今）

2016年8月，国务院发布《"十三五"国家科技创新规划》，规划明确提出促进科技金融产品和服务创新。金融科技在各类政策的加持下，成为近年的主旋律。依托大数据、云计算、区块链、人工智能和移动互联网等新技术，银行业利用金融科技力量，

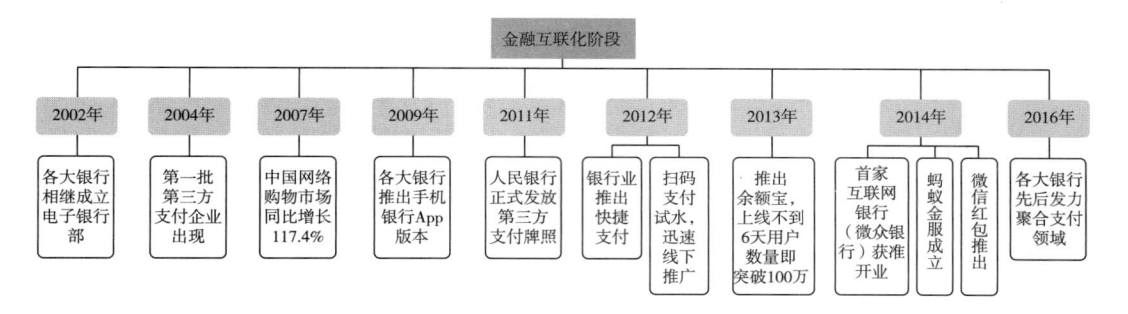

```
                              金融互联化阶段
┌────┬────┬────┬────┬────┬────┬────┬────┬────┬────┐
2002年 2004年 2007年 2009年 2011年 2012年 2013年 2014年       2016年
各大银行 第一批 中国网络 各大银行 人民银行 银行业 扫码 推出 首家互联网 蚂蚁 微信 各大银行
相继成立 第三方 购物市场 推出手机 正式发放 推出 支付 余额宝, 银行(微众银 金服 红包 先后发力
电子银行 支付企业 同比增长 银行App 第三方 快捷 试水, 上线不到 行)获准 成立 推出 聚合支付
部    出现  117.4%  版本   支付牌照 支付 迅速 6天用户 开业              领域
                                        线下 数量即
                                        推广 突破100万
```

图 3-4-1　金融互联网化阶段节点事件

创新服务方式和流程，整合传统服务资源，联动线上线下优势，提升整个银行业资源配置效率，从而更先进、更灵活、更高效地响应客户需求和社会需求。

2017 年，中国人民银行成立金融科技（FinTech）委员会，实施工行+京东、农行+百度、中行+腾讯、建行+阿里、交行+苏宁相互结盟的战略布局，传统金融机构争相布局金融科技，人民银行开始牵头数字人民币研究。2018 年，建设银行设立金融科技创新委员会，发布 TOP+战略，提出金融科技、住房租赁和普惠金融"三大战略"。

2019 年，中国人民银行印发《金融科技（FinTech）发展规划（2019—2021 年）》。工行成立金融科技研究院，发布 ECOS 工程。建行以"建生态、搭场景、扩用户"为理念，全面开启数字化经营探索。

2020 年，农行提出信息科技"iABC"战略。数字货币（DC/EP）的试点步伐加快。

2021 年，建行全面推进新金融行动，发布《中国建设银行金融科技战略规划（2021—2025 年）》。

2022 年，中国人民银行发布《金融科技发展规划（2022—2025 年）》。

二、金融科技核心技术

目前，发展较为成熟的关键技术有人工智能、区块链、云计算、大数据等，这些技术为金融服务带来了巨大变化（见表 3-4-1）。

表 3-4-1　　　　　　　　　　金融科技的核心技术

核心技术	技术内涵	基于核心技术的金融服务
人工智能	人工智能是计算机科学的一个分支，其研究的一个主要目标是使机器能够胜任和替代一些通常需要人类智能才能完成的复杂性、程序化的工作，从而提升效率和用户体验。	智能客服、智能投顾、量化交易等。
区块链	区块链是指通过去中心化和去信任的方式集体维护一个可靠数据库的技术方案。	供应链金融、线上支付、数字货币、跨境支付等。

续表

核心技术	技术内涵	基于核心技术的金融服务
云计算	云计算是一种基于互联网的计算模式,通过网络共享计算资源、软件和信息,随时随地提供计算和存储等服务,是数字化转型的重要基础设施。	银行IT运营管理、开放型底层平台建设、数据处理、支付结算等。
大数据	大数据是多类新兴技术得以发挥效用的源泉和基石,金融机构可借助新兴的大数据技术广泛收集各种渠道信息进行分析应用与风险管理,运用大数据进行精准营销与获客,通过大数据模型为客户提供金融信用,进而辅助各项业务决策等。	互联网贷款、信贷风险评估、智能投顾、投研模型等。

(一)人工智能(AI)

人工智能是计算机科学的一个分支,其研究的一个主要目标是使机器能够胜任和替代一些通常需要人类智能才能完成的复杂性、程序化的工作,从而提升效率和用户体验。人工智能被视为数字经济的核心驱动力和重点产业,也是支撑其他领域创新的数字底座。

斯坦福大学2023年的一份研究报告显示,在金融业,产品和服务开发是人工智能能力最常实施的职能领域(31%),其次是服务运营(24%)和战略与企业财务(23%)。从人工智能能力来看,机器人流程自动化在金融服务中的嵌入率最高(47%),自然语言文本理解(NLU)以42%位居第二,其次是虚拟代理,采用率为33%。

人工智能技术主要从以下五个方面在金融领域发挥作用。

1. 提升风险管理能力。AI技术的引入使金融机构能够通过智能风险控制模型和算法,实时收集和分析客户的财务状况、消费行为和信用历史等信息,从而实现对客户信用评估、反欺诈分析等方面的高效处理,为金融机构提供更为准确的风险预警,有助于降低坏账率。

2. 优化投资策略。AI技术在投资领域的应用同样表现出强大的潜力。通过运用机器学习和数据挖掘等技术,可以对金融市场进行预测和分析,提高决策的准确性和效率。还可以实时监控市场动态,为投资者提供更为专业的投资建议。此外,AI还可以帮助投资者实现智能投资组合管理,最大化收益并降低风险。

3. 提升客户体验。通过智能客服系统、语音识别技术以及个性化推荐等应用,金融机构可以为客户提供更加便捷和高效的服务。同时,AI技术也有助于金融机构深入了解客户需求,从而提供更贴合需求的金融产品和服务。

4. 防范金融犯罪。金融犯罪一直是金融行业面临的严重问题。AI技术在此方面具有巨大的应用前景。通过运用大数据分析、模式识别以及异常检测等技术,AI系统能够有效地发现金融欺诈行为,从而帮助金融机构防范金融犯罪。

5. 降低运营成本。通过AI技术自动化处理和决策、智能客户服务以及智能审批等方面的应用,金融机构可以大幅减少人力成本和提高工作效率。此外,使用自动化流程控制技术，可以帮助银行提高效率，提升精细化运营能力，降低成本。

虽然人工智能技术在金融科技中有广泛的应用前景，但同时也存在一些挑战和风险。其中最主要的问题之一就是数据隐私和安全保护。人工智能技术需要处理大量的敏感数据，如何保证这些数据不被恶意利用或泄露，是亟待解决的问题。

阅读资料

ChatGPT

美国人工智能研究实验室 OpenAI 开发的对话机器人 ChatGPT 引起了国内外各界的广泛关注，并且掀起了一轮人工智能热潮。ChatGPT 是人工智能技术驱动的大语言模型，它能够通过理解和学习人类的语言来进行对话，还能根据聊天的上下文进行互动，甚至能完成撰写邮件、视频脚本、文案、翻译和代码等任务。

银行业作为较早启动数字化、智能化转型的行业之一，人工智能在银行业智能客服方面的应用一直是热点问题。2023 年 6 月，《中国银行业》联合某银行客服中心，找来几位一线客服人员，分享他们对 ChatGPT 爆热现象的理解以及人工智能发展迭代对银行客服领域影响的思考，其中不乏一些很有意义的观点。

一名客服人员认为，前期的人工智能之所以没有对客服工作构成威胁，是因为它们只能程式化、条目化地回答；并且其缺少共情能力，不懂客户的"言外之意"。而上述两个问题在 ChatGPT 时代，已然不复存在了。首先，ChatGPT 打破了自然语言处理（NLP）的"天花板"，不仅识别快，而且回答起来"快准狠"。其次，它具备共情能力。比如，某银行人工智能团队做过一项测试，让 ChatGPT 扮演坐席去安抚客户，它综合考量了客户情绪、后续方案，给出了一个令人拍手叫绝的回答。这项情绪劳动被 ChatGPT 拆解为高维函数，颇令人"心惊胆寒"。

但是，ChatGPT 要取代人工客服，目前还没那么容易。一方面，ChatGPT 是通用型问题解决模型，能够较好地完成普适型问题，若要针对特定领域的问题进行专业解答，目前还必须依赖人工客服，当前已经有一些银行开始训练金融大语言模型，但距离实际应用还有一定的距离。另一方面，私域 GPT 还需要人为干预和筛选。我们看到有时候 ChatGPT 不能完成很严谨的逻辑，这是因为 ChatGPT 的回答是很多标注人员整体认知的集合，一旦数据被"污染"，它的表现能力就大打折扣。因此，银行客服人能做的事情不止于聊天（Chat），而是拥抱技术，让技术为客户服务，聚焦到情感关怀、超预期服务这些工作上来。

（二）区块链（Block Chain）

区块链是指通过去中心化和去信任的方式集体维护一个可靠数据库的技术方案。该技术方案让参与系统中的任意多个节点，把一段时间系统内全部信息交流的数据，通过密码学算法计算和记录到一个数据块（block）上，并且生成该数据块的指纹用于链接（chain）下个数据块和校验，系统所有参与节点来共同认定记录是否为真。

通俗地说，区块链技术就是一种全民参与记账的技术。在过去，一般都使用一台（或者一群）中心化的服务器来记账。但在区块链系统中，系统中的每个人都可以参与记账。在一定时间段内更新一次数据，系统会评判这段时间内记账最快最好的人，把他所记录的内容写到账本，并将账本内容发给系统内所有的其他人进行备份。

区块链在金融领域的应用范围很广，通过公共账本可以实现包括客户身份识别、资产登记、资产交易、支付结算等应用，通过大数据系统可以记录、传递、存储、分析及应用各类数据信息，实现物理世界与数字世界、现实世界与虚拟世界的无缝链接。

（三）云计算（Cloud Computing）

云计算是一种将计算能力和存储能力通过互联网等通信网络进行建立、管理及投递的计算形式，即通过网络共享计算资源、软件和信息，随时随地提供计算和存储等服务，无须自身拥有庞大的交换机、服务器以及数据中心等硬件设施。在云计算中，用户可以通过互联网使用丰富的云服务，包括数据存储、计算资源、软件应用、安全服务等，在不需要购买硬件和软件的情况下，快速获得高质量的计算服务。

云计算与金融领域的深度结合，是互联网时代下金融行业可持续发展的必然选择，主要应用于金融机构 IT 运营管理和开放型底层平台等方面，可以降低金融企业的运营成本或满足复杂运算的分析需求。

云计算有三种服务模式，即基础设施即服务（IaaS）、平台即服务（PaaS）和软件即服务（SaaS），具体如图 3-4-2 所示。

有人形象地用吃披萨来理解这三个服务模式。

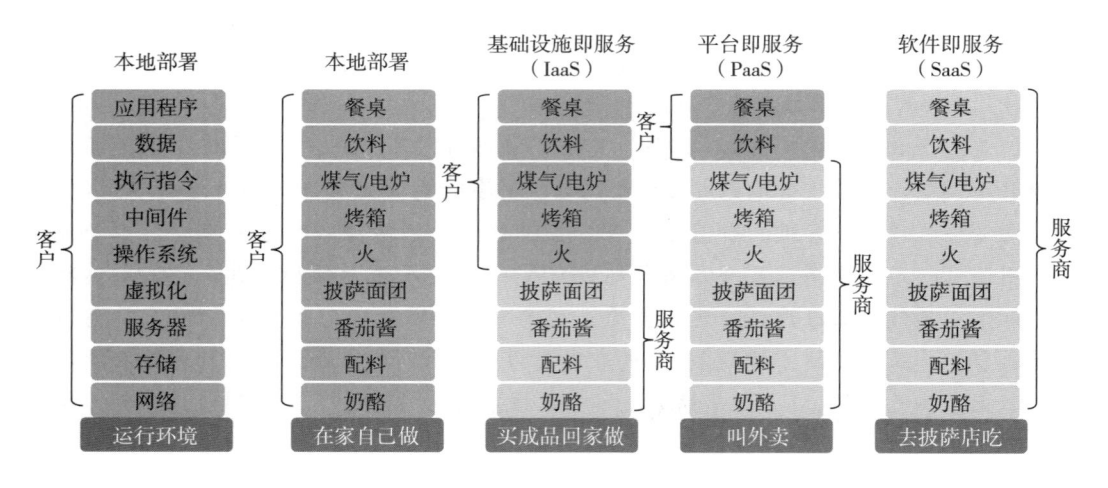

图 3-4-2　云计算的三种服务模式

1. 本地部署："在家自己做披萨。"传统的部署方式，需要自行安装部署操作系统、应用软件、服务器硬件、网络等各类基础设施，并自行做好后续各种维护工作。

2. 基础设施即服务（IaaS：Infrastructure as a Service）："买半成品回家做披萨。"云供应商将基础设施资源提供给客户，如服务器、网络、存储等最基础的服务，用户无须关注底层硬件环境的实现，最大的优势在于允许用户动态申请或者释放节点，按需收费。

3. 平台即服务（PaaS：Platform as a Service）："叫披萨外卖。"云供应商除了提供基础设施外，还提供用户应用程序运行环境或部分应用，如数据库服务、中间件服务。用户可自行开发部分或全部程序。

4. 软件即服务（SaaS：Software as a Service）："直接去披萨店里面吃。"云供应商提供完整的、可直接使用的应用程序，作为一种交付模式，应用将作为一项服务托管，并通过网络提供给用户，如邮件、OA 等通用性较强的日常业务。用户直接连接到云端，根据实际需求，任意选择所需的应用软件服务。

云计算的作用主要体现在以下三个方面。

1. 优化金融业务流程。金融业务的复杂性导致传统 IT 系统存在一些问题，如硬件配置高、定位受限、容灾困难等。而云计算技术可以帮助金融机构解决这些问题，降低了 IT 成本和运营风险。云计算技术还可以提高金融机构的业务运营效率，使得金融机构能够更快速地处理海量数据。

2. 增强金融信息安全。金融机构的安全和隐私非常重要，如果客户的信息遭受泄露或被黑客攻击，将会给金融机构带来严重的后果。云计算技术可以通过其高度集成化、多层次安全防护的特点，更好地保障用户的数据安全性。云计算提供商会对数据中心进行 7×24 小时的监控和管理，并在发现威胁时进行及时处理，从而有效避免了安全风险的发生。

3. 促进金融创新。云计算技术可以使得金融机构更加关注业务创新及快速落地，而非关注 IT 架构、硬件配置等问题。例如，云计算技术可以大大缩短产品研发周期、减少研发成本，为金融机构提供更多创新的可能性。此外，云计算还支持金融机构通过第三方应用程序接口（API）与其他金融机构或消费者进行连接，从而提高了业务协同的效率。

云计算是银行业未来发展最为重要的技术依赖之一，无论是深耕私有云，打造行业云，还是紧紧抓住云原生趋势，银行对云计算深度探索与投入将会持续。从国内 6 家国有大行来看，推动全面云化是近几年金融科技新布局的重要方向，各家银行都在加速云平台建设，并且主要采用私有云和行业云的方式，这与银行业的严格监管密切相关。

（四）大数据（Big Data）

当前，数据已经成为最重要的生产要素，成为基础性战略资源。在金融领域，不管是精准营销还是信用评估，似乎离开大数据已经寸步难行。目前，银行大数据应用主要可以分为三个方面：用户画像、精准营销、风险控制。

1. 用户画像。用户画像应用主要分为个人客户画像和企业客户画像。个人客户画像包括人口统计学特征、消费能力数据、兴趣数据和风险偏好等。企业客户画像包括企业的生产、流通、运营、财务、销售和客户数据、相关产业链上下游等数据。

2. 精准营销。在客户画像的基础上银行可以有效地开展精准营销。例如，银行可以根据客户的喜好进行服务或者银行产品的个性化推荐，如根据客户的年龄、资产规模和理财偏好等，对客户群进行精准定位，分析出其潜在金融服务需求，进而有针对性地营销推广。

3. 风险控制。金融零售业务能大规模发展，得益于大数据风控技术。银行可通过企业的生产、流通、销售和财务等相关信息结合大数据挖掘方法进行贷款风险分析，量化企业的信用额度，更有效地开展中小企业贷款。还可以利用持卡人基本信息、卡基本信息、交易历史、客户历史行为模式和正在发生行为模式（如转账）等，结合智能规则引擎（如从一个不经常出现的国家为一个特有用户转账或从一个不熟悉的位置进行在线交易）进行实时的交易反欺诈分析。

三、金融科技战略实施路径

近年来，银行持续强化金融科技运用，推动核心业务系统建设、数字化中台建设和金融科技人才队伍建设，促进科技与业务深度融合。

（一）建设核心业务系统

依托金融科技布局，大型银行基于分布式基础架构平台、分布式数据库、全面云化以及核心业务重构等多个方向加大科技投入，完成核心系统升级改造。

1. 工商银行围绕 ECOS 实现分布式架构转型。工商银行于 2015 年开始启动智慧银行开放系统（ECOS）生态建设工程，实现从集中式向全分布式、从单一核心银行系统到去核心化系统、从传统银行服务到开放生态服务的转型。围绕 ECOS 工程建设目标，工商银行基于"云计算+分布式技术"打造开放平台核心银行系统，实施主机业务向"云+分布式"的开放架构转型。

2. 农业银行分布式核心系统转型。自 2017 年起，农业银行开始启动核心系统分布式架构转型，按照"积极探索、搭建平台、步入深水"的规划路线，先后搭建起 BoEing 辅助查询平台、总控、运营、客户信息、产品合约、账务等分布式基础应用，构建了全行统一的客户视图、一体化运营体系、开放的产品合约和实时处理的账务体系，有效地承担了核心系统 60% 的交易量，为产品应用分布式架构转型积累了必要经验，提供了基础前提。2020 年 8 月，首个分布式示范应用成功投产，标志着第二阶段攻坚任务"搭建平台"工作已顺利完成。2023 年 4 月 6 日，农业银行信用卡分布式核心系统（OVC）顺利投产，实现亿级客户规模的数据迁移及流量切换，标志着农业银行第三代信用卡核心系统全面建成。

3. 中国银行绿洲工程建设。中国银行于 2020 年启动企业级架构建设，命名为"绿洲工程"（OASIS），旨在形成支撑数字化转型的关键动能，实现对业务发展、产品创新、市场变化的敏捷反应。2021 年 12 月 29 日，"绿洲工程"的企业级技术平台成功投产。伴随"绿洲工程"，中国银行重塑超大规模金融级分布式架构体系，自主研发的"鸿鹄"（分布式技术平台）、"瀚海"（移动端开放框架）、"星汉"（大数据开发框架）三大基础技术中台不断夯实、拓展，逐步发挥赋能业务、敏捷交付、稳健支撑的基石作用。

4. 建设银行基于多技术栈的核心系统建设。建设银行在 2019 年启动了基于多技术栈的银行核心系统建设工作，建设范围涵盖存款、贷款、借记卡、信用卡、客户信息等原本运行在大型机上的核心业务领域全量业务功能。为了全面推进多技术栈银行核心系统建设，建设银行提出涵盖应用层、平台层、基础设施层端到端的体系化解决方案。

5. 邮储银行新一代核心系统建设。邮储银行在 2019 年初开始新一代金融核心的预研，建设路径采用业务和应用双驱动：一方面对业务模型梳理抽象，建立模型资产库，通过业务组件抽象化、模块化，按需快速重建；另一方面以分布式技术作为技术支撑，发展自动故障感知处置、分布式强一致、多中心多活等能力，支持云原生按需自适应弹性伸缩和单元扩展，满足客户数量和交易数量增长带来的海量交易。于 2021 年 4 月完成整体技术平台上线，2022 年 3 月全量投产上线。

（二）建设数字化中台：撬动银行数字化转型的杠杆

中台一般是指搭建一个灵活快速应对变化的架构，快速实现前端提的需求，避免重复建设，达到提高工作效率的目的，建设数字化中台的核心目标是实现复用和共享。中台作为平台型组织的一部分，是在前台作战单元和后台资源部门之间的组织模块。这些模块多半是传统组织中所谓的成本中心，它们负责把后台的资源整合成前台打仗所需的"中间件"，方便随需调用。中台分为三类：业务中台、数据中台和技术中台。

在银行数字化发展过程中，中台建设是一个关键过程。中台兴起的本质，是在数字化转型的背景下，由需求侧的快速变化和挑战传导到供给侧，倒逼了供给侧改革，供给侧通过组织重塑和共性能力抽象、沉淀、整合和共享，实现对不同需求的快速响应，并转化为内生动力驱动业务发展和产品创新。中台是金融企业规模化、专业化演进的必然结果，也是金融机构不同渠道的同一或不同客户联动、多业务条线数据整合、产品创新中复用技术平台的内在需要。

银行数字化转型的首选核心架构就是中台数字化。在银行的数字化转型进程中，数字化中台的建设具有标志性意义。搭建数字化业务中台，是依托云计算、大数据和人工智能等技术实施 IT 架构转型，其本质是将企业的核心领域业务能力以服务的方式进行沉淀，从而在不同场景中进行复用，并在业务中台与数据中台之间构建数据闭环，使得银行可以高效地进行业务探索和创新。

中台建设的核心是进行中台业务模型设计，中台的服务是基于中台业务模型进行的复用，绝不是单纯的技术功能组件重用，没有业务模型沉淀的技术组件，共享价值有限。建设中台的重中之重，是切分业务领域，沉淀核心业务模型，以形成企业级的共享服务中心，在建设成系统模块之后，力求达到各个中心之间的高内聚、低耦合，可以独立地沉淀服务并演化的目标。

随着银行数字化转型向纵深推进，越来越多的金融机构开始实施中台战略，加快推进大中台体系建设。从当前银行的中台建设实践看，多聚焦于业务中台、数据中台、技术中台。

业务中台——业务领域解决方案的提炼。业务中台的核心职能是打破前台部门竖井式建设系统，以敏捷响应前台经营，支持业务创新。将前台系统中的稳定通用业务能力"沉降"到中台层，为前台减负，恢复前台的响应力；将后台系统中需要频繁变化或是需要前台直接使用的、可复用的业务能力"提取"到中台层，赋予这些业务能力更强的灵活度和更低的变更成本。

数据中台——构建面向业务场景的数据服务能力。在数字化中台体系中，数据中台是基础，是大中台体系的重要组成部分。数据中台的本质是"数据仓库+数据服务中间件"，它的定位就是实现对业务全域、全链路数据的整合，并通过统一的数据治理和处理手段，将数据以公共应用服务的方式向前端输出，快速响应业务需求。数据中台的价值在于能够通过打破不同项目、系统和业务板块的"藩篱"，实现数据的汇总、融合，赋能于营销、风险管理、业务运营等不同场景的决策。

技术中台——基础设施适配和技术平台底座。技术中台是由多种关键性技术共同构成的应用系统支撑平台。银行通过技术中台把不同结构的系统技术框架统一起来，就能够更好地利用整合的科技能力为广泛的业务发展提供相应服务。因此，从顺序上来说，技术中台一定要先行。只有搭建一个好的技术框架，才能充分实现对数据和业务的处理。好的技术中台有以下三个特征。

一是云化，自助、按需、快速供给技术服务；研发、测试、部署、运行、监控全流程线上化。

二是组件化，提炼和沉淀各类公共技术功能，形成可独立部署运行的组件，以服务方式对外提供接口访问；促进技术共享，避免重复开发，提高应用交付效率和质量。

三是平台化，将应用研发所需的技术进行集成、封装，降低技术应用门槛；为应用研发、测试、部署、运行、维护提供一站式全生命周期支持。

总之，智能、开放和共享是数字化中台的重要特征，它并不是一种简单产品的集合，而是希望能够辅助金融机构基础设施走向平台化的重要工具。当然，数字化中台只是解决银行现阶段业务发展的具体方案，是数字化转型中一个必要但非万能的工具，面对数字化转型这场漫长的变革，未来仍需要持之以恒的创新和迭代。

案例拓展

从随身银行看平安银行的中台战略

平安银行的中台战略是一种变革性的管理模式，其中随身银行是平安银行中台战略的重要组成部分之一。随身银行重新定义了客户与银行的交互方式，支持音频、视频、多方视讯、同屏协作等多元化交互模式，同时真正做到 AI 意图识别客户行为背后的客户需求，实时解决客户的业务难点。这种交互方式使得客户可以在任何时间、任何地点、通过任何渠道获得个性化的服务体验。

在各服务渠道之间的连接方面，平安银行基于统一的底层引擎，统一的工作台，围绕同一个客户经营的策略,把"AI银行+远程银行+线下银行"三大客服渠道打通,协同实现面向客户的综合服务。这种连接方式使得客户无论在何种渠道,都能得到一致的服务体验。

总之,平安银行的中台战略通过随身银行的实现,使得银行能够更好地满足客户的个性化需求,提高服务质量和效率。这种战略管理模式对于银行业务的数字化转型和升级具有重要的借鉴意义。

资料来源:金德路. 随身银行:平安银行的中台战争[EB/OL]. [2021-10-13]. https://t.cj.sina.com.cn/articles/view/6254375781/174ca3365001013xov.

(三)将金融科技战略推向纵深:金融科技投入持续加大

1. 金融科技投入总额持续快速增长

在当前数字经济高速发展下,银行业金融机构持续加大金融科技投入力度。从各家银行披露的年报来看,2022年,六大国有银行及招商银行、中信银行、浦发银行、兴业银行、平安银行、光大银行、民生银行、广发银行、恒丰银行、渤海银行10家全国性股份制商业银行金融科技投入总额为1787.64亿元,较2021年增加142.04亿元,同比增长8.63%。

其中,6家国有银行金融科技投入合计1165.49亿元,增幅8.42%,且6家国有银行金融科技投入均超过百亿元,其中工商银行最多。2022年,工商银行、建设银行、农业银行、中国银行金融科技投入均超过200亿元,分别为262.24亿元、232.90亿元、232.11亿元、215.41亿元,占营收的比例分别为2.86%、2.83%、3.20%、3.49%。交通银行、邮储银行金融科技投入分别为116.31亿元、106.52亿元,占营收比例对应5.26%、3.18%(见表3-4-2)。不同银行数字化所处的阶段不一样,投入能力不同,目标不同,金融科技投入会略有差异,但是基本都保持较快的正增长。银行数字化转型仍然在快速推进过程中,后续对金融科技的投入仍然会保持较高水平。

2. 金融科技员工占比持续提升

银行业在加大金融科技投入的同时,金融科技员工的人数以及占全行员工的比例也在不断增长。2022年,6家国有大行以及招商银行、中信银行、兴业银行、浦发银行、民生银行、光大银行、广发银行、渤海银行、浙商银行9家全国性股份制商业银行金融科技员工合计12.83万人,较2021年增加约1.25万人,增幅10.88%。6家国有大行金融科技员工数量均较2021年有所增加,且金融科技员工占全行员工比例均呈增长态势。

表3-4-2 2022年6家国有大行金融科技投入

银行机构	工商银行	建设银行	农业银行	中国银行	交通银行	邮储银行
金融科技投入/亿元	262.24	232.9	232.11	215.41	116.31	106.52

续表

银行机构	工商银行	建设银行	农业银行	中国银行	交通银行	邮储银行
占营收的比例/%	2.86	2.83	3.20	3.49	5.26	3.18
金融科技人员/万人	3.6	1.58	1	1.33	0.59	0.63
占集团人数的比例/%	8.30	4.20	2.22	4.35	6.38	3.27

数据来源：各家银行2022年年报。

3. 金融科技提升到战略层面

银行数字化转型的核心是要用数字化技术、系统能力、数据能力响应业务的规模化、创新化发展。数字化转型不是单一技术的变革，也不是局部业务的变革，而是包含组织结构、管理模式、经营模式、企业文化、业务流程、技术应用在内的全方位的变革，是一项系统工程。在这项工程中，金融科技发挥着日益重要的作用，金融科技创新正在加快推动银行业数字化进程。因此，银行纷纷将金融科技提升到战略层面，不断加大顶层设计与资源投入，聚焦科技金融、普惠金融、财富金融等业务发展，深化数字化、智慧化转型，促进技术助力业务提质增效。

当然，银行数字化转型的最优路径不是唯一的，每家银行需要综合考虑自身的资源禀赋、历史沿革、发展状况、经营理念和组织文化等，循序渐进改善体系架构、培养核心能力，而不是简单照搬其他银行的经验与模式。

案例拓展

建设银行：金融科技 TOP+2.0 战略

2021年，建设银行发布《中国建设银行金融科技战略规划（2021—2025年）》（即TOP+2.0战略规划，T指核心技术，O指能力开放，P指平台生态、+指体制机制）。一方面，规划明确提出夯实先进、可信、普惠的新金融数字基础设施，打造多元融合、服务丰富、生态开放的金融云的目标，首次提出将其打造成为用户首选的金融业云服务品牌。另一方面，持续升级具有"管理智能化（Intelligent）、产品定制化（Customized）、经营协同化（Collaborated）、渠道无界化（Boundless）"四大特征的服务品牌。

资料来源：《中国建设银行金融科技战略规划（2021—2025年）》。

四、金融科技的应用前景

（一）信用科技：金融科技发展的主线

信用风险管理是银行业永恒的主题，更是未来金融科技发展的主线。和信用风险管理相关的技术都属于信用科技的范畴。一般来说，信用科技是以数据为基础、以新兴技术为驱动力的创新业态，旨在通过大数据、人工智能、区块链等手段，节约信用成本，降低信用风险，提升信用价值，推动信用市场有序健康发展。

金融的本质是风控，风控的前提是信用。信用科技能够更高效地解决信息不对称问题，驱动信用评估和风险管理走向智能化和场景化。可以利用技术手段获取多维外部数据，添加更多风险因子和变量因素，更深层地刻画客户特征，从而准确量化客户的违约风险，实现对客户的合理授信。在金融数字化时代，信用科技优势将更加凸显，它将助力提升信用价值，持续提升银行服务实体经济的能力。未来，信用科技的发展将对普惠金融、消费金融、乡村金融等领域的创新发展发挥更为重要的驱动作用。

（二）数字货币和区块链：金融科技的未来

数字货币与区块链是金融科技领域最热门的板块之一。区块链扎根于互联网自由、平等、分享的基因内核，承载价值互联与传递的功能。随着部分国家央行发行法定数字货币，数字货币的实施将重塑金融服务和产品，区块链技术也会为金融行业提供新的技术框架。各国监管政策虽有不同，但新兴技术向前的潮流是不可阻挡的。

（三）支付科技：电子支付将迈入新时代

支付产业的发展帮助消费者实现了各种消费场景中的支付便利，也极大地推动了世界银行体系的连接，并促进了电子支付网络和商业化的支付中介机构的出现。随着国际互联网的完善，电子支付必将迈入数字化的新时代，中央银行数字货币将成为货币的新形式，并赋予其更深刻的金融内涵。

（四）反洗钱：监管和新技术套利博弈的主战场

反洗钱是典型的监管科技应用（合规科技，CompTech）。近年来，反洗钱往往还和反恐怖融资交织在一起，洗钱活动往往通过最新的信息技术手段（如区块链和比特币）来规避监管，"魔高一尺，道高一丈"，反洗钱工作的开展需要跟踪和学习最先进的金融科技技术。反洗钱工作离不开国际组织和专业机构。对于反洗钱的流程和工具，了解你的客户（Know Your Customer，KYC）是基本的反洗钱工具，而且贯穿金融交易流程的始终。金融网络分析和数据挖掘很早就在反洗钱领域得到深入的应用。基于资金关联和其他金融关联的资金情报网络，可以在庞大的资金流转网络中识别可疑资金流，提供反洗钱或反恐融资的线索，是进行反洗钱分析的重要技术手段，已经在国内外许多重大案件中得到成功应用。

（五）量化投资：低调的金融科技应用

量化投资领域是金融科技应用最活跃的领域之一，资本的趋利性使其对新技术进行积极拥抱。量化投资兴起于20世纪后半叶，至今已有40余年的发展历史，其基础是算法交易和量化分析。在大数据背景下，量化投资可以借助于计算机技术和数学模型，同时跟踪并处理具有海量样本和高维变量的金融数据，利用计算机系统快速执行交易。借助科技的发展，量化交易利用越来越成熟的计算机平台，能够从数据的微小变化中捕捉机会，获得更大的盈利空间。

（六）数据安全治理：将进入"深水区"

金融业将进入数据安全和网络安全快速并行发展的新周期，金融机构对数据安全治理和隐私保护的需求将更加广阔，隐私计算在金融业的应用场景会更加丰富和多元化，如普惠金融、公司金融和消费金融等业务领域的风控场景，更好地促进金融业务创新。

五、大语言模型

随着科技的快速发展，人工智能在金融领域的应用越来越广泛。其中，大语言模型已经在银行业产生了一定的影响。

（一）大语言模型简介

基于深度学习的大语言模型采用了 Transformer 架构，可以处理自然语言文本，并生成类似人类的回答。大语言模型在语言理解和生成方面表现出色，通过使用金融业大数据训练大语言模型，可以得到金融大模型，其能够应用于包括银行业在内的各种领域。

（二）大语言模型在银行中的应用

1. 智能客服

在金融领域，客户咨询是非常重要的服务之一。传统的客服方式往往需要人工参与，效率低下且成本较高。而大语言模型可以通过自然语言处理技术，自动回答客户的问题，提供快速、准确的服务。这种智能客服方式可以大大提高客户满意度，降低客服成本。

2. 风险评估与信贷审批

银行通常需要对借款人进行风险评估和信贷审批。在这个过程中，大语言模型可以通过分析借款人的历史信用记录、还款记录等数据，自动生成评估报告，帮助银行快速、准确地作出决策。同时，大语言模型还可以应用于反欺诈领域，通过分析借款人的行为模式和语言特征，识别潜在的欺诈行为。

3. 投资顾问与资产管理

大语言模型可以应用于投资顾问和资产管理领域。通过分析市场趋势、行业动态、公司财务数据等信息，大语言模型可以为银行提供个性化的投资建议和资产配置方案。同时，大语言模型还可以应用于股票交易领域，通过自动分析股票价格、成交量等数据，为银行或其理财子公司提供买卖建议。

4. 金融监管与合规

随着金融科技的快速发展，金融监管和合规问题日益突出。大语言模型可以应用于银行自监管领域，通过分析行内业务数据、交易记录等信息，帮助银行快速发现潜在的风险和违规行为。同时，大语言模型还可以应用于合规领域，通过自动检查行内合规文件、合同文本等资料，确保金融机构遵守相关法律法规。

（三）大语言模型在银行中的优势

1. 高效性：大语言模型可以自动处理大量的数据和文本信息，大大提高了工作效率。

2. 准确性：大语言模型采用先进的深度学习技术，可以准确识别和处理各种数据和文本信息。

3. 个性化服务：大语言模型可以根据不同的客户需求和情境，提供个性化的服务和解决方案。

4. 降低成本：通过自动化处理和智能分析，大语言模型可以降低银行的人力成本和运营成本。

随着金融科技的不断发展，大语言模型在银行业的应用前景广阔。它不仅可以提高银行服务的质量和效率，还可以降低银行的运营成本和风险。未来，随着技术的不断进步和创新，大语言模型将在银行业发挥更大的作用，推动银行业的数字化转型和创新发展。

案例拓展

"人工智能+"，建设银行这么做

随着大模型时代的加速到来，建设银行成立"方舟计划"专项工作组，快速打造具备"大模型、大算力、大数据"的金融大模型基座与能力体系，以提升客户体验和为员工赋能减负。建设银行将"打造灵活的金融大模型"、"构建高效的算力基础"、"耦合高质量的数据体系"、"吸纳高质量的专业人才"以及"赋能高频率的应用场景"作为五位一体推进金融大模型建设，已成功研发投产方舟助手、方舟工具箱和向量知识库三大基础应用，应用场景已覆盖智能客服工单生成、对公客户客户调查报告等36项业务场景。未来，建设银行将以科技和数据为依托，践行"人工智能+"行动，助力人工智能新时代的到来。

资料来源：金融科技研究微信公众号，2024-03-11。

分析与思考：

1. 金融科技的主要技术有哪些？
2. 科技对金融服务的促进作用主要体现在哪些方面？
3. 银行数字化中台的本质和主要作用是什么？

第五章　平衡资产负债

【学习目标】

1. 阐述商业银行资产负债管理的内容与职责
2. 列举商业银行资产负债管理的工具模型
3. 说明商业银行资产负债管理的措施

【内容概览】

1. 资产负债管理内涵
2. 资产负债管理模型
3. 资产负债管理措施

资产负债管理（ALM）是现代商业银行在经营实践中总结出来的一种比较安全、高效的资金经营管理模式。它是指商业银行在业务经营过程中，将资产和负债综合起来，通过对各类资产和负债进行预测、组织、调节和监督，协调各种不同资产和负债在总量、结构、利率、期限、风险和流动性等方面的搭配，实现资产负债总量平衡和结构合理，最终达到经营总目标。

本章从商业银行资产负债管理的内涵出发，阐述商业银行资产负债管理的五方面职责，列举商业银行管理资产负债的四种模型，最后提出商业银行管理资产负债的具体措施。

一、资产负债管理内涵

商业银行资产负债管理也称相机抉择资金管理，其基本思想是在融资计划和决策中，银行主动利用对利率变化敏感的资金，协调和控制资金配置状态，使银行维持正的净利息差额和资本净值。具体职责可划分为以下五类。

（一）资产负债计划管理

资产负债计划管理作为资产负债管理的主要手段，主要包括资产负债总量计划和结构计划，具体内容包括以下几方面。

1. 制度与办法管理：拟定资产负债管理基本政策制度和相关配套管理办法，对资产负债政策执行情况进行监督和综合评价。

2. 总量与结构目标管理：制定资产负债业务总量和结构目标，编制全行年度、季度业务计划，衔接资产负债业务计划与经济资本分配。

3. 资本分配与监测管理：计量利率风险经济资本，牵头制订年度经济资本的分配方案，日常监测和考核年度经济资本配置方案实际执行情况。

（二）资本充足与监管管理

资本监管在国际银行监管体系中处于核心地位，我国商业银行基于国际监管体系，结合银行管理实际，构建起以价值创造为导向的资本充足与监管管理体系，具体内容包括以下几方面。

1. 总量与结构管理：拟定资本总量、结构管理计划和政策，组织落实各项资本管理措施。

2. 充足率评估管理：牵头组织执行内部资本充足评估程序（ICAAP），拟定内部资本充足评估程序的政策制度、内部资本充足评估报告、内部资本充足率目标、中长期资本规划，组织资本充足率压力测试。

3. 定期监测管理：定期审核、监测和分析商业银行资本充足率、杠杆率指标，拟定相关政策制度。

4. 国际监管管理：管理国际评级机构对本行的评级，安排与国际货币基金组织等外部组织磋商。

（三）中间业务综合管理

中间业务指商业银行代理客户办理收款、付款和其他委托事项而收取手续费的业务，中间业务综合管理主要从政策制定、计划拟定、发行协调、增持调整等维度出发，具体内容包括以下几方面。

1. 制度制定与执行：研究制定中间业务政策和制度，编制并组织实施年度经营计划与考核方案。

2. 债券发行与股权管理：组织协调资本性债券和人民币普通金融债券的发行，确定增发股票、股票回购及股权投资的增持、减持计划。

3. 市场投资管理：拟定货币市场和债券投资总量计划，拟定存放同业、买入返售票据、买入返售信贷资产和非银行金融机构借款等业务计划。

（四）服务价格和利率定价管理

商业银行根据内外部经营环境和自身发展战略进行定价管理，采取多元化定价策略，建立统一管理、分类授权、政策引导和激励约束的价格管理体系，具体内容包括以下几方面。

1. 服务价格制度管理：落实服务价格监管政策要求，制定服务价格管理政策以及相关管理制度。

2. 服务价格定价确定：开发和组织应用服务定价模型和参数，制定、报备和发布产品服务价格。

3. 利率定价政策管理：制定价格管理政策以及相关管理制度并监督执行。

4. 利率价格定价确定：根据资产负债管理要求制定和调整本币存、贷款等含息产品利率。

5. 利率风险计量与管理：依据市场风险管理政策拟定利率风险管理政策和程序，开发和应用利率风险计量模型、方法和控制工具，识别、计量、监控和报告利率风险，拟订利率风险限额的授权方案，制定并实施风险控制措施。

（五）流动性管理

商业银行流动性管理是指确保商业银行能够以合理成本及时获得充足资金，用于偿付到期债务、履行其他支付义务和满足正常业务开展的其他资金需求，流动性管理工作主要包括政策制定、指标计量、压力测试和日常管理等，具体内容包括以下几方面。

1. 政策与限额制定：拟定商业银行本外币流动性管理政策、限额。

2. 指标计量与监控：计量、监控本外币合并的流动性指标。

3. 压力测试与报告：汇总形成商业银行流动性风险管理报告和压力测试报告，牵头拟订应急方案，负责人民币流动性风险管理、人民币流动性风险压力测试。

4. 流动性日常管理：负责人民币流动性的日常管理，包括系统内资金调度与备付率管理，监控资金流量变化，编制头寸日报表、投资与货币市场现金回流情况表等报表等。

二、资产负债管理模型

资产负债管理所要求的总量平衡目标是指资产的运用和负债的来源之间保持合理的比例关系，实现动态平衡或实质性平衡。商业银行通过对资产负债进行组合而获取收益，并承担一定风险。商业银行资产负债管理的模型主要有以下四种。

（一）利率敏感性缺口模型

利率敏感性缺口模型是指银行根据缺口分析报告和对未来利率的预测，适时地对利率敏感性缺口进行管理，以规避利率风险。利率敏感性缺口（Interest Rate Sensitive Gap，IRSG）为银行在一定时期（如距分析日1个月或3个月）以内将要到期或重新确定利率的资产和负债之间的差额。

在利率敏感性缺口模型中，当利率变动时，敏感性缺口状况和银行的净利息收入紧密相关。如果一家银行的利率敏感性缺口为正值，说明它的利率敏感性资产大于利率敏感性负债，当所有利率同时等幅上升时，利息收入的增长快于利息支出的增长，净利息收入将会增加，反之则相反。因此，利率敏感性缺口模型是银行进行利率风险管理的重要工具，通过调节敏感性缺口，银行可以控制其净利息收入的变化，降低利率风险。

（二）久期匹配模型

久期（Duration）也称持续期，最初由美国经济学家麦考利（Frederick

R. Macaulay）于 1938 年提出，故又被称为麦考利久期。久期匹配模型能够在资产组合中将资产与负债的利率风险相匹配，又称为免疫模型。

麦考利久期是债券各期现金流支付所需时间的加权平均值，也可理解为债券每笔现金流的加权平均回本时间，其权重为各期现金流的现值在债券价格中所占的比重。久期越长，该债券价格对利率的敏感性越高。对于零息债券而言，其麦考利久期即为到期时间。麦考利久期计算公式如下：

$$MacD = \sum_{t=1}^{T} \frac{PV(c_t)}{P} \times t$$

其中，P 是债券当前的市场价格，$PV(c_t)$ 是债券未来第 t 期现金流的现值，T 是债券的到期时间，t 为从当前到 t 时刻现金流发生的持续时间。

修正久期是在考虑了收益率的基础上对麦考利久期进行的修正，更精确地度量了债券价格对于利率变动的敏感性，反映了利率变动 1% 时，债券价格变动百分之几。

修正久期与麦考利久期的关系如下：

$$ModD = MacD \times \frac{1}{1 + y/m}$$

其中，y 表示每年复利 m 次的到期收益率。

（三）现金流量匹配模型

埃尔顿（Edwin J. Elton）和格鲁伯（Martin J. Gruber）（1992）检验公司在不同负债情况下的资产组合管理问题时，提出最优资产负债管理（ALM）策略，旨在使金融机构能够有效地平衡其资产和负债，从而最大限度地提高收益、降低风险并满足特定的财务目标。

现金流量匹配模型指通过债券投资组合的重新平衡，使债券组合产生的现金流入与投资者的现金流出在时间上相匹配。现金流量匹配模型的目标是使资产和负债的现金流在时间和金额上正好相等，实现资产和负债不仅久期相等，现金流分布也相同，从而彻底规避利率风险。因此，现金流量匹配是久期匹配的充分条件，现金流量匹配的资产组合久期一定是匹配的，但很多久期匹配的资产组合现金流量并不匹配。

（四）多重限制决策模型

以上介绍的模型都是单一目标模型。但是，在实际管理中可能会要求考虑一些互相冲突的目标。如银行的目标可能会考虑期望收益、风险、流动性、资本充足率、增长性、市场份额等。将多目标综合考虑并寻求最终解决的办法，模型将极为复杂，求解方式数量巨大，导致难以进行有效分析。因此，多重限制决策模型被陆续提出。

目标规划模型是最常用的多重限制决策模型之一，该模型包括决策变量、目标函数和约束条件等要素，指根据事前确定的若干目标值及其实现的优先次序，在给定的有限资源下寻找偏离目标值最小的解。目标规划模型的主要优点在于它的灵活性，它可以允许决策者同时考虑众多的限制和目标。

三、资产负债管理措施

利率市场化环境下市场竞争日益激烈，金融监管对于银行资本充足率和杠杆率的要求更趋严格，股东对银行在切实履行支持实体经济条件下的价值创造要求不断提高，因此商业银行更需注重规模、结构、质量和效益的和谐统一，实现结构转型，引导持续发展。银行需统筹平衡成本与收入、风险与收益、短期利益与长期价值，加快从被动管理理念向主动经营管理理念转型，目标从短期最大化净息差向资产负债平衡基础上的长期价值稳定增长转型。

（一）充分发挥结构转型措施的引导作用

商业银行通过全方位调整优化资产、负债、客户、收益和渠道结构，引导资产负债结构不断优化，实现息差逐步趋稳。在负债成本刚性、净息差持续收窄的趋势下，商业银行积极挖掘对公和对私客群需求，探索实现资产负债结构转型的"破局"之道，通过业务转型优化收入结构，通过"价量齐控"降低结构性存款占比，降低存款付息率、计息负债综合成本。在有效控制相关风险的前提下，稳步推进银行的综合化经营和国际化发展，不断提升中间业务收入占比，加快业务经营转型步伐，积极培育新的利润增长点和新兴战略利润区。

（二）提升银行的议价和定价能力

商业银行通过提升议价和定价能力，稳定负债成本，推动资产负债平衡。央行等监管机构通过加大再贷款、再贴现等定向工具使用，为银行"减负"，引导银行降低贷款利率，使得净息差维持在大体稳定的水平。资产负债管理部门要提高工作的主动性，对业务条线进行主动沟通、主动服务、主动协调、主动作为，服务好经营一线，以确保商业银行在保持资产负债规模持续适度增长的同时，进一步提升定价能力和议价水平，不断提高净利息收益率水平。

（三）有效改善银行的资本市场估值指标

商业银行通过有效改善其资本市场估值指标，可以提高自身资本充足率、优化流动性覆盖率并提高市场定价能力，从而实现资产负债的平衡。商业银行应高度关注投资者在投资银行股时主要关注的各项价值指标，始终把贯彻国家战略、服务实体经济、提高股东价值回报、实现价值最大化作为根本目标。

（四）打造数字化资产负债管理平台

商业银行要积极把握金融科技带来的发展机遇，推进资产负债管理模式的创新与变革。加大金融科技的资金和人才投入，夯实数据基础和技术架构，在全面推进业务数字化改造的同时，探索大数据和人工智能驱动的资产负债管理新模式，提高资产负债管理的智能化、自动化和精细化水平。同时，要高度重视数字资产要素的管理和经营，确保数据生态和支付结算体系的安全。

（五）提高资产负债组合管理能力

商业银行要建立健全资产负债静态分析方法和动态分析方案，强化对未来利率市场与公司业务规模的情景模拟。在全面考虑各项业务特点及假设因素的基础上进行模拟分析。在满足风险性、效益性、流动性协调平衡的基础上，商业银行要从简单的资产与负债配比管理，升级为资产负债组合管理，对资产和负债的规模、结构、收益、成本、风险等进行同步、动态地规划和控制，加强资产扩张与负债组织、资产配置与资本约束间的联动，推动规模、风险和收益的协调发展。

案例拓展

硅谷银行流动性危机爆发原因及启示分析

硅谷银行破产并引发欧美银行股价暴跌等后续事态，让全球经济金融发展变得更加复杂。透过数据发现硅谷银行的早期风险特征，有助于商业银行总结经验教训，在未来进一步加强资产负债管理工作、改进资产负债平衡方法、提高风险防控能力。

1. 硅谷银行倒闭的原因分析

2023年3月10日，全美第16大银行硅谷银行倒闭，成为美国史上第二大倒闭银行。

硅谷银行"猝死"原因引起了广泛的讨论，主要有以下几点。从外部看，一是美联储激进加息，导致银行持有的证券资产大幅贬值，因资不抵债引发信任危机，最终造成客户挤兑。二是监管政策存在明显漏洞。美国监管机构规定，资产低于2500亿美元的银行无须通过美联储的年度压力测试，对地区银行的流动性要求并不十分严格，所以监管机构没有注意到硅谷银行存在的问题。三是美国自身监管体制原因。美国对银行业监管的基本原则是由美联储（FED）和联邦存款保险公司（FDIC）制定，但日常监管由地方机构负责，这其中常出现不尽一致的机制漏洞。从硅谷银行内部看，共有三大问题：一是资产负债错配严重，二是流动性储备不足，三是客户集中度过高。

2. 对硅谷银行倒闭的数据透视

硅谷银行长期存在一系列风险问题，因其一直处于较好的盈利状态，此类问题不仅自身长期忽视，也未被监管机构关注，更没有引起银行业的警觉。

近年来，面对存款快速变化，美国银行业迅速提升流动性储备，现金及等价物占资产比重分别从2019—2020年的9.44%、8.94%显著上升到2021—2022年的14.58%、15.01%。但硅谷银行为获取更高盈利却逆市而行，该指标从2019—2020年的15.83%、15.11%显著下降到2021—2022年的6.47%、6.18%，2021年就已清晰呈现了流动性储备不足的风险。2022年末，美国银行业现金及等价物余额是当年存款增减量的5.29倍，美银、富国、摩根大通分别为1.72倍、1.62倍、4.65倍，而硅谷银行却只有0.81倍。即硅谷银行的现金及等价物余额只有131亿美元，明显低于当年存款减少规模，2023年陷入支付困境是必然结果。

2021—2022年，硅谷银行定期存款占全部存款比重分别为0.9%、4%，而摩根士丹利分别为4%、10%；硅谷银行10年期以上持有至到期证券资产占比分别为95%、

94%，而摩根士丹利分别为 56%、60%；2021—2022 年，硅谷银行 1 年期以下可供出售资产占比分别仅为 1.5%、4.2%，而摩根士丹利分别为 17.6%、16.8%。可见，硅谷银行早已存在定期存款占比过低、长期证券资产占比过高的资产负债期限错配问题。

一是负债端，2021 年之前，硅谷银行存款占比始终高于 94%，显著高于美国银行业平均水平 10~20 个百分点，表明其负债过度依赖存款，同业业务等其他负债业务能力明显不足。二是资产端，硅谷银行贷款和证券投资合计占比长期在 90% 以上，显著高于美国银行业平均水平 15 个百分点左右。特别是 2021—2022 年，硅谷银行显著加大证券投资比重，高于美国银行业平均水平 25 个百分点。硅谷银行忽视流动性资产的配置，资产过度集中于证券投资，资产负债结构过于单一的问题比较突出。

3. 对商业银行经营管理的启示

流动性储备不足、资产负债期限错配等风险导致硅谷银行最终倒闭。各商业银行在高度关注和警惕硅谷银行倒闭引发的银行业流动性危机、欧美银行股价暴跌、瑞信被强行合并、德意志银行动荡等问题的同时，更需要总结经验教训，加强对资产负债管理工作的重视，提高资产负债平衡能力，避免重蹈覆辙。

分析与思考：

1. 银行资产负债管理包括哪些内容？
2. 银行资产负债管理有哪些模型？
3. 硅谷银行流动性危机案例对银行资产负债管理有什么借鉴意义？

第六章 统筹财务资源

【学习目标】

1. 阐述银行财务管理的原则、目标及内容
2. 阐释银行财务管理的组织体系
3. 说明银行财务管理的主要工作事项

【内容概览】

1. 财务管理内涵
2. 财务管理组织体系
3. 财务管理工作事项

商业银行的财务管理工作包括综合运用规划、预测、计划、预算、控制、监督、考核、评价和分析等方法，筹集资金、营运资产、控制成本、分配收益、配置资源、反映经营状况、提升经营效益、防范和化解财务风险，以实现持续经营和价值最大化。商业银行运用科学的技术和方法，围绕财务管理目标对财务活动的全过程实施有效的控制和管理，促进各项业务的发展和经营目标的实现。

本章列明商业银行财务管理的原则，明确财务管理目标，阐述财务管理内容，基于此进一步阐释商业银行财务管理的组织体系，介绍各管理层人员及部门职责，最后向读者列举说明商业银行预算管理、资源分配、税务管理、资本性支出和全面成本管理的具体内容。

一、财务管理内涵

商业银行财务管理的内涵即商业银行遵循特定管理原则，围绕战略发展目标，合理配置财务资源，创造财务收入，优化成本支出和费用结构，在保证损益真实、完整、准确的前提下，实现价值最大化。

（一）财务管理原则

商业银行财务管理应遵循科学、统一、规范、审慎的管理原则。

1. 科学管理原则

商业银行应将财务管理贯穿于各项业务活动的始终，以财务成本收支为手段，以

财务分析为依据，各机构、各部门相互协调，明确管理重点，制定一系列科学的财务管理政策、标准、参数和流程。

2. 统一管理原则

商业银行应实行统一管理，实现内部机构全覆盖，强化集中统一和穿透管理理念，全行统一制定财务政策、制度和规章，统一配置财务资源，统一对外披露财务信息，实现全行财务管理目标、财务政策、财务制度、标准参数、管理流程等的统一；以兼顾风险和效率为前提，健全和完善财务授权管理；对各分支机构主要通过行使股东权利实现规范管理，在统一管理的基础上，尊重、支持各分支机构公司独立法人地位，依法行使股东权利。

3. 规范管理原则

商业银行应坚持依法合规经营，严格执行国家有关法律法规，确保全行统一制定的财务规章制度的贯彻执行，建立多层次的财务检查、责任落实和追究机制，重视和强化内控制度建设，杜绝不规范的财务行为。

4. 审慎管理原则

商业银行应建立权责明确、流程清晰、制衡有效的财务管理机制，强化财务管理，合理评价、估量财务风险，防范财务风险，并通过制度规定、预算控制、授权管理、检查监督等手段，有效控制和化解财务风险。坚持审慎管理原则，加强上下级机构、同级部门间的配合，提高财务风险的识别、计量、监控和管理水平，全面落实会计准则的要求，真实反映盈利能力。

（二）财务管理目标

商业银行财务管理目标应根据银行发展战略制定，以价值创造为核心，建立符合金融企业集团经营管理要求的财务管理体制，实现价值最大化。

1. 财务管理旨在提升商业银行发展水平。财务管理要建立健全激励约束机制，科学、合理、透明地配置财务资源，明确财务管理责任，完善财务授权制度。进一步推进业务与财务融合，加强财务规划、分析、预测等相关工作对业务条线的支持和服务力度，增强财务管理部门作为各业务条线战略合作伙伴的价值；加强财务监管，规范财务行为，提高管理水平，有效防范和化解财务风险。

2. 财务管理旨在全面实现战略发展目标。商业银行财务管理要紧密围绕战略发展目标，牢牢把握机制化、标准化和规范化总体要求，优化和强化资源配置、绩效考核、成本管理、管理会计等财务管理职能手段。要积极适应数字化时代要求，提升对前台业务的迭代速率，增强差异化服务的支持能力；持续加强基础能力建设，深入推进财会管理精细化、规范化建设。

3. 财务管理旨在实现价值最大化。价值最大化是指通过合理经营及最优的财务决策，不断增加财富，使总价值达到最大。实现价值最大化，要统筹处理好短期利益与长期利益、风险与效益、利润与价值创造之间的关系，在有效防范和降低财务风险的前提下，实现利润的持续稳定增长，提高资本的回报水平。

（三）商业银行财务管理内容

商业银行财务管理简单来说就是收入管理和成本管理。

商业银行的收入管理是指对各项收入项目按照有关规定准确归类、及时核算入账，确保收入的真实性和完整性。商业银行收入主要包括利息收入、手续费及佣金收入、公允价值变动收益、投资收益、净敞口套期收益、汇兑收益、其他收益、其他业务收入、资产处置收益。商业银行所有损益项目均来源于资产负债及各类金融服务，分析损益事项，研究损益管理，要有科学的资产负债表观，全面掌控损益管理的内容。

商业银行的成本管理是指对成本进行预测、计划、核算、分析、考核、检查和监督。商业银行成本费用管理主要包括对营业支出和营业外支出的管理。营业支出包括利息支出、手续费及佣金支出、税金及附加、业务及管理费、资产减值损失、监管费和其他业务支出。其中手续费及佣金支出，主要是经营活动中发生的与中间业务相关、能够带来中间业务收入的各项手续费或佣金支出，具体包括支付清算类、业务联动类、业务拓展类和其他类手续费及佣金支出。

二、财务管理组织体系

商业银行财务管理实行统一管理、分类授权、分级考核、法人体制下统负盈亏的财务管理体制，依据价值最大化的目标和全面财务管理的要求，建立横向、纵向结合的财务管理组织结构。财务管理部门、归口管理部门和财务支出部门在各自的职责范围内承担相应的财务管理责任。

纵向上，在管理层统一决策指导下，上级财务管理部门对下级财务管理部门行使管理、监督职能，下级财务管理部门在计划执行和财务管理工作方面对上级财务管理部门负责；上级财务支出部门对下级相应部门行使条线管理职能，下级相应部门在业务计划执行和业务经营活动方面对上级财务支出部门负责；归口管理部门在归口管理事项的建章立制、明确标准、制定操作流程等方面，对下级相应部门负有指导和监管职责。

横向上，财务管理部门是财务管理的综合部门，对财务支出部门既在业务发展规划、利润预算目标和财务资源配置等方面进行管理和指导，又在费用预算安排和执行等方面进行协调和监督，同时财务管理部门自身和其他部门一样要严格执行年度费用预算，并对明细费用项目支出情况负责；财务支出部门的业务目标和计划是财务管理部门配置财务资源、编制财务预算的基础，同时财务支出部门也是部门预算的实施部门，严格执行财务预算；归口管理部门负责对归口管理事项建章立制、明确标准、制定操作流程等。

（一）管理层职责

1. 行长

行长负责全面组织财务管理活动。行长对财务预算、授权、绩效考核及财务管理规定的贯彻执行情况负主要领导责任，对财务效益、业务发展及财务风险的控制负主要领导责任。

2. 首席财务官、主管财务的行领导

首席财务官、主管财务的行领导对财务资源配置、绩效考核及授权内财务支出的合理性负领导责任，对财务制度的完整性、合规性和有效性负领导责任，对财务报告的真实性、准确性和完整性负领导责任，对落实有关部门财务检查整改决定的及时性和有效性负领导责任。其主要职责如下：

协助行长完成财务预算目标；

督促贯彻执行国家财经法规、总行制定的财务政策和规定，督促和组织建立健全各项财务管理规章制度；

组织编制并审核年度财务预算和年终决算，组织编制财务报告，组织编制并审核绩效考核方案；

督促落实上级批复的预算管理计划和其他财务事项，审批授权内的财务事项，督促和组织管理会计的实施。

（二）相关部门职责

1. 财务支出部门

财务支出部门主要负责本部门财务支出事项，对本部门项目投入产出分析的真实性和合理性负责，对本部门财务收支事项以及相关报销票据的真实性、合规性、合理性负责，对本部门预算的执行负责。其主要职责如下：

负责本部门预算的编制、执行及分析；

负责本部门相关业务投入产出分析；

负责本部门财务支出事权审核或审批，负责组织及时足额地回收本部门经营产品应取得的收入，控制本部门经营成本，推动本部门预算目标的实现。

2. 归口管理部门

归口管理部门对本部门归口管理预算的执行负责，对本部门归口管理的财务支出标准提出建议，对归口管理财务支出的真实性和合规性进行审核。其主要职责如下：

负责归口管理条线财务收支年度预算的编制、执行及分析，负责对年内预算调整提出具体审核意见，负责对归口管理的本级财务收支年度预算的编制进行协调、平衡；

负责对归口财产的管理；

负责对授权内归口管理的财务支出的事权审批；

负责对归口管理的财务收支执行情况进行监控。

3. 财务管理部门

财务管理部门是财务规范管理的主要责任部门，对盈利性管理的有效性负责，对财务资源配置和绩效考核的合理性负责，对财务制度的完整性、有效性和合规性负责。其主要职责如下：

负责年度综合经营计划的编制和调整；

负责牵头和统一协调财务报告工作；

负责拟定并实施全行资源配置和绩效考核政策，负责制定财务管理制度；

负责财务收支的统一管理，负责税务管理和相关处理工作；

负责组织实施管理会计工作；

负责完善财务管理信息系统；

负责对系统内财务管理进行指导、检查和监督；

负责本级财务的管理，负责并表单位的财务管理；

负责财务决算审查相关工作。

4. 核算部门

核算部门负责按照统一的会计制度规定进行会计核算，对会计核算的合规性和准确性负责。

5. 内控合规部门

内控合规部门负责按规定对违反财务管理制度行为的责任人进行处理，负责督促财务违规的整改工作、牵头关联交易管理等。

三、财务管理工作事项

（一）预算管理

财务预算管理，是通过开展预算编制、执行、调整、考核、报告等一系列财务管理活动，将财务规划、预算编制、资源分配、绩效考核和财务控制等通过目标体系紧密相连、协调一致，促进最终实现商业银行及内部各单位全面财务预算管理的目标。财务预算管理贯穿于商业银行经营管理的整个过程，预算管理质量的优劣直接关系到商业银行总体目标的实现。

财务预算管理以年度战略目标为载体，将全行发展战略分解落实到月度、季度，将管理层经营思路传导至各层级、各机构、各部门（见图3-6-1），是全行各单位组织、开展经营管理活动的实施工具。财务预算管理注重统筹安排，有效平衡业务、风险、效益、资本等，优化资源配置，统筹全行实现稳健经营、创新发展的总体目标，促进提升可持续发展能力和长期竞争能力。财务预算管理要具有一定的前瞻性，发挥"财务规划"的作用，经营指标的统筹规划不仅要实现当期的稳健增长，还要兼顾未来的持续发展。财务预算管理遵循科学性、稳健性、协调性、精细化原则。

1. 编制目标

财务预算管理以年度预算目标为依托，实现全流程管理。以机构为主维度，同时覆盖客户、产品、部门等维度，包括业务、财务、客户、产品、风险、资本性支出及机构人员等各维度计划。预算编制要体现商业银行发展规划，落实商业银行发展战略的要求，审核发展规划中的财务效益指标，明确发展目标，指导商业银行制定切实可行的发展路径和保障措施。商业银行发展规划经集团董事会审核通过后，作为公司未来发展的纲领性文件，并作为各年度计划的编制基础和依据，履行公司治理程序。

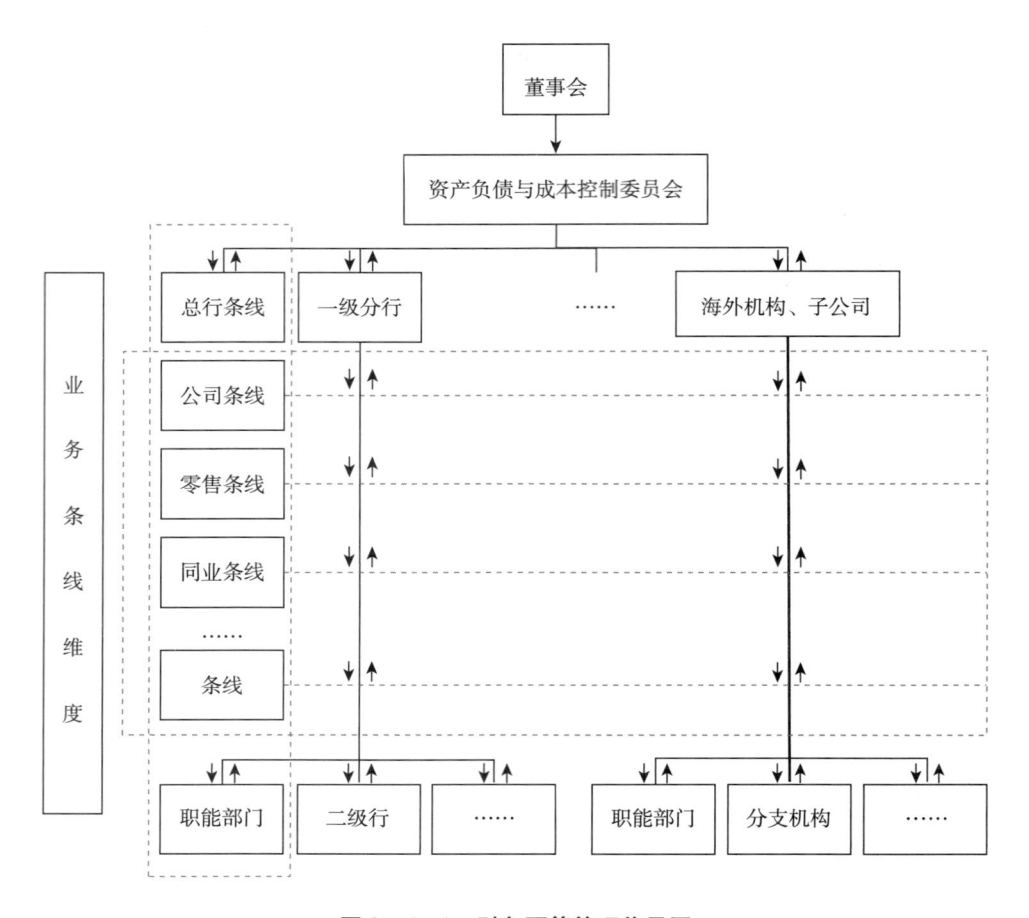

图 3-6-1 财务预算管理传导图

2. 编制原则

商业银行财务预算管理遵循科学性、稳健性、协调性、精细化原则。财务预算管理要落实全行战略要求，各项核心指标向行业领先水平靠拢；要根据业务特点和发展阶段，建立差异化的绩效挂钩机制，激励价值创造；要加强费用精细化管理。

3. 编制内容

预算编制内容主要有：

业务计划，包括负债业务、资产业务、中间业务的发展和质量预算管理等；

财务计划，包括收支计划、利润计划等；

风险和资本计划，包括不良目标、资本充足率等。

4. 编制流程

首先是预算编制匡算阶段。一般由商业银行财务会计部门组织上报下一年度匡算目标，配合资产负债管理部门制定业务发展指引。

预算匡算后即可进行正式上报，根据商业银行当年的发展战略和目标要求，由财务会计部门印发全行年度经营计划编制方案，统筹安排年度任务目标和资源配置，组织行内各分支机构填报预算编制报表。

预算上报后即可进行预算审核，由财务会计部门组织全行条线管理部门，审核各分支机构上报预算，审核结果与各上报机构沟通，并做相应调整。

预算审核后即可进行预算审批，就全行年度经营计划请示行领导，报送审批。

预算审批完成后即可进行预算下达，将经行领导审定的年度经营计划，以股东意见书的形式，发送各分支机构公司，由各分支机构公司按照公司治理相关程序完成经营计划审批，做好计划分解；同时纳入集团年度经营计划。

（二）资源分配

商业银行资源分配的主要内容包括员工费用分配和非员工费用分配（见表3-6-1）。

表3-6-1　　　　　　　　　　　　　财务资源分配

分配对象	费用类型	具体内容
员工费用配置	固定薪酬	如基本薪酬和普惠专项福利费用
	浮动薪酬	与经济增加值、净利润或业绩指标等挂钩
非员工费用配置（业务管理费）	固定成本	如钞币运送费、办公用品费、设备耗材费、书报资料订阅费等
	变动成本	与收入变化直接相关的成本
	战略成本	战略性业务相关投入

1. 员工费用分配

员工费用坚持以价值创造为主体，主要包括固定薪酬和浮动薪酬两部分，注重客户和收入增长，同时强化基本保障，落实"以人为本"，兼顾和谐与公平。

固定薪酬包括基本薪酬和普惠专项福利费用等，保障员工基本生活，并向基层机构、一线员工倾斜。其中，基本薪酬主要包括合同制员工薪点工资及配套福利费、基层员工岗位津贴及配套福利费、艰苦边远及特殊地区补贴和基本劳务费等。福利费用按普惠公平原则安排，在合规基础上积极关爱员工，强化基本保障功能，提升员工的获得感。

浮动薪酬主要激励价值创造和收入增长，与部分考核指标挂钩，如EVA（经济增加值，即税后净利润扣除资本成本）、净利润、上年度业绩指标（如KPI）等。收入增量挂钩薪酬主要是为了能培育重点业务和重点产品的发展，将相关业务的收入增量挂钩薪酬进行激励。对于其中需要重点激励的产品和业务挂钩系数适当上调。

坚持价值创造导向。商业银行费用配置要强化绩效考核分配的激励约束机制，要落实集团战略发展要求，加大对战略性业务支持，突出资源配置重点。强化对业务发展的质量要求，不简单以量定价，综合考虑产品覆盖、交易活跃度、综合收益等维度配置资源，实现高质量发展。

统筹合理安排员工费用再分配。商业银行员工费用再分配时除基本薪酬外，可根据各行具体薪酬结构政策进行统筹安排，通过压缩行政管理人员、建立经营机构负责人绩效工资与所辖机构一般员工挂钩机制等手段实现绩效薪酬增长，落实绩效考核分配向经营一线倾斜导向，腾挪出更多资源向基层机构、业务一线和直接价值创造岗位倾斜，尊重和激励价值创造。

2. 非员工费用配置

实行差异化的费用配置方式，可通过固定成本、变动成本、战略成本三个层次加以管控，优化费用结构，提升成本效率。

固定成本是指对于有标准可循的固定成本，保障基础运营。如钞币运送费、办公用品费、设备耗材费、书报资料订阅费等。

变动成本是指对于与收入变化直接相关的成本，与业务发展相适应。包括招待费、宣传费、会议费、差旅费、广告费和车辆费支出，对于成本类支出要制定差异化控制与压缩管理目标。

战略成本是指对于战略性业务相关投入，动态调整战略性费用配置范围，完善全生命周期投入产出管理，促进资源向战略性、基础性等有价值的领域倾斜。通过结构调整腾挪资源积极支持战略业务投入。

非员工费用配置一般实行总量预算管理，费用总量实际列支不得超出年初核定的预算额度。营业外支出和税金及附加据实列支，不做费用约束性指标控制。严格遵照财务制度规范核算，区分费用性质，合规、合理列支各项费用。年度中间可按照预算核定原则对非员工费用总量进行动态管理与控制，均衡费用列支进度。加强非员工费用执行情况的监控，特别是专项管理类费用严格执行管控目标和措施，加强管理、定期监控。

（三）税务管理

1. 基本概要

税务管理是指在企业贯彻落实国家各项税收政策、强化员工纳税意识、依法合规纳税的前提下，主动控制税收风险，持续提高税务管理专业化水平，通过合法税收筹划等方式来降低税收成本，以达到税务风险可控化、涉税管理专业化、税务成本最优化的目标。

我国税收管理体制建立的基本原则是"统一领导、分级管理"，税收管理体制的内容包括税收管理权限的划分、税务机构的设置以及机构隶属关系的确定等方面。税收管理权限包括税收立法权、税收收入归属权、税收征收管理权。

2. 主要税种

银行涉及的主要税种包括：企业所得税、增值税、流转税附加（包括城市维护建设税、教育费附加、地方教育附加三项合称）、消费税、车辆购置税、车船税、土地增值税、城镇土地使用税、房产税、契税、印花税、环境保护税等。其中，所得税在所得税科目核算；增值税在应交税费相关科目核算；流转税附加、车船税、城镇土地使用税、房产税、印花税等在税金及附加相关科目核算；车辆购置税、土地增值税、契税等在固定资产相关科目核算。主要税种及其概况如表3-6-2所示。

表 3-6-2　　　　　　　　　　　　　主要税种及概况

税种	纳税对象及范围	税率
企业所得税	纳税义务人为在中华人民共和国境内的企业和其他取得收入的组织，分为居民企业和非居民企业；征税对象为企业的生产经营所得、其他所得和清算所得。	实行比例税率，包括基本税率为25%、低税率为20%和优惠税率为15%。
增值税	增值税纳税人为在中华人民共和国境内销售货物、提供加工修理修配劳务、销售服务、销售无形资产、销售不动产以及进口货物的单位和个人，可分为一般纳税人和小规模纳税人；征税范围主要包括在中华人民共和国境内销售货物或者加工、修理修配劳务（以下简称劳务）、销售服务、销售无形资产、销售不动产以及进口货物。	一般纳税人适用的税率包括13%、9%、6%、0；小规模纳税人适用征收率，征收率为3%。
个人所得税	个人所得税纳税义务人依据住所和居住时间两个标准，区分为居民个人和非居民个人；征税所得项目包括工资、薪金所得、劳务报酬所得、稿酬所得、特许权使用费所得、经营所得、利息、股息及红利所得、财产租赁所得、财产转让所得、偶然所得。	综合所得，适用3%~45%的超额累进税率；利息、股息及红利所得等适用比例税率，税率为20%。
印花税	印花税纳税义务人为在中华人民共和国境内书立应税凭证、进行证券交易的单位和个人。	依照《印花税税目税率表》执行。
房产税	房产税以在征税范围内的房屋产权所有人为纳税人，以房产为征税对象。	（1）从价计税 依据房产原值一次减除10%~30%后的余值计算缴纳，税率为1.2%；没有房产原值作为依据，或者房产原值计算没有根据的，由房产所在地税务机关参考同类房产核定。 （2）从租计税 以房产租金收入为房产税的计税依据，税率为12%。计征房产税的租金收入不包含增值税。
城镇土地使用税	纳税义务人为在城市、县城、建制镇、工矿区范围内使用土地的单位和个人，征收范围为城市、县城、建制镇、工矿区内国家所有和集体所有的土地。	采用定额税率，按城市规模实行分级幅度税额。

（四）资本性支出管理

1. 资本性支出范畴

资本性支出是指购买或生产使用年限在一个以上会计年度的、供企业长期使用的资产所需的支出。资本性支出在支出发生时先予以资本化形成资产，计入资产类科目，然后再依据资产所得到的效益，分期转入适当的费用科目。结合企业会计准则和管理需求，主要将资本性支出涵盖的类别确定为固定资产、在建工程、销售无形资产、销售长期待摊费用和使用权资产五大类。

2. 资本性支出管理内容

商业银行资本性支出管理内容主要包括授权管理、计划管理、标准管理、决策管理和日常管理等。

授权管理。总行和各级机构统一按照财务授权权限实行资本性支出配置和管理。总行对一级分行授予一定的资本性支出财务管理权限，并根据管理需要适时调整，一级分行在总行授权范围内可根据实际情况对商业银行职能部门和二级分行进行转授权。

计划管理。年度投资计划和配置政策确定后，总行按照一定的配置规则和程序分类分解下达资本性支出计划，跟踪、监测和评价计划执行情况；一级分行在总行核定的计划额度内按照配置政策和管理要求组织计划执行，年度资本性支出新增额必须控制在总行的核定计划额度内。

标准管理。总行统一制定全行相关资产配置标准，一级分行根据总行标准制定分行配置标准，分行制定标准不得高于总行标准。

决策管理。资本性支出决策包括投入决策和日常管理决策。投入决策又包括年度投入总量决策和具体投资项目决策。

日常管理。资本性支出日常管理是资本性支出管理的重点内容，是有关机构或主体按照一定的管理权限、职责和程序在资产新增、存续和退出等环节实施的有关价值、实物和核算等为主要内容的管理。

3. 资本性支出决策方法

对投资项目的支出与收益分别进行汇总并实现对比，根据比较的结果决定是否对该项目进行资本性投入，或者投入多少，这一过程称为资本性支出决策。

资本性支出评价的核心为投入与产出的匹配和对比，具体决策方法包括以下几种类型。

方法一：静态投资回收期

静态投资回收期是指以投资项目经营净现金流量偿还初始投资所需要的年限。将计算出的静态投资回收期（Pt）与所确定的基准投资回收期（Pc）进行比较：

若 Pt≤Pc，表明项目投资能在规定的时间内收回，则方案可以考虑接受；

若 Pt＞Pc，则方案是不可行的。

静态投资回收期的优点是能够直观地反映原始投资的返本期限，计算简便。缺点是没有考虑资金时间价值和回收期满后继续发生的净现金流量，不能正确反映投资方式不同对项目的影响。

方法二：总投资收益率

总投资收益率，又称投资报酬率（ROI），是指达产期正常年份的年息税前利润或运营期年均息税前利润占项目总投资的百分比。

总投资收益率的优点是计算公式简单；缺点是没有考虑资金时间价值因素，不能准确反映建设期长短等。总投资收益率指标大于或等于基准总投资收益率指标的投资项目才具有财务可行性。

方法三：净现值

净现值（NPV），是指在项目计算期内，按设定折现率或基准收益率计算的各年净现金流量现值之和。

净现值指标的优点是综合考虑了资金时间价值、项目计算期内全部净现金流量信息和投资风险；缺点是无法从动态的角度直接反映投资项目的实际收益率水平，与静态投资回收期指标相比，计算过程比较烦琐。净现值指标大于或等于零的投资项目才具有财务可行性。

方法四：净现值率

净现值率（NPVR），是指投资项目净现值占原始投资现值总和的比率。净现值率是一种动态投资收益指标，用于衡量不同投资方案的获利能力大小，说明某项目单位投资现值所能实现的净现值大小。

净现值率的优点是可以从动态的角度反映项目投资的资金投入与净产出之间的关系，计算过程比较简单；缺点是无法直接反映投资项目的实际收益率。净现值率大于或等于零的投资项目才具有财务可行性。

方法五：内含报酬率

内含报酬率（IRR）是指项目投资实际可望达到的收益率。实质上，它是能使项目的净现值等于零时的折现率，即某项投资处于经济保本点时的折现率。

内含报酬率指标的优点是比较直观，缺点是无法用于评价非常规性的投资项目和规模不等的项目。内含报酬率大于或等于基准收益率的项目才具有财务可行性。

4. 资本性支出计划管理

资本性支出预算是企业在预测、决策的基础上，用数量和金额来反映企业未来一定时期内经营、投资等活动的具体计划，是为实现企业目标而对各种资源和企业活动所做的详细安排，是支持企业战略导向的有力工具。

商业银行根据企业经营战略规划和业务发展需要，制订固定资产投资计划，具体内容包括确定年度投资预算及配置方法和政策、定期跟踪监测投资计划执行情况、完成年度投资预算。

商业银行资本性支出预算编制与综合经营计划编制相同，采取"自上而下""自下而上""上下结合"的预算编制方式，其主要特点是总量控制、分项计划与分类项目管理相结合。

（五）全面成本管理

1. 全面成本范畴

商业银行全面成本涵盖的内容包括资金成本、营运成本、风险成本和资本成本。资金成本是指通过一定作业占用的仅用于该产品的资金的耗费。风险成本指用于产品风险识别、防范和补偿等方面耗费的成本。资本成本是企业为实现特定的投资机会、吸引资本市场资金需要支付的成本。运营成本是商业银行在生产经营活动过程的其他价值耗费，具体包括经营管理费用、税费支出、补偿性支出和营业外支出等。

2. 全面成本管理架构

商业银行成本管理由财务会计部门总体牵头，在具体成本管理上，依据成本动因和职责分工，分别由相关部门归口管理，公司、个人等责任部门对具体事项承担直接管控责任。

3. 全面成本管理措施

商业银行主要从四个方面入手加强全面成本管理，做好预算管理、落实成本责任、完善质效评价、聚焦规范管理。

做好预算管理。商业银行应坚持效益优先，科学配置，强化机构维度成本预算管控，优化费用结构，提升成本效率。对于有标准可循的固定成本，制定管理标准，通过定额预算方式核定，保障基础运营；对于与收入变化直接相关的变动成本，实现管理机制与业务发展相适应；对于战略性业务投入的战略成本，动态调整战略性费用配置范围，完善全生命周期投入产出管理，促进资源向战略性、基础性等有价值的领域倾斜。

落实成本责任。一是建立完善委员会授权机制，优化完善财务授权体系，在提升财务资源配置效率的同时，进一步压实成本管理责任，确保成本管控目标和财务规范性要求有效落地；二是机构考核强化成本指标考核，引导全行增强成本意识，提高经营效率；三是部门考核增加成本收入比等指标，避免条线预算约束软化。

完善质效评价。完善成本效益评价体系的总体方向为：一是坚持目标导向评价成本效益，把握相关业务和财务预期目标的完成情况，分析预算及质效目标的偏离情况；二是坚持成本标杆评价，对标同业标杆，比较差距；三是推进成本效益评价常态化、规范化，推动成本效益评价与绩效考核、资源配置挂钩，形成常态化评价机制。

聚焦规范管理。一方面规范开支，商业银行应严格落实中央八项规定精神，合规开展业务与支出核算，明确重点费用支出标准，严肃财经纪律。另一方面加强管控，商业银行应常态化推进财务监督检查，强化重点领域、重点环节、重点事项核查，推动问题整改落实，始终保持严的氛围、惩的力度。

分析与思考：

1. 请阐述银行财务资源配置的内容。
2. 银行财务管理的主要工作事项有哪些？

第七章　实施绩效考评

【学习目标】

1. 解释银行绩效考评的原则、内容与必要性
2. 说明银行绩效考评的指标体系
3. 阐明以经济增加值考核为核心的绩效考核体系

【内容概览】

1. 绩效考核评价内涵与意义
2. 绩效考核评价体系
3. 以经济增加值考核为核心的绩效考核体系

商业银行绩效考核是落实商业银行战略的重要管理工具，通过制定合理的考核政策，搭建起战略目标和实践经营二者之间传递反馈的桥梁。考核评价主要依据平衡计分法原理，通过分解落实战略转型目标，遵循外部监管要求，设置平衡财务与非财务指标、短期与长期指标、结果与过程指标、经营成果与基础能力指标。考核内容不断向价值创造链条的上游延伸，重点突出转型和风险，注重夯实经营基础，传递稳健的考核理念。通过建立全员担责、纵横交织的多角度、全维度的考核机制，引导提升价值创造能力、综合竞争实力、风险控制能力和长期可持续发展能力。

本章首先阐述商业银行绩效考评的内涵，介绍考评原则、内容及意义，再进一步从考核对象、牵头部门、考核指标、考核方法和结果运用等维度阐明商业银行绩效考评的体系，最后向读者介绍以经济增加值考核为核心的绩效考核体系。

一、绩效考核评价内涵与意义

（一）绩效考核评价原则

商业银行绩效考核是落实商业银行发展战略的重要管理工具，通过合理的绩效考核政策，搭建起转型战略和实践经营二者之间传递反馈的桥梁，科学合理地落实战略发展目标。商业银行实施绩效考评应遵循以下原则。

1. 合规性。商业银行绩效考核要落实外部监管机构相关规定，满足国家金融监管总局、人民银行及其他外部监管机构对绩效考核的监管要求，如《银行业金融机构绩

效考评监管指引》。

2. 战略导向。商业银行绩效考核是引导战略落实的重要管理工具，考核办法应紧密围绕战略目标实现，全面贯彻战略发展要求，清晰直观地传导管理层的经营意图。

3. 关键性。商业银行绩效考核指标尽量选择业务发展的直接动因，突出对关键业务和核心经营成果的考核要求。指标设计应直观、科学和简洁，便于被考核对象理解考核意图，有效实现考核管理要求的逐级传导。

4. 综合统筹。商业银行绩效考核指标体系应突出综合统筹、全面覆盖的特征。考核指标内涵应高度综合，体现企业级考核办法的总体定位。同时充分考虑不同分支机构的资源禀赋和经营发展差异，统筹平衡，促进分支机构更加充分地发挥自身优势。

5. 合理性。商业银行绩效考核指标数据来源保证客观准确、纵向可比，考核规则要清晰明确，考核机制应科学透明，考核结果应客观合理。

（二）绩效考核评价内容

从利益相关者理论来看，所谓商业银行绩效管理，是指银行多大程度上满足了股东、雇员、储户和其他债权人的要求。这里的利益诉求主体同样也应该包括政府或监管部门，如银行是否很好地执行了政府的宏观调控政策或者信贷政策，比如，支持绿色信贷，以及完成小微企业"两增""两控"目标。

绩效评价是绩效管理的核心内容，既可以是银行基于内部管理需要进行的评级和考核，也可以是基于"上级"对"下级"管理的需要，或监管需要而进行的评级和考核。美国的骆驼评级体系（CAMELS）和中国人民银行的宏观审慎评估体系（MPA）实际上也是一种监管部门对银行绩效的综合评价结果。

在2021年财政部印发的《商业银行绩效评价办法》中，商业银行绩效评价维度包括服务国家发展目标和实体经济、发展质量、风险防控、经营效益等四个方面，评价重点是服务实体经济、服务经济重点领域和薄弱环节情况，以及经济效益、股东回报、资产质量等。

1. 服务国家发展目标和实体经济。具体包括商业银行服务生态文明战略情况、服务产业情况、普惠型小微企业贷款完成情况等指标，主要反映商业银行服务国家宏观战略、服务实体经济、服务微观经济情况。

2. 发展质量。具体包括商业银行经济增加值、人工成本利润率、人均净利润、人均上缴利税等指标，主要反映商业银行高质量发展状况和人均贡献水平。

3. 风险防控。具体包括商业银行不良贷款率、不良贷款增速、拨备覆盖水平、流动性比例、资本充足率等指标，主要反映商业银行资产管理和风险防控水平。

4. 经营效益。具体包括商业银行资本保值增值率、净资产收益率、分红上缴比例指标，主要反映商业银行资本增值状况和经营效益水平。

商业银行绩效考核要坚持战略定位，突出战略重点，强调核心经营成果和关键业务，落实外部监管要求，严格控制风险，以层级考核为主，条线考核为辅，形成全员担责、纵横交织的考核体系。其中，纵向层级考核主要是对各级分支机构的绩效考核，横向条线考核主要是各业务部门经营成果的量化评价。

（三）绩效考核评价意义

商业银行绩效考核评价依据平衡计分法原理，分解落实战略转型目标和外部监管要求，平衡财务与非财务指标、短期与长期指标、结果与过程指标、经营成果与基础能力指标。通过建立起全员担责、纵横交织的多角度、全维度的考核机制，引导提升价值创造能力、综合竞争实力、风险控制能力和长期可持续发展能力。

一是贯彻和落实商业银行战略愿景，形成强有力的目标导向。商业银行的发展战略要落到实处，转化为各分支机构、各部门工作的指导思想和实际行动，需要有一套科学的评价标准和考评体系。科学的绩效评估和考核，将商业银行宏观战略愿景转变为可以量化的目标体系，借此强化各分支机构、各部门的绩效意识，形成正确的决策导向和工作导向，为实现商业银行战略愿景提供强有力的支撑。

二是完善公司治理结构。商业银行治理结构是以股东价值最大化为目标，合理分配出资人、董事会和高级经营管理层之间权力与责任的制度或组织安排。科学合理的商业银行绩效考评体系能进一步完善和优化公司治理结构；合理配置和行使商业银行的控制权，使剩余索取权与控制权相对称，董事会、经营管理层权责分明；建立良好的考评和激励约束机制；明晰信息披露和分析机制。

三是实现业务盈利性与风险性的平衡。科学合理的绩效考评体系能引进先进的绩效考评指标与方法，经济资本法、平衡计分卡、经济增加值等先进的绩效考评技术方法，进一步促进商业银行在先进的绩效考评技术方法指引下，达到短期财务指标和银行长远发展战略的结合、业务发展和业务创新能力的结合、业务发展与人力资源的结合，促使商业银行达到业务盈利性与风险性的平衡。引进先进的方法和工具，将使银行对绩效的度量由原来简单的量化和经验判断，逐步向以先进的量化模型进行科学测算为基础转变，银行的绩效管理水平将得到大大提高。

四是激发员工的主观能动性和创造性。科学合理的绩效考评体系需在绩效考评激励约束机制上，将绩效考评当作激励员工长远发展的手段和引导员工自我发展的依据。规划员工的职业生涯，有利于商业银行激发员工的创造力，调动员工的积极性，激发员工对工作和目标的热情。现代商业银行所面临的经营环境比以往任何时候都要复杂，所面临的金融竞争也比以往任何时候更为激烈，调动员工的工作积极性和创造性显得尤为重要，而科学合理的绩效考评体系能在员工的激励约束上发挥极大的效力。

五是持续改进内部控制。科学合理的绩效考评体系应该涵盖平衡计分卡中"内部业务流程"中的内部管理与内部控制，能不断健全银行业务制度，完善业务流程，加强内部控制与管理，防范案件发生，堵住漏洞，规避风险，建立良好的金融执业规范和金融秩序，积极推动商业银行业务有效、健康、可持续地发展。

二、绩效考核评价体系

商业银行绩效考核指标体系设置依据平衡计分法原理，分解落实总体战略目标，平衡财务与非财务指标、短期与长期指标、统筹结果与过程指标、经营成果与基础能力指标。指标设计贯彻"精简"要求，并通过复合型、可选型等指标设计体现差异化考核要求。体系框架在保持相对稳定的基础上，通过年度调整机制不断进行优化，既保证政策传导的连贯性，又促进考核办法自身活力和效果的提升。

（一）考核对象

商业银行绩效考核体系涵盖多个层级，应根据组织架构特征，横向、纵向进行考核。其中，纵向层级考核主要是对各级分支机构的绩效考核，横向条线考核主要是各业务部门经营成果的量化评价。

（二）牵头部门

商业银行绩效考核的牵头部门为财务会计部，各级财务会计部门牵头机构绩效考核的办法制定、组织实施和监督管理工作。

各级财务会计部门会同风险部门、内控部门和相关业务牵头部门共同研究制定分支机构考核办法。

各级财务会计部门负责分支机构绩效考核的具体执行工作，包括年初考核办法的发布、政策解读和宣传，年度中间定期通报考核数据，年末考核执行和发布考核结果，并对下级机构实施考核监督管理工作等。

（三）考核指标

商业银行绩效考核指标包括规模类、收支类、成本类、效益类、效率类和风险类。

规模类指标包括资产余额（或新增）、贷款余额（或新增）、负债余额（或新增）、存款余额（或新增）等。

收支类指标包括外部利息收入（或支出）、存款利息收入、贷款利息支出、内部转移收入（或支出）、手续费及佣金收入（或支出）、汇兑净损益、交易性净收益、其他营业收入、营业外收入、营业外支出（资产处置损益）、其他业务成本等。

成本类指标包括员工费用、业务管理费和折旧、监管费及存款保险费、税金及附加、营业外支出（非资产处置损益）、贷款准备金、非信贷准备金、所得税、经济资本、资本成本等。

效益类指标包括税前利润、净利润、经济增加值等。

效率类指标包括贷款收益率、存款付息率、运营成本率、成本收入比、信贷成本率、经济资本回报率等。

风险类指标包括不良贷款率、逾期贷款率、关注类贷款占比等。

（四）考核方法

商业银行根据自身情况和战略目标选择合适的考核方法，包括目标管理（MBO）考核、平衡计分卡（BSC）、关键业绩指标（KPI）考核、分类评价考核（等级行评定）等，不同考核方法下可能有不同的权重设置。

> **小看板**
>
> 1. 目标管理
>
> 目标管理源于美国管理专家彼得·德鲁克（Peter Drucker），指管理者与下级共同参与具体绩效目标的制定，管理者通过目标对下级进行管理。商业银行目标管理考核中，首先设定目标，商业银行根据自身战略规划市场环境和业务需求，设定明确、具体、可衡量的目标；其次，分解目标，商业银行将设定的目标自上而下地分解到各个层级和部门，确保目标的落实和执行；再次，制定考核标准与流程；最后，设置奖惩机制。
>
> 2. 平衡计分卡
>
> 平衡计分卡由罗伯特·卡普兰（Robert Kaplan）和戴维·诺顿（David Norton）提出，将企业战略目标分解为财务状况、客户管理、内部运营、学习成长四个考核维度。
>
> 3. 关键业绩指标
>
> 关键业绩指标的理论基础为"二八定律"，即80%的工作成果由20%的关键行为产生，因此要选出对业绩影响最大的关键指标进行考核。关键业绩指标考核汲取平衡计分卡考核优点，注重非财务指标、内部管理、发展指标，指标池包括战略、资金、客户、产品、渠道、效益、风险内控等。
>
> 4. 分类评价考核
>
> 分类评价考核根据考核对象的综合贡献或者业务特点进行分类考核，有利于提升管理效率和效果。通过对境内分行综合贡献情况的评价，区分确定分行的等级，并反映出各分行在全行的重要程度，评价结果可用于授权管理以及分行领导班子的年薪管理。

（五）结果运用

绩效考核结果将作为评定分支机构等级、管理授权、负责人年度考核和年薪分配、分支机构绩效挂钩薪酬等的重要依据。

三、以经济增加值考核为核心的绩效考核体系

随着巴塞尔协议新标准的执行，我国银行业监管机构加强了对国内商业银行资本充足率的监管，对风险控制和管理能力提出了更高的要求。为了适应外部监管和自身改革发展的需要，国内商业银行纷纷建立起资本约束的理念和机制，运用经济资本管理等先进管理工具，建立起以经济增加值为核心的绩效考核体系，力求促进经营模式和业务增长方式的转变。

(一) 经济增加值的内涵

经济增加值(Economic Value Added,EVA)理论渊源出自默顿·米勒(Merton Miller)和弗兰科·莫迪利安尼(Franco Modigliani)1958年至1961年关于公司价值经济模型的一系列论文,美国斯腾斯特公司(Stern Stewart&Co.)于1982年创立了一套基于经济增加值进行业绩评估和管理的理论与操作体系,即经济增加值体系。经济增加值的计算公式如下:

经济增加值 = 税后利润 − 经济资本成本
= 拨备后利润 − 所得税 − 经济资本月均 × 最低经济资本回报率
= 拨备前利润 − 减值准备支出 − 所得税 − 经济资本月均 × 最低经济资本回报率

经济增加值全面考虑了企业所占用资本的成本,包括权益资本成本和负债资本成本,强调了资本成本,突出了企业经营效率。按照经济增加值理论,会计利润为正值的公司也可能经济增加值为负值,因为会计利润仅说明公司所获得的资本回报大于负债资本的成本,但其会计利润有可能不足以补偿权益资本的成本。

(二) 以经济增加值为核心的考核体系的优越性

经济增加值完整覆盖了包含资本成本在内的各项成本要素,在计算时明确扣除所有资金的机会成本,建立了符合股东利益最大化的绩效评价和激励机制。

以经济增加值为核心,可以减少权重设置、计算方法选择等主观因素的影响,使绩效评价建立在客观的基础上。一个经营机构创造的经济增加值是确定的,可以通过报表计算出来,这就避免了计算方法对考核结果的影响。在经济增加值考核方法下,直接按贡献额排队,直观反映价值贡献。在绩效评价时,对各经营单位创造的经济增加值不需打分,从高到低往下排。经济增加值越大,绩效评价结果越好。

以经济增加值为核心,增加考核透明度,绩效评价的传导作用更明显。由于绩效评价的指标是确定的,各经营单位在年初就可以预测所创造的经济增加值。在相应的激励政策上,每年年初基期绩效的挂钩比例是公开的,有利于各经营单位明确经营方向和方法。

(三) 增加经济增加值的措施

由经济增加值的计算公式可知,可以通过增加拨备前利润、控制无效减值准备、减少经济资本占用等途径增加经济增加值。

1. 增加拨备前利润。拨备前利润的计算公式为:拨备前利润 = 营业净收入 − 营业支出 + 营业外净收入 = 贷款利息净收入 + 存款利息净收入 + 中间业务净收入 + 其他业务净收入 − 业务管理费用 − 营业税附加 + 营业外收入 − 营业外支出。增加拨备前利润,主要是增加贷款利息收入、存款利息收入、中间业务收入,注重结构调整,保持贷款的合理增长,提升贷款议价能力,提高贷款综合收益,为提高经济增加值创造条件。

2. 控制无效减值准备。资产质量是影响减值准备支出的主要因素,为提高资产质量,一是要严格对新发放贷款的审查,从源头上避免贷款下迁导致无效拨备的情况;二是要密切关注存量贷款质量,及时收回压降存在下迁迹象的贷款;三是不新增一投放就进入关注类的贷款,新进入关注的贷款务必当年收回,高度关注到期贷款收回;四是要对现有关注贷款客户或项目恢复正常、引发贷款下迁的因素消失的情况及时申请回迁为正常贷款,积极压缩退出短期内无法回迁的关注类贷款,加强现有不良贷款的清收压降力度,争取减值准备回拨。

3. 减少经济资本占用。根据经济资本计量,影响信用风险经济资本的主要因素是资产种类、贷款品种、贷款期限、信用等级;影响操作风险经济资本的主要因素是内部控制评价和操作风险报告质量。因此,为减少经济资本占用,一是着力调整客户结构,对所有信贷客户全部评级,提高 AA 级以上客户贷款比重;二是调整贷款结构,提高经济资本系数较低的流动资金贷款和个人按揭贷款比重;三是调整资产结构,避免贷款规模无效高速扩张,客户融资需求凡是具备条件的,要通过经济资本占用较低的票据、贴现、信托融资、保险融资等间接融资渠道满足;四是积极控制非信贷资产经济资本占用,合理要求固定资产配置;五是努力提高内部管理水平和操作风险报告水平,避免操作风险经济资本不合理增长。

案例拓展

N 银行总行职能部门协同考核案例——3K 考核体系

当前银行业竞争日趋激烈,部门分工不断细致化,为应对同业竞争、提高市场竞争力,各银行不断完善考核体系。N 银行为一家省级城商行,采用"3K"考核方式,即 KPI 关键业绩考核、KOI 关键任务考核和 KBI 关键行为考核,实现总行职能部门的协同考核。

1. KPI 关键业绩考核

N 银行 KPI 关键业绩指标是将全行年度经营目标分解到各条线业务,依据各条线经营计划及任务确定的核心绩效指标,对各部门的任务完成情况进行量化考核。根据部门所承接的部门经营目标任务、部门工作职责划分和业务工作流程等,将关键业绩指标划分为主责指标、配合指标和共进退指标。

2. KOI 关键任务考核

N 银行 KOI 关键任务指标是根据全行的战略规划重点工作、经营工作会议等确定并由总行督办的重点工作任务。KOI 关键任务指标采用等级评定法评分,在各部门自评的基础上,经分管行领导审核,由总行办公室根据重点工作任务督办落实情况,对各部门重点工作计划完成情况进行量化评分,提交总行绩效管理委员会审定。

3. KBI 关键行为考核

N 银行 KBI 关键行为指标是采用 360°考核方式,由分支机构正职和高管层对总行职能部门管理创新、部门协同、员工行为、服务支撑等事项进行考核评价。

N银行通过部门协同性考核，使各部门之间的部门职责更加清晰，业务流程关键节点及分工更加明确，全行战略目标和经营目标更加有效地传导到部门及机构，建立了部门协同机制和协调反馈机制，各部门之间的协作配合度和工作效率明显提升。

分析与思考：

1. 监管机构可以从哪些维度对银行进行绩效评价？
2. 银行通常对分支机构采用哪些绩效考核评价指标？
3. 请谈谈你对经济增加值的理解，并说明如何提升经济增加值。

第八章　线上线下一体化经营与后台集中运营

【学习目标】

1. 阐述银行线上渠道优势、发展现状和建设要点
2. 列举银行线下渠道优势、发展现状和管理要点
3. 陈述银行线上线下渠道如何一体化发展
4. 阐明银行后台集中运营的优势、发展阶段和主要工作

【内容概览】

1. 线上打造手机银行核心阵地
2. 线下提升网点综合竞争力
3. 线上线下一体化经营
4. 后台集中运营

传统商业银行的业务渠道是逐步建立起来的。商业银行首先设立了实体网点，随后发展出自助银行、电话银行、网上银行。在智能手机出现之前，还有短信银行这一渠道。而进入智能时代后，手机银行、微信银行以及远程智能银行等新兴渠道逐渐崭露头角。在当前阶段，手机银行和远程智能银行已成为银行处理业务和服务客户的主要渠道，能够随时随地满足客户需求；实体网点则仍然是银行与客户进行面对面交流、展示并销售产品，以及处理复杂业务的主要渠道。为了更好地适应市场的变化和满足客户的需求，商业银行需要将线上和线下渠道有机结合，实现线上线下全渠道一体化发展。而后台集中运营则为商业银行提供了一个高效、低成本的经营模式。通过将商业银行分散于各分支机构线上线下渠道的非营销职能、服务职能集中到中心进行处理，商业银行能够实现规模化、标准化、专业化的处理方式。

线上线下一体化经营策略，以及后台集中运营策略，在商业银行的经营发展中均扮演着至关重要的角色。

一、线上打造手机银行核心阵地

银行金融服务的线上渠道主要包括手机银行、网上银行、官方网站、微信公众号以及小程序等。其中，手机银行是最重要的线上渠道。随着金融科技不断发展，银行

向数字化转型加速推进，手机银行逐渐成为商业银行大零售板块各展风采的重要阵地，其功能的实用性，操作的易用性，以及栏目布局的美观程度等都是影响用户体验的重要因素。大多数商业银行依托于手机银行来拓宽服务半径，优化用户渠道体验，将其作为打造自身核心竞争力的手段。

（一）手机银行的特点与优势

手机银行是指商业银行以智能手机为媒介，为客户提供远程在线银行服务的一种渠道模式。客户只需将本人手机号与银行账户绑定，就可通过手机终端安全、便捷地办理银行各项金融业务，借助最新的移动通信技术，随时随地体验现代化金融服务。

商业银行的手机银行包括个人端手机银行及企业端手机银行。个人端手机银行业务范围主要包括账户查询、转账汇款、购买理财产品、支付消费、贷款及其他优惠活动等。而企业端手机银行主要提供账户管理、电子对账、综合汇款、企业团队等功能或产品。

手机银行主要有以下几个优势。

1. 即需即用、贴身服务

手机银行与客户共同迈入银行服务的"即需即用"时代。无论何时何地，客户只需拿出手机，即可立即获取商业银行提供的各类金融服务，包括但不限于账户查询、资金划转、投资理财、缴费支付等。拥有个人手机银行，即可享受银行 7×24 小时贴身服务。对商业银行而言，大量业务从线下迁移到线上，极大地减轻了柜员工作量。

2. 功能丰富、交易快捷

手机银行不但提供银行账户查询、转账等各种非现金、非单证类的基本金融服务，还提供基金交易、贵金属交易、债券交易、外汇买卖、账户外汇、理财产品等紧跟市场动向的投资理财服务。此外，手机银行还支持支付消费、贷款及其他优惠活动，为客户提供一站式的金融解决方案。

手机银行在处理标准化业务方面具有显著优势，可轻松调用客户的身份信息和交易对手的信息，以高效处理这些业务。而复杂的非标准业务也可以采用"线下服务，线上协同"模式，最大限度地分离复杂业务处理环节。

3. 流程简化、界面友好

手机银行采用扁平化设计，实现了轻量的交互体验与清爽的视觉效果。轻量化的设计不是对服务功能的舍弃，而是在操作、流程和内容上化繁为简，体现移动终端和手势操作的特点。手机银行还以智能化服务打造"懂我"的银行；以个性化服务体现"我的"移动银行；以亲和力的设计，亲近客户，提高客户黏性；以情感化和推送式服务，体现客户关怀；基于社交理念，提高客户参与感。

4. 技术先进、安全可靠

手机银行具备身份认证、密码验证、设备绑定、黑名单交易阻断、账户分级控制、限额控制、超时退出、反向签约激活、首次向陌生账户转账验密等多项事前、事中安全及风险控制措施，并且对客户做的所有交易全程加密，确保交易的安全可靠。此外，还提供指纹、声纹、刷脸等基于生物识别技术的新型验证方式。

5. 申办快捷、手续简便

客户只需通过手机银行客户端或网站，简单输入相关信息，就可成为手机银行客户，享受银行提供的查询、缴费支付、信用卡、投资理财等服务；同时客户也可以亲临营业网点或通过银行移动签约设备，签约并享受全面的手机银行服务。

（二）手机银行发展现状

随着金融科技的不断发展，银行正加速向数字化转型。近几年，手机银行逐渐成为银行最核心的线上渠道，是业务流量主入口、场景交互主阵地。这一改变也驱动着银行战略发展规划及经营指标体系的变革。

中国银行业协会发布的《2022年中国银行业服务报告》显示，2022年银行业金融机构离柜交易笔数达4506.44亿笔。其中，离柜交易总额达2375.89万亿元，行业平均电子渠道分流率为96.99%。超高的电子渠道分流率正重塑银行的数字化发展线路。银行将大量的财力和人力投入手机银行迭代、人工智能应用等方面，通过线上渠道触达更多用户。客户"离柜不离行"也成为银行电子渠道建设的重要目标。

年轻客户成长于互联网时代，普遍使用手机银行获得服务。全量客户规模代表着银行当前的竞争力，手机银行客户规模则代表着银行未来的竞争力。因此，银行应将手机银行作为最基础且最重要的平台向客户推广。

在各大商业银行的战略发展规划和经营指标体系中，我们开始看到月活跃用户数量（Monthly Active User，MAU）的身影。MAU以月为统计周期，反映的是当月登录或浏览使用过手机银行App的用户数量，是产品力、运营力和用户体验的综合体现。

多家商业银行开始以管理资产规模（Asset Under Management，AUM）和MAU的"AUM+MAU双指标增长"作为目标，精准有效地驱动各项工作的有序开展。尤其是电子银行部门，其肩负着手机银行等线上空间的规划、建设和持续运营任务，开始以MAU的波动和趋势来评估相关活动、版面、功能等的业务效果，围绕曝光、转化、留存、活跃、复购、推荐等关键环节开展精细化运营管理。通过这种方式，商业银行可以打造高品质的客户体验并持续创造业务价值。2022年底各银行手机银行用户数如表3-8-1所示。

表3-8-1　　　　　　　　2022年底各银行手机银行用户数

银行名称	用户数/亿人	月活数/亿人	动户率（月活/用户数）
工商银行	5.16	1.74	33.70%
农业银行	4.60	1.72	37.30%
中国银行	2.54	0.76	29.90%
建设银行	4.40	1.56（2022年6月底）	—
交通银行	—	0.45	—
邮储银行	3.44	0.49	14.20%
招商银行	1.88	0.67	35.60%
平安银行	1.53	0.51	33.30%
光大银行	0.57	0.23	40.40%

数据来源：上述银行公开披露的2022年年报。

（三）手机银行平台建设运营要点

作为银行产品与业务的核心载体，手机银行已成为银行品牌形象、经营理念、科技能力、服务水平等综合实力的集中展现。随着手机银行赛道竞争的不断加剧，各家银行呈现出版本迭代加速、财富投顾能力提升、客户体验优化、平台形象 IP 化、生态协同作战等新发展趋势，从而对手机银行平台建设运营提出了新的要求。

1. 促活——将"流量"变成"留量"，提升手机银行流量变现能力

手机银行天然属于低频使用平台，是使用不多但必须拥有的功能性 App。当前，手机银行用户增长速度正逐步放缓，移动互联网已从"流量"时期逐渐进入"留量"时期。手机银行在移动互联网用户中的渗透率虽仍在提升，但也面临红利即将耗尽的情况。同时，用户使用手机银行目的性较强，存量用户多但活跃用户有限。为提升手机银行的流量变现能力，促活势在必行。

其实，商业银行的很多技术和服务功能，并不单纯地存在于自身的服务能力当中，它们还广泛地存在于与之相关的众多场景当中。要想提升存量用户的忠诚度与活跃度，将用户"流量"变为"留量"，手机银行需要进一步丰富场景，打造"场景＋社交"属性，即以基础金融服务为支撑，以手机 App 为载体，高频生活场景为驱动，开放共享，通过"引进来"策略，将外部生活场景、政务服务等引入。

通过场景化，手机银行能够进一步推动商业银行从"产品导向"转向"需求导向"，从"资金中介"迈向"服务中介"。

案例拓展

招商银行 App 开放共享

招商银行 App 在 2017 年接入两票（饭票、影票）业务，证明了生活服务场景的巨大引流作用。由于人力、技术等资源有限，如果采取以往自建场景的方式，投入产出比（ROI）很难在短时间内达到理想水平。因此，招商银行选择"引进来"策略，在 App 8.0 版上线了小程序平台，向合作方开放自建小程序的接口（API）申请。

此后，高德打车、顺丰速递、沃尔玛、饿了么等陆续上线，用户增量也随之越级。截至 2019 年 9 月，招商银行 App 的用户量已突破了 1 亿大关。2020 年，招商银行 App 引入公积金查询、社保查询、电子社保卡等政务服务。而 2021 年的 10.0 版本又在全国 40 多个城市上线了乘车码。

招商银行的案例表明，要做大手机银行的 MAU，核心诉求是提高用户黏性，而关键在于接入多元的泛金融和生活服务场景。

资料来源：李惠琳，谭璐. 招商银行 App 进化史［J］. 21 世纪商业评论，2022（1）.

2. 运营——构建数字化运营体系，提升线上运营效果

手机银行需要采用多元化的运营策略，强化客户的线上运营。

首先，做强产品运营。通过优先在手机银行部署所有产品，不断丰富自有平台产品和"金融＋生活消费""金融＋行业应用"服务，手机银行可以吸引潜在客户，并促进存量线下客户向线上迁移。

其次，做专内容运营。在手机银行、微信银行、云工作室等多渠道精准输出产品服务内容，强化宣传，让产品"会说话、有温度"。

最后，做大活动运营。结合周期性营销时点、重要节日、客群专属时点等，打造常态化、品牌化、时点化运营活动，扩大品牌传播，提升用户黏性。

案例拓展

某商业银行提升线上运营能力

某商业银行通过产品、内容、活动三大抓手提升线上运营能力。

在产品方面：该商业银行主要通过埋点数据分析，提升客户使用时长、降低跳出率、提升点击转化率，并给客户推送可能感兴趣的产品内容，提升客户体验。

在内容方面：该商业银行招聘媒体背景的专业人才，负责自有内容的产出；从同花顺、恒生聚源等第三方资讯机构采购财经类资讯，丰富内容类型；根据渠道性质，输出不同内容。

在活动方面：该商业银行组建了专职团队负责 App 上的活动策划与运营，统一管理手机银行各活动栏位资源，与客群、业务部门合作完成活动执行。

3. 专业——聚焦大财富管理，提升手机银行价值创造能力

随着电商平台、第三方支付平台、社交平台、搜索引擎等新兴领域的用户规模不断扩大，互联网财富管理应运而生，且成长十分迅速。

顺应互联网金融的发展形势，手机银行成为商业银行财富管理比拼的主战场。在这个战场上，专业化、多元化、场景化的产品与服务是商业银行财富管理创新的焦点。其中，专业性是商业银行相较于互联网企业的重要优势。

手机银行通过将财富管理的专业性与数字化能力相结合，使投顾能力数字化，重塑了与用户的连接；引入机构专业投资教育内容，以低门槛产品帮助用户建立线上理财习惯，再逐步丰富资产配置选项；采用人机结合的技术手段，将线下的财富顾问服务优势转移到了线上，实现对客户陪伴式的财富管理体验。

在充分发挥专业性的基础上，手机银行不断升级服务业态，深化财富管理内涵，最终为客户创造更大价值。

> **案例拓展**

案例：建设银行手机银行的"四笔钱"服务

在财富管理和投资理财过程中，许多投资者因担忧自身金融知识储备不足，面对不熟悉的投资理财类产品心生顾虑，害怕被"营销"后难以兑付，乃至损失本金。国内有高达 80% 以上的投资者，将资金投在了稳健但收益率相对偏低的货币基金和高流动性"T+0"产品上。这些投资者为了追求稳健而失去了本可以获得的更高收益。

而在国际上，标准普尔在对全球 10 万个资产稳健增长的家庭进行追踪调研后发现，这些家庭都做对了一件事：把资产分成四份，分别为要花的钱、保命的钱、生钱的钱、保本升值的钱，从而实现资产的高效配置。

为了提升投资理财用户服务水平，帮助用户平衡流动性、收益率与波动性三者的关系，建设银行在手机银行投资理财频道打造了人人都需要的"四笔钱"投顾服务楼层。

投前，该服务楼层能够帮助投资者分清"零钱管理资金""保险保障资金""稳健投资资金"和"追求回报资金"这"四笔钱"，并厘清不同用途资金的风险承受能力与流动性要求。

投中，该服务楼层围绕用户的教育规划、生活规划、养老规划等生活需求，提供"攒多少钱""投多少钱""预期收益该多少"的建议。

投后，该服务楼层能够从"资产组合好不好""产品选得对不对""投资行为合不合理"等方面，定期为用户提供配置策略、产品选品与投资行为的优化建议，根据市场环境变化帮助用户调整投资组合。

通过将财富管理的专业化"陪伴"贯穿用户投资的各个环节，该银行帮助用户在少损失的前提上多赚钱。

资料来源：今日建行微信公众号，2022-12-26。

4. 从简——以客户为中心，用户体验是永恒目标

"用冰山之下的复杂，换取冰山之上的简单。"从客户的视角看，手机银行服务的简单便捷程度极大地影响了客户满意度。

银行应积极适应客户数字行为习惯，优化手机银行视觉设计，持续改善界面布局与操作体验，简化用户认证方式，提升用户体验，实现用户服务旅程持续升级。

> **案例拓展**

建设银行手机银行回归"至简"

手机银行产品功能丰富，但随着功能"包罗万象"、服务"琳琅满目"，客户反馈中出现了"乱花渐欲迷人眼"这样的声音。用户打开手机银行想办理业务时，纷繁复

杂的界面让人很是"费思量"。为此，建设银行手机银行的产品经理深入开展用户调查，发现使用频次前五位的功能使用量占到所有功能使用总量的 65% 以上。

于是，他们在手机银行 2023 年版本中回归"至简"的设计理念，对用户使用频率占比 98% 以上的 49 项业务旅程重新梳理打磨，实现高频重点功能 3 步进入、任务流程 5 步完成。

该银行持续完善需求统筹、原型设计、可用性测试、问题收集、迭代优化等工作流程机制，从用户视角规划产品，实现产研运一体化协同，共同塑造手机银行产品力。该银行致力于达成这样的效果：用户旅程无断点，信息无过期冗余，提示码人人均能看懂，交互设计规范流畅。同时，在部分常规操作中引入智能预判用户意图的功能，减少用户需要选择和输入的信息。

在此基础上，该银行还开展了大胆的探索，在手机银行二楼打造了一个没有广告、没有轮播、没有专区，只有高频服务的"全新空间"。用户只需在首页轻轻向下拉，即可直达"二楼"，实现一键直达所需。据产品经理介绍，"二楼"的设计初衷是让手机银行只提供用户想办的服务，而不是银行希望用户办理的业务，通过手机银行自身"断舍离"，为用户提供更好体验。

资料来源：回归"至简"，建行"手机银行 2023"匠心打造全新出发［EB/OL］.［2022-12-27］. http://www.chinanews.com.cu/cj/2022/12-27/9922393.html.

（四）其他线上渠道

除了手机银行这一线上核心渠道，通常商业银行还有其他定位不同的线上服务渠道。

例如，"建行生活"App 是建设银行在数字经济时代深耕生活场景，依托金融科技手段与互联网平台模式打造的企业级移动生态运营平台。平台定位为"美好生活指南"，目前已在 300 多个城市面客，上架 30 余万家商户门店，搭建包括美食、商超、外卖、电影、出行、装修在内的本地生活主要场景，为包括非建设银行客户在内的广大消费者提供互联网消费场景和便利服务。同时，还提供信用卡、分期等多种消费信贷服务支持。"建行生活"App 用户规模超过 1 亿户，累计承接政府消费券发放超 30 亿元，拉动民生消费近百亿元。

"掌上生活"是招商银行专为信用卡客户打造的一款 App，主要提供金融、生活、信用卡、储蓄卡、第三方等方面的服务，如信用卡账户、额度、积分管理、分期信贷、分期购、车位分期、饭票、影票、生活缴费等，构筑了集餐饮、生活、内容、汽车、品质商城、消费信贷于一体的完整生态，并继续以"连接亿万人的生活、消费、金融"为目标，加深用户与合作伙伴的场景连接。一直深耕的"饭票"和"影票"业务就是典型案例。2022 年末，"掌上生活"累计用户数 1.37 亿人，月活用户 4384.13 万人，日活跃峰值 672.34 万人。

（五）远程智能银行

远程智能银行是借助现代化科技手段，通过远程方式开展客户服务、客户经营的综合金融服务中心，一般为单独组建或由客户服务中心转型形成，具有组织和运营银行业务职能。

远程银行作为虚拟营业厅，可以随时随地为客户提供金融服务。传统客服中心主要是以电话渠道提供客户服务，远程银行则在客服中心基础上扩展为提供客户服务和客户经营两大业务，采用电话语音、文本、视频等多种手段，采取"人工坐席+智能机器人"的服务方式，打通了各类线上线下渠道，为客户提供业务咨询、投资理财、产品营销、账户交易等综合金融服务，具有全天候服务、全业务办理、智能服务、人机协同等优势。

1. 全天候服务

远程智能银行渠道 7×24 小时提供多语种专业化服务，既支持客户自助办理业务，也提供全时段个性化、有温度的远程人工服务，随时随地满足客户在不同场景下的金融服务需求。

2. 全业务办理

远程智能银行渠道应用生物识别、新媒体等技术手段不断丰富渠道服务功能，为客户提供金融咨询、在线交易、还款提醒、产品营销等所有非现金业务的一站式综合办理。

3. 智能服务

应用人工智能技术，远程智能银行渠道全面布放智能咨询服务、智能语音导航、智能催收、智能质检等机器人军团，通过从语音识别、语义理解、场景流程设计等方面不断提升智能机器人服务能力，为客户提供更加高效、优质的智能服务体验。

4. 人机协同

远程智能银行渠道兼具客户自助服务、智能机器人应答与人工深度交互优势，打造"智能优先、人机协同"的数字客服，洞察全渠道客户痛点，将人工服务与智能应答相结合，为客户提供智能化、人性化、个性化的卓越服务体验。

案例拓展

某远程智能银行助力全行客户价值挖掘

客服公众号与电话渠道并列为某商业银行远程智能银行两大主服务渠道，能够为客户提供场景化的智能服务、专业便捷的人工服务及丰富的图文视频知识，目前粉丝数已突破 3000 万，日均服务客户 35 万人次，建成业务场景超 1 万个，是助力全行客户体验提升、客户价值挖掘的重要平台。

该远程智能银行深入挖掘客户结构化与非结构化数据，通过分行检视报告、数据需求等方式为分行提供包括远程智能银行综合得分视图、百万卡来电等基础运营数据，客户年龄、学历、星级、AUM值、信用卡分层等客户画像数据，以及代发、商户、老年、县域、个贷等重点客群数据。

可以说，商业银行正处于从"线上渠道"建设向"线上平台"建设转变的过程中（二者差异如表3-8-2所示）。手机银行、远程智能银行等不再只是销售渠道之一，其本身已经成为核心，重要性逐渐超越了所售卖的金融产品。

表3-8-2　　　　　　"线上渠道"与"线上平台"的区别

方面	线上渠道	线上平台
产品	仅有基本功能	功能全面
	更新较少	迭代迅速
	可用性不强	可用性强
运营	仅承担产品介绍等基础运营工作	多种运营工作，如活动、内容运营
	不承担获客、活跃等运营指标	用户及流量运营
数据	仅关注基础数据	关注多维度数据
	数据分析不够深入	数据对业务产生更大价值

二、线下提升网点综合竞争力

（一）线下渠道优势

不同时代、不同机构有不同的经营模式。互联网企业诞生于网络世界，可以凭借其技术优势，利用网络空间"一网打尽"的天然触客特征，建立扁平化、集约式的经营模式，由总部直接开展产品创新和客户营销。而传统商业银行诞生于线下，历经数十年甚至上百年的发展，已经形成以网点为中心的庞大经营网络。

尽管从"水泥银行"（物理网点）到"鼠标银行"（网上银行），再到"指尖银行"（手机银行），商业银行的业务经历了线上化的过程，但物理渠道作为商业银行与互联网公司的重大区别，依然发挥独特优势。物理网点的标准化交易功能逐渐弱化，转而承载起与客户面对面接触、情感交互、复杂业务服务、生态建设等功能，仍然是不可取代的主渠道，可以将其优势归纳为以下几个方面。

1. 有利于维护客户

网点贴近市场和客户，是商业银行与客户面对面接触的最前端，在商业银行与客户建立长期稳固的合作关系过程中发挥着基础性作用。尤其在互联网时代，网点面对面有温度的贴心服务是不可替代的。目前绝大部分账户开立及签约服务仍然需要落地在网点。另外，在财富管理中，以"人"的名义去服务，可以提升客户好感度，高净值人群更是需要"一对一"定制化服务。网点还是服务大众美好生活的综合载体。在商业银行回归服务社会本源，推进安居、乐业、共享的实践过程中，网点扮演着极其重要的角色，不仅要解决社会大众的金融需求问题，还要输出非金融服务，服务大众美好生活。

2. 为客户创造更高价值

网点是为客户提供量身服务的专业平台，服务高净值客户的主渠道，提升客户价值感的体验平台。网点服务可以帮助客户了解自身需求、规避投资风险，通过专业化、个性化、定制化服务，为客户创造更高价值，同时为客户提供情感价值与体验价值，这是线上渠道无法企及的。

3. 有效控制风险

防范金融风险是金融工作的根本任务和商业银行经营管理的永恒主题。银行业是经营风险的行业，控制风险是网点日常经营管理工作的重要内容，网点更是操作风险防控的第一道防线，声誉风险防控的重要关口，信用风险防控落地的重要渠道。

此外，作为物理渠道的重要补充——自助银行，其优势在于提供24小时服务支持，自助银行因其数量多、分布广，不受网点营业时间和空间的局限，具有方便、灵活、保密性良好的特点，能够满足客户对现金及转账的业务需求。

（二）物理渠道发展现状

营业网点是商业银行金融服务的线下渠道，也是业务发展和竞争的主战场。与线上渠道相比，网点运营成本更高，是商业银行最"昂贵"、最宝贵的渠道资源。

随着金融数字化的发展，线上渠道逐渐凸显出其优势，例如，能够更好地触达客户、提升客户体验满意度，降低金融服务成本。与此同时，网点运营成本高等问题也逐渐显性化，这导致银行业网点数量的发展趋势发生变化。几年前，银行业在网点上呈现扩张趋势；而近几年，银行业网点发展的主题词已转变为服务、调整、转型、创新。

从我国银行业网点数量看，2008—2017年，银行业网点总数从17.98万个增加至22.87万个，总体呈增加趋势，在2017年达到峰值。2018—2022年，银行业网点总数连续小幅下降（见图3-8-1）。从结构上看，网点数量变化显著体现出银行类型差异和地区差异：银行间差异体现为国有大型商业银行和股份制商业银行网点减少，城市商业银行和农村商业银行网点增加；地区差异体现为发达地区网点减少，村镇与贫困地区网点增加。对于网点数量较少、业务范围比较局限的城商行和农商行来说，网点对于银行业务拓展仍然具有很强的拉动作用。

（三）网点渠道管理

网点渠道管理主要分为网点建设和网点营运两部分，其中网点建设主要包括网点规划布局、区域选址、装修改造、证照申领等工作。网点营运则包括岗位人员管理、网点场所管理、网点业务运营体系、网点培训管理、网点服务质效管理体系等。

1. 科学规划网点布局

网点选址是否恰当会对网点今后的经营业绩产生持续性的影响，对一家银行而言，在制定银行网点的中长期渠道规划布局计划时，要按照"资源匹配、覆盖全面、位置优越、标杆引领"的原则，由宏观到微观地开展分析和实施。

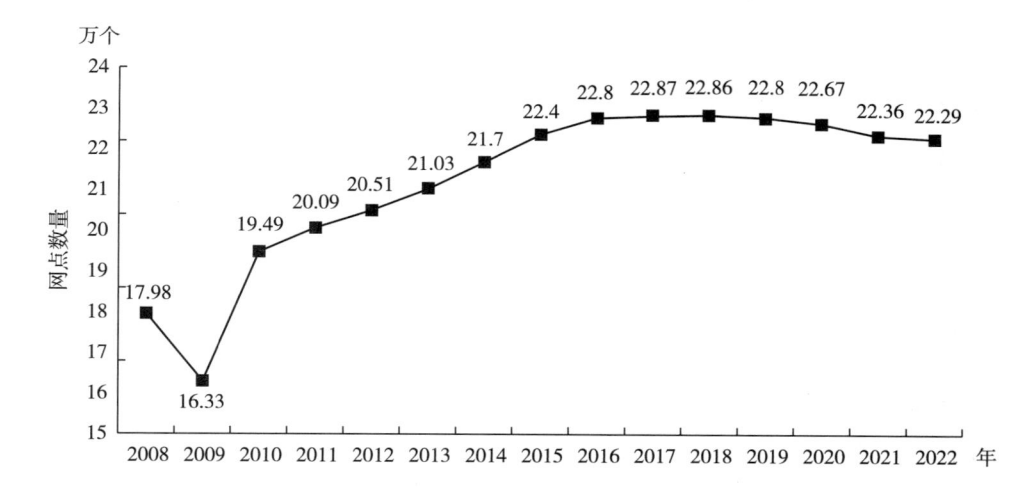

图 3-8-1 2008—2022 年我国银行业网点数量变化

（1）资源匹配性

区域网点总数应当与区域内的资源总量相匹配。这里的区域资源包括但不限于经济资源和客户资源等。从商业银行的角度来看，对区域资源的评估主要集中在当地的经济发展状况、市场环境、人口分布以及消费行为等方面。

在确定网点布局时，商业银行通常会优先选择在经济发展迅速、全量 GDP 和人均 GDP 值较高、常住人口数量较多、企业及机构数量较多的地区增设网点。相反，如果上述条件不足，商业银行则会相应地减少在该地区的网点数量。

网点布局的主要考虑因素是客户群体，包括客户类型和客户结构。就城市来说，大型城市核心区域也是工作人口聚集的主要区域，白天有大量人口流入，且集中了当地老年客户，这些区域适合设立综合性强，同时兼具对公和对私服务能力的网点，个人业务方面则要加强适老化服务；而由于城市大多向外发展，新市民居住在距市中心较远的新兴区域或城乡接合部，这些区域人口密度较高，适合设立服务个人客户的网点，可以重点围绕信贷业务和电子渠道开展工作。

（2）覆盖全面性

网点布局需要考虑到各个区域内网点的辐射圈，即网点的主要服务区域。网点 70%~80% 的客户来自辐射圈。原则上，区域内所有的辐射圈应覆盖整个区域，并且尽量减少重叠部分。辐射圈的大小会根据区域和市场情况而有所不同。一般规律是人口密度越高，交通网络越拥挤，辐射圈越小。反之，交通越便利，人们出行范围和活动空间越大，辐射圈越大。在非常密集的城市地区，如上海或北京的市中心，辐射圈可能只覆盖 4~5 个街区。在郊区，辐射圈更大，从网点开车到辐射圈边缘可能需要 10~15 分钟，在小城镇和农村地区，可能需要 15~30 分钟或更长时间。

在争取覆盖面更大的基础上，如何将高价值客户、重点目标客户纳入辐射圈，也是布局规划的重点工作。因此，在进行布局时，需要重点评估城市规划、客户分布、业务环境等情况，优先布局在客户资源更丰富、未来发展更可观的地区。同时，也需要适时根据当地发展进行调整，及时覆盖空白区域，并迁出资源枯竭区域。

（3）位置优越性

确定网点位置属于网点选址的范畴，在确定网点总数、覆盖区域后，网点选址主要参考以下六个方面。

一是地理位置。网点通常应选择在人流量较大的街道交叉口或繁华商圈内，如零售店、餐饮店、公交站点的附近。同时，正门面向主要街道或十字路口，以便吸引更多的人流。

二是客流动线方向。人流量是影响网点获客能力的重要因素之一，因此，要仔细评估周边的人流情况。网点应处于人流交汇点处或主要人流经过的方向。

三是街面位置。朝阳街面优于背阳街面；宽度 25 米左右或以下街面优于宽敞街面。同时，应尽量规避单行线，以及人流、自行车流、机动车流三分流界面。

四是房屋结构。门面进深控制在 12~20 米，宽度在 15~25 米，层高不低于 3.5 米，这样的房屋结构能够提供更好的客户体验。优先选择底层房屋作为网点，且底层面积应大于上层面积，以提高客户的舒适度。

五是交通情况。交通拥堵可能会减少潜在客户前往网点的意愿。网点附近有停车位则可吸引更多"有车一族"，增加银行客户流量。

六是区域阻隔。大马路、高架桥、铁道、花坛等会大大降低网点的可视性和客户到达的便利性，减少客流量。同时，网点门面和招牌等设施应尽量避免被树木、广告牌等物体遮挡，以确保客户的视线畅通。

（4）标杆引领性

在完成开展网点布局规划、选址后，还需对区域内的网点发展进行规划。因每个网点的地理位置、客户群体和人员配置等都不尽相同，需要根据实际情况来发挥各自的优势，开展特色业务。

区域内集合最多客户资源、人力资源、财务资源的网点应起到标杆作用，进一步扩大规模，提升服务，在业务上全面推进，打造区域名片，以在同业竞争中打响品牌知名度，带动区域内网点协同发展。

2. 网点形象设计

网点形象设计包括网点外观和网点内部设计，其中网点外观主要包括网点外部门楣招牌、房屋外立面等内容，旨在提高网点可视度，起到客户告知和引流作用。网点内部则包括网点功能分区、设施设备、宣传展示、客户动线等内容，主要以提升空间的利用效率、营造舒适的环境和提升客户与员工的体验感和满意度为目标。

实践证明，网点环境的改善对业绩提升有明显促进作用。例如，某银行网点形象陈旧，申请装修后，主要采取了以下三项措施：一是拓宽门楣招牌，减少了树木遮挡；二是调整内部功能分区，将理财中心置于一侧，提高私密性，将现金服务区后撤，理财与咨询服务区前置，符合当前主要业务构成；三是替换内部设施，引入暖色调以营造温馨氛围。这些举措使得该网点的客户到访率明显提升，业绩也得到了明显的增长。

优秀的网点形象设计一方面能吸引更多的客户，特别是愿意到店的老年客户，因而获得更多营销机会，创造更优的业绩；另一方面，能够增加员工愉悦感和归属感，进而提振信心和士气，提升工作积极性。

3. 网点分层分类管理

商业银行可以通过对网点进行多维度的评估、分析和管理，提升网点的综合竞争能力和服务水平。

首先，以金融资产规模、网点客群特征和业务结构等为主要依据，将网点分为不同类别，分类指导网点业务发展、客户服务和资源配置。

其次，在上述分类的基础上，商业银行还可以根据网点效益、规模、发展、风控合规等指标，将同一类别网点分为若干级别。这样有利于对相近网点进行评价，激活网点发展动力，助力网点综合竞争能力和服务水平提升。

总之，根据营业网点类别与级别实行业务指导和人力、财务等各类资源的有效配置，能够助力营业网点综合竞争能力和服务水平提升，并实现网均、人均效能的提升。

4. 网点人员管理

提高网点人员业务素质和工作效率是提升网点竞争力的关键。目前商业银行网点员工主要分为以下三类：一是网点管理人员，如网点行长、营销主管、营运主管；二是网点客户经理，如对公客户经理、对私客户经理；三是网点柜员，如高柜柜员、低柜柜员、大堂经理等。

为了激励网点员工提升业务综合能力，商业银行通常会出台相关营业网点综合考核办法，结合不同岗位的工作性质，以及业务发展、业务量、核算质量和服务质量等指标来制定。

其中，网点客户经理是银行为客户提供专业化、专属化服务的前端和触点，代表整个银行服务的专业水准。客户需求越复杂多元，对客户经理的综合能力要求就越高。在这种情况下，单纯依靠一个客户经理很难完全满足客户需求，必须整合全集团资源，应用金融科技和大数据技术，搭建起能高效敏捷响应客户需求的营销支持架构，为客户经理提供支撑。

同时，应做好网点员工的成长规划，畅通网点员工晋升通道和发展空间，不断完善网点队伍建设和福利保障机制。

三、线上线下一体化经营

当前，市场环境、客户需求、金融科技等都在发生深刻变化，要求商业银行进一步整合线上线下渠道资源，推动渠道间优势互补、场景互动、流量互换，提升综合竞争力和全渠道价值创造能力。

线上渠道和物理网点在获客、触达、营销、时效、服务等方面各有侧重和优势。线上渠道高效、便捷、无处不在，而物理网点有深度、有温度、个性化，尤其有利于经营高净值客户。只有真正围绕客户的需求，做好线上线下有机结合，充分发挥各个渠道的优势，形成全行一体化的服务体系，才能形成真正的核心竞争力。

（一）线上线下一体化经营的目标和原则

商业银行线上线下渠道资源的整合，应以提升客户体验为目标，按照"优化配置，统筹规范""数字赋能，业务减负"的原则开展。

1. 用心服务，提升体验

客户体验是一切服务的出发点。应方便客户一站式办理业务，减少客户操作。也要以网点"人"的服务带给客户温度。

2. 优化配置，统筹规范

一方面，应发挥不同渠道的优势和特点，促进线上线下交叉引流，引导客户在合适的渠道上办理合适的业务，提高精细化管理水平，降低全行经营成本，创造渠道最大价值。另一方面，要规范渠道运营规则，规范产品布放、流程设计和用户体验标准，持续推进线上线下一体化工作。

3. 数字赋能，业务减负

通过将物理网点经营向线上延伸，强化网点数字化经营，商业银行可以实现线上线下生态场景的有机融合，形成网络化的客户服务支持体系，着力为物理网点赋能。这也能够减轻物理网点业务处理压力，切实为物理网点减负。

（二）线上线下一体化经营的要点

1. 客户视图一体化

渠道贯通的根本是数据和流程的打通，通过全渠道数据整合，形成统一的客户视图。

2. 业务流程协同化

构建统一的作业平台，将线上电子渠道和线下网点、自助设备有机连接，打破线上线下"渠道竖井"。除要求在网点面签的业务，将其他业务尽量迁移到线上渠道办理。引导线下业务向线上分流，丰富线上预约、预处理功能，以及将复杂业务的部分处理环节分离到线上处理，减少客户和柜员操作，提升用户体验。

3. 客户营销数字化

商业银行应发挥好线上广泛触达的优势与线下深度营销的优势，提升线上线下协同营销能力，形成企业级客户触达。应加快线上平台建设，通过数字化方式增强与客户的连接，提升网点的客户拓展维护能力。

案例拓展

某商业银行客户维护体系

某商业银行以分行、网点、客户经理作为客户深度经营的"主力军"，通过私域策略赋能，与高价值客户建立连接。

同时，该商业银行将线上平台作为中长尾基础客群经营主阵地，引导这类客户向线上转移，围绕拉新、促活、转化、留存建立用户经营体系。

1. 拉新。针对首次开卡、一周之内没有手机银行 App 登录行为的新客，App 通过拉新工具触达，如现金红包、体验金、爆款产品；在用户领取体验金后跟进收益到账提醒，以及实际产品的转化销售。

2. 促活。客户行为触发的消息提醒、资讯推送、广告投放和会员权益等都有利于提升客户活跃度。

3. 转化。通过旅程式服务，该手机银行 App 引导用户完成关注产品、定投等动作，逐步加强黏性；组织与产品相关的任务、互动活动；针对同一只产品，根据客户偏好、行为进行个性化宣传，如提供基金经理信息、历史收益；在用户持仓页中，针对收益较高的用户进行复购提示。

4. 留存。对于流失倾向用户，该手机银行 App 会提示复购；拦截产品赎回；推荐其他产品/组合；联动机构，进行专业陪伴，如市场波动触发分析和提醒。

四、后台集中运营

（一）后台集中运营的含义

"后台集中运营"是指对传统的运营流程进行改造，将商业银行营业网点和营销部门的非营销职能、服务职能进行剥离，集中到后台中心处理，构建统一的跨产品、跨地区、跨渠道的运营模式。需要注意的是，商业银行的后台集中运营包括两种类型：一种是自然存在的，如金库，其天然承担着对现金、有价证券等重要资产的集中管理职责；另一种则是逐渐改造而成的，例如，信用卡中心和数据中心，它们的职能一开始分散在各个渠道，随着业务的不断扩展和技术的不断进步，逐步汇聚于一处。在本章中，我们将重点关注和探讨第二种类型的后台集中运营。

开展集中运营的业务需要具备一些条件：一是具备清晰、标准、可复制的业务处理流程；二是适合同质化、规模化或专业化的处理；三是支持远程或区域集中作业；四是符合监管要求。

原先营业网点处理业务的方式是依次完成"受理—审核—录入—复核（授权）—发起交易"等步骤，逐笔处理。而柜面业务集中处理系统将这种方式改造成主要由后台同步操作、集约化处理的流水线式生产流程。调整后的流程见图 3-8-2。

（二）后台集中运营的优势

国际上主流商业银行普遍采取后台集中作业和管理的方式，通过后台完成主要的业务处理，形成集约的运营模式，以达到节约处理成本、提高运作效率、统一管理与控制操作风险的目的。

1. 降低商业银行经营成本

将具有共性的、相似的流程从原业务中抽出，比如，非现金业务转移到后台共享作业平台，可以降低整体运营成本，提升盈利能力。

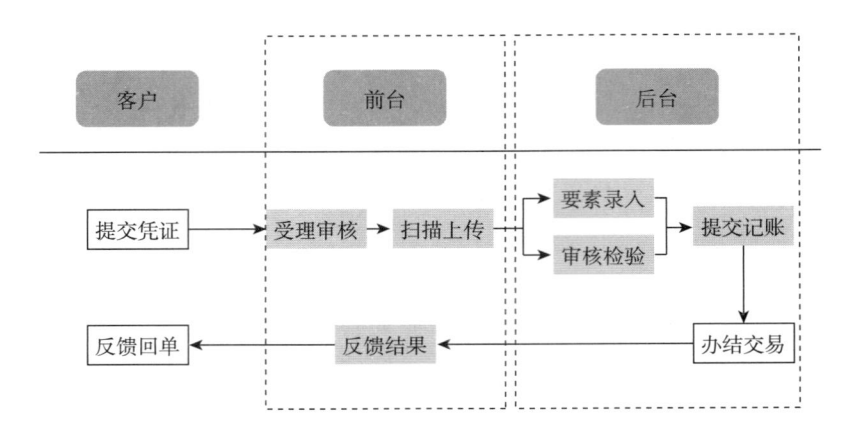

图 3-8-2　柜面业务集中处理流程

2. 提高业务处理效率

后台实施集约化、专业化、标准化的业务处理，充分发挥了后台规模化处理优势，有利于针对不同业务进行流水线式的细分处理。将处理流程分成同质模块，由不同相关人员进行相对单一流程的操作，这样就可以提高业务处理效率。

面对日益增长的业务品种及多样化的客户服务需求，还可以从业务受理、专业处理等环节全面改进功能、提升效率。

在业务受理方面，通过丰富凭证二维码技术功能，整合并标准化前台各类业务凭证，引用OCR（光学字符识别）等技术实现业务种类、凭证号码、交易金额、借贷方账号等重要因素的自动识别，保证前台业务受理环节的足够简洁。

在专业处理方面，根据柜面业务风险大小和对业务处理效率的要求，设计不同业务处理流程与管控手段。通过建立不同的流程组合，灵活与差异化配置业务处理的流转环节，针对时效性特别强的业务，在事先设定岗位及技能分组下优先自动分发，确保实时加急类业务能及时响应客户需求。

3. 减少一线柜台压力，提高服务质量

将大部分复杂的业务都转移到后台，使一线柜员以及基层网点业务部门可以将更多时间用来销售和管理客户关系，真正成为商业银行营销和服务客户的平台。

案例拓展

某银行运营集约智能化项目建设

某银行依托先进智能的技术赋能，如AI（人工智能）、RPA（机器人流程自动化）、OCR、ICR（智能字符识别）、NLP（自然语言处理）等在作业流、风险监控、进程监控、管理端的应用，构建"前台轻量化、流程自动化、后台集约化"的全行级集约运营服务体系，提炼同质化作业环节，实行前后台分离。

例如，在业务办理方面，该银行运用RPA进行辅助录入，并运用OCR、ICR技术进行业务影像识别；在风险监控方面，利用 AI 对系统运行和业务指标进行监控；在进程监控方面，通过可视化界面对作业进程实时监控；在管理端，利用 AI、机器学习达成队列排序合理化、任务分配智能化、资源调度高效化和考核评价科学化。

通过建设运营集约智能化项目，该银行成功实现作业模式由"网点全功能，柜员全流程"向"前台分散受理，后台集中处理，前后台协作"转变，提高运营的标准化、智能化、集约化水平。

4. 提升运营风险管理水平

通过完善系统控制、逻辑校验，建立全业务、全链条、全触点的全面风险管控体系，有利于提升运营风险管理水平。

网点柜面人员只需办理接票及票单录入，记账、检查、清算、审计、统计分析等复杂业务完全由后台集中处理。通过前后台作业分离，商业银行的风险点控制被集中，便于统一控制。同时减少了业务流程中的手工环节，也就减少了大量的操作风险。

需要注意的是，后台集中层次越高，越有利于内部控制协调和提高效率，但也会降低基层业务拓展的灵活性，因此，后台集中运营需要有"度"的把握和权衡。

（三）后台集中运营的发展

伴随经济形势变化和信息技术的发展，商业银行运营管理经历了不同时期的变化，而数字资源在其中扮演着越来越重要的角色。

1. 运营管理四个发展阶段

网点手工作业阶段：业务运营以营业网点作业管理为主，商业银行各项服务输入输出全部依赖手工，在营业网点处理完成。

网点作业电子化阶段：随着信息技术的发展，商业银行推动网点信息化、电子化建设，运营手工作业改变为网点单机使用业务系统作业，但仍在网点完成。

区域中心集约化阶段：伴随信息技术迅猛发展和运营管理理论创新，商业银行强化集约化经营和风险控制能力，对业务流程和作业模式进行系统性改革。在这一阶段，商业银行推出客户信息在区域内集中加工转化模式，即网点柜面负责录入复核，区域中心服务器负责最终账务处理和数据库管理，实现了区域内通存通兑。

总部处理一体化阶段：商业银行运营管理演进出集中处理模式。一方面实现客户信息由总行一个后台中心集中加工处理；另一方面对于多个业务单元共同需要的多种业务提供集成支持服务。通过发展规模化、专业化、标准化、高效率和低成本的模式，持续改进商业银行运营管理。

2. 数据大集中是运营管理的必然趋势

随着银行业务迅速发展，各商业银行充分认识到，把原来分散在各地的分行、支行和营业机构的数据资源集中起来，实现后台全面集中数据处理是必然趋势。

大型数据中心的投产运行，全面提升了商业银行数据处理能力和服务水平，从根本上改变了传统商业银行的业务处理模式。数据大集中提高了集约化规模效益，增强了竞争实力，有效地降低了全行软、硬件和灾备中心投资及系统运行管理成本，为我国商业银行的电子化体系建设奠定了坚实基础。

案例拓展

多家商业银行数据大集中历程

1. 工商银行

工商银行的电子化建设经过"七五打基础、八五上规模、九五电子化"三个阶段，在顺利完成大机延伸工程之后，进一步启动大集中工程的时机和各项条件已逐渐成熟。工商银行于1999年9月1日正式启动数据集中工程，并命名为"9991工程"。这项工程最终把工商银行40多个中心、几万个机构合并到北京和上海两大中心，建立起全行统一的电子化体系。

2. 农业银行

农业银行在1998年开始实施省域数据集中工程，并于2002年完成全国36个数据中心建设，准备实现数据上收。2005年，农业银行全面建成全国数据处理中心，实现全国数据大集中，既对优势产品研发的人力资源进行了整合，又拥有了业务建模和技术建模的核心技能。2008年底至2015年10月，农业银行新一代核心业务系统完成整个核心系统的切换和投产，通过完善数据服务基础，提升了企业治理和风险管控能力。

3. 建设银行

建设银行自2002年7月正式启动数据集中工程，历时近3年，在2005年9月实现全行38个一级分行和总行营业部的全面上线。数据大集中为建设银行经营管理模式转变、信息资源整合利用、业务创新和管理能力提升提供了基础。其最重要的价值在于统一了全行会计核算和柜面业务应用版本，提高了跨区域交易和清算的服务质量，加速了全行的头寸管理和资金调度，实现了支持后台集中运行的业务模式。2011年至2017年，建设银行成功完成新一代项目建设，构建了企业级业务架构和应用、数据、技术、安全四大IT基础架构。

4. 民生银行

从1996年到2006年，民生银行信息技术（IT）经历了数据大集中和八大系统建设。科技开发部（现更名为信息科技部）在2001年成功上线了集中的数据，并在全行范围内进行业务处理系统大集中建设。民生银行将分散于各行和直属支行的柜面业务系统集中到总行数据中心，重新规范业务流程，建立高速统一的信息平台，以科技带动经营模式的转变。总行技术集中，力量得到增强，可以集中全部力量开发、推广应用软件，避免了低水平重复开发的现象。

数据大集中时代，是商业银行IT发展最快、对业务推动最大的一个时期。在这个时期，各商业银行依据自身发展，不同程度地集中处理数据和业务，实现系统基础架构、物理服务器、数据和应用的大集中。以转账支付为例，从最早的半个月缩短到"实时秒到"，正是来自数据大集中和核心系统的实时在线交易能力的建设。商业银行业务丰富度、业务交易量、数据量等因此不断突破，中国金融服务能力和交易效率也大幅提升。

（四）集中运营建设的主要工作

商业银行集中运营建设主要包括后台集中作业平台建设和后台系统建设。在建设的过程中，应注意符合行业标准。

1. 建设后台集中作业平台

商业银行集中作业平台的规划设计是集中运营战略实施的重要环节。

商业银行借助影像、工作流等技术工具，进行集中作业和专业管理的平台，就是所谓的集中作业平台。依托于集中作业平台，商业银行可以根据重新设计再造后的作业流程，将网点部分交易活动转移到后台中心。该平台具备凭证图像采集、中心集约生产、多岗位流程协作制约等功能，将业务流程在时间和空间上进行分离、重组，建立"资源共享中心"的集约化经营运作模式。

后台集中作业平台主要包括以下三个基础技术平台。

影像传输平台：影像传输平台是实现新型集中作业流程的基本技术保障。影像传输平台为前台、后台实现相互信息交流、凭证核对提供一条基本的信息传输渠道，使业务节点后移、集中作业具备技术上的可能性。

工作流平台：简单地说，工作流是一系列可以相互衔接、自动进行的业务活动或任务。工作流是一种重要的计算机信息技术，是打造集中作业流程的基础性平台。

信息存储平台：信息存储平台，一方面可为影像传输和工作流过程提供缓存，以备各作业节点的临时调用；另一方面，备份数据资料，对永久性资料进行存档。

这三者的结合为集中作业流程再造提供了基本的技术支持，有利于作业流程业务节点的前台、后台分离，从而实现"前台分散受理、后台集中处理"的前后台协作分工的新型作业模式。

除了上述三大基础性技术平台外，集中作业平台还需要满足集中作业、运行管理、质量控制、信息分析、风险监控等运营管理要求。例如，在设计和规划集中作业平台时，需要考虑如何与银行柜员系统进行无缝对接和数据传输，确保柜员工作和集中作业的协同操作；需要建立统一的数据标准和数据管理机制，确保数据的准确性、一致性和可靠性；通过数据可视化技术，提高集中作业的效率和决策能力，实现数据驱动的集中运营。

2. 后台系统建设

系统是在平台上构建和运行的，可以利用平台提供的基础架构和功能服务来实现特定的业务或技术需求。商业银行常见的后台系统包括财务系统（ERP）、产品系统、客户关系管理系统（CRM）、办公自动化系统（OA）等。每个后台系统一般均管理了企业的一类核心资源。

后台系统建设有以下几个要点。

梳理业务逻辑：后台系统设计的关键是梳理业务逻辑，常见的梳理方式有需求分析、场景分析、架构设计、功能规划、UML 建模、用户地图、交互自查等。后台系统一般采用需求驱动设计的方式，即根据相关业务部门提出的需求，进行后台系统设计。

确定页面布局：在后台系统设计前，需要确定它的框架结构，以保证页面布局、排版形式的一致性。后台系统设计的标准布局为栅栏设计，后台系统的结构主要包括三个部分：导航区域、功能区域、内容区域。

业务字段设计：字段设计是后台设计中最基础的部分，也是数据结构中最重要的部分。字段设计分为三个步骤，即汇总字段、处理字段、设计字段。常见的数据字段类型有业务型字段、系统型字段、管理型字段、规则型字段。例如，网贷系统的字段至少需要包括产品名称、期限、利率、借款金额、还款方式、放款时间等，属于业务型字段。

系统流程设计：好的流程设计，不仅让系统功能形成闭环，还遵循用户的需求偏好，是决定系统是否易用的重要因素。在系统从想法过渡到模型的阶段，流程设计以动作来推动业务前进。常见的流程有业务流程、功能流程、操作流程、页面流程、数据流程等。

业务规则设计：规则设计的作用是流程控制与数据验证，业务规则描述了业务过程中重要的对象、关系和活动，包括功能范围、操作流程、业务规范、约束条件等。

系统原型设计：原型设计的目标是把规划的功能、流程展现出来，将需求转化为可以给需求方、开发人员和测试人员演示的 Demo（Demonstration，展示、演示）。

建好系统之后，还需要考虑不同系统之间的协同，增强系统之间的连接和数据集成能力，提高业务处理的速度和准确性。

然而，不同后台系统面向不同用户（业务人员），采取的平台很可能不一样，所使用的技术也可能不一样，从而系统的渠道管理、用户管理、运行管理会不统一。如果要提高后台系统的整体性，最重要的工作是要减少并整合其基础设施与平台层。不少银行已经在这方面有所规划，根据不同应用的特点，逐步把所有后台系统整合到几个大平台上。

3. 建立集中运营规范标准

2020 年 1 月，《银行业集中营运规范》行业标准由全国金融标准化技术委员会审查通过，并由中国人民银行正式发布。该标准对当前银行业集中营运的原则、组织架构、服务评价、风险管理等内容规定了相关行业标准，适用于银行业集中营运的规划、实施、评价以及持续优化与管理。

标准主要涵盖了以下内容。

运营组织架构：包括运营管理模式、运营场点选址、用工形式、岗位设置。

运营服务评价：包括客户服务评价业务类指标、营销催收业务类指标、流程作业类指标、内部支持类业务指标，指标的性质包括业务量指标、质量指标、效率指标等。

风险管理：包括集中营运风险、业务连续性风险、操作风险、外包风险及其他风险。

技术应用：包括运营管理平台系统功能（前端采集模块、业务处理模块、管理支撑模块）、新技术应用领域（人工智能、大数据及其他技术应用）。

成本管理：包括集中营运成本、服务计价和成本分摊模式、服务协议的制定和管理。

当前商业银行正处于数字化转型的关键时刻。商业银行客户对线上模式、远程服务模式、协同工作模式等"零接触模式"的需求爆发式增长，用户和业务在以更快的速度往线上迁移。

商业银行中的领先者正在全行战略层面积极制定和实施智能银行、开放银行和无边界银行等数字生态银行目标。这些战略目标的实现，又对银行的运营能力提出了新的要求。

案例拓展

信用卡业务的后台集中运营

信用卡业务作为商业银行的重要业务之一，其运营涉及多个环节，如申请受理、审批、制卡、邮寄、后续服务以及风险管理等。为了提高运营效率并优化客户体验，商业银行普遍选择采用后台集中运营的方式对信用卡业务进行管理。

目前，国内外商业银行普遍建立了后台信用卡业务集中运营中心，这些中心包括资金清算中心、账户管理中心、风险管理中心、客户服务中心、卡片管理中心、财务管理中心等。

1. 资金清算中心

信用卡业务的资金清算涉及 VISA（维萨）、MasterCard（万事达）、AMEX（美国运通）、Dinner（大莱）、JCB（吉士美）或中国银联等多家国内外信用卡组织和发卡公司、商业银行。因此，商业银行需要建立信用卡资金清算中心，专门负责本行卡、跨行卡、外卡的资金清算业务，进行头寸更新、差错处理、对账等。

2. 账户管理中心

账户管理中心的主要职责是完成客户档案集中输入，即组织人员集中录入分支行在系统扫描后上传的信用卡申请表中的客户信息。此外，该中心还负责客户账户状态、账户余额、信用额度等信息的调整以及客户对账等服务。

3. 风险管理中心

风险管理中心主要负责建立信用卡风险管理指标，由系统根据设置的指标参数自动生成信用卡透支催收业务清单或报表。总行统计各分支行信用卡透支情况，而分支行通过系统打印各自的透支催收清单，然后由分支行采取相应办法进行催收。

4. 客户服务中心

对于客户服务业务，国内各家商业银行都推出了自己的专用服务电话，如工商银行的95588、建设银行的95533、招商银行的95555等，这些专用的电话号码已是各家商业银行名称的代码。信用卡客户服务业务由全行统一的客户服务中心进行处理。

5. 卡片管理中心

卡片管理中心统一负责各个分支行新开卡、零星换卡、挂失补卡等卡片制作业务，根据每日主机系统产生的打卡文件制卡，然后通过特快专递邮寄到各个分支行。同时，该中心也负责开发卡片集中管理系统，做好空白卡与成品卡的入库、领用、发放等工作，以及作废卡的管理工作。

6. 财务管理中心

财务管理中心根据管理会计要求，设计相应的成本分摊标准、盈利分析、内部资金转移计价规则、资金同业存放计价方法、资产负债管理等一系列指标管理方法，同时制定相应的绩效考核管理办法。中心所需要的数据由信息系统提供，中心据此计算出某个时间段、每个分支行、每位营销人员、每种信用卡产品在不同服务渠道的销售、使用情况及最终的综合成本与收益。

通过上述后台集中运营模式，能够减少信用卡业务流程处理层次，提高业务处理效率，为客户提供最佳服务。当然，商业银行需要持续优化业务处理流程和管理流程，在"以客户为中心、以业务处理为导向"的原则指导下，实现业务信息高速传递，建立集中化、标准化、流程化的本异地一体化信用卡业务流水线，以及安全、有效、专业的信用卡业务运营平台。

线上线下一体化经营和后台集中运营相结合，使商业银行得以实现更高效的资源配置，拥有更强大的风险抵御能力，从而可以在快速变化的市场环境中脱颖而出，同时也为其未来的创新发展奠定了坚实基础。

分析与思考：

1. 手机银行的使用现状与发展趋势如何？
2. 银行网点未来定位应该是什么样的？
3. 银行如何更好地推动全渠道一体化经营？
4. 银行为什么要采取后台集中运营模式？

第九章　保护消费者权益

【学习目标】

1. 阐述银行开展消费者权益保护工作的意义
2. 陈述金融消费者权益保护工作发展历程
3. 列举银行做好消费者权益保护工作的关键措施

【内容概览】

1. 为什么要开展消费者权益保护工作
2. 金融消费者权益保护工作的发展历程
3. 怎样做好消费者权益保护工作

一直以来，银行业作为全球经济社会发展的重要产业，其发展动态不仅与市场经济参与主体的经营发展息息相关，也与整个经济社会的和谐稳定有着必然联系。然而，通过各种媒介不难发现，近年来商业银行与消费者之间的矛盾纠纷数量呈现激增态势。这一情况严重损害了商业银行的品牌声誉，也使越来越多的消费者逐渐失去了对其的信任和忠诚度。

消费者权益保护不仅对于保障个人合法权益有重要作用，而且对于提高商业银行的服务质量，维护地区金融稳定都有重要意义。如何更好地保护消费者权益，成为社会和金融机构关注的重点。本章旨在从开展消费者权益保护工作的意义、发展历程、工作措施三个方面，为读者初步搭建商业银行消费者权益保护工作的框架，帮助读者初步建立对消费者权益保护工作的认识。

一、为什么要开展消费者权益保护工作

作为金融服务的提供者，商业银行对客户的资金和信息具有相当大的掌控力，不仅需要关注自身的经济利益，还需关注其对社会的影响。因此，消费者权益保护是商业银行一项不可或缺的重要工作。商业银行进行消费者权益保护工作的目的在于维护公平、透明和诚信的金融市场秩序，确保消费者能够享受公正的金融服务，并防止他们的合法权益受到侵害。

(一) 社会层面的意义

1. 有助于维护金融系统的稳定

商业银行在经济中扮演着关键角色，其健康状况对整个金融体系的稳定至关重要。如果消费者在与商业银行的交易中受到不公平对待，或者商业银行参与不当行为，将破坏市场信心，甚至引发金融危机。通过保护消费者权益，商业银行能够有效维护金融系统的稳定性。

2. 有助于提高金融市场的效率

当消费者相信自己的权益得到充分保护时，将更愿意积极地参与到金融市场中来，购买并使用各种金融产品和服务。这种信任可以促进金融市场竞争，提高金融市场效率，鼓励创新，促使金融机构提供更多、更好的产品和服务。

(二) 对商业银行自身的意义

1. 降低法律和声誉风险

国家已经制定并实施了有关金融消费者权益保护的法律法规，商业银行必须遵守这些法律，否则将面临法律风险和罚款，声誉也将受到损害。

2. 提升服务质量和客户满意度

消费者权益保护迫使商业银行更加关注客户的需求和利益。商业银行需要提供准确、透明的产品和服务信息，确保消费者能够作出明智的决策；建立有效的投诉处理机制，及时解决客户的问题和纠纷。通过提升服务质量和客户满意度，商业银行可以树立良好的企业形象，增强客户的忠诚度。

总之，商业银行开展消费者权益保护工作对于社会和自身都有着重要意义。

二、金融消费者权益保护工作的发展历程

1995年，英国经济学家迈克尔·泰勒提出了"双峰"理论。作为金融消费者权益保护工作的理论起源，该理论提出金融监管有两个并行目标：一是审慎监管，旨在防止发生系统性金融危机或金融市场崩溃；二是行为监管，旨在防止和减少消费者受到欺诈和其他不公平待遇。

而2008年国际金融危机发生以来，加强金融消费者权益保护成为国际共识，各国政府及国际组织加大了监管和处罚力度。例如，美国于2010年颁布《多德—弗兰克华尔街改革与消费者保护法案》，2011年设立独立的消费者金融保护局；英国于2012年颁布《金融服务法案》，金融行为监管局由此诞生；经济合作与发展组织2011年牵头制定《金融消费者保护高级原则》；世界银行于2012年颁布《金融消费者保护的良好实践》。

我国的金融消费者保护工作起步较晚，但近年来也取得了长足发展。

(一) 金融消费者权益保护工作情况

1. 机构建设

2012年以来，我国政府和监管机构逐步推进金融消费者权益保护机制建设。中央

编办先后批复原"一行三会"（中国人民银行、中国银监会、中国保监会、中国证监会）成立金融消费者保护机构，2018年银监会与保监会合并为银保监会，两个监管部门的金融消费者保护局也随之合并。

2023年3月发布的《关于国务院机构改革方案》，将人民银行的金融消费者保护职责和证监会的投资者保护职责均划入国家金融监督管理总局。2023年5月18日，国家金融监督管理总局正式揭牌，2023年7月20日，国家金融监督管理总局省市两级派出机构统一挂牌。根据自2023年10月29日起施行的《国家金融监督管理总局职能配置、内设机构和人员编制规定》，国家金融监督管理总局内设金融消费者权益保护局。金融消费者权益保护局负责拟订金融消费者权益保护发展规划和制度，开展金融消费者教育工作，承担相关金融产品合规性、适当性管理工作，组织调查处理侵害金融消费者合法权益案件，构建金融消费者投诉处理机制和金融消费纠纷多元化解机制。

2. 制度建设

2012年3月，原银监会印发《关于完善银行业金融机构客户投诉处理机制切实做好金融消费者保护工作的通知》，以及2013年5月人民银行出台《中国人民银行金融消费权益保护工作管理办法（试行）》，标志着我国金融体系消费者权益保护的基本框架已初步建立。

2015年11月，国务院印发《关于加强金融消费者权益保护工作的指导意见》，这是我国金融消费者权益保护领域的首个国家级纲领性文件，将消费者权益保护工作提升到增强金融消费者信心、维护金融安全与稳定、促进社会公平正义与社会和谐的高度来看待。

2020年9月，中国人民银行发布的《中国人民银行金融消费者权益保护实施办法》与2022年12月原银保监会发布的《银行保险机构消费者权益保护管理办法》一起，共同构成我国行为监管与金融消费者保护方面的金融监管基本框架。

2023年6月2日，国家金融监督管理总局、中国人民银行、中国证券监督管理委员会三部门联合发布2023年第1号公告——《关于金融消费者反映事项办理工作安排的公告》，明确金融消费者反映事项办理工作安排，彰显了国家及金融管理部门对金融消费者保护的高度重视。

法律层面也相继出台多部法律法规，保护金融消费者权益。

2013年10月修订的《中华人民共和国消费者权益保护法》首次在最高层级的国家法律中体现了银行、证券、保险等金融机构在收费信息公示、安全保障和风险提示等方面的义务，及与消费者相关的个人信息保护、格式合同条款等金融领域消费者保护相关规定。

2019年，最高人民法院发布的《全国法院民商事审判工作会议纪要》（九民纪要），明确了消费者权益保护纠纷案件的审理原则。

2021年1月1日起实施的《民法典》，涉及民事行为能力、合同、物权、人格权、侵权责任等诸多与消费者权益密切相关的内容，对消保工作从法律层面提出了根本要求。

2021年11月1日起施行《个人信息保护法》，将"金融账户"等信息以及不满十四周岁未成年人的个人信息列为敏感个人信息。

随着《银行保险机构消费者权益保护管理办法》的正式实施，可以说我国金融行业已建立具有多层次、广覆盖、全流程的金融消费者权益保护管理体系，具体体现在以下几个方面。

第一，法律层级从国家级纲领性文件、国家法律到部门规章、规范性文件，再到各类政策发文、自律规则、行业规范等。

第二，机构类型覆盖商业银行、保险机构、汽车金融、消费金融、信托公司、理财公司、支付机构等多元化金融机构（及其合作机构）和非金融机构，金融领域涉及理财、资管、贷款、支付、保险等多类金融产品与服务。

第三，业务环节囊括产品设计、风险评估、信息披露、合同签署、系统管控、合作外包、营销推广、定价收费、反洗钱、身份识别、支付结算、贷后催收、征信管理、核保理赔、投诉处理、纠纷化解、知识普及、教育宣传等。

（二）金融消费者权益保护工作发展趋势

近年来，金融行业越来越重视消费者权益保护，以下是一些关于金融消费者权益保护的趋势。

1. 强化监管框架

为了应对金融消费者保护的特定需求和挑战，国家正在不断更新和加强监管框架。这些框架规定了金融机构和消费者的权利和责任，为公平行为制定了明确指南，并为争议解决提供了有效机制。

2. 关注弱势消费者

金融行业日益重视保护弱势消费者的权益。这些弱势消费者包括老年人、残障人士、经济困难群体和金融素养低的个人。金融机构通过提供针对性的金融教育计划、产品和服务，以及优化产品使用体验，确保弱势消费者不会因不公平行为而遭受超出他们应得影响的损失，或被排除在金融服务之外。

3. 数字化和金融科技创新

技术的快速发展和金融科技的兴起，为金融消费者权益保护带来了新的挑战和机遇。随着越来越多的金融服务通过数字平台提供，金融机构需要确保在线交易的安全性，保护消费者数据，并解决与算法决策和自动化流程相关的一系列安全问题。监管机构和金融机构正积极探索人工智能、机器学习和区块链等技术的运用，以检测和预防欺诈行为，优化身份验证流程，提升客户认证和授权效率。

4. 可持续金融和负责任投资

目前，可持续金融的概念在世界范围内广受关注。越来越多的人意识到将环境、社会和治理（ESG）因素纳入投资决策的重要性，进而推动了负责任的投资实践的发展，如优先支持新能源等绿色产业的发展。在可持续金融方面，金融消费者权益保护包括确保消费者能够获取关于可持续金融产品的准确信息，防止虚假宣传，并支持向更可持续的经济转型。

5. 加强国际合作

随着金融行业的全球化，跨境交易变得更加普遍，国际合作和监管机构之间的协调越来越重要。为了确保跨境交易中的消费者权益得到保护，需要国际合作、标准协调以及有效的争端解决机制。例如，欧盟的消费者保护合作网络和国家间的双边协议等倡议促进了跨境消费者保护，并解决了与管辖权、执法和赔偿有关的问题。

这些趋势表明金融消费者权益保护正在不断演变。通过紧跟这些趋势并采取适当的措施，可以促进更具包容性、可持续性和以消费者为中心的金融生态系统的建成。

三、怎样做好消费者权益保护工作

商业银行在金融体系中占据重要的地位，在消费者权益保护方面扮演着重要的角色。为有效保护消费者权益，商业银行可以采取以下措施。

（一）遵守法律法规和监管要求，建立有效的监督机制

商业银行必须遵守国家和地区的相关法律法规和监管要求，包括消费者权益保护法、反洗钱法、反恐怖融资法等。这些法规和规范性文件旨在确保消费者的合法权益得到保护，禁止欺诈、误导、不当销售和歧视性行为。

同时，商业银行应建立严格的风险管理和合规框架，确保符合法律、法规和监管要求，包括进行风险评估和监测、建立内部控制体系、开展消费者保护审查和培训。其中，消费者保护审查工作包括定期审查政策和程序的有效性，评估客户满意度和体验，及时调整和改进措施，以确保其与最新的法规保持一致。

阅读资料

欧盟金融工具市场法规（MiFID）

欧盟金融工具市场法规（MiFID，Markets in Financial Instruments Directive）在欧盟所有成员国实施，旨在促进欧盟形成金融工具批发以及零售交易的统一市场，同时在多个方面改善对消费者的保护，如增强市场透明度、出台更符合惯例的客户分类规则等。同时 MiFID 监管的对象还包括在交易所交易的商品衍生品以及柜台产品，投资咨询类公司——全球投资银行和作为卖家的经纪商。

（二）完善投诉处理和争议解决机制

对于消费者权益保护而言，最好的方式是提高商业银行服务水平，全面加强事前、事中和事后行为管控约束，从源头上避免消费纠纷及侵权行为。而一旦出现投诉，高效的投诉处理机制至关重要。

商业银行作为重要的金融机构，应建立健全投诉处理机制，确保消费者可以便捷地提出投诉并得到及时、公正的处理。这一机制包括以下几个方面：内部设立专门的投诉管理部门来接收并处理消费者的投诉，并明确告知消费者相关程序；加强投诉管理部门与其他部门之间的沟通与协作；确保及时响应和解决消费者的问题；向监管机构报告和跟踪投诉情况；选取部分案例建立典型案例分析数据库，供银行各部门参考学习。

消费者在投诉过程中应得到公正、合理的待遇。他们有权要求得到合理解释、补救措施和赔偿。此外，商业银行在处理投诉过程中，应积极回应并改进其产品和服务，解决潜在的纠纷，并防止类似问题再次出现。

当消费者与商业银行之间发生争议时，应提供有效的消费者救济机制和争议解决途径。这可以包括独立的仲裁机构、调解机构或消费者保护组织等。这些机构能够协助消费者解决争议并维护他们的合法权益。

案例拓展

某商业银行利用"快处"机制为全行化解客户潜在投诉

某商业银行远程智能银行中心持续深化客户投诉"快处"机制，积极推动个贷机构"快处"智能化运营，打通分行个贷"快处"智联通道，形成客户诉求 30 分钟内直达分行营业机构，1 日内处理完毕的高效处理流程。

截至 2023 年，该商业银行远程智能银行中心协助分行快速处理营业机构现场服务、纪念币（钞）现场兑换、储蓄卡账户管控、银行卡收费和存量首套住房贷款利率调整等 5 类、12 项业务场景下的客户紧急诉求。"快处"机制工作成效显著，客户问题升级为投诉的件数减少超 80%。

阅读资料

中国金融纠纷多元化解机制

最高人民法院、中国人民银行、原中国银行保险监督管理委员会于 2019 年 11 月 20 日联合印发《关于全面推进金融纠纷多元化解机制建设的意见》（以下简称《意见》）。

《意见》对金融纠纷多元化解机制的案件范围、调解协议的司法确认制度作出规定，指出，平等民商事主体之间因金融业务产生的合同和侵权责任纠纷，可以向金融纠纷调解组织申请调解。经金融纠纷调解组织调解员主持调解达成的调解协议，具有民事合同性质。经调解员和金融纠纷调解组织签字盖章后，当事人可以向有管辖权的人民法院申请确认其效力。经人民法院确认有效的具有明确给付主体和给付内容的调解协议，一方拒绝履行的，对方当事人可以申请人民法院强制执行。

《意见》对规范金融纠纷多元化解机制工作流程作出规定。人民法院在受理和审理金融纠纷案件的过程中，应当落实"调解优先、调判结合"方针，对于具备调解基础的案件，按照自愿、合法原则，采取立案前委派、立案后委托、诉中邀请等方式，引导当事人通过金融纠纷调解组织解决纠纷。各级人民法院要切实发挥多元解纷机制作用，将多元解纷机制建设与诉讼服务中心建设结合起来。把金融纠纷调解组织及调解员引入诉讼服务中心，有条件的地区要积极设立金融纠纷调解室，供金融纠纷特邀调解组织、特邀调解员开展工作；要建立并动态管理特邀调解组织名册、特邀调解员名册，向金融纠纷当事人提供完整、准确的调解组织和调解员信息；探索邀请金融纠纷调解组织调解员担任人民陪审员，提升审判专业化水平。人民法院和金融纠纷调解组织可互设工作站，强化双向衔接，提升调解服务的便民、利民水平。

《意见》强调，各部门要加强分工协作，完善金融纠纷多元化解机制的保障落实。要提升金融解纷信息化水平，建立完善金融纠纷典型案例库、金融投诉数据库，深化司法、金融信息共享，充分发挥智慧法院、智慧金融建设对金融纠纷多元化解的积极作用。地方各级人民法院、中国人民银行各级分支机构、原中国银行保险监督管理委员会派出机构和当地金融纠纷调解组织要共同成立金融纠纷多元化解机制建设工作小组，定期召开联席会议，沟通工作情况，加强信息共享，协调重大典型金融纠纷案件调解工作；对金融纠纷多元化解工作情况进行评估、总结，不断优化金融纠纷多元化解机制；注重共同构建金融风险提示预警机制，防止因个案引发系统性金融风险。要通过示范案例引导、加大宣传力度、加强金融消费者教育等多种方式，共同提升金融纠纷当事人及社会公众对金融纠纷多元化解机制的知晓度和信任度，积极引导当事人通过调解方式解决金融纠纷，依法理性维权。

资料来源：最高法、央行、银保监会联合印发意见 全面推进金融纠纷多元化解机制建设［EB/OL］．［2019-11-20］．https：//www.court.gov.cn/zixun/xiangqing/201721.html.

（三）提高信息透明度，充分进行信息披露和风险警示

消费者有权全面了解他们所购买的金融产品和服务的所有细节和条件。商业银行应以简明易懂的方式向消费者提供透明、准确和全面的产品与服务信息，包括合同条款、利率、费用和风险提示等重要信息。

合同条款应以清晰、易懂的方式呈现，且不得包含不合理的限制、免责和不平等条款。消费者应有足够的时间和机会阅读、理解并接受合同条款内容。

消费者有权知晓产品和服务的全部费用，并对利率和费用进行比较和选择。商业银行应遵循公平定价原则，不得隐藏费用、虚报费用、不合理地提高利率等。

对于有风险的产品，商业银行要向消费者提供充分的风险披露和警示。商业银行尤其需要在涉及高风险投资、复杂金融产品和潜在损失的交易中，提醒消费者在金融交易中的风险和注意事项，如投资风险、借贷风险、保险责任，以便消费者作出明智

的决策，避免潜在的风险。

同时，商业银行应通过年报、社会责任报告等适当方式，定期向公众披露消费者权益保护工作的开展情况。

案例拓展

美国某银行虚假账户事件的负面影响

美国消费者金融保护局对某银行虚假账户事件罚款1.85亿美元，某银行与美国司法部达成和解协议，同意支付30亿美元的和解费用。

负面影响：

1. 处罚公告当月该银行股价下跌幅度超过10%，市值缩水超过200亿美元。
2. 该银行声誉受损，业务受到严重影响。
3. 该银行解雇与虚假账户事件相关的员工达5300名。

（四）平等对待消费者，禁止不当销售和欺诈行为

商业银行应当尊重金融消费者的人格尊严和民族风俗习惯，不得因金融消费者性别、年龄、种族、民族或国籍等不同进行歧视性差别对待。无论是身体残障人士、老年人、低收入人群还是其他弱势群体，都应提供平等的金融产品和服务。

商业银行应完善金融营销宣传工作制度，加强金融营销宣传合规教育和培训，健全金融营销宣传管理长效机制。在进行营销宣传活动时，不得有虚假、欺诈、隐瞒或者引人误解的宣传；不得强制捆绑、强制搭售产品或者服务；不得引用不真实、不准确的数据和资料或者隐瞒限制条件等，对过往业绩或者产品收益进行夸大表述；不得利用金融管理部门对金融产品或者服务的审核或者备案程序，误导金融消费者认为金融管理部门已对该金融产品或者服务提供保证；不得明示或者暗示保本、无风险或者保收益等，对非保本投资型金融产品的未来效果、收益及其他相关情况作出保证性承诺；不得作出其他违反金融消费者权益保护相关法律法规和监管规定的行为。

案例拓展

美国某银行欺诈营销

2014年，美国金融消费者保护署指出，某银行存在侵害消费者权益违规行为：一是欺诈宣传银行支票账户不收月服务费且无任何附加条件，但实际上客户必须保证支票账户日均余额达到最低限额要求才能享受免费。二是客户支票账户如果90天没有活动，银行方擅自将免费账户转换为收费账户，每月收取5美元至14美元的服务费。三是对客户信息披露不足。

美国金融消费者保护署勒令该银行就欺诈营销免费支票问题向59000名受骗消费

者退款 290 万美元。同时，要求该银行对受欺诈营销影响被收费而导致信用记录受损的消费者，尽快修改和更正相关信用记录，并且停止欺诈营销行为。

（五）运用技术手段，保护个人信息安全

随着金融科技的迅猛发展，个人信息的"财产价值"愈加凸显，数据隐私和安全成为金融消费者权益保护的焦点。

商业银行应当建立消费者个人信息保护机制，通过完善内部管理制度、分级授权审批和内部控制措施，对消费者个人信息实施全流程分级分类管控，有效保障消费者个人信息安全。

此外，商业银行还应采取适当的安全措施，来保护消费者的个人和金融信息免受未经授权的访问、泄露和滥用。具体而言，商业银行需要遵守相关的隐私和数据保护法规，明确规定如何收集、使用、存储和共享消费者的个人数据，采用安全的数据存储和传输方法、加密技术、身份验证措施，并征得消费者的同意；在推出新的金融产品和服务时，要评估其潜在风险，防止技术漏洞和数据泄露。

（六）提供金融素养教育，提升公众金融素养

金融素养教育是消费者权益保护的关键一环。各国政府和金融机构都已认识到教育消费者基本金融概念的重要性。商业银行应积极提供全面的金融教育，包括提供关于金融产品和服务的清晰解释，推出金融素养培训项目，组织讲座和研讨会等。这不仅有助于消费者更好地理解复杂的金融产品和服务，也能帮助他们审慎决策，从而避免陷入不必要的困境。

阅读资料

湖北省首家"金融教育示范基地"

中国人民银行于 2020 年下发《关于开展金融教育示范基地建设试点工作的指导意见的通知》，要求构建金融知识普及长效机制，进行常态化金融教育，开展金融教育示范基地试点建设。

中国建设银行湖北省分行与中南财经政法大学联合共建"金融教育示范基地"，于 2021 年 9 月获得人民银行武汉分行授牌首家"湖北省金融教育示范基地"，同年 10 月获湖北省委网信办授牌"湖北省网络素养教育示范基地"，是唯一一家获得双授牌的机构。

（七）推动行业合作，建立统一标准

商业银行应与监管机构、消费者保护组织和其他利益相关方合作，积极参与制定相关法规和政策。这有助于建立一致的消费者权益保护标准，并推动整个行业水平的

提高。

　　消费者权益保护是商业银行不可或缺的职责，也是构建可信赖的金融生态系统的重要基石。商业银行应积极履行社会责任，将消费者权益保护作为企业发展的重要组成部分，并将其纳入可持续发展战略中。通过重视和实施上述内容，商业银行能够建立起与消费者之间的互信关系，提升金融行业的透明度和公信力，提高消费者满意度，同时也能推动金融行业的发展和社会的繁荣。

分析与思考：

1. 银行开展消费者权益保护工作的意义是什么？
2. 银行在消费者权益保护工作上有哪些方面有待完善？

第十章　与监管打交道

【学习目标】

1. 阐明五大监管手段及其内涵
2. 阐释监管沟通要点以及如何处理监管沟通异议
3. 阐述当前监管特点以及如何与监管沟通

【内容概览】

1. 监管是什么
2. 如何与监管沟通
3. 如何更好地拥抱监管

与同行内的上级、同级、下级间的沟通不同，在同监管机构的人员打交道的过程中，如何妥当地处理双方不同立场、不同视角，树立诚信和相互尊重的态度，求得"双赢"，是我们需要探讨和挖掘的一项课题。

本章旨在探讨商业银行如何更好地与监管机构沟通。首先介绍了监管是什么，其次从监管的立场、原则、特点及工作流程角度，介绍一些行之有效的沟通异议解决思路和沟通方法，避免陷入交流困境。

一、监管是什么

对商业银行的监管涵盖从银行设立到破产退出的全过程，银行必须要在既定的监管法律框架下经营。因此，了解监管的内涵非常必要，有助于银行更好地遵守监管要求，提高合规性和经营稳健性。按照监管手段划分，监管可分为机构监管、功能监管、行为监管、穿透式监管、持续监管；按监管目标划分，监管可分为预防性监管和保护性监管。

（一）按监管手段划分

===== 阅读资料 =====

五大监管手段的提出

2023年10月，中央金融工作会议强调"要全面加强金融监管，有效防范化解金融风险。切实提高金融监管有效性，依法将所有金融活动全部纳入监管，全面强化机构监管、行为监管、功能监管、穿透式监管、持续监管。"与 2017 年全国金融工作会议仅强调"功能监管、行为监管"相比，总体表述更加全面。早在 2023 年 3 月出台的《党和国家机构改革方案》中就明确提出"组建国家金融监督管理总局。统一负责除证券业外的金融业监管，强化机构监管、行为监管、功能监管、穿透式监管、持续监管，统筹负责金融消费者权益保护，加强风险管理和防范处置，依法查处违法违规行为，作为国务院直属机构。"

1. 机构监管

机构监管是按照金融机构的类型来划分监管对象的金融监管模式，即同一类金融机构由特定的金融监管机构负责。机构监管适合业务界限相对清晰、业务交叉相对有限的金融体制。

机构监管的优势在于能够统一监管同一类金融机构，便于监管机构评估该类机构的整体风险、偿债能力和合规水平，从而更好地适应和满足审慎监管的要求。然而，随着金融业混业经营趋势的发展，金融机构业务呈现多元化特征，不同类型金融机构提供的金融服务功能逐渐相似，业务边界逐渐模糊，这使得机构监管的劣势逐渐显现。与此同时，在其他市场条件相同的前提下，不同监管机构差异化监管要求，使金融机构面临不同的市场竞争条件，不利于公平竞争。

2. 功能监管

功能监管是与机构监管相对的监管模式。在这种模式下，监管机构不再区分金融业务是由哪种类型的金融机构开展，而是认为功能相似的金融业务应该受到相同的监管。

近年来，随着我国金融体制由分业经营向混业经营转化，金融监管体制也逐渐由机构监管向功能监管过渡，2018 年保监会和银监会合并为银保监会，体现了具有相似定位和功能的金融业务合并监管的趋势。2023 年银保监会改组为国家金融监督管理总局，统筹负责除证券业外的金融业监管，统筹负责金融消费者权益保护，进一步淡化监管对象的特征，强化功能监管。

功能监管的优势在于：一是更适应混业经营体制。混业经营使得传统的金融业务边界模糊化，以金融业务功能为依据划分监管归属，有利于避免监管空白和多重监管的现象；二是能有效应对金融业务交叉带来的风险外溢。功能监管将相关联的金融业务监管联系在一起，使监管机构的注意力不局限于一类金融机构内部，有利于金融风险防范和处置；三是有利于进一步推动金融创新。混业经营促进了金融创新，功能监管有利于实现统一监管，解决金融创新衍生的一系列监管难题。

3. 行为监管

行为监管是"双峰监管"理论中与审慎监管并存的一极，主要是监管部门通过制定一系列规则和制度安排，监督并保障金融市场各参与方能获得市场参与过程中应有的合法权益。当前，我国行为监管即金融消费者保护职能全部统一到国家金融监督管理总局。

4. 穿透式监管

穿透监管是指金融监管机构深入分析金融工具的实质，根据其本质进行监管的一种方式。有助于解决资产证券化等多层嵌套结构，规避传统金融监管的问题。

穿透监管是功能监管和行为监管的重要补充。实践中，当特定金融业务或金融行为经过多个渠道和多层嵌套后，其业务模式变得复杂，且具有跨行业、跨市场的交叉性特征，判断其功能或行为类型存在一定的难度。穿透监管以实质重于形式的原则，穿透金融业务表面形态，将资金来源、中间环节与最终投向联系在一起，明确适用的监管主体和法律法规。

5. 持续监管

持续监管主要表现为监管行为和效果在时间上的连续。近年来，持续监管逐步以书面文件的形式形成制度化特征，特别是在证券领域。

（二）按监管目标划分

1. 预防性监管

预防性监管是为促进商业银行依法稳健经营、主动消除信用危机或降低风险而实现采取的一系列监管措施。主要包括以下几种类型。

设立监管：采用核准制，对商业银行的市场准入设置高门槛。

变更、中止监管：对商业银行兼并和其他重大变更加以监管，还设置了商业银行市场退出的程序和核准制度。

业务范围监管：监管机关对商业银行的业务经营范围加以监管，要求将短期货币信用业务与长期资本市场业务分离，或采用"防火墙"方式允许商业银行有限进入银行业以外的其他金融服务领域。

资本充足监管：资本是银行缓冲业务风险、弥补亏损的基础和财产保障，银行资本是否充足是监管的主要内容。

风险监管：主要有流动性风险监管、贷款集中度风险监管、关系人贷款监管、汇兑和利率风险监管等。

2. 保护性监管

保护性监管是当商业银行已经或者将要出现支付或信用危机时所采取的临时监管措施。通过资产负债比例管理来制约其资产规模和结构，提高其资产安全性和流动性，从而减少经营风险，保护存款人合法权益。通过挽救某些有问题银行，能够为存款人提供保护，从而维护金融秩序正常运行。保护性监管包括紧急拯救制度和存款保险制度两大类，有效控制系统性风险，防止信用危机全面爆发。

> **阅读资料**
>
> ## 实现金融监管全覆盖
>
> 　　中央金融工作会议强调"消除监管空白和盲区",对此,国家金融监督管理总局局长李云泽在接受采访时表示,实现金融监管全覆盖,是全面加强金融监管的必然要求。初步考虑,全覆盖的要义包括三个方面。一是管合法更要管非法,始终坚持金融特许经营、持牌经营原则。二是管行业必须管风险,严密防范一般商事行为异化为非法金融活动,衍生出金融风险。三是国家金融监管总局牵头建立兜底监管机制。
>
> 　　下一步,国家金融监管总局将在中央金融委员会的统筹领导下,协同构建全覆盖的金融监管体制机制,做到同责共担、同题共答、同向发力,确保监管无死角、无盲区、无例外。主要包括:一是中央金融管理部门对各自监管领域分兵把守,既要管"有照违章",更要管"无照驾驶";二是行业主管部门在职责范围内防范和配合处置本行业本领域的非法金融活动;三是相关职能部门严把登记注册、广告营销等关口,坚决防止乱办金融;四是国家金融监管总局将牵头建立监管责任归属认领机制和兜底监管机制,确保一切金融活动特别是非法金融活动有人看、有人管、有人担责。推动明确跨部门跨地区和新业态新产品等金融活动的监管责任归属。确实难以明确责任的,由国家金融监管总局负责兜底。

二、如何与监管沟通

(一) 监管沟通的特征与目标

　　商业银行与监管机构沟通的基本原则是在博弈中实现共赢,既尊重事实,合法维护银行权益,树立银行良好的形象,又要力争双赢,共同达成工作目标,发展长期协作关系。

　　1. 监管沟通的主要内容

　　主要沟通内容包括:协助配合现场检查和日常非现场监管,核实确认监管结论,对监管意见组织落实整改,定期上报风险分析报告。

　　2. 监管沟通的特征

　　强制性:实施监管是监管机构的合法权利,接受监管是商业银行的义务;银行对监管意见的落实整改带有一定的强制性。

　　一致性:要认识到监管和被监管双方的根本目标是一致的,监管的目的同样是促进银行改善内部管理、提高服务水平、应对市场竞争、保证持续健康发展。

　　差异性:虽然双方根本目标一致,但由于立场和所处环境的不同,双方对同一事物的认识具有客观差异。

　　长期性:监管与被监管关系长期存续,双方人员相对稳定,日常交往频繁。

协作性：由于监管机构监管工作的覆盖面广和人员有限，其监管目标往往需要商业银行的协作才能顺利达成。

3. 主要沟通目标

根据上述关系特征，与监管机构沟通的主要目标包括：第一，正确处理监管和被监管的关系，双方以促进发展为共同目标，求同存异，达成共识；第二，互相尊重信任，通过工作上的积极支持配合，完成各项监管任务，获得客观公正评价；第三，与监管机构建立并维护长期互信的良好关系，为商业银行今后的发展创造良好氛围。

（二）监管沟通要点

1. 找准定位，相互尊重

正确理解监管与被监管者的关系，是找准角色定位、理解对方并获得信任的前提。

2. 专业高效，积极配合

为了保证专业高效地配合监管工作，需要全面了解监管机构监管工作的主要内容。首先，清楚监管机构的基本职责和监管范围，了解监管政策的制定背景和目的，以便在实际工作中准确把握监管要求。其次，了解监管机构的监管手段和方法，包括现场检查和非现场监管等方式，以便在面临监管检查时能够从容应对，提供完整准确的资料。

3. 灵活应对，留有余地

在协助配合监管调查中也要注意灵活处理。在积极配合工作的同时，时刻注意"慎说、多看、多听"，针对监管问题，要做到对情况表述准确。在一时难以回答时，要与监管部门商榷稍晚答复，及时掌握情况并做进一步沟通。

4. 设身处地，加强联系

不论是在现场检查还是日常监管的接触过程中，注意和监管人员的关系处理，多从对方的角度和立场考虑问题，尽可能寻找双方存在共识的地方，积极把握向对方求助或征求意见的机会，加强联系与交流。

5. 着眼长期，落实整改

实际上，在与监管机构的沟通中，更加需要注意的是长期关系的建立和维护。在配合监管机构的工作中，认真组织落实监管机构的监管报告或监管意见并上报整改报告，也是与监管机构搭建沟通桥梁的重要手段。一份态度诚恳、内容翔实的整改报告，能够充分展现对监管工作的尊重和支持。

（三）如何妥善处理沟通异议

由于沟通者所代表的双方组织在价值观、利益观方面不一致，对同一事物的认识和判断标准往往存在分歧，在双方都尽力维护各自组织利益的情况下，沟通异议常常存在。常见的沟通异议包括对监管中某项需确认的事实存在异议，对事实确认无误但对监管结论存在异议，承认监管结论但对处理意见存在异议，以及对监管或审计中的做法存在异议（如扩大检查范围）。妥善处理沟通异议，在沟通中具有特别重要的意义，可采取的措施包含以下几点。

1. 展示积极的态度

要妥善处理沟通异议，首先要对沟通异议有积极的态度和解决异议的自信。要提醒自己与没有任何关系的个体或组织是不可能发生异议的，处理沟通异议的前提就是要努力挖掘双方存在共识的领域，在最大程度上寻求一致，以"双赢"为目标促进问题的解决和双方关系的改进。

2. 进行认真细致的事前准备

处理沟通异议前要进行认真细致的事前准备。准备工作可以按照以下程序进行。首先，列出所有潜在的异议，并根据重要程度对其进行排序，确保优先处理关键问题。其次，从对方的角度审视这些异议，预测他们对这些异议的可能态度。分析双方的优势和劣势，以确定沟通中的关键目标，并思考如何解决潜在的冲突。最后，根据理想结果实现的可能性对异议进行排列，使用标记符号表示每个目标的难易程度。通过这样的规范准备流程，可以更好地应对沟通中的异议，提高沟通效率，促进双方的理解与合作。

阅读资料

表3-10-1　　　　　　　　　一份《处理沟通异议计划表》

需要处理的沟通异议（按重要性排序）	对方理由	我方理由	达成目标难易程度
一、力争要解决的沟通异议			
1.			
……			
二、尽量争取但在适当时候可以让步的异议			
1.			
……			
三、无关紧要的异议			
1.			
……			

3. 采取灵活多样的实战策略

处理沟通异议的方法是多种多样的，在不同的沟通场景下需要运用不同的沟通策略，而且沟通策略往往需要随着沟通进程的逐渐深入而不断调整。

例如，在与监管部门交换意见时，可以以友善的态度开始，先强调共识，再表明愿意接受意见和配合工作的诚恳态度，以便更好地推进后续沟通。在处理沟通异议的过程中，承认异议存在，区分主次，有所取舍，目标明确，就部分异议积极争取。后期，可以根据监管具体要求和内部管理规定作出适当的调整表示诚意。

4. 运用沟通策略的五个要素

需要说明的是，沟通的策略和技巧并不是解决异议的灵丹妙药，在运用策略处理沟通异议的过程中，还要时刻牢记以下五个要素。

一是牢记沟通目标。在处理沟通异议的过程中，要时不时停下来思考一下是否偏离了最终的目标，有没有达到目标的最佳途径。

二是寻求共识。不但要明白自己的需求和目标，还要时刻体察对方的诉求，只有双方的需求都得到相对满足，沟通异议才可能解决。

三是灵活应对。在对双方的需求有了清楚的认识后，有必要根据沟通中出现的各种新情况及时调整自己的目标。

四是达成一致。处理沟通异议的最终目标不是自己目标的实现，而是双方达成一致，所以要经常站在对方的角度重新审视异议。如果在某个小问题上坚持自己的立场丝毫不让步，就会阻碍整个沟通进程，结果双方无法达成一致意见，这样的行为根本没有意义。

五是注意沟通气氛。在整个处理异议的过程中，都要努力创造并维持相互理解与合作的氛围。信任而和谐的气氛，能使对方更愿意沟通，如果沟通双方彼此猜忌、批评或恶意中伤，可能导致沟通中断或无效。

需要特别注意的是，在与监管沟通中，沟通不等于说服，沟通异议未得到解决也并不意味着沟通失败。有时候即使竭尽全力，仍然无法实现预期的沟通结果，这时候只能把建立良好的沟通渠道作为目标，以期为下一次的沟通奠定基础。

三、如何更好地拥抱监管

（一）当前监管呈现的特点

在当今信息技术高度发达的社会，随着数字化应用越来越广泛，监管检查技术手段日益升级，监管配合要求不断提高，整体呈现以下四个特点。

1. 非现场检查比重增大，监管核查越发深入

在实际检查工作中，检查形式也逐渐向智能检查、远程检查倾斜，全面、实时、自动、穿透、精准监管的能力不断提升。

2. 检查配合要求明确，强化监管配合度

监管部门对于不配合调查或提供虚假资料等方面将从重处罚，在检查过程中也不断强调配合不力将作出顶格处罚。

3. 个人罚单数量明显增长

近年来，金融监管部门对相关责任人处罚、追究力度加大。根据国家金融监督管理总局公布的行政处罚信息，2023年处罚银行保险机构4750家次，处罚责任人8552人次，罚没金额合计78.38亿元，个人罚单数量明显多于机构罚单数量。同时，在个人罚单中，"警告"和"禁止进入相关行业"两项处罚类型呈现上升趋势。

4. 执法检查更加重视内部问责，认责追责承压

监管出具检查意见后即要求行内限时开展问题整改和问责，问责涉及范围广、要求高、时限紧，且由于相关问题未到监管处罚阶段，其后续结果、问题定性和严重程

度等难以准确判断。

（二）商业银行如何更好地与监管沟通

在监管整体加严的形势下，主动合规已是银行经营的必然选择，商业银行需要严防风险，实现稳健发展有序竞争，提升金融服务质量，加强消费者权益保护，支持实体经济转型升级，转变思想观念，主动拥抱监管，加强沟通配合。

1. 充分认识、高度重视监管沟通工作的重要性

监管沟通是合规管理中的一项重要工作，良好的沟通有利于取得监管部门的理解与支持，帮助商业银行实现稳健经营。监管机构站位更高、视野更广、信息量更大、全局性更强，对政策的理解把握更加准确及时，对整个经济和金融形势的认识更全面深入，审视问题更加客观公正。监管机构发现问题、揭示缺陷，旨在帮助银行机构改进工作、强化管理。

2. 建立完善全面有效的监管沟通工作机制

应制定监管机构对口联系表，主动加强与对应监管机构处室的日常沟通工作，就监管重点工作开展情况、亮点特色、工作难点、需要监管机构理解与支持的事项等进行定期汇报。在发生重大事项，特别是出现监管类案件风险等情况时，需要由相关负责人带领相关部门及时与监管机构进行专项沟通，有关的进展情况还应随时沟通、及时汇报。

3. 转变理念，主动落实监管，促进监管沟通

对于监管提出的问题要认真整改，并将整改的过程和结果通过良好的沟通传导到监管机构，既要敢于自我揭示问题，又要进行正面宣传，报告自身好的工作做法和亮点。通过监管检查沟通，建立积极配合监管检查的良好印象，有理有据地做好解释工作，避免因汇报不及时、沟通不到位等引起监管机构的误解。在与监管机构沟通时要讲求时效，要虚心接受监管意见，扎实找差距、补短板，立查立改。严格遵守监管机构上报时间要求，以免贻误沟通时机。

分析与思考：

1. 请说明与监管机构沟通的目标和要点。
2. 在当前监管趋严的形势下，银行如何更好地与监管沟通？

第四篇
───────────────
银行需要什么样的员工
如何选拔任用员工

第一章　银行员工职业伦理道德

第二章　银行员工胜任力

第三章　银行员工的选用育留

现代商业银行竞争的重点领域之一是声誉，而员工素质和能力是商业银行声誉的主要载体。首先，员工职业伦理道德不仅是银行业务发展的基石，更是赢得客户信任和社会尊重的关键。因此，银行需明确员工所需的胜任力，重视员工职业伦理道德的培养，建立完善的职业道德制度和监督机制，确保员工遵循规范，为银行健康发展和社会和谐作出贡献。商业银行需要具备专业能力的人才，员工的专业知识、技能和经验也会决定银行的竞争力。因此，银行需实施科学的人力资源管理策略，如选拔机制、培育计划和留人举措，来确保拥有一支高素质、专业化的人才队伍，保障银行业务的高效运转。

本篇内容将重点探讨商业银行在员工素质和能力培养方面的策略与实践，旨在帮助银行更好地应对金融全球化的挑战，实现可持续发展。我们将从员工职业伦理道德的培养、专业知识与技能的提升，以及人力资源管理策略的优化等多个方面展开深入讨论，以期为商业银行在人才培养和队伍建设方面提供有益的参考和启示。

第一章　银行员工职业伦理道德

【学习目标】

1. 阐述银行员工的职业伦理道德内涵
2. 举例说明银行员工的基本道德要求
3. 阐明银行员工的职业伦理道德风险

【内容概览】

1. 银行员工的职业伦理道德的背景与意义
2. 银行员工的基本道德要求
3. 银行员工的职业伦理道德风险

作为资金流动的关键枢纽，商业银行在社会经济活动中扮演着至关重要的角色。作为资金流动的枢纽和经济发展的推动者，商业银行员工的职业伦理道德不仅关乎企业的声誉和形象，更影响着整个金融市场的稳定与繁荣。在这个充满挑战与机遇的时代，员工伦理道德是商业银行在恪守社会道德、履行社会责任、遵循行业准则、维护市场生态、厚植企业文化、保护企业声誉等方面的统一规范，完备的员工伦理道德框架是商业银行参与社会活动的准则，是其经营管理的依据，是其构建核心竞争力的基础。

本章内容将深入探讨商业银行员工职业伦理道德的重要性，分析当前面临的挑战和机遇，并提出相应的策略和建议。我们将从员工伦理道德的内涵、作用、培养途径以及实践应用等多个方面进行阐述，旨在帮助商业银行更好地构建和完善员工伦理道德框架，提升员工的伦理道德水平，从而推动银行的健康发展和金融市场的稳定繁荣。

一、银行员工的职业伦理道德的背景与意义

银行员工的职业伦理道德，是指银行员工在从业活动中必须遵循的、体现商业银行特征的、约束银行员工职业行为的准则和规范，是社会职业伦理道德原则在商业银行职业活动中的具体反映，是评价银行员工工作行为的道德标准。

银行员工的职业伦理道德是以金融员工的职业伦理道德规范和行业准则作为基石，以金融职业伦理道德的评价和社会行为作为落脚点，诠释商业银行的职业意识、责任

和道德修养的行为规范，贯穿于商业银行工作的所有领域和整个过程，体现了个性发展与当前社会要求的统一。

银行员工职业伦理反映了社会在互利基础上对商业银行参与金融活动的特定要求。如果银行员工缺乏职业伦理道德，可能会带来一系列严重的后果。首先，这可能导致银行在贷款和投资决策中偏离稳健原则，造成社会资源的错误配置，进而阻碍产业链和供应链的稳定运行。其次，不道德行为可能引发金融市场的混乱，导致金融活动出现乱象，市场价格大幅波动，损害投资者的利益和市场信心。此外，这种行为还可能破坏信用体系，引发债务风险，对银行的声誉和客户的信任造成严重影响。最后，不遵守职业伦理道德的员工可能引发区域性和系统性风险，影响整个金融体系的稳定。

因此，银行必须重视员工的职业伦理道德教育，确保员工在行使货币融通功能时能够遵循经济规律和市场规则。同时，监管机构也应加强对银行的监督和管理，及时发现和纠正违规行为，维护金融市场的稳定和健康发展。只有这样，才能确保银行业能够健康、稳定地长远发展。

二、银行员工的基本道德要求

银行业在国民经济中占有重要地位，要想维护银行业良好的秩序和信誉，促进银行业健康持续发展，首先要提高员工的职业伦理道德水平。

对于现代银行员工来说，最基本的道德要求分为以下六个方面。

一是诚实守信。守信就是信守承诺、言行一致，诚实则是守信的基础，无论是个人还是集体，都应具有诚实守信的高尚品德。对银行业来说，诚信是银行员工职业伦理道德的基石。银行员工每一次的决策和行动都离不开诚信的指引，它是保障资金安全、维护市场秩序的重要保障。只有具备诚信精神的银行员工，才能赢得客户的信赖，树立良好的企业形象，并在激烈的市场竞争中立于不败之地。

二是爱岗敬业。爱岗敬业是参与具体社会活动中的每个人所应必备的基本素养，银行员工应尊重自己的岗位职责。爱岗敬业作为公民道德和职业伦理道德的基本规范，也是每位银行员工最基本职业伦理道德素养，更是从事银行工作的内在要求。在经济全球化的竞争中，银行员工更要正视理想与现实的关系，把理想化为前进的动力，调整自己去适应工作岗位，适应社会的需要。

三是审慎行事。审慎行事在银行业中最突出的表现为审慎经营、审慎监管。在巴塞尔协议中，审慎监管以防范金融危机为目的，客观评价金融机构风险状况，监管对象包括内部控制、资本充足率、纠正措施、交易风险等。商业银行员工在履行其职责时，必须具备审慎经营的理念。员工要深入理解风险管理的核心原则，将风险管理理念融入日常工作中，确保银行业务的稳健运行。同时，员工应具备强烈的风险防范意识，能够及时发现并应对潜在风险，避免风险演化为实际损失。

四是服务大众。服务大众要求一切从大众利益出发。商业银行服务大众是党中央"坚持以人民为本"理念的具体实践。银行作为金融体系的核心，应始终将人民需求放在首位，以人民满意为标准，提供便捷、高效、安全的金融服务，助力经济社会发展，实现自身价值与社会价值的和谐统一。银行业务日益广泛，渗透到社会生活的各个方面，金融产品的推广、金融工具的使用与居民的日常经济生活越来越密切，银行业务与百姓之间实现了"零距离"接触。同时，大众对银行服务的关注程度在加深，对学习、了解金融知识的需求也越来越迫切。

五是廉洁从业。"不受曰廉，不污曰洁"，廉洁从业是金融职业伦理道德的基本尺度，是金融业员工的准则。银行员工经常接触大量现金和金融资源，犯罪机会相对多一些，见钱眼开，贪欲私欲，是一切犯罪的根源。培养金融行业的廉洁风尚，要从点滴做起，从小事做起，从细节做起，克制金钱的欲望，自觉抵制当今社会的不良诱惑。

六是擅于协作。协作精神是银行员工必须具备的素质，只有齐心协力，工作才能达到最大的工作效率。银行机构存在多部门、多条线的组织架构特点，在日常工作中需要横纵双向合作，培养良好的协作精神是工作飞跃进步的有效途径，只有取长补短、互相学习才能提高工作效率，为社会经济发展作出一份贡献。

三、银行员工的职业伦理道德风险

银行员工职业伦理道德风险主要是指在金融活动中员工为了能够在最大程度上获得利润，选择不利于他人的行为方式和手段来达到自身获利的目的。

金融职业伦理道德风险不仅会造成银行与客户的资金损失，从宏观角度来看也严重影响整个银行行业的健康发展，乃至社会经济的稳健发展。银行职业伦理道德风险的基本特征主要有广泛性、复杂性、突发性、隐匿性、散发性。银行员工的职业伦理道德风险主要表现在以下几个方面。

一是信息披露与透明度风险。信息披露与透明度有助于商业银行在向客户提供金融产品和服务时，保证提供了全面、准确和透明的信息。然而，风险在于商业银行可能出现披露不当信息或故意隐瞒重要信息，让客户无法全面了解产品的风险和费用，对客户产生了误导，损害客户利益。

二是欺诈行为风险。商业银行营销人员在面临业绩目标和压力时，可能会作出欺诈行为。例如，过度推销产品、隐瞒风险或误导客户，以完成销售目标。这种忽视客户利益的行为会导致客户选择不适合的产品，损害客户权益，甚至带来声誉风险等不良后果。

三是机密信息与保密风险。商业银行处理大量敏感的客户和机构信息，例如，个人身份信息、财务数据等。员工可能滥用这些信息或违反保密承诺，泄露给外部或未授权人员，导致客户隐私和机构权益受到侵犯。

四是内部控制和合规风险。员工可能违反内部规章制度，从事非法或不当行为，如洗钱、欺诈、职务侵占等。因此，商业银行可以建立健全内部控制和合规制度，确保员工严格遵守各项法律、法规和行业准则。

案例拓展

职业伦理陷争议，声誉风险引深思

高盛的职业伦理道德争议：在金融危机期间，高盛（Goldman Sachs）被指控销售了复杂的金融产品（如抵押债券）给客户，同时内部作出了对这些产品看跌的押注。此行为引发了关于高盛员工的职业伦理道德问题质疑，涉及与客户利益冲突和不当销售行为有关的争议。

摩根士丹利的职业伦理道德争议：同在金融危机期间，摩根士丹利（Morgan Stanley）被指控员工在销售抵押贷款相关证券时存在欺诈行为，体现在包装和销售这些产品时隐瞒了风险，故意误导客户，并从中获利。

高盛与摩根士丹利这两家全球知名的银行，其员工因未能严格遵守信息披露的原则，引发了严重的职业伦理道德问题。这种不透明的行为，直接侵蚀了公众对它们的信任，进而引发了声誉风险。声誉风险对于银行来说是一种极其严重的风险，它不仅影响了银行的形象和信誉，更可能导致客户流失、业务受损，将会给银行造成难以想象的后果。这样的事件再次提醒我们，职业伦理道德和合规的重要性不容忽视，否则将付出沉重的代价。

分析与思考：

1. 银行员工职业伦理道德包含哪些内容？
2. 请简要描述银行员工会遇到的职业伦理道德风险，并说明应该如何解决。

第二章　银行员工胜任力

【学习目标】

1. 举例说明银行员工所需的知识和能力
2. 阐述四大主要岗位胜任力的异同

【内容概览】

1. 银行员工普适胜任力
2. 主要岗位胜任力

在当今金融行业的快速变革中，银行员工的胜任力已成为决定银行竞争力和可持续发展的关键因素。普适胜任力作为银行员工的基本素质，体现了员工在知识、能力和价值观方面的要求，是银行业务顺利开展的基础。而主要岗位胜任力则更加聚焦于特定岗位的特殊性，是员工在各自岗位上发挥最大价值的关键。

本章旨在探讨银行员工的普适胜任力和主要岗位胜任力的重要性。我们将分析当前金融环境下，银行员工应具备的知识、核心能力以及价值观。同时，我们还将根据前中后台业务不同，以客服经理、客户经理、风险经理和管理人员为例，对主要岗位胜任力展开讨论，分析各岗位的特殊性。

一、银行员工普适胜任力

近几年，银行的经营从"规模导向"变为"价值导向"，从"单一盈利"变为"多元盈利"，从"控制风险"变为"管理风险"，从"以大论优"变为"以质论优"，而实现以上变革的关键就是建立一支结构优、本领高、作风实的高素质人才队伍。

那么如何定义"高素质人才"呢？如何成为一名合格的银行员工呢？他们需要具备知识、能力和价值观三个层面的素质和能力。以树作比，知识是树干，要实，如果树干不实，终会有坍塌的时候；能力是树枝，要强，如果树枝不强、能力不足，很难独当一面，成为团队的领头羊；价值观是树根，要正，如果树根不正、根基不稳，那么将是外强中干的状态，经不起事物的考验。这三者相辅相成，需要全面、同步发展，才能不断壮大，提升个人素养，一旦有一个部位脱节或者有缺陷，整体结构都会受影响。

（一）知识层面

知识层面由通用知识和专业知识共同组成，通用知识是银行员工的"门槛石"，专业知识是职业进阶的"敲门砖"。

1. 通用知识

一是金融知识。银行员工的金融知识是其职业发展的基石，对于提升个人专业素养、增强服务能力以及促进银行整体运营都具有重要意义。

首先，金融市场日新月异，金融产品不断创新，掌握金融知识有助于商业银行员工更好地理解市场动态，把握客户需求。通过对金融市场的深入了解，员工能够根据客户的具体需求提供个性化的金融解决方案，提升客户满意度。同时，具备金融知识的员工能够更加准确地评估金融产品的风险和收益，为客户提供更加稳健和专业的投资建议。

其次，金融知识是银行员工履行职责的基础。无论是前台的客户经理还是后台的风险管理人员，都需要对银行业务和风险管理有深入的了解。前台人员需要了解各种金融产品和业务流程，以便更好地开展业务和与客户沟通；后台人员则需要具备扎实的金融知识和风险意识，确保银行业务的合规性和风险控制。

二是财务知识。作为职场员工，大家的工作都和财务强相关，主要体现在两个方面：第一，企业的本质是创造价值、追求利润，员工需要从财务收入、利润两个指标思考自己的定位；第二，员工本人的工资、缴税情况、五险一金缴纳比率等都属于财务会计的范畴。银行作为支付结算机构，需要为客户办理转账汇款、承兑汇票兑付、票据贴现等业务，员工需具备一定的财务分析能力，能够通过资产负债表、利润表、现金流量表对企业的盈利水平、存货周转水平、资本构成、可持续经营情况进行分析解读。

三是法律知识。金融是现代经济的血脉，法律保护着金融系统的正常运转。创造信用、经营风险、不对称的信息等天然属性使得银行员工面临较高的道德风险，因此针对银行业的法律条款极多。出于保护客户、保护单位、保护自己的考量，银行员工需要熟悉相关的法律规范，严格遵守法案条例。

四是办公软件。当下我们处于数字化和信息化时代，在高速运转的社会生产中，随着Office办公软件功能的不断强化，绝大多数企业都会围绕Office办公软件为核心来配合完成各项工作，银行机构也是如此。除此之外，银行的内部办公系统也会有各种与工作对应的软件，同样需要银行员工掌握。

阅读资料

Office 操作等级

目前企业在招聘人才过程中，文本类办公软件是必备的技能之一。以Office为例，许多应聘人员都会给自己打上"精通Office操作"的标签，但实际上绝大多数人与精通有较大的差距。

表 4-2-1　　　　　　　　　　　　　WORD 操作等级

程度描述	需掌握内容（不完全）
了解	会打字、排版
了解	会熟练使用字体设置、段落设置进行排版
了解	1. 理解并能够熟练设置文章大纲级别 2. 会设置图片的样式、版式等内容 3. 会通过查找、替换功能处理文章各处的打印错误
熟练	1. 理解样式，会设置基本样式选项卡 2. 理解表格调整规则，能够熟练调整表格 3. 理解分节符、分页符的作用，并可以通过不同"符"处理页眉、页脚、页码问题
熟练	1. 会设置多级列表，并能够将多级列表与样式匹配 2. 能够独立设计不宜发生变化的文本模板
精通	了解并能基本应用开发工具，实现录制宏、应用宏、应用空间，熟悉加载项内容
精通	能够独立编写 VBA 代码，实现文件快速操作

表 4-2-2　　　　　　　　　　　　　EXCEL 操作等级

程度描述	需掌握内容（不完全）
了解	会打字、录入数据
了解	1. 会插入图表 2. 熟悉数据格式，并能准确切换 3. 会基本表格格式操作，如变更颜色、边框、对齐方式
了解	会基本公式进行简单计算与统计
熟练	1. 可以基本操作数据透视表、透视图 2. 会基本数据操作，如筛选、分列、验证等
熟练	1. 熟练使用 VLOOKUP 等较为复杂的函数 2. 熟练应用透视表，可以进行 3 层及以上的透视嵌套
精通	1. 熟悉 VBA 操作，能够独立编写简单 VBA 代码操作万条数据或者外部文件 2. 会使用 power query 编辑器处理数据
精通	1. 能够将 Excel 与 SQL、DAX 等数据逻辑进行关联 2. 能够编写 M 语言进行数据处理

表 4-2-3　　　　　　　　　　　　　PPT 操作等级

程度描述	需掌握内容（不完全）
了解	会画图形、写内容
了解	1. 积攒了一定数量的 PPT 模板，并形成自己专属的模板 2. 了解节的应用
了解	1. 可与 OFFICE 其他软件关联，做到 PPT 界面直接跳转 2. 会使用备注与监视器切换进行演讲 3. 熟练掌握形状格式应用，会调节图形内文字格式

续表

程度描述	需掌握内容（不完全）
熟练	1. 熟练应用动画窗格进行动画排练 2. 了解母版应用
熟练	1. 熟悉母版应用，并有自己的专有母版 2. 能够制作页面外操作盘
精通	熟悉录制宏，使用宏操作
精通	能够独立设计优秀模板，艺术性为主

五是公文写作。办理文件和事务成了工作的两大核心内容，文件的根本是以事务为基础。若写作文案时无实际事务作支撑，或者事务的表述不清晰，则不能称为一篇优秀的文章。因此，银行对员工的文字能力有着极高的要求。提升公文撰写水平需要长期付出和艰辛积累，没有捷径。撰写水平与投入的时间和精力成正比，多观察、多思索、勤于实践即是提升水平的正确方式。

在实践中，我们可遵循"三多一巧"的法则。首先是多读，在信息爆炸的时代，要积极摄取有益信息，增加知识储备。其次是多学，通过参加培训、进修，对自身的领域进行系统性学习，同时增强对法律、历史等领域知识的学习。再次是多写，实践表明，动笔写作是提升写作水平最有效的方法，将所知所思转化为文字。最后是巧借，学会引用正确而成熟的观点，临摹优质的文稿模式。

阅读资料

公文

公文是公务活动中需要以文字和书面形式记录和运转并发挥应有作用的文稿。现行的公文种类主要有15种，分别是：决议、决定、命令、公报、公告、通告、意见、通知、通报、报告、请示、批复、议案、函、纪要。目前机关内部办公常用的6种：意见、通知、报告、请示、函、纪要。除了规范的文种外，机关经常遇到的公文还有：情况报告、工作总结、领导讲话、会议发言、工作汇报、典型材料、调研报告、工作素材、会议须知、活动方案、接待安排、内部通知、述职报告、个人总结、规章制度等。

阅读资料

调研报告写作

以调研报告为例，我们要如何提升撰写调研报告的能力呢？需要从以下方面入手

（见表 4-2-4）。

表 4-2-4　　　　　　　　　　　调研报告写作步骤

步骤	意义
明晰研究意图与问题	有助于确定所需的数据与信息，明确如何设计研究并进行数据采集。
设计高效的调研工具	保证所设计的工具合理且易于使用，同时要确保该工具中的问题与研究目标紧密相关。
数据与信息收集	保障数据收集的准确性和全面性，以便支持后续的数据分析和论证。
调查研究	通过科学、规范的研究方法，深入了解调研对象的实际情况和问题，为决策、改进和发展提供有力支持和参考。
撰写报告	保证报告的结构清晰、逻辑性强，易于阅读和理解。
初稿校对及修订	确保报告的逻辑性和连贯性。最好请同事或同行进行审阅，以获得额外的反馈和建议。
遵循格式和规范	根据所在机构或领域的规定，遵循相应的格式和规范进行撰写。这包括标题、引用、参考文献等部分的撰写方式。
提升沟通技巧	与同事、受访者等进行交流，解读研究的目的、方法和结果，并回答他们可能提出的问题。
持续学习和实践	关注行业变动和最新的研究方法、技术，并将它们应用到实践中，从而提升研究和撰写报告的能力。

六是新媒体运用。在新媒体、融媒体掌控宣传主导权的环境下，我们需要适应时代的变化，不断提升利用新媒体开展宣传的能力。我们需要了解当前主流的自媒体（如微博、微信公众号、抖音等），知道主流的宣传形式（如海报、图文推送、H5 等），至少会使用一个主流的宣传材料制作软件（如秀米、美篇、万彩动画大师等）。

七是行内系统的使用。商业银行运营中会在行内系统中存储大量客户信息、企业内部信息等，为了充分保护客户信息、防范保密材料外泄，各家银行机构都会开发独立的办公系统。银行员工，尤其是柜员，每天 90% 以上的时间都在和业务系统打交道，他们需要熟练操作业务系统，并牢记每一个业务代码。

2. 专业知识

商业银行，作为金融机构，主要涉及三大核心业务：资产业务、负债业务和中间业务。商业银行员工需要具备多方面的专业知识。其中，行业研究、数据分析和风险管理是最为关键的三个方面。

一是行业研究。行业研究是指通过长期跟踪和监测特定细分行业，对不同行业的需求、供给、经营特性、获取能力、产业链和价值等多方面内容进行综合分析，以此来判断行业所处的发展阶段及其在国民经济中的地位。商业银行的行业研究主要应用于企业授信和产业链风险监测中，需要包含四个部分：行业基本状况分析、行业一般特征分析、行业生命周期分析和行业结构分析，具体的分析内容见表 4-2-5。

表4-2-5　　　　　　　　　　行业分析框架

行业分析方向	行业分析细分项
行业基本状况分析	从行业概述、发展历程、发展现状与格局、市场容量、销售增长率、行业盈利水平现状等维度进行分析
行业一般特征分析	从竞争特征、需求特征、技术特征、增长特征、盈利特征等维度进行分析
行业生命周期分析	行业生命周期一般为投入期、成长期、成熟期、衰退期四个周期；一般从顾客、产品、风险、利润率、竞争者、投资需求、战略定位几个指标来判断行业所处的周期
行业结构分析	最常用的是波特五力模型，从现有竞争影响因素、新进入者威胁、替代威胁、顾客议价能力、供应商议价能力五个维度进行分析判断行业属于完全竞争、寡头垄断、垄断竞争、完全垄断哪一种市场结构

二是数据分析。数据是商业银行的战略性资产，在银行业高度信息化的同时，盈利水平和发展规模也在不断扩大，积累的客户数据、交易记录、管理数据等呈爆炸性增长，银行亟须建立一支既精通业务又熟练掌握数据分析技术的复合型人才队伍，逐步提升各条线在数据挖掘、量化分析、数据建模等方面的数据应用能力。银行员工需要认真学习数据分析，用数据赋能业务发展；充分掌握多种数据分析模型，如相关性分析、卡方分析、主成分分析等；学会使用多种数据分析软件和语言，如 SPSS、EXCEL、PYTHON、C++等。

三是风险管理。商业银行经营的本质是风险管理，风险管理贯穿商业银行员工的整个职业生涯。根据《银行业金融机构全面风险管理指引》的规定，银行需要建立全面、有效的风险管理组织架构，银行业应当明确董事会、高级管理层、各部门等在风险管理工作中的职责，建立全面风险管理体系，采取定性和定量相结合的方法，识别、计量、评估、检测、报告、控制或缓释所承担的各类风险，包括信用风险、市场风险、流动性风险、操作风险等。商业银行员工应了解商业银行全面风险管理理念、体系架构和运行机制，掌握各类业务风险管控规范、方法和流程。

（二）能力层面

商业银行员工需要不断淬炼个人软实力，做到学习能力、沟通能力、执行能力、分析能力、礼仪素质、信息收集能力、创新能力、适应银行业监管能力等多维度能力素质全面发展。

1. 学习能力

优秀的人从来不满足于自己现有的知识和技能储备，并且还会不断提升自身学习能力。当今时代在进步，金融产品、金融服务日新月异，我们需要顺应生产力发展的新要求，把学习作为一项终生的事业。例如，管理层需要不断学习国内外银行业发展的前沿及趋势，学习先进的银行经营管理理念，掌握最新的风险控制技术；不同业务经理需要考执业资格证书［基金从业、保险从业、金融理财师（AFP）、特许金融分析师（CFA）等］。

2. 沟通能力

为了不断加强沟通有效性，我们应做到以下几点。首先，需要明确沟通的目标，根据不同的对象，采取最合适的沟通方式。其次，要明确沟通的方式。面对面的交谈、电话交流、视频通话，甚至文字交流都有其独特的交际技巧。最后，需要掌握三种最基本的沟通技巧：听、问、说。要听懂别人的话、问出对的问题、说出自己的想法。无论你身处何种场景，是执行者还是接受者，听、问、说都是沟通的精髓。

一是与客户沟通。好的沟通是建立信任的基础，也是积累客户资源的重要手段，如何与客户愉快沟通，建立信任，是每一个员工的必修课。

第一是建立沟通基础。我们需要在客户面前树立诚信、展示高水准的专业能力，以赢得客户的信赖和尊重。

第二是充分了解需求。我们不能用自己的思维模式去推测，应该在沟通中代入客户角色去了解客户内心的真实想法，明确客户真实需求。

第三是善于倾听赞美。倾听需要借助眼神、微笑，与客户"互动"，而并不是单纯地听客户说话；适当的赞美会让客户心情愉悦，能让客户对我们的好感倍增。

第四是学会有效提问。一方面，提问应既能充分表达我们的意图，又不显生硬、直接和唐突，应站在客户的立场来了解信息，而不是从我们的本位立场来发问质询。另一方面，我们需要注意提出的问题不能侵犯客户本人的隐私，且是客户能够回答且愿意回答的，避免陷入沟通僵局。

案例拓展

如何通过有效沟通获取客户信息

案例背景：上级行将优质客户名单下发到网点，要求在几天时间内将这些客户的信息在客户管理系统中进行完善，需要补充和确认的客户信息的内容比较多，而且很多方面都是非常隐私化的。

1. 无效沟通

某某先生，我是××银行的理财经理×××，您现在有时间吗？我们上级行要求对达到规定标准的优质客户完善相关信息，请问我们能知道您在哪个单位工作吗？

2. 有效沟通

理财经理："××先生，您好！我是××银行的理财经理××，您现在方便接听电话吗？"

客户："还好，您有什么事？"

理财经理："××先生，是这样的，根据您在我行办理业务情况，系统自动将您评为我行的××级贵宾客户，对您这个级别的客户，我行都会配备专属的理财经理，今后您有任何银行和理财业务方面的问题，都可以直接给我打电话，同时，我们会对这个级别的客户提供多种金融与非金融服务，如财经论坛、健康查体、休闲娱乐、子女教育等方面，这些对客户来说都是免费的，从以前我们组织的活动情况看，客户都非常喜欢，感觉收获很大。为了让您今后能够有机会参加这些活动，我们需要占用您几分钟的时间了解您的一些情况，由于有的活动您可以带夫人和孩子参加，所以我们也需要了解他们的一些情况，不过您放心，对这些信息我们都是绝对保密的，您看可以吗？"

客户："好的，我有一位朋友经常参加银行组织的一些活动，有一次也带我去了，我觉得不错，这我这儿还有一点事，一会儿我给您打过去，好吧？"

理财经理："好啊，那我等您的电话，我知道像您这样的客户都很忙，时间很宝贵，如果半个小时等不到您的电话，我再给您打过去，好吧，谢谢您的支持！祝您工作生活愉快！"

在这个案例中，我们更多的是站在客户的角度考虑和处理事情。我们不是开口直接让客户提供隐私信息，而是为客户提供优质的个性化服务，特别是重点提到了一些非金融服务，如子女教育等，这引起了客户的浓厚兴趣——有谁会不关心健康、教育等问题呢？加上客户又参加过类似的活动，所以客户更愿意了。

二是与领导沟通。人在职场，难免会和上级打交道，很多人的感受都是"伴君如伴虎"，在与上级的沟通中往往战战兢兢、畏首畏尾，这是对自身工作不自信的表现。与上级沟通是工作中最基础的一部分，为保证工作顺利高效进行，需要掌握以下技巧。

第一是定期主动跟上级汇报自己的工作进展，建立信任，让上级掌握你的工作进度。

第二是跟上级汇报难题时，我们要同时提供解决方案，并报告清楚上级各项方案的优缺点，让上级站在更高的视角进行决策。

第三是学会高效汇报，上级工作安排时间有限，请示或汇报工作时我们要注意先结果后过程、先总结后具体、先重要后次要、先全局后细节。

案例拓展

提供选择，助力决策

对话1：

你："领导，我们订什么酒店？"

领导："你来订。"

你："老板，我们订H酒店、X酒店还是W酒店？"

领导："都可以。"

以上属于无效沟通的情况，先将问题抛给领导，没有提供解决方案；未充分提供信息，领导没有进行选择判断的依据。正确的方式应该是这样的。

你："领导，初步定五星级酒店，同样面积的场地和使用时间，H酒店报价300，

X 酒店 320，W 酒店 290，其中 H 酒店包括茶歇，其余不包括。W 酒店房间有点紧张，可能不能容纳我们所有客户入住。评估下来，我推荐 H 酒店！"

领导："听你的！"

可见，通过提供解决方案，明确告知上级各项方案的优缺点，让上级站在更高的视角决策，更能实现与上级高效的沟通，有效解决问题。

3. 执行能力

执行力强的人处理工作更加得心应手，也更容易被委以重任。执行力强表现在两个方面：一是目标管理，首先需要确定一个可实现、有效的目标，可参照"SMART 原则"；接着需要将目标进行分解，按日、月、年制订计划，并在计划中适时进行检查，最后要对整个计划执行情况进行分析解读。二是时间管理，《高效能人士的七个习惯》作者史蒂芬·柯维受美国第 34 任总统德怀特·艾森豪威尔的启发，创造了艾森豪威尔决策矩阵，这个矩阵将事情根据"紧急程度"和"重要程度"进行分类，并区分出待办事项的优先级。

> **小看板**
>
> ### SMART 原则
>
> SMART 原则是目标管理的工具，也是目标制定的具体要求，具体指目标必须是具体的（Specific）、可衡量的（Measurable）、可达到的（Attainable）、与其他目标具备相关性的（Relevant）、具有明确的截止期限（Time-bound）。

4. 分析能力

分析能力是一种逻辑处理能力，是指根据给出的各种信息，将一件事情拆分成比较简单的组成部分，找出这些部分的本质属性和彼此之间的关系，最后对各部分单独进行剖析和研究。通常分析能力较强的人，会在自己擅长的领域内有独到的成就和见解。

在分析事物时，我们需要明确目标，善用分析模型，多维度、专业化地分析问题。只有明确了目标和定位，才能高效地寻找和筛选信息，选择合适的分析方法。不同的行业存在很多前人已经总结的分析模型、思考框架，我们可以根据实际情况拿来应用，从而快速提升自身的思考分析能力。商业银行常用的分析模型如表 4-2-6 所示。

阅读资料

表4-2-6　　　　　　　　　　商业银行常用的分析模型

模型名称	定义
PEST	指宏观环境的分析，P是政治（Politics），E是经济（Economy），S是社会（Society），T是技术（Technology）。在分析一个企业所处的外部环境的时候，通常是通过这四个因素来分析企业集团所面临的状况。
5W2H	5W2H分析法又叫七问分析法，用五个以W开头的英语单词和两个以H开头的英语单词进行设问，发现解决问题的线索。分别是：为什么（Why）、做什么（What）、谁做（Who）、何时（When）、何地（Where）、如何（How）、多少（How much）。
波士顿分析矩阵	将企业所有产品从销售增长率和市场占有率角度进行再组合。在坐标图上，以纵轴表示企业销售增长率，横轴表示市场占有率，各以10%和20%区分高、低，将坐标划分为四个象限，依次为"明星类产品""问题类产品""金牛类产品""瘦狗类产品"。其目的在于通过产品所处不同象限的划分，企业采取不同决策，以保证其不断地淘汰无发展前景的产品，保持"问题""明星""金牛"产品的合理组合，实现产品及资源分配结构的良性循环。
逻辑树	逻辑树是将问题的所有子问题分层罗列，从最高层开始，并逐步向下扩展。把一个已知问题当成树干，然后开始考虑这个问题和哪些相关问题或者子任务有关。每想到一点，就给这个问题（也就是树干）加一个"树枝"，并标明这个"树枝"代表什么问题。一个大的"树枝"上还可以有小的"树枝"，依此类推，找出问题的所有相关联项目。

5. 礼仪素质

面对日益精细的客户需求，我们要充分意识到服务是一种创造价值的手段，良好的服务离不开礼仪的运用，每一名银行员工都需要学习礼仪规范。

首先，银行会为网点员工统一定制工作服，要求各季节统一着装，并对发型、鞋子、标牌、妆容、饰品作出相应要求，塑造银行人员的专业形象。

其次，银行会设计规范的服务流程，当客户到网点办理业务时应该按照要求执行，如某银行的七部曲。

再次，要求所有员工学会微笑礼仪，不要将生活或者其他方面的情绪带给客户，要坚持客户至上，微笑面对每一位客户。

最后，了解其他商务礼仪，例如，握手动作、乘车座位安排、会议参会人员座位安排等。

6. 信息收集能力

在信息传递高速发展的今天，要从纷乱如麻的信息中快速获取关键信息并不容易，因此信息收集能力至关重要。在商业银行中，员工获取信息渠道分为内部渠道和外部渠道。内部渠道主要指员工只能通过银行内网获取信息的途径，包括在OA系统获取政策信息，在办公系统获取数据信息，在手机端也可以通过内部通信软件获取培训资料信息等；外部渠道主要为我国公开数据的网站与数据库。

阅读资料

表 4-2-7　　　　　　　　　商业银行外部信息获取渠道

信息大类	信息来源
宏观经济数据	1. 中经网——经济数据 2. 国研网——金融中国运行指标分析 3. 中银网——中国人民银行信息系统 4. 中国经济统计数据分析及决策支持系统
区域经济数据	中融网
统计年鉴	国家统计局
行业报告	1. 中经网——中国行业年度报告库 2. 中经网——行业动态及评论 3. 中国证券市场研究中心 4. 联合经研——年度研究报告 5. 联合经研——跨区域行业投资价值评估报告
企业数据	1. 联合经研 2. 中国证券网（上市公司数据）
国内经济分析	1. 国研网 2. 中经网 3. 中银网
法律法规	1. 人民银行条法司 2. 国家信息中心信息法规处

7. 创新能力

各家商业银行都在大力发展金融科技、成立创新实验室。作为商业银行员工，需要从持续学习、主动参与项目、跨部门交流、分享和交流、解决问题能力、好奇心和冒险精神、深入了解客户需求、关注行业动态、参加培训和研讨会以及自我反思和总结等方面入手。通过不断学习和实践，员工可以提升自己的创新意识和能力，为银行的创新发展作出贡献。同时，员工还应保持好奇心和冒险精神，敢于尝试新事物，不怕失败，从失败中学习和成长。

8. 适应银行业监管的能力

商业银行要主动适应监管要求和形式的变化，提升风险治理能力和水平。通过健全风险治理架构、完善风险偏好体系、提升风险计量能力、培育风险管理文化，围绕人的内在驱动和外在约束，从政策、组织、技术等方面，不断提升适应银行业监管的水平。

(三) 价值观

1. 勤勉尽责

勤勉尽责是每个职场员工必备的基本职业道德，任何岗位只有在勤勉尽责的基础上才能实现自我价值和社会价值。勤勉尽责体现在三个方面：明确自己的工作职责、努力完成自己工作职责内的事情、出错后主动承认错误。

2. 审慎态度

审慎态度是一个天然的"报警器"，它对于风险非常敏感，并时刻保持警觉，在每一步行动中都会全面考虑现有风险、潜在风险。商业银行作为经营风险、严格控制风险头寸的机构，审慎行事是每一个员工的执业准则。商业银行员工需对所做的业务缜密布局，在维护客户、企业、自身权益不受损害的基础上，真实、客观、全面地判定和监测银行所面临的各项风险，有效地控制和化解银行风险，维护金融体系安全。

阅读资料

尽职调查

尽职调查也称审慎性调查，在拓展客户后，我们需要采取各种方式对客户的真实经营、收支流水、征信、开户或贷款用途等情况进行调查，研判信贷资金的风险性或账户开立的风险性等。在客户管理过程中，客户的情况可能会发生变化，那么我们需要动态开展尽职调查，将尽职调查贯穿于整个客户维系的生命周期。尽职调查的方式有多种：

一是数据查询，包括内部的银行信贷管理系统、征信系统、账户流水系统、客户画像系统等，外部的企业信息公示系统查询、法律裁判文书网、失信被执行人、天眼查等。

二是现场调查，包括核实客户工作单位、公司经营情况、库存情况、检查抵押物等情况。

三是查看公司提供的纸质资料，如审计报告、订单合同、水电费发票、社保缴纳情况等。

四是通过第三方调查公司、第三方评估公司等对该公司开展调查。

---

3. 合规自律

正所谓，无规矩不成方圆。商业银行作为经营风险、发现信用的特殊行业，合规经营是银行稳健运行的内在要求，也是防范金融案件的基本前提；合规自律既是每一名员工必须履行的职责义务，同时也是保障自身利益的有力武器。"在岗一分钟，合规六十秒"是每一个银行员工的警世格言，我们要时刻盯紧法律底线、监管底线、纪律底线、政策底线、道德底线，绝不能越线而为。

4. 阳光心态

随着互联网金融的发展和金融开放的不断扩大,各行为了提高市占率,需不断创新产品、提升服务水平,银行员工每天都要面对高强度的工作、大量的业绩指标,因此银行员工必须具备良好的心理素质,在面对烦琐艰巨的任务时不要慌乱,保持阳光心态积极面对工作和客户。

第一,银行员工需要具备较强的应变能力,当遇到意想不到的突发事件时,能够处变不惊。商业银行作为经营货币的特殊服务窗口单位,一线柜员每天都要面对不同的客户,随时有可能面临突发事件的挑战。银行柜员如果有很强的应变能力,就能很好地处理问题,大事化小,小事化了。

案例拓展

如何妥善处理基金亏损索赔事件

案例概况:王女士因购买的基金产品亏损,至网点大声喧闹、要求索赔,多个亲戚陪同。

处理方案:

1. 当网点现场有客户投诉时,厅堂工作人员应及时安抚客户情绪,将客户等人引导至理财室或其他独立区域,避免在大堂引发其他客户观望甚至舆情。

2. 为客户提供茶水、小零食,让客户冷静下来,争取沟通时间,同时将该情况汇报给网点负责人。在沟通前期可与客户聊一些轻松愉快的话题,转移客户注意力。

3. 待客户情绪稳定后,了解客户问题所在,查询相关记录,了解客户购买渠道、是否存在购买推荐人、购买产品现状等并将其记录在册,表示我方会积极调查,并做好后续处理工作。

4. 对于需要时间查证系统的问题,明确告知客户回复时间。对于查证我行员工在产品销售时侵犯客户权益的行为及时上报上级行,共同协商处理办法,并将相关解决方案告知客户,表示歉意。对于我行无责的行为,要做好客户解释工作,并做好投诉处理流程档案,以备后查。

第二,需要良好的抗压能力。压力管理方案包括:一是规划时间表,时间管理是最基本的压力管理技巧;二是学会说"不",有时候我们会有来自多方面的额外工作,当自己无法负担时,我们要学会拒绝并主动告知原因;三是锻炼身体,锻炼可以帮助我们减轻紧张和焦虑;四是避免疲劳过度,有规律地工作能够使自己得到充分的睡眠,保证工作效率。

第三,需要较强的情绪调节能力。商业银行工作中存在较多枯燥乏味的重复性事务,我们可能会产生厌倦、烦闷等各种负面情绪,所以情绪调节能力是非常重要的。我们要学会将生活和工作分割开,要根据自身的喜好选择适合自己的压力释放方式,如唱歌、探寻美食等；要学会自我关爱，与朋友分享我们的感受，释放负面情绪。

二、主要岗位胜任力

（一）银行的主要岗位

商业银行根据发展需要，以及不同经营和管理层级，划分了前台、中台、后台三大板块。

一是前台业务岗位：前台岗位是直接面对客户的岗位，主要负责营销和服务工作，提供各类银行业务咨询和服务。要求前台岗位员工具备良好的沟通能力和客户服务意识、掌握各类产品和业务相关知识。

二是中台风险管理岗位：中台岗位负责监控和评估业务风险、产品与服务的研发等，为前台提供风险控制和合规支持。需要中台岗位员工具备高度的风险意识和严谨的工作态度、熟练掌握各类风险管控技术和流程。

三是后台运营支持岗位：后台岗位主要负责业务和交易的处理、支持和共享。保障银行业务的顺利运行，要求后台岗位员工熟练掌握业务流程和操作技能。

具体对应的岗位如表4-2-8所示。

表4-2-8　　　　　　　　　　商业银行主要岗位

板块	机构层级	主要岗位			
后台	总行、分行	审批经理			
		风险经理			
		合规经理			
		业务经理			
		审计师			
		信息技术工程师			
		法律顾问			
中台	支行	风险经理			
		合规经理			
		业务经理			
前台	网点	八岗位	网点负责人	三岗位	管理岗
			营销主管		
			营运主管		
			高级柜员		客户经理
			客户经理		
			产品经理		
			柜员		客服经理
			大堂经理		

商业银行三大板块负责的工作不同，所需具备的能力和价值观也有所差异，其中

客服经理、客户经理、风险经理是三大板块人员中占比最高、特点比较鲜明的主要岗位。除此之外,每个板块都有相应的管理岗位,负责团队管理和业务发展,制定战略目标并推动实施。管理人员同样需要具备独特的能力和价值观。

(二)客服经理(柜面大堂人员)的胜任力

客服经理是商业银行网点的重要岗位,主要负责银行前台的工作事务。尽管不同银行和岗位有其特定名称,但职责相似。客服经理根据业务范畴可分为高柜、低柜、授权和大堂等类型。他们主要负责柜面业务办理、咨询服务、产品协同销售、客户接待、引导、咨询和协同服务等。同时,他们还负责审核业务交易资料的合规性和特殊业务。客服经理直接反映银行形象,其业务水平和服务能力直接影响客户体验。他们需要具备专业知识、业务技能、职业道德、服务技巧和营销能力。尽管客服经理规模正在缩小,但仍占银行业人员近一半,是网点不可或缺的一部分。

1. 专业知识

客服经理应德才兼备,除了应具备基本的岗位资质,还需具备相应的专业知识。包括熟练掌握网点交易业务的操作流程,熟悉大堂服务标准等。同时,还得具备产品协同销售所需要的专业知识和技能。

2. 核心能力

要成为一位优秀的客服经理,则要具备快速学习领悟能力、积极执行落实能力、高效业务处理能力、精准营销推介能力、良好沟通协作能力、优质服务客户能力、全面风险防控能力七大核心能力。这些能力是保证工作顺利、高效开展的关键,需要在工作中不断磨炼和积累,客服经理要通过不断反思与总结,提升自身的理论知识水平与业务技能素养,从而确保能够为客户提供更为优质的服务。

3. 价值观

客服经理应以德为先,积极主动,勇于面对困难和挑战,不畏艰难,敢于斗争。同时应始终保持创新精神,能持续提出新的思维和解决方案。底线思维也是客服经理在工作中不可或缺的价值观,无论面对何种困难和压力,客服经理都不应放弃或妥协基本立场。此外,还需具备一定的风控意识,客服经理应具备前瞻性和主动性思维,能够提前预测和识别潜在风险,并积极主动地采取措施进行防范和控制,确保公司的业务能够稳健发展。

(三)客户经理的胜任力

客户是商业银行利润的重要来源,对于客户来说,客户经理是商业银行与客户交流的桥梁,负责客户营销、服务、关系管理及相关风险防控工作,直接为客户提供全方位的金融服务,持续提升客户价值,其职责具体分为市场调查、联系客户、开发客户、销售产品、内部协调、风险防控六项。银行的客户经理岗位包含部分产品经理、对私客户经理、对公客户经理。客户经理是商业银行的重要服务渠道,通过专业知识和营销手段,帮助客户了解并满足各种金融需求。尽管科技便利,但客户经理的贴身服务仍不可或缺。他们代表银行全方位服务不同层次的客户,涵盖各类银行业务。作为银行与客户的桥梁，客户经理需与其他成员紧密合作，确保服务质量和客户满意度，成为连接双方的关键纽带。

1. 专业知识

客户经理应对金融、营销、法律、合规等知识有较深的了解，熟悉商业银行经营管理、市场营销、客户服务和管理的基本理论和方法；掌握经济学和市场营销的基本理论和方法，熟悉行业或区域经济的发展状况、趋势、政策等；熟悉相关产品功能特点、适用范围、服务方式、政策制度等，并熟练掌握多种行内系统及业务 App 的运用；具备较强的风险防控知识，能及时判断识别并预防客户市场风险、经营风险、欺诈风险等，同时能够采取有效的措施，最大限度地降低风险损失。

2. 核心能力

一是营销能力，作为客户经理，营销能力是最重要的能力，是他们的看家本领，如表 4-2-9 所示。

表 4-2-9　　　　　　　　　　商业银行客户经理营销能力

营销能力	含义及示例
客户挖掘	金融科技快速发展，银行客户获取从物理网点向手机银行、微信等线上端转移。需采取多元化获客方式，如网点厅堂、大数据分析、上门走访、电话外呼等，并利用线上平台提供专业服务，实现线上引流。
关系建立	关系建立是乐于与人交往，拉近心理距离，建立信任和合作。优秀的客户经理善于参与团队和社交活动，行为稳重成熟，注重人际关系建立，解决人际冲突能力强，并能根据不同情境提出有效的解决方案。
谈判沟通	能够准确表达自己的观点及想法，敏锐地捕捉谈判机会，选择合适的策略达到自己的目标，如掌握客户情绪，与客户建立信任，寻求共赢。
专业的产品配置	针对理财和信贷客户，需制订个性化投资产品推介方案，结合客户行业、区域特点，深挖需求，准确解读并推介适合的产品；通过定制化、个性化和综合化的金融服务方案，满足复杂需求，提升客户满意度、忠诚度及综合价值贡献。
客户管理	及时了解客户需求，做好客户关系维护；利用客户管理信息系统，按不同特征对客户进行聚类管理，形成客户管理体系，实现客户群体类型化、群体化、体系化；根据客户资产状况分为重点、次重点、一般和潜在客户，制定不同维护频率，确保长期稳固的合作关系。

阅读资料

某商业银行高度重视客户经理的经营客户能力的培养，将其归纳为"六会"，包括"会营销""会客调""会分析选择客户""会做方案""会调适心理""会生活"。针对这"六会"，借助高校、企业等多方资源，打造六门核心精品课程，杜绝各部门、条线的重复培训，大幅提升课程的集约度。

除营销能力外，客户经理还需具备综合协调能力、服务意识、团队协作能力、风险识别能力。作为客户经理，这些能力是确保客户关系顺利发展、提升客户满意度和忠诚度的关键。在日常工作中，需要不断磨炼和积累这些能力，通过反思和总结，提升自己的专业知识和业务技能。这样，才能更好地了解客户需求，提供更符合他们期望的服务，从而在竞争激烈的市场中脱颖而出。

3. 价值观

除了银行员工普适价值观外，客户经理还应具有爱岗敬业、诚实信用、公平竞争、严格保密的价值观，这些价值观是客户经理在工作中应遵循的重要原则，有助于提升客户满意度、维护银行声誉和推动业务发展。

（四）风险经理的胜任力

风险经理是指专门从事风险识别与计量、风险监测与预警、风险防范与化解等相关风险管理工作的专业技术人员，是商业银行风险管理的重要保障，是形成全行风险管理整体合力的必要前提。具体职责主要包括：风险管理战略政策及规章制度的制定和贯彻落实、信贷流程关键环节管控、风险的监控与预警、市场与操作风险管理、风险计量与组合分析六个方面。广义的风险经理包括风险经理、合规经理、信贷审批专家等。

1. 专业知识

风险经理是一个对专业门槛、综合知识要求特别高的岗位：

一是需要深厚的风险管理知识，了解风险理论的发展、风控模型的运用、风险管理流程、风险因素分析方法等，例如，VaR、压力测试、敏感性分析等方法都是风险管理中常见的内容。

二是需要懂法律知识、会计知识、经济知识、金融知识等，熟悉国家经济金融政策、法律法规，会分析企业财报等。

三是有扎实的业务基础，了解信贷业务制度流程。

四是有较强的行业、企业分析水平，能够以供应链的分析视角为抓手，快速研判一个行业的历史沿革、发展走势、竞争格局等。

2. 核心能力

风险经理应具备调查印证能力、分析判断能力、沟通内控能力、学习能力四大核心能力，这有助于提高银行业务的稳健性、保护银行和客户的利益，并在竞争激烈的市场环境中保持竞争优势。这些能力相互促进、共同作用，是银行风险管理工作中不可或缺的重要因素。

案例拓展

跨部门沟通疏漏，小李如何应对？

案例概况：总行来了一份临时调查，要求风险部门牵头组织有关部门上报有关资产质量和业务运作情况，规定五天内上报。部门领导批示：风险经理小李向有关部门办理后按时上报。小李把文件通过邮箱发送给了相关部门并要求第四天报送后，就没有再过问此事。第四天，小李汇总各部门报送情况，发现一些部门报送的材料不符合要求；个别部门甚至还未报送，说是人手紧张，出差的出差，请假的请假，部门还有其他紧急事要做，一时安排不过来。这下可把小李急坏了，他不停地抱怨这些部门太不配合了……

这是典型的跨部门沟通出了问题。

想一想：小李在沟通中有什么问题？在工作中你是否遇到过类似情况？你是如何处理的？

风险经理小李接到任务后，应首先吃透总行文件精神，对其中难以理解或不明确的地方及时请求总行解释。然后梳理出本行具体完成调查任务的有关要求，并根据实际情况，通过组织跨部门会议、业务联系书或电话等形式与相关业务部门沟通，将任务分解到相关业务部门。同时，在工作进程中要适时与相关业务部门保持沟通，及时了解和解决工作中出现的问题，争取相关业务部门的大力支持和密切配合，顺利完成调查任务。

3. 价值观

除了银行员工普适价值观外，风险经理还应具有审慎态度、守法合规、客观独立的价值观，有助于风险经理更好地履行职责，降低银行的损失，避免因违法违规行为导致的罚款、声誉损失等风险，为银行决策提供可靠的支持，确保银行业务的稳健发展。

案例拓展

深圳农业银行杰出风险经理李建伟

2015年初调任伊始，李建伟面对客户基础薄弱、人才短缺、信贷经营管理考核和风险水平控制靠后等问题，想方设法，多管齐下，逐渐扭转了被动局面。

在履职中，李建伟勇于创新，"敢想""敢干"，配合支行开拓了多项总行首笔业务，支行近两年信贷业务实现了多项突破，快速发展。通过押品评估、查询集中、部门会审准入、业务"翻牌"审查、增设个贷业务审核环节等措施，实现风控、质量、效率上新台阶。

李建伟敬业爱岗，身正业精。始终坚守职业操守，依法合规、廉洁自律。主动放弃假期，坚守岗位，以实际行动践行着对事业的忠诚与热爱。在他的带动下，培育出多名信贷业务骨干。两年的耕耘，收获了出类拔萃的业绩。近两年，支行共办理信贷业务5574笔，金额234亿元，未发生1笔新发放不良贷款。李建伟所在支行2015年风险水平考核从2014年的第11名提升至第1名，2016年9月信贷经营管理考核从2014

年的第 12 名提升至第 2 名,并获总行 2015 年信用管理先进集体、整改管理工作先进集体等总行级荣誉。

李建伟是一位勇于创新、风险控制出色、敬业爱岗的优秀风险经理。他的工作成绩和表现,为农业银行深圳罗湖支行的发展作出了积极贡献,也为风险经理这个岗位树立了榜样。

资料来源:胡蓉,李彦赤."农行十大杰出信贷风险经理"揭晓! [EB/OL]. [2017 - 02 - 13]. https://www.sohu.com/a/126111002 - 481644.

(五) 管理人员的胜任力

管理人员指围绕全行经营管理目标,履行统筹、协调、管理和服务的职责,支持营销、推动业务,推动商业银行稳健发展,并负有一定管理责任的岗位。如各级分支机构管理班子,各级财务、人力、公务、宣传等部门负责人,以及各业务条线管理部门和专业团队负责人。管理人员因负责板块、对口部门不同,职责有较大的差异,但一般需要担任四个角色:计划的制订者、目标的推进者、团队的领导者、风险的把控者。

1. 专业知识

商业银行的管理人员必须具备的专业知识:一是前沿的经济金融知识,只有充分了解世界、国内的经济金融发展现状、发展趋势,才能对本机构的发展有清晰、明确的定位;二是工商管理知识,作为管理者需要对所辖人员、财务资源、客户资源进行合理分配,制定完备的激励约束机制。

2. 核心能力

在银行中,作为一名管理者,需要具备领导能力、组织能力、学习能力、创新能力、风险控制和决策能力、人际交往能力六大能力,能推动建立良好的企业文化,营造积极的员工氛围,培养高效的团队,提升银行业务的运营效率和风险管理水平。通过有效的领导,管理者能够提高银行的竞争优势和市场份额,提升客户满意度,从而取得更大的商业成功。

3. 价值观

与其他岗位不同,管理人员不仅有自己的本职工作,也要带领团队前进,所以一名优秀的管理者应具备的价值观为忠诚履职、敢于担当、宽广胸怀、过硬作风,才能在做好本职工作的同时,带领队伍团结一心,取得进步。

案例拓展

铜仁银行业"十佳行长"尹勇

2023 年铜仁银行业协会召开"2022 年铜仁银行业十佳银行"表彰大会,工商银行铜仁松桃支行尹勇荣获"十佳行长"称号,也是松桃县唯一获得表彰的金融从业者。

参加工作至今，尹勇扎根基层，默默耕耘在这片土地上，用赤诚和担当书写工商银行高质量发展答卷。无论在什么地方、什么岗位，他都尽心尽力，兢兢业业。2022年4月，根据组织安排，他到工行松桃支行任职。一年多的时间里，尹勇频繁往返于当地政府、金融办、企业之间，积极争取政府政策上的支持，精确掌握企业金融服务需求。

尹勇积极带领团队助力乡村振兴办实事，紧紧围绕普惠贷款投放、特色产业支持、"工农E家"推广等工作全方位发力，切实把金融服务工作深入乡镇，坚持不懈抓好乡村振兴工作落实，推进"三农"工作高质量发展。2022年，松桃支行新增涉农贷款14.43亿元，新增普惠型普惠贷款增量0.67亿元，净增普惠客户127户。

在工作中，尹勇积极发挥楷模和表率作用，以自身的工作热情和共产党员的责任感，团结班子成员，调动员工积极性，带领员工抢抓机遇、奋斗落实，多领域突破多途径创收，在他的带领下，松桃支行实现了经营效益持续向好并创历史新高，获得了2022年系统内年度KPI考核排名第一的成绩。

夜深人静时办公室内总有尹勇忙碌的身影；周末是他与家人团聚的时间，为保证行内工作的质量和进度，他常常早到晚走，常驻单位。无数个日日夜夜努力的背后，是他对工作的坚定执著和无限热爱，更是他爱岗敬业、无私奉献的坚定承诺。尹勇用实际行动展现了工行青年人恪尽职守、爱岗敬业的道德品质和拼搏进取、勇创佳绩的精神风貌。

尹勇行长不仅是一位优秀的管理人员，更是一位非常值得尊敬的金融从业者。作为团队的"领头羊"，尹勇行长充分发挥协作精神与执行力，并注重人才的培养，保持高度的责任感，使得尹勇行长能够带领团队在工作中取得更好的成绩，推动整个团队不断发展和进步。

资料来源：黄翰仑. 工行铜仁松桃支行尹勇荣获铜仁银行业"十佳行长"荣誉称号［EB/OL］.［2023-06-13］. https://www.gzstv.com/a/feo49cfbb0ed4438ab44bec8d5575cdf.

分析与思考：

1. 银行员工必备的素质和能力包含哪些？
2. 客户经理必备的素质和能力有哪些？

第三章　银行员工的选用育留

【学习目标】

1. 阐述银行选聘员工的主要流程和内容
2. 举例说明银行员工任用和考核激励的流程和手段

【内容概览】

1. 银行员工的招聘
2. 银行员工的任用
3. 银行员工的培养
4. 银行员工的考核激励

古语云,"功以才成,业由才广",尊重、崇尚人才自古便是政治家、思想家的共识。人才成就事业,伟大的事业需要优秀的人才。银行业是典型的人力与资本的结合体,银行竞争归根结底是人才的竞争,银行管理最终取决于人力资源管理。

本单元根据银行人力资源部门的职能定位和胜任力模型角度,从"选、用、育、留"四大方面对如何更好地挖掘人力资源潜力进行阐释。

一、银行员工的招聘

从过程上讲,员工招聘是银行人力资源管理工作流程的开始和重要组成部分,也是其他各环节顺利开展的基础。一般来说,招聘包括前期准备工作和人员招录流程,前期准备工作涵盖人才盘点、岗位分析和人力需求预测,人员招录流程包括制订招聘计划和招聘方案、发布招聘信息、简历筛选、考核测评和录用及公示5个步骤。

(一) 人才盘点

为确定招聘计划,首先要盘点机构人员现状,随后基于人才盘点发现的问题和目标,制定人才管理规划,开展人力资源需求预测,明确人员缺口需求。

1. 人才盘点的意义

人才盘点就是对现有的人力资本进行识别和评价。它是对组织结构和人才进行系统管理的一种过程,是进行人才配比、提供关键岗位的继任计划、人才培训发展、招聘以及奖励晋升等环节的依据,是支持银行发展战略的重要事宜。

人才盘点是人才梯队建设的第一步，通过人才盘点，可以了解企业人力资源现状，并结合企业发展规划，预测企业未来发展对人才数量及质量的要求，也能依次明确银行人才梯队建设的真实需求缺口。

通常来讲，人才盘点可以从岗位职数、人员的数量、人员的质量三个方面进行评价，岗位职数需要考虑到岗位的工作量、复杂度、工作性质等因素，同时还需要考虑到公司的发展战略和目标，以及人力资源管理的需求；人员的质量又包括年龄、工龄、学历等多个维度。通过盘点我们可以了解到如需要提升素质的人员、企业目前充足但在未来有可能紧缺的岗位等信息。在了解清楚每个人之后，可以通过轮岗等多种方式重新激活组织。

2. 如何做好人才盘点？

首先要明确盘点对象，既包括优秀员工，也包括普通员工，普通员工又分为合格员工和不合格员工。

其次，人才盘点的要素至少包括以下三个方面：

一是基础信息。包括员工教育经历、个人成长经历等。

二是工作简历。包括工作经历、过往业绩等。

三是发展潜力。包括个人目标、职业理想、学习能力等。

人才盘点的结果即是把合适的人放在合适的位置上。

（二）岗位分析

人力资源招聘的任务是为特定岗位寻找和配备相适宜的人才，明确人力需求后，岗位分析就成为人才招聘与选拔的关键环节。

在招聘人才而不是确定薪酬或培训的岗位分析中，首先应确定从谁那里收集有效信息。

通常来讲，可以将在职人员作为收集工作分析信息的重要来源。因为在职人员对岗位职责和内容比较熟悉，了解工作程序、工作方法、任职者最需要的素质特征，提供的信息比较可靠。此外，在职员工的直接主管工作经验丰富，承担责任更大，对职位有更深刻、全面的认识，也是另一重要信息来源。

其次，应确定收集什么信息。基于胜任力的岗位分析需要收集在职优秀员工的工作胜任特征，这些特征的可塑性，以及处理棘手问题的方式等。

最后，应确定运用什么方法收集信息。传统的方式有观察法、工作者自我记录法、主管人员分析法等。观察法能避免他人陈述的主观性，分析人员可以直接获得分析资料，大多用于简单、操作性的职位。后两种方法适合于复杂程度高、不便于观察的工作职位，由在职人员及其上级进行评定才更有效。

（三）人力需求预测

完成人才盘点和岗位分析后，在对于机构库存人力有了清晰明确复盘的基础上，就可以更加准确地进行人力资源需求预测。在进行预测时，主要应当考虑组织的战略定位和战略调整、所承担职责的变化情况等若干方面的因素。

对人员数量的管控，可以通过每年制订招聘计划并组织落地来实现，该过程通常需要达到以下四点要求。

一是统筹考虑用人需求，根据战略推进、业务发展、机构经营需要测算用人需求，同时考虑科技替代、流程优化、经营管理模式创新等变化对用人需求的影响。

二是合理测算增减员趋势，结合就业形势、离退休政策、历史离职率等因素对未来员工招聘、离退休、主动离职等情况进行合理预判。

三是综合考虑人力成本，从工资总量、投资回报率、人力资源效能等角度，对人员总量管理算"经济账"，以保障总量规划更加合理高效。

四是科学优化人员结构，从年龄结构、行龄长短、网点平均人数等角度进行测算分析，将总量管理与结构优化进行有机结合。

从预测方法来说，既可以采用定性的主观判断法，也可以使用定量的统计学方法。其中，主观判断法包括经验判断法和德尔菲法，定量方法包括比率分析法、趋势预测法以及回归分析法。

1. 经验判断法。在实际操作时，一般先由各部门负责人根据本部门在未来一定时期内的预计总工作量情况，预测本部门的人力需求，然后汇总到组织高层领导进行适当平衡，最终确定未来机构总体人力需求。该方法主要适用于短期预测，同时要求管理人员具有丰富的工作经验。

2. 德尔菲法，也称专家预测法。它综合吸取了众多专家的意见，不通过集体讨论，而是通过匿名的方式保障专家独立判断，避免从众，同时也避免了专家必须在一起开会的麻烦。同时，它采取多轮预测方法，经过几轮反复，专家的意见趋于一致，具有较高的准确性。

3. 比率分析法。它基于关键的经营或管理指标与组织的人力需求量之间的固定比率关系，来预测未来人力资源需求。

4. 趋势预测法。这是一种简单的时间序列分析法，根据一个组织的员工总量在最近若干年的总体变化趋势，来预测组织在未来某一时期的人力资源需求。

5. 回归分析法。先建立人力资源需求数量与其影响因素之间的函数关系，然后将这些影响因素的未来估计值代入函数，从而计算出组织未来的人力资源需求。

在实际工作中，可将上述定性与定量的方法结合起来，根据自身的不同情况，综合统筹考虑用人需求、增减员趋势等多重因素，进而作出不同的选择。

（四）人员招录流程

通过人才盘点、人力需求预测和岗位分析，在明确人员缺口和需求标准基础上，可以制订招聘计划，选择合适的人才来源，以及确定来源方式为内部培养还是外部招募。随后，可按照下述流程对人员进行招录（见图4-3-1）。

1. 制订招聘计划和招聘方案。根据用工队伍建设规划目标、年度人员流动退出情况等因素，研究制定本机构的员工招聘计划、招聘方案及政策。

2. 发布招聘信息。招聘信息的发布渠道、发布时间和范围应根据招聘岗位类型、

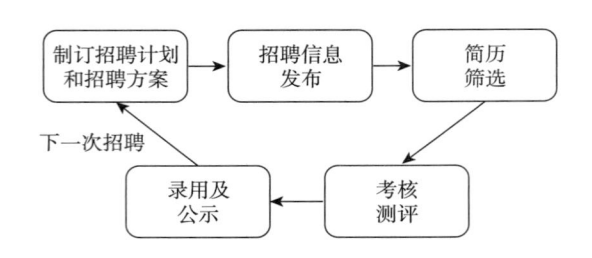

```
制订招聘计划  →  招聘信息  →  简历
和招聘方案         发布         筛选
    ↑                            ↓
 下一次招聘
    ↑         录用及    ←     考核
              公示              测评
```

图 4-3-1　人员招录流程

招聘对象来源、招聘成本预算等因素确定。

3. 简历筛选。对照岗位招聘条件进行筛选，结合应聘人员的基本信息、教育经历、职业资格能力等情况择优选拔。

4. 考核测评。方式包括但不限于：笔试、心理测评、面试等。

5. 录用及公示。综合考虑应聘人员考核测评情况，提出初步录用意见，统一组织公示。

此外，在每次招录流程结束后，可对人员招录的情况进行回顾评估，反思每次招录流程的不足之处，在下一次的招录中进行相应的改进。

（五）新时期银行在招录人才过程中的特点

其一，银行高度重视科技人才的培养和引进。随着金融科技的崛起，银行意识到掌握先进技术、具备创新思维的人才对于其数字化转型和业务发展至关重要。因此，在每年的招聘计划中，银行都会设立专门的科技人才招聘序列，旨在吸引和培养具备专业技能和视野的优秀人才。此外，银行还加大投入，为科技人才提供丰富的培训资源和发展机会，以不断提升其技术水平和创新能力。

其二，在基层招聘上，为了稳定人才梯队，对于一些特殊岗位，近些年来银行更倾向于按"属地化原则"招聘，如县域蓝海人才等。这类人才在业务当地进行招聘，一方面，有助于在客观上降低员工在工作中的压力，增加其对工作的认同感、归属感和积极性，进而降低员工流失率，减少人才流失对银行经营的影响；另一方面，也可以发挥员工对当地文化和市场了解的优势，更好地助力业务发展。此外，为了吸引更多的县域人才，一些银行还加大了对县域经济的支持力度，为当地经济发展提供金融支持，从而吸引更多的优秀人才加入银行队伍。

常见银行人员招聘录用流程如图 4-3-2 所示。

二、银行员工的任用

人才选拔任用的关键是标准化，主要考虑能力要素、岗位胜任评估和人才选用方式三个方面。

阅读资料

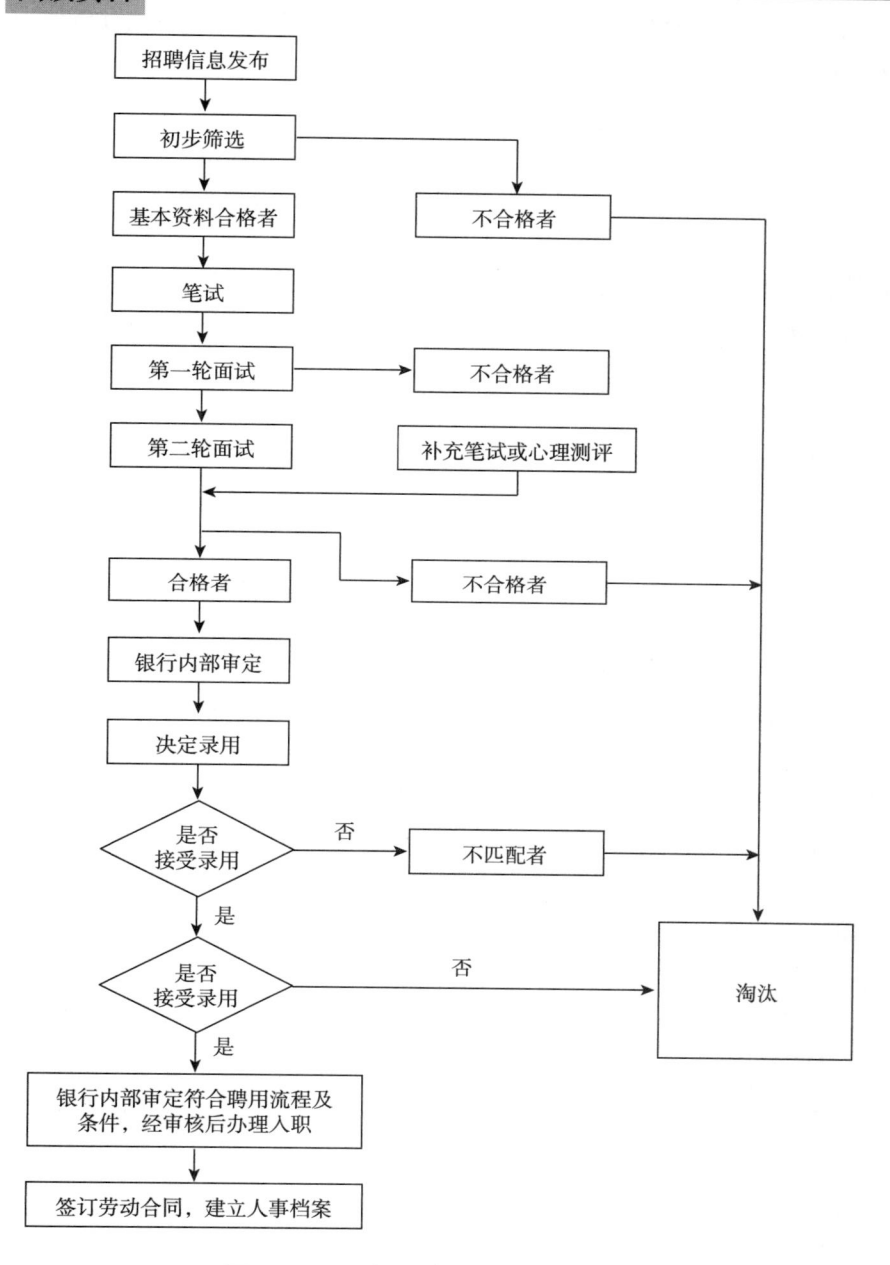

```
招聘信息发布
    ↓
  初步筛选 ────────→ 不合格者
    ↓
基本资料合格者
    ↓
   笔试
    ↓
 第一轮面试 ────────→ 不合格者
    ↓
 第二轮面试 ←──── 补充笔试或心理测评
    ↓
  合格者 ──────────→ 不合格者
    ↓
银行内部审定
    ↓
 决定录用
    ↓
是否接受录用 ──否──→ 不匹配者
    ↓是
是否接受录用 ──否──→ 淘汰
    ↓是
银行内部审定符合聘用流程及
条件，经审核后办理入职
    ↓
签订劳动合同，建立人事档案
```

图 4-3-2 常见银行人员招聘录用流程

（一）能力要素

关于人才管理一大误解就是业务表现不佳纯粹是个人能力问题，而事实上很多研究都表明，员工的表现除了自身的原因外，很大程度上还取决于工作环境、管理体系以及员工得到的支持。

传统职位分析更多注重工作内容的组成要素，基于胜任力的职位分析要通过对优秀员工的关键特征和工作环境及变量的分析来得到岗位胜任要求和核心能力需求，把"人—岗位—组织"三者匹配，按照银行战略导向定义岗位职责和工作任务，统筹人才配备结构梯次，基于胜任力的深层次特征考察优化人才配置，拓展人才发展空间。

基于三匹配原则确定对人才的要求，我们运用3Do模型来实现人岗适配。

1. 能做（Able to Do）——考察人才是否有能力做好工作，更多与能力和技术有关。在评估个人能力时，应考虑岗位所需的核心能力、技能和经验。通过评估个人在这些方面的表现，可以判断其是否能胜任该岗位的工作。如果个人的能力与岗位需求高度匹配，说明该人能在该岗位上发挥出最大的效能。

2. 愿做（Willing to Do）——考察人才是否有意愿投入工作，更多与投入度、工作态度、个人的动机和价值观相关。个人的工作态度、动机和价值观会影响其投入工作的意愿。在人才任用中，应考虑个人对岗位的认同感和投入度。如果个人对岗位有高度的认同感，并愿意投入工作，这将有助于其胜任该岗位并保持良好的工作表现。

3. 适做（Suited to Do）——考察人才的特质是否符合岗位的需要，更多与工作性质和团队成员适应性相关。个人的特质和性格特点应与岗位的性质和团队成员的适应性相匹配。例如，如果一个岗位需要具备高度的责任心和细致的工作态度，那么选择具备这些特质的候选人将更适应该岗位。此外，团队成员之间的个性、能力和经验等方面的互补性也有助于提高团队的适应性和工作效率。

除此之外，该模型还有两个轴，分别代表时间阶段和组织环境，在不同的阶段、不同的组织环境下，人才的可塑性、可发展性会有不同的评估结果。

从人才任用经济有效性原则来说，社会角色、自我概念、特质和动机等深层次胜任特征比岗位所需的知识技能更为重要，因此应综合考虑个人在态度、人格和价值观上与岗位的一致性和认同感。

（二）岗位胜任评估

关键岗位的素质模型决定了人才任用的标准和培养方向，但从具体岗位实践中"抽象"出素质维度也具有较大难度，例如，"客户第一"尽管有明确的定义，但当将其投入员工测评，采用"举证法"让员工陈述自己主张"客户第一"的行为时，每个人都可以找到各式案例，这样就达不到测评的效果。

可以尝试采用基于"关键情境"的人才测评方式，是指挑战达到一定程度的工作情境，在这种情境下能够实现区分高绩效人员和一般人员。通常来讲，一个岗位的关键情境不超过8个。该岗位的素质高度依赖于企业内某些特定情境的描述，因此能够轻易区分谁能在这些特定情境中获得高绩效。然后，利用KSAO模型[①]综合整理岗位胜

[①] 一种人力资源领域的分析模型，涵盖Knowledge（知识）、Skill（技能）、Ability（能力）与Others（其他）四个要素。

任所需要的知识、技能、能力和需具备的经验条件。

（三）人才选用方式

根据工作需要和实际情况，可以把公开竞聘、委托推荐、社会招聘同样作为产生人选的方式，为想干事、能干事的员工提供多种渠道和机会。

1. 竞争上岗应结合岗位特点，通过对报名人选进行资格审查、开展能力和素质测试等方式来确定考察对象，随后进行严格考察，突出政治素质、专业素质、工作实绩和一贯表现。

2. 采取委托推荐方式，应当请人才中介机构或业内专家等对推荐人选进行资格审查，并与人选进行意愿沟通，必要时开展能力和素质测试。

3. 采取社会招聘的方式，应通过适当方式开展背景调查，认真审核人选履职经历等各项基本信息，全面了解其政治倾向、专业能力、工作业绩、职业操守和廉洁从业等情况。

具体在执行上可以从三个方面着手。首先，形成正确的用人导向，引导员工增强自身素质，走上更重要的岗位。其次，建立岗位交流机制，为员工轮岗、跟岗锻炼提供机会，并抽调青年员工或后备人才加入各类重大项目或课题中。最后，组建不同层级、不同职务的人才库，搭建多个平台，设计选拔机制，统筹考虑人才配备结构梯次，加大对各类人才的培养力度。

案例拓展

某行大力选拔培养优秀年轻干部

某行新入行一批年轻大学生，统一安排到网点柜面从事客户服务工作，其中部分大学生学习能力强，业务上手快，从事客户服务一年后，被提拔为网点客户经理，专职从事客户营销维护工作。两年后，这批客户经理中，有的人不仅能够将自己的个人客户维护得较好，获得较好的工作业绩，也能够带领团队完成大中型客户的综合营销服务工作，表现出了一定的领导能力，被该行择优提拔为网点副行长。又经过两年的锻炼，这批网点副行长中，个别人表现出了较好的大局把控能力、统筹协调能力、抓落实能力和带队伍能力，被该行提拔为网点行长。此时距离他们参加工作也刚刚5年左右，22岁大学毕业，27岁即成长为网点主要负责人，承担整个网点的经营管理工作。

在现实的场景中，每个业务负责人都会要求最好的人才。而人力资源如何甄别呢？可以把人才人力资本化，核算为货币符号，测算投入产出比，进而计量他们进入某个项目后是否划算。也就是说，企业需要形成人才的定价机制，明确不同的人才进入项目会花费多少人工成本，需要占据多少利润空间。

近年来，商业银行在用人上的特点是坚持以业绩为导向，为那些有能力、有拼劲的员工提供广阔的发展舞台。以业绩定等级,以等级定职务,银行通过建立完善的绩效考核体系,将员工的工作表现与晋升、薪酬等挂钩,激励员工积极投入工作,创造更好的业绩。同时,银行还为有潜力的员工提供晋升机会和职业发展路径规划,帮助他们实现个人价值和事业目标。这种以业绩论英雄的文化氛围不仅促进了员工之间的竞争与合作,也激发了员工的工作热情和创造力,为银行创造了良好的经营氛围。

三、银行员工的培养

(一)员工职业发展体系

员工内部等级体系是人力资源规范化的重要基础,是激励约束机制的基本要素。构建员工内部等级体系,要以员工岗位职务等级为核心,根据机构管理层次、业务运作模式和岗位设置特点,按照与岗位责任、风险、贡献相称的原则,对全行员工实行科学合理的定位。

一是建立管理和专业发展的双通道,使广大员工能够根据自身特点和岗位要求选择职业发展通道,拓宽各类人员的成长成才路径。

二是明确各岗位晋升发展的路径,不同岗位序列反映同类岗位体系中岗位晋升的内在关系,为员工提供清晰的职业生涯发展路径,鼓励员工通过承担职责、提升能力及积极表现,实现自身的职业发展。

三是通过丰富岗位职务序列,在纷繁复杂的岗位体系中建立岗位之间的内在联系,为进一步开展精细化管理,以及实施人员在岗位体系中横向、纵向的流动管理奠定基础。

员工职业生涯发展阶梯包括三个方面内容(见图4-3-3),即职业生涯发展阶梯的宽度、速度和长度。宽度是指根据需要,员工可在不同条线、不同部门、不同网点之间轮换工作;速度是指根据员工能力和业绩等现实表现,职业生涯发展有快慢之分;长度是指员工级别、职务等级等由低到高的过程。

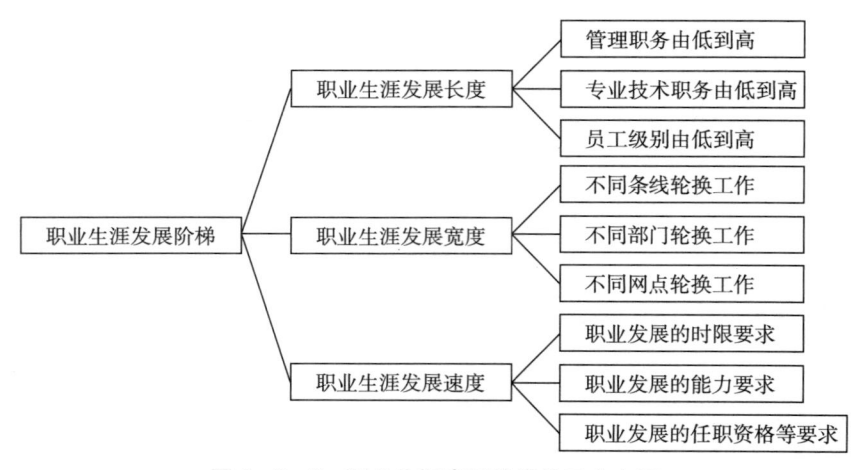

职业生涯发展阶梯
- 职业生涯发展长度
  - 管理职务由低到高
  - 专业技术职务由低到高
  - 员工级别由低到高
- 职业生涯发展宽度
  - 不同条线轮换工作
  - 不同部门轮换工作
  - 不同网点轮换工作
- 职业生涯发展速度
  - 职业发展的时限要求
  - 职业发展的能力要求
  - 职业发展的任职资格等要求

图4-3-3 职业生涯发展阶梯的三个方面

员工晋升岗位职务包括两方面内容：晋升职务和晋升工资级别。晋升岗位职务应当根据工作需要、德才表现等因素综合考虑，不能简单地按照任职年限晋升。

员工因岗位职务调整晋升职等的，工资级别按新职等对应的工资区间最低档确定，不高于原工资级别，按照就近就高原则确定。

员工工资级别自然晋升应以年度考核结果为依据。每年考核结果相当于称职以上档次的，可晋升一个工资级别。考核结果为基本称职以下档次的，不得晋升工资级别。

从专业人才培养体系和员工职业发展周期两个方向，人力资源部门都应当为员工构建成长体系，制订人才职业规划，基于胜任力模型设计培训，对员工开展针对特定岗位关键胜任能力的培养和潜能挖掘。

（二）梯队培养规划

培养计划的制订直接关系着梯队建设的质量，制定过程中应做到以下三点。

一是制订详细培训规划。对人力资源应首先根据培养岗位的胜任素质模型（包括该岗位需具备的知识、技能、能力等），实行分类培训管理，根据岗位、业务需求等进行各有侧重地分类培训，合理分配培训资源。例如，对管理人才库人员加强领导力培训，提高管理和驾驭复杂局面的能力；专业技术人员主要注重提升业务水平和创新能力，明确专业成长方向。

二是抓好关键人才梯队建设。定义关键岗位任职资格标准，确保各层级拥有足够的人才储备，有针对性地加强重点岗位培训和考试培训。按照统筹把握各层级人才队伍的年龄层级分布，将选用年轻人才的目标与领导班子结构的优化需要结合起来。

三是实施新员工培养计划。在工作5年内的管培生、知名高校毕业生以及在业务领域初露头角的青年员工中，择优选拔优秀苗子入库，予以持续关注、重点培养，促进高潜力人才脱颖而出。制订专门培养方案，对入库人选有针对性地集中开展教育培训，加大跨层级、跨领域实践锻炼力度。根据工作和专业实际，聘请专业过硬、管理经验丰富的领导人员担任导师，把关指路，引领提升。建立人才成长档案，及时跟踪问效，研判培养效果。

（三）培养方式

第一类是模拟实景。在常规的内部集中课堂教与学之外，通过网络学习、"微课堂"、跟岗锻炼等形式，可以开展委外进修、外派培训等多种多样的培养实施方式，给予实践机会和模拟场景，并采取人才轮流讲课的交流方式，组织业务交流与学习，及时给予反馈纠偏。

第二类是战训结合。人才培养方式须与日常工作结合起来，实现战训结合。不单是模拟实景，而是嵌入实景，将很多知识、技术、技能的学习通过"干中学"来完成，以战代训，战训结合。开展岗位练兵，不定期地举行岗位技能竞赛，提高解决实际问题的能力。

第三类是培训产品化。要求负责培训工作的人力资源部转型为"知识捕手"，发现一线的培训需求，并在一线抓取最佳实践，萃取可供传播的组织知识，同时随需求快速迭代。这对人力资源提出了更高的要求,将培训升级为知识管理,提升全员分享学习的速度和效率。

(四)培养成效跟踪

培养过程中应动态管理培养需求:培养前调研需求设计培养内容,培养中要定期动态调整细节,培养后要评估总结持续改进,循环往复不断提升培养效能。

培养效果评估的基本步骤包括以下几点(见图4-3-4)。

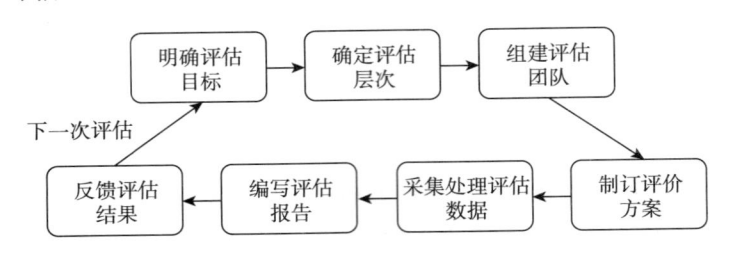

图4-3-4 培养效果评估流程

1. 明确评估目标。坚持业务目标和培养学习目标的有机统一。成效评估具有指挥棒作用,如果想获得最佳的培训效果,必须要基于明确的业务目标再确定具体的学习目标。

2. 确定评估层次。由于包括人、财、物在内的资源因素的限制,对于不同的辅导培养活动,必须有针对性地选择效果评估的层次。对于效果评估来说,重要是采取相应的纠正和改进措施,不断促进培养体制和管理体系的发展。

3. 组建评估团队。培训效果评估应坚持"谁需求谁评估,谁培训谁评估"的原则组建评估团队,对于一些特定的大型教育培训活动也可聘请专业的外部机构参加。

4. 制订评价方案。重点工作是选择或修订适合的评估指标体系,同时还要把握好评价程度和评价层级,确保培训效果评估方案的科学性和可行性。

5. 采集处理评估数据。要系统集成地采集培训效果评估数据,并在数据处理环节开展数据清洗和数据分析。

6. 编写评估报告。培训效果评估报告应该包括导言、培训过程概述、培训效果评价、结论、附录等内容。

7. 反馈评价结果。评估报告完成后,应及时对相关方给予反馈,并督促辅导改进。

跟踪考核是识别培养效果的衡量标准,对人才梯队考核应采取阶段考核(如按季度考核)及年终考核相结合,采取KPI考核为主、360°测评为辅。阶段考核合格方可进入下一阶段的培养,考核不合格重新培养学习,多次考核不合格将退出人才梯队,保障梯队人员优胜劣汰,滚动进出。

对于顺利通过考核的人员,要及时纳入人才库并任用至对应岗位,并及时对在岗绩效情况进行评估,一方面建立检验人才梯队建设有效性的标准,另一方面也为后期再进行相同岗位培养计划的制度提供依据。

（五）银行在员工培养环节的特点

相比于其他行业，银行更加注重为员工创造一个持续学习的环境。为了不断提升员工的综合素质和业务能力，银行提供了完备的学习资源和激励机制。从不同岗位技能到领导力培训，从业务准入到能力提升，银行都为员工提供了相应的培训计划和课程。此外，银行还积极鼓励员工参与考证、学历晋升、学习外语等活动，以培养具备国际胜任力的复合型人才。这种持续学习的文化氛围不仅有助于员工的个人成长，也为银行的长远发展提供了坚实的人才保障。

四、银行员工的考核激励

（一）考核约束

绩效管理是人力资源管理的核心之一，对推动全行整体战略目标的实现、改善管理者与员工之间关系、提升员工绩效和激发员工潜能，具有极为重要的导向和激励约束作用，是推进战略目标实现、提升核心竞争力的重要手段。

1. 绩效管理实施步骤

一是绩效计划制订：直接上级与下属员工在充分沟通协商的基础上，就绩效目标和个人发展计划达成一致后，制定具体、可衡量、可实现的绩效目标任务书。

二是绩效实施与辅导：包括绩效谈话、书面辅导（报告或批示）等，具体可根据直接上级和员工双方工作实际灵活安排实施。

三是绩效考核与反馈：年度考核以季度考核为基础，个人考核与机构整体业绩考核相挂钩，以日常收集的事实、数据为依据，从数量、质量、效率、效益等方面进行客观评价。

四是考核结果的应用与改进：将年度考核结果作为职务职等提拔、工资级别晋升、岗位调整分配和教育培养培训的重要依据。

2. 人员考核

各级机构组织应按照人员管理权限，对所辖员工开展绩效考核。在考核过程中，应将定量指标与定性评价、关键任务和日常表现结合起来，同时要考虑到岗位类别差异性，对不同类别岗位设定不同的考核重点。

基于胜任力的人才绩效考核在绩效标准的设计上既要设定任务绩效目标，又要设定胜任力发展目标，对员工的当前贡献和价值与未来长期目标之间作出适当平衡。这需要从四个方面来建立具有发展导向的绩效管理体系。

一是将绩效目标建立在员工认同和信任的基础上，由员工参与绩效目标的制定，并通过沟通形成绩效承诺。

二是在绩效管理过程中，人力资源部门需引导直接管理者针对具体员工的胜任力特点，给予相应指导、支持和授权，提高其工作自主权。

三是绩效考核做到公平公正，着眼于胜任力发展和绩效提高。

四是不能仅仅局限于单个员工个人的绩效，同样应注意团队中人际技能和协作能力的培养与发挥，合理设计柔性团队，提升集体绩效。

绩效考核依据战略目标设定，并服务于战略目标达成。目标的实现需要各层级员工共同推动，通过全行层级、一级分行层级、部门级、团队或科室级、岗位级逐层分解，实现员工个人目标与全行总体目标的一致。

3. 考核配套

一是要收集准确的员工绩效数据。绩效数据的收集是为了对员工进行科学客观评价，是员工晋升的主要依据，员工绩效数据只有透明客观才能让人信服。

二是要建立良好的绩效管理文化。实施绩效考核需要各层级员工的充分参与，只有各个层级对银行整体战略、局部策略和阶段性政策充分认同，才能保证考核指标落实到位，发挥"指挥棒"的作用。考核取得良好效果离不开良好的绩效管理文化。

三是要配置必要的奖惩机制。考核结果的运用是促进考核顺利实施的动力，各银行需将考核结果与奖惩制度挂钩，包括绩效工资奖励、职业晋升等，进而不断提高各部门及员工参与考评的积极性，提升银行绩效管理水平。

（二）薪酬激励

薪酬管理分为货币性和非货币性薪酬。货币性薪酬分为直接、间接和其他三类。直接货币薪酬包括工资、奖金等，间接货币薪酬包括社会保险、住房公积金等，其他货币性薪酬如有薪假期、休假日等。非货币性薪酬主要涉及工作、社会和其他方面，工作方面包括工作成就、工作有挑战感、责任感等，社会方面包括社会地位、个人成长、实现个人价值等，其他方面包括友谊关怀、舒适的工作环境、弹性工作时间等。

薪酬管理是在组织发展战略指导下，对员工薪酬策略等进行确定、分配和调整的动态管理过程。在这一过程中，商业银行应当充分运用工资管理（包括总额管理、分配管理和支付管理）、福利管理（包括法定福利如社会保险、住房公积金等和企业福利如企业补充性保险、企业年金、货币津贴等）等措施激励员工爱岗敬业、贡献才干。只有持续优化绩效考核管理和激励，形成科学有效的薪酬分配机制，发挥福利激励作用，才能调动员工积极性、创造性，留住人才。

案例拓展

四维度银行人力战略地图

以某银行人力资源部战略地图为例（见图4-3-5），一份平衡计分卡包括4个维度，层层递进，逐步分解，相互支撑。该行将人力资源管理定位为"成为人力资源管理领域的专家，提供公司经营决策的人才支撑"。按照此战略定位，编制了战略地图并传递了该行人力资源管理的核心内涵，即通过运用人力、信息和组织等无形资本（学习与成长），建立人才战略优势，通过人才规划、选聘、培养及考核激励（内部运营），为银行提供专业的人力资源支持及人才培养服务（客户），进而实现人力资源价值最大化（财务）。该银行通过战略地图，有效地将各维度串联起来，实现了自上而下的分解和自下而上的支撑,并通过各维度指标提炼,指定战略性的绩效考核体系。

战略定位:成为人力资源管理领域的专家,提供公司经营决策的人才支撑

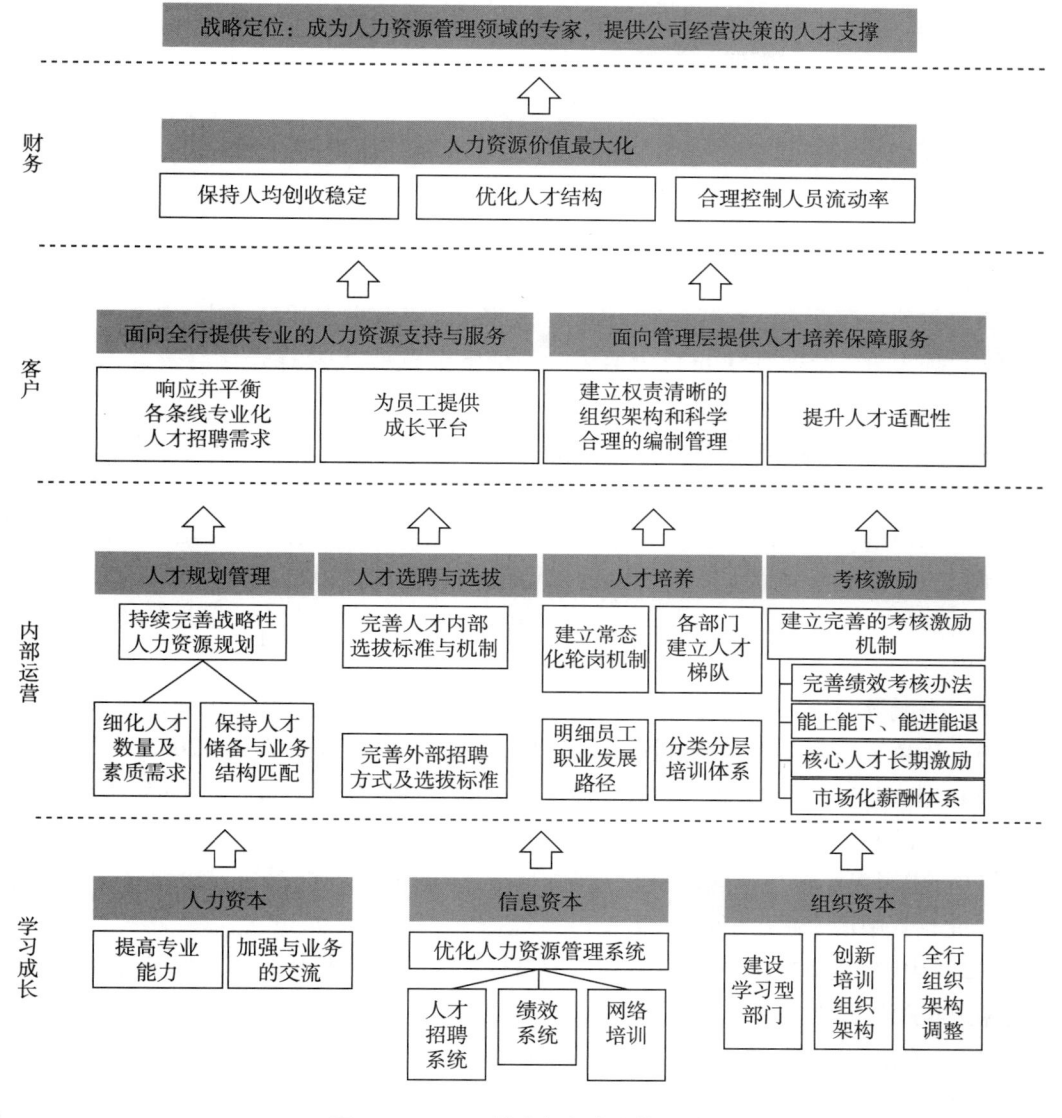

财务

人力资源价值最大化
- 保持人均创收稳定
- 优化人才结构
- 合理控制人员流动率

客户

面向全行提供专业的人力资源支持与服务
- 响应并平衡各条线专业化人才招聘需求
- 为员工提供成长平台

面向管理层提供人才培养保障服务
- 建立权责清晰的组织架构和科学合理的编制管理
- 提升人才适配性

内部运营

人才规划管理
- 持续完善战略性人力资源规划
- 细化人才数量及素质需求
- 保持人才储备与业务结构匹配

人才选聘与选拔
- 完善人才内部选拔标准与机制
- 完善外部招聘方式及选拔标准

人才培养
- 建立常态化轮岗机制
- 明细员工职业发展路径
- 各部门建立人才梯队
- 分类分层培训体系

考核激励
- 建立完善的考核激励机制
- 完善绩效考核办法
- 能上能下、能进能退
- 核心人才长期激励
- 市场化薪酬体系

学习成长

人力资本
- 提高专业能力
- 加强与业务的交流

信息资本
- 优化人力资源管理系统
- 人才招聘系统
- 绩效系统
- 网络培训

组织资本
- 建设学习型部门
- 创新培训组织架构
- 全行组织架构调整

图4-3-5 四维度银行人力战略地图

资料来源:陈献一. 平衡计分卡在城市商业银行绩效考核体系中的应用及对策分析[J]. 中小企业管理与科技, 2022 (02): 182-184.

分析与思考:

1. 银行可以从哪些方面改进常规的岗位业务培训?
2. 银行绩效管理如何更好地激发员工的工作动力?

参 考 文 献

［1］戴建兵．中国近代商业银行史［M］．北京：中国金融出版社，2019.

［2］何琼．商业银行经营管理［M］．北京：北京邮电大学出版社，2011.

［3］孙天琦．金融秩序与行为监管——构建金融业行为监管与消费者保护体系［M］．北京：中国金融出版社，2019.

［4］谈儒勇．金融发展理论与中国金融发展［M］．北京：中国经济出版社，2000.

［5］王祖继．大型商业银行风险管理［M］．成都：西南财经大学出版社，2020.

［6］王松奇．金融学［M］．北京：中国金融出版社，2000.

［7］温红梅，马骏，李艳梅．商业银行经营管理［M］．大连：东北财经大学出版社，2019.

［8］金鹏等．未来银行全面风险管理［M］．北京：中国金融出版社，2020.

［9］张桥云．商业银行经营管理［M］．北京：机械工业出版社，2021.

［10］北京奥尔多投资研究中心．风险、不确定性与秩序［M］．北京：中国财政经济出版社，2001.

［11］中国人民银行金融消费权益保护局．金融消费者投诉处理法理分析与研究［M］．北京：中国金融出版社，2019.

［12］中国互联网金融协会金融消费权益保护与教育培训专委会．数字金融消费者权益保护实践与探索［M］．北京：中国金融出版社，2021.

［13］爱德华·肖．经济发展中的金融深化［M］．北京：中国社会科学出版社，1989.

［14］［美］戴维·尤里奇，韦恩·布罗克班克，乔恩·扬格，迈克·尤里奇．高绩效的HR：未来的HR转型［M］．北京：机械工业出版社，2020.

［15］［美］罗伯特·希勒．金融与好的社会［M］．北京：中信出版社，2012.

［16］雷蒙德·W．戈德史密斯．金融结构与金融发展［M］．上海：上海人民出版社，1994.

［17］白钦先．百年金融的历史性变迁［J］．国际金融研究，2003（3）.

［18］白钦先，谭庆华．论金融功能演进与金融发展［D］．厦门：首届中国金融学年会会议论文，2004.

［19］陈亮．中国上市银行可持续发展新路径［D］．成都：西南财经大学，2011.

［20］陈小宪．加速建立现代商业银行的资产负债管理体系［J］．金融研究，2003（2）．

［21］陈新跃，张文武．利率市场化条件下我国商业银行资产负债管理技术研究［J］．金融论坛，2005（3）．

［22］丁秀玲．基于胜任力的人才招聘与选拔［J］．南开学报（哲学社会科学版），2008（3）．

［23］鄂志寰．论国际货币体系的不均衡性及其改造［J］．国际金融研究，1999（2）．

［24］高康．商业银行发力G端市场的机遇、难点和创新路径［J］．银行家，2019（11）．

［25］高猛．银行机构促进区域经济发展策略［J］．金融经济，2008（22）．

［26］葛鹏，钱淇，王岳剑．新时代商业银行服务实体经济的新方向［J］．上海金融，2018（12）．

［27］胡浩．商业银行履行社会责任的实践［J］．中国金融，2012（5）．

［28］胡蓉．银行信用风险与我国信用体系建设研究［D］．长沙：国防科学技术大学，2004．

［29］黄宪，金鹏．商业银行全面风险管理体系及其在我国的构建［J］．中国软科学，2004（11）．

［30］金鹏．融入全面风险管理的商业银行气候风险管理框架构建［J］．武汉金融，2023（5）．

［31］金鹏．商业银行全面风险管理的历史演进与未来展望［J］．现代商业银行导刊，2020（8）．

［32］李丹．让金融更接地气、更服水土——访中国建设银行乡村振兴金融部总经理吴敏［J］．中国金融家，2023（7）．

［33］欧萍．论商业银行的社会责任［D］．长沙：湖南大学，2008．

［34］任西明．关于做好金融消费者权益保护工作的思考［J］．现代金融导刊，2023（2）．

［35］盛斌，黎峰．世界格局变迁中的金融体系变革［J］．人民论坛·学术前沿，2015（8）．

［36］宋首文．银行数字化转型下的模型风险管理框架［J］．金融监管研究，2023（9）．

［37］孙平，陶玲，刘卫江．国际金融危机的社会责任视角分析［J］．中国金融，2009（2）．

［38］田世博．数字经济时代银行业数字化转型的现状及建议［J］．商业观察，2023（9）．

［39］吴晓灵．金融市场化改革中的商业银行资产负债管理［J］．金融研究，

2013（12）.

［40］吴霞．我国商业银行金融同业业务发展现状及其影响探析［J］．武汉金融，2012（11）.

［41］吴燕华，柴思媛，潘晓静．MPACC 课程思政教学改革与实践——以《商业伦理与会计职业道德》为例［J］．商业会计，2022（7）.

［42］徐贝贝．全国人大代表，人民银行副行长刘桂平：加快制定"金融消费者权益保护法"［J］．中国金融家，2022（3）.

［43］徐力．普惠金融赋能社会治理［J］．中国金融，2021（5）.

［44］姚伟．商业银行服务实体经济发展——实践、证据与对策［J］．上海金融，2019（2）.

［45］姚勇．金融组织演进与金融发展［D］．沈阳：辽宁大学博士学位论文，2023.

［46］袁梅，基于金正大财务造假案的商业伦理与会计职业道德分析［J］．财务管理，2022（4）.

［47］张晓朴，朱太辉．金融体系与实体经济关系的反思［J］．国际金融研究，2014（3）.

［48］张宝珍．改革国际金融体制建立国际金融新秩序［J］．世界经济，1999（5）.

［49］赵曙明，杜娟．基于胜任力模型的人力资源管理研究［J］．经济管理，2007（6）.

［50］郑泽华，金学群．金融抑制、金融自由化与中国的金融改革［J］．西南金融，2000（4）.

［51］周琼．银行业支持实体经济发展的国际比较和借鉴［J］．中国银行业，2019（2）.

［52］中国人民银行，世界银行集团．全球视野下的中国普惠金融：实践、经验与挑战［R］．北京，2018.

［53］中国建设银行．中国建设银行 2023 年半年度 ESG 报告［R/OL］．（2023 - 08 - 07）［2023 - 11 - 30］．中国建设银行集团网站．

［54］麦肯锡．寻找零售银行增长的二次曲线［R/OL］．（2020 - 07 - 07）［2023 - 09 - 08］．麦肯锡公司官网．

［55］麦肯锡．后疫情时代财富管理重启增长［R/OL］．（2023 - 03 - 24）［2023 - 10 - 08］．麦肯锡公司官网．

［56］Birge, J. R., Júdice, P. Long - term bank balance sheet management: Estimation and simulation of risk - factors［J］. Journal of Banking & Finance, 2013.

［57］Brodt, A. I. A dynamic balance sheet management model for a Canadian chartered bank［J］. Journal of Banking & Finance, 1978.

[58] Gaganis, C., Galariotis, E., Pasiouras, F., Staikouras, C. Bank profit efficiency and financial consumer protection policies [J]. Journal of Business Research 118, 2020.

[59] Claessens, S., Van Horen, N. Being a Foreigner Among Domestic Banks: Asset or Liability? [J]. Journal of Banking & Finance, 2012.

[60] Phan, D., Narayan, P., Rahman, R., Hutabarat, A. Do financial technology firms influence bank performance? [J]. Pacific-Basin Finance Journal, 2020.

[61] J Xuan, Y Liu. Research on the Path of Financial Technology Enabling Wealth Management [J]. Modern Economics & Management Forum, 2023.